《陕西通史》编纂委员会

主　　任　张岂之

副 主 任　萧正洪　黄留珠

编　　委

（按姓氏笔画排序）

　　　　　王大华　尹夏清　尹盛平　甘　晖　石兴邦　田培栋
　　　　　史红帅　吕卓民　任大援　刘东风　杜文玉　李　浩
　　　　　杨亚长　张岂之　张呈忠　张改课　张新科　陈战峰
　　　　　周伟洲　侯海英　秦　晖　黄正林　黄留珠　萧正洪
　　　　　梁星亮　雷永利

20世纪90年代版《陕西通史·秦汉卷》
作　　者　黄留珠　周天游

主　编　张岂之
执行主编
萧正洪　黄留珠

秦汉卷

陕西通史

黄留珠 编著

陕西师范大学出版总社
西安

图书代号：SK24N0834

图书在版编目（CIP）数据

陕西通史．秦汉卷／黄留珠编著；张岂之主编；萧正洪，黄留珠执行主编．—西安：陕西师范大学出版总社有限公司，2024.7

ISBN 978-7-5695-3450-4

Ⅰ.①陕… Ⅱ.①黄… ②张… ③萧… Ⅲ.①陕西—地方史—秦汉时代 Ⅳ.① K294.1

中国国家版本馆 CIP 数据核字（2023）第 003707 号

陕西通史・秦汉卷
SHAANXI TONGSHI・QIN-HAN JUAN

黄留珠　编著

出 版 人 / 刘东风
策划编辑 / 王　森　侯海英　曹联养
责任编辑 / 杜莎莎
责任校对 / 熊梓宇
出版发行 / 陕西师范大学出版总社
（西安市长安南路 199 号　邮编 710062）
网　　址 / http://www.snupg.com
印　　刷 / 中煤地西安地图制印有限公司
开　　本 / 710 mm×1000 mm　　1/16
印　　张 / 26.5
插　　页 / 7
字　　数 / 380 千
版　　次 / 2024 年 7 月第 1 版
印　　次 / 2024 年 7 月第 1 次印刷
书　　号 / ISBN 978-7-5695-3450-4
审 图 号 / GS（2020）616 号
定　　价 / 228.00 元

读者购书、书店添货或发现印刷装订问题，请与本社营销部联系、调换。
电话：（029）85307864　85303629　　传真：（029）85303879

秦朝时期陕西示意图 秦二世元年（前209）

西汉时期陕西示意图

东汉时期陕西示意图　东汉永和五年（140）

编写说明

一 1993至1998年,陕西师范大学出版社陆续出版了14卷本《陕西通史》。该版《陕西通史》立足时代背景,突出西北地域,尤其是各个历史时期陕西地区的政治、军事、经济、文化艺术、社会生活等内容,填补了陕西无通史的空白。2001年,该套书荣获陕西省第六次哲学社会科学优秀成果一等奖。

二 在20世纪90年代版的基础上,本版特别注重体系重新建构、内容推陈出新,增补了新史料、新成果、新视角,使得陕西历史的叙述更为饱满、完善。

三 本套书分断代史9卷、专史6卷,共15卷。

四 断代史分别为《史前卷》《夏商西周卷》《秦汉卷》《魏晋南北朝卷》《隋唐五代卷》《宋金元卷》《明代卷》《清代卷》《民国卷》。

❺ 专史分别为《历史地理卷》《革命根据地卷》《民族卷》《社会经济卷》《思想文化卷》《文学艺术卷》。与20世纪90年代版相较，增设《文学艺术卷》。

❻ 本套书在地域上以现今陕西省区划为限，与邻省有关而必须写到的事将有所交代，主要活动不在陕西的陕西籍名人亦有所提及。

❼ 本套书在时间上起于更新世早期，断代史截止年代为1949年，专史不设统一截止年代，依内容实际做相应处理。

❽ 本套书纪年方法：清代以前（含清代）一般用历史纪年，必要时注以公元纪年；《民国卷》用公元纪年；各专史卷做相应处理。历史纪年书写用汉字数字，公元纪年书写用阿拉伯数字。

❾ 地名沿用历史时期地名称谓，必要时注以今名。

❿ 历史时期使用的计量单位如里、亩等，因叙述需要沿用，必要之处注明法定计量单位。

⓫ 本套书断代史各卷前均增设了相关历史时期地图，各卷末设置大事年表。

⓬ 本套书各卷末设置索引以备查。

总序

人类的历史发展以文明的创造为主题。时至公元 21 世纪，我们回顾以往的历史，可以很清楚地看到这一点。从全球视野看，显而易见的是，中华民族以自己的勤劳和智慧创造了悠久且延绵不断的历史和光辉灿烂的文明，而大部处于黄河中游的陕西，于其中承载了重要的传承文明的历史使命，具有无可替代的文化意义。

就今日陕西论，这片土地并不是一个很大的空间，在国土总面积中所占不过 2%。其地居于中国中部，南北较为狭长，东西并不十分开阔。秦岭山脉横亘于中部，将陕西大致分为分属于黄河流域和长江流域的两个部分：北为关中平原和沟壑纵横的黄土高原，南为秦巴山地和居于其间的汉水谷地。总体而言，陕西自然环境条件复杂，自北而南，地貌、气候类型较多且层次分明，为文明进步和文化发展提供了丰富的资源和多样的选择。至于周边地区，亦属于差异较大的环境类型：省境之东为以平原为主的河南，东南为鄂西山地，西为陇右，地接青藏高原，北则毗连内蒙古高原，而南越大巴山区可至成都平原。

这片土地，是中华民族重要的发祥地和古代文明的摇篮之一，早在一百万年以前，这里就有了远古人类活动生息的踪迹。考古发现的早期人类如蓝田人、大荔人、河套人、沙苑人，展示出中国境内北方直立猿人到晚期智人的发展脉络。西安半坡和姜寨、宝鸡等地数以百计的新石器时代遗址的发掘，则揭示了中国黄河流域原始社会的概貌，在中国多元性远古文化研究中具有典型的意义。陕北秃尾河北侧所发现的石峁遗址，属于新石器时代晚期至夏代早期遗存，被誉为"中国文明的前夜"，是中国早期文明发展历程中极其重要的一环。

进入有文字符号和早期城市的文明时期以后，陕西较早地成为古代中国政治、经济、文化的中心，在中国历史上占有重要的地位。从公元前11世纪西周建立，经过秦汉，直到隋唐，前后千余年，陕西作为中国古代13个王朝（不包括2个农民起义政权）国都的所在地，对中华民族的形成和中国古代文明的建设与传播均产生过巨大影响。概而言之，西周之时华夏族的发展壮大和礼乐文明构建，秦统一六国，融各地区多元文化为一体，奠定古代中国多民族统一国家政治、经济和军事的格局，汉唐高度发展的物质文明和精神文明，中华民族凝聚核心——汉族的正式形成和发展，特别是体现中华民族对不同文化的包容性的丝绸之路与中外文化交流，如此等等，大多是以当时国都所在的陕西为中心和基点的。至于古代陕西盛极一时的农业和手工业，众多的科技发明，亦对中国古代经济与文化的发展起了极为重要的作用。源远流长的陕西古代文化，成为中华优秀传统文化重要的组成部分。

古代陕西，堪称人杰地灵，有推动历史前进的明君贤相，有运筹帷幄、决胜千里的谋臣名将，有技艺卓绝、极富创新精神的大国工匠，有引领一时风骚又风流千古的文学、史学大家，有忧国忧民、视死如归的仁人志士。洎乎近代，陕西又成为中国革命的重要策源地之一。1911年辛亥革命首义后，首先响应并光复的即是陕西。在艰苦的抗日战争和新中国诞生的过程中，以毛泽东为首的中国共产党中央，正是在延安十三年里，团结和带领全国各族人民，打败了日本侵略者，并为建立新中国制定了宏伟蓝图。回顾历史，无数的风流人物，为伟大的中华民族文明的发展做出了巨大贡献，其立德、立功、立言，足为民族之宝，自当永垂青史而为后人所景仰、所传承。

多年以前，我曾经提出，关于古代中国的文明与文化，似可有一个基于哲学思想的论断，大致可用"守正、兼和、日新"六字加以概括。于陕西历史论，所谓"守正"，是说，在中国历史上起过非常重要的作用的传统政治理论如"正统""天下"之论，经常是以陕西特别是长安为基点进行系统解读的，而中国古代的礼法制度与礼乐文明，也多在陕西制定并推向全国，进而成为文化体系的制度性基础。在这个意义上说，陕西的历史，体现了中华民族对精神家园与文明根本的坚守，尽管它具有特定的时代性。所谓"兼和"，是说，历史上以长安为核心的文化体系所体现出的兼容并包，其对历史上中国不同地区多元文化的整合与吸收，无论就内涵还是形式论，皆表现得极为显著与典型。我以为，中华民族文明与文化发展历程的重要特点之一，是基于理解与包容的和不同文明与文化的融合。陕西的历史发展，是这一特点的一个明证。至于"日新"，则是说，历史上以长安为中心的陕西，所展现的民族进取心、与时俱进的变革精神以及制度性创设，都表现出传承与创新的密切联系。

本通史正是为阐明上述主旨而作。早在1989年，陕西师范大学出版社在出版《陕西五千年》一书的基础上，发起编纂多卷本《陕西通史》，当时由郭琦、史念海和我共同主持。其编委会会集多方贤能，成员有张勃兴、郭琦、史念海、张岂之、孙达人、石兴邦、斯维至、赵炳章、周伟洲、李振民、房成祥、秦晖、周天游、黄留珠、王大华、任大援、邵宏谟、韩敏、田培栋、李峰、朱永庚、韦建培、张军孝、高经纬。同人共襄盛举，不惮劳烦，其情其景，迄今仍历历在目。由此奠定了《陕西通史》的根基，更是本版的源头所依，在此致以深切的谢意。

然至今已三十年矣，旧作实有修订之必要。惟郭、史二位先生已然作古，我自当承此重任。所幸的是，陕西学界新人辈出，大家慷慨踊跃，我亦因此备受鼓舞。现在，各卷撰写工作已基本告成，其规模与学术境界似远超旧作。至于具体各卷的安排，出版社另有编写说明，于此不再赘述。不过有一点我仍想特别提及，即各卷作者在写作中，对陕西的历史与文化灌注了极为深厚的家乡情感。细究起来，本通史各卷的作者，本土人士当然居多，然其中亦不乏异乡之客而久居于此者。惟各卷作者将陕西视为民族文明与文化发展的重要根本之地，而本通史之写作关乎中华文明与文化的解释与传承，其体大而事重，故超越地域之大爱之情，溢于笔端。读者若能同心共情，则不难于阅读之中产生共鸣。若此，则我亦感幸甚。值此套书出版之际，草此数言，以为总序。

张岂之

2021 年 5 月 1 日

目录

Contents

绪论 /001

第一章　秦的兴起与称霸 /013

第一节　秦人始封为诸侯 /015
一、受封诸侯前的秦人 /015
二、襄公始国 /016
三、同戎狄的艰巨斗争 /018
四、进一步吸收继承周文化 /019
五、三庶长之乱 /021
六、扩张与迁都 /022

第二节　霸主时代 /024
一、穆公的雄心及其智囊团 /024
二、称霸西戎 /026
三、秦晋之间的战争 /027
四、秦史上光荣的一页 /031

第三节　春秋末到战国初的秦国 /033
一、后穆公时代秦日陷危机 /033
二、战国初期秦被动挨打的窘境 /036

三、大变革前夜 /038

四、考古发现的秦公一号大墓 /040

第二章 秦的变法图强与剪灭六国 /041

第一节 献公的改革 /043

一、公子连即位 /043

二、献公新政 /043

三、大变革的序幕由此拉开 /045

第二节 孝公求贤及商鞅变法 /046

一、秦孝公下令求贤 /046

二、商鞅入秦 /048

三、变法运动 /049

四、"兵革大强，诸侯畏惧" /053

第三节 惠文王至昭王时期的巨大发展 /055

一、商君虽死，其法未废 /055

二、天下人才会集于秦 /057

三、军事胜利与领土扩展 /062

四、制度方面的建树 /066

第四节 支持统一战争的基地 /067

一、吕不韦与秦王政 /067

二、《吕氏春秋》的编撰 /069

三、消灭嫪、吕两大政治集团 /070

四、郑国渠与逐客令 /072

五、韩非之死 /075

六、秦地人民对统一战争的巨大贡献 /077

第三章 秦王朝时期的陕西 /081

第一节 秦朝政治经济文化的中心 /083

一、两次重要廷议及两项重大决策 /083

二、从秦都辐射出的驰道与直道 /086

　　三、咸阳宫与阿房宫 /088

　　四、徙民充实关中 /092

　　五、焚书坑儒 /094

　　六、秦陶文和秦封泥 /096

第二节　骊山陵墓 /098

　　一、秦始皇帝陵园 /098

　　二、秦陵兵马俑 /101

　　三、秦陵铜车马 /103

　　四、不断的考古新发现 /107

第三节　农民军攻占关中 /109

　　一、秦二世的短暂统治 /109

　　二、刘邦入关及"约法三章"/111

　　三、鸿门宴 /114

　　四、项羽屠咸阳及所封陕西四王 /117

　　五、秦地在楚汉相争中的地位 /119

第四章　西汉立国百年间 /123

第一节　定都关中 /125

　　一、汉初困境与轻徭薄赋 /125

　　二、娄敬建言，西都关中 /126

　　三、长安城的营建 /127

　　四、长乐宫初试朝仪 /130

第二节　汉京风云 /131

　　一、汉惠帝的奇怪婚姻 /131

　　二、丞相日夜饮酒之谜 /133

　　三、喋血京师，平灭诸吕 /135

第三节　治世的长安 /138

　　一、代王被迎立为帝 /138

二、文帝时期的改制活动 /140

　　三、细柳营的军威 /142

　　四、晁错削藩 /144

　　五、独具慧眼的"子钱家" /146

　　六、从汉阳陵的考古发现看文景之治 /147

第四节　武帝时期的三辅大地 /149

　　一、三辅定名与长安扩建 /149

　　二、尊儒术与兴太学 /153

　　三、土德制度与求仙祭祀 /155

　　四、丝绸之路从这里开始 /158

　　五、"孝廉"与"自衒鬻者" /160

　　六、治理三辅的酷吏 /161

　　七、司马迁发愤著《史记》 /163

　　八、兴建茂陵 /165

　　九、三官钱 /168

　　十、关中六渠 /169

　　十一、代田法的推行 /171

　　十二、巫蛊之祸 /173

第五章　从昭宣中兴到光武中兴 /175

　第一节　中兴之光 /177

　　一、盐铁之议 /177

　　二、一场未遂政变 /180

　　三、二十七天汉帝刘贺 /182

　　四、落难曾皇孙刘询即位 /183

　　五、霍氏的败亡 /184

　　六、昭宣时期的三辅循吏 /186

　　七、石渠阁会议 /189

第二节　衰世京畿 /191
　　一、三代昏君 /191
　　二、陵县划归三辅 /193
　　三、昌陵的营建与罢建 /196
　　四、毁庙罢园之议与天地祀典改革 /196
　　五、长安水警及"祠西王母" /198
　　六、汉哀帝的"再受命" /200
　　七、经今古文之争的开始 /201
　　八、师丹限田限奴之议 /203
第三节　王莽代汉及其改制 /204
　　一、从居摄到登基 /204
　　二、托古改制 /207
　　三、制定"元始之制"与兴建大型礼制建筑 /212
　　四、绿林赤眉闯关中 /215
第四节　光武中兴初期的关中 /218
　　一、刘秀进军关中 /218
　　二、光武中兴初始的三辅 /219

第六章　东汉时期的陕西 /223
　第一节　"陵园之守" /225
　　一、敬祖的虔诚举措 /225
　　二、明帝以后的"幸长安谒诸陵" /227
　第二节　东汉关中豪族 /229
　　一、关中豪族的渊源及特点 /229
　　二、外戚豪门 /231
　　三、经学世家 /236
　　四、吏风与士风 /241
　第三节　羌人袭扰下的三辅 /247
　　一、羌人的内迁与管理 /247

二、羌民起义严重动摇东汉在三辅的统治 /248

　第四节　汉末丧乱 /251

　　一、汉中张鲁政权的崛起 /251

　　二、董卓胁迫献帝西迁 /252

　　三、李傕、郭汜犯长安 /254

第七章　秦汉时期的陕西文化 /257

　第一节　科学技术 /259

　　一、天文历法 /259

　　二、数学与地理学 /260

　　三、医学 /263

　　四、造纸术 /266

　　五、井渠法及其他技术 /267

　第二节　教育 /269

　　一、秦教育概说 /269

　　二、汉之博士、太学、郡国学及特殊人才教育 /270

　第三节　史学 /275

　　一、秦的史学 /275

　　二、《史记》的开创价值 /276

　　三、《汉书》的贡献 /279

　　四、《史记》《汉书》开创、规范了中国的史传传统 /282

　第四节　校书 /283

　　一、首次大规模群籍校理与刘氏父子的校书活动 /283

　　二、三部分组成的刘氏校雠工作 /285

第八章　陕西的秦汉文化遗存 /289

　第一节　秦文化遗存 /291

　　一、都城遗址 /291

　　二、陵墓遗存 /295

三、祭祀场所、宫殿及大型工程遗址 /308

　第二节　汉文化遗存 /311

　　一、汉长安城遗址 /312

　　二、汉帝诸陵遗存 /314

　　三、考古发掘的重要汉墓 /322

　　四、汉中汉文化遗存 /325

　　五、名人墓及其他遗存 /327

结语 /335

参考文献 /337

大事年表 /343

索引 /385

后记 /391

Contents

Introduction /001

Chapter 1
Rising and Seeking Hegemony of the Qin Empire /013

Section 1　The Beginning of the Qin as a Vassal State /015
　　　　　1. The Qin People before being a Vassal /015
　　　　　2. Beginning of the State during the Reign of Duke Xiang /016
　　　　　3. Hard Struggle with the Rong and Di Tribes /018
　　　　　4. Further Absorb and Inherit the Zhou Culture /019
　　　　　5. The Chaos for Throne Caused by the Three "Shuzhang" /021
　　　　　6. Expansion and Capital Relocation /022
Section 2　The Era of Overlord /024
　　　　　1. Duke Mu's Ambition and His Think Tank /024
　　　　　2. To Dominate in the Rong Tribe /026
　　　　　3. Wars between Qin and Jin /027
　　　　　4. A Glorious Time in the Qin Dynasty /031
Section 3　The State Qin from the Late Spring and Autumn Period to the Early Warring States Period /033
　　　　　1. Crisis in the Post-duke Mu Era /033
　　　　　2. The Dilemma of Qin being Passively Beaten in the Early Warring States Period /036
　　　　　3. The Eve of the Great Revolution /038
　　　　　4. The Archaeological Discovery in the Duke of Qin's Grand Tomb /040

Chapter 2
Qin's Political Reform and Conquest of Other Six States /041

Section 1   Duke Xian's Reform /043
    1. Prince Lian's Succession of the Throne /043
    2. The New Deal by Duke Xian /043
    3. A Start of the Grand Reformation /045
Section 2   Duke Xiao's Seeking Talents and Shang Yang's Reform /046
    1. Duke Xiao of Qin Ordered to Seek the Talents /046
    2. Shang Yang's Entry into the Qin State /048
    3. The Reform /049
    4. The Military Advantage of Qin Intimidating Other Vassals /053
Section 3   Dramatic Development from King Huiwen to King Zhao /055
    1. The New Deal Sustained after Death of Shang Yang /055
    2. Talents Flooding to Qin /057
    3. Military Triumph and Territory Expansion /062
    4. New Development of the Institutions /066
Section 4   The Base That Supports the Unification War /067
    1. Lv Buwei and King Ying Zheng /067
    2. The Compilation of *Lv's Spring and Autumn Annals* /069
    3. Eradication of Both Lao and Lv Political Groups /070
    4. The Zhengguo Canal and the Order for Expulsion /072
    5. Death of Han Fei /075
    6. The People of Qin's Great Contribution to the Unification /077

Chapter 3
Shaanxi in the Qin dynasty /081

Section 1   The Political, Economic and Cultural Center of the Qin Dynasty /083
    1. Two Important Court Conferences and Two Major Decisions /083
    2. The Chariot Roads and the Straight Roads Radiating from the Capital of Qin /086
    3. The Xianyang Palace and The Epang Palace /088
    4. Forced Migration into the Guanzhong Region /092
    5. Burning Books and Burying Confucian Scholars Alive /094
    6. Pottery Inscriptions and Mud Seal /096
Section 2   The Mausoleum in Mount Lishan /098
    1. The Mausoleum of Emperor Qin Shihuang /098
    2. The Terra-cotta Warriors /101
    3. The Bronze Chariot and Horse /103

4. Continuous New Archaeological Discoveries /107
Section 3   Occupation of the Guanzhong Region by the Farmer Army /109
         1. The Brief Ruling by the Second Emperor of the Qin Dynasty /109
         2. Entering Guanzhong and the Three Chapters of Law Released by Liu Bang /111
         3. Hongmen Banquet /114
         4. Xiang Yu's Massacre in Xianyang and Conferring Four Kings in Shaanxi /117
         5. The Strategic Position of the Qin Area in the Battle between Chu and Han
            Dynasties /119

Chapter 4
100 Years Reign of the Western Han Dynasty /123

Section 1   Founding the Capital in Guanzhong /125
         1. The Dilemma and Low Taxes and Corvee in the Early Han Dynasty /125
         2. Lou Jing's Advice of Making Guanzhong the Capital /126
         3. The Construction of Chang'an City /127
         4. The Beginning of Court Rites at the Changle Palace /130
Section 2   The Changing Political Situation in the Chang'an City /131
         1. The Mysterious Marriage of Emperor Hui Di /131
         2. The Secret of Alcohol-abusing Prime Minister /133
         3. The Bloody Repression of Family Lv /135
Section 3   Peaceful and Prosperous Chang'an /138
         1. The Coronation of Prince Daiwang as the Emperor /138
         2. The Reform of Institution by Emperor Wen Di /140
         3. The Military Prestige in Xiliu Camp /142
         4. Chao Cuo's Proposal of Reducing the Territories of Fiefdoms /144
         5. The Visionary Loan Shark /146
         6. The Times of Peace and Prosperity of Emperor Wen Di and Jing Di according
            to the Archeological Discovery of Hanyangling Tomb /147
Section 4   The Area of Sanfu (Three Guardians) in the Period of Emperor Wu Di /149
         1. Naming of Sanfu and the Expansion of Chang'an City /149
         2. Respecting Confucianism and Promoting Taixue /153
         3. The Earth Power System and the Immortal Worship /155
         4. The Starting Point of the Silk Road /158
         5. Officials Based on the Piety and Clearness and the People of Self-praise and
            Recommendation /160
         6. Governing Ruthless Officials in the Area of Sanfu /161
         7. Sima Qian Worked hard to Write *Historical Records* /163
         8. Establishing the Mausoleum Maoling /165
         9. A High-quality Currency "Sanguanqian" /168

10. Six Canals in the Guanzhong Region /169
11. Implementation of the Alternation Method in Land Utilization /171
12. The Sorcery Event /173

Chapter 5
The Revival Periods from Emperor Zhao Di and Xuan Di to Emperor Guangwu Di /175

Section 1 The Dawn of Revival /177
    1. The Court Debate on the Salt and Iron Policy /177
    2. A Failed Coup /180
    3. Emperor Liu He on the Throne Only for 27 Days /182
    4. Liu Xun's Succession: From Outcast to Power /183
    5. The Fall of the Family Huo /184
    6. The Righteous Officials in the Area of Sanfu at the Era of Emperor Zhao Di and Xuan Di /186
    7. The Imperial Library Shiquge Meeting /189

Section 2 Decline of the Metropolitan Region /191
    1. The Three Fatuous Emperors /191
    2. Counties with Emperor Mausoleums Incorporated into the Area of Sanfu /193
    3. The Emperor Tomb Changling: Construction and Abandoned at Last /196
    4. Disputation on Destruction of the Temples and the Reform on the Heaven and Earth Sacrifice Rite /196
    5. The Flood Alert in Chang'an City and the Sacrifice Rite for Queen Mother the West /198
    6. The Destiny Resumption of Emperor Ai Di /200
    7. The Beginning of Dispute on the Confucianist Canons with the Classical and Modern Scripts /201
    8. A Proposal for Limitation on Occupying Land and Slaves by Shi Dan /203

Section 3 Wang Mang's Replacement of the Han Dynasty and His Reform /204
    1. From a Regent to an Emperor /204
    2. The Reform in the Disguise of Ancient Institution /207
    3. Enactment of Yuanshi Institution and Construction of Massive Ritual Architectures /212
    4. Farmer Army of Lulin and Chimei Entering Guanzhong /215

Section 4 The Guanzhong Region in the Early Revival Period of Emperor Guangwu Di /218
    1. Liu Xiu Marching into the Guanzhong Region /218
    2. The Area of Sanfu in the Early Times of Emperor Guangwu Di's Revival /219

Chapter 6
Shaanxi in East Han Dynasty /223

Section 1　Holding the Respect for the Imperial Mausoleum /225
　　　　　1. The Pious Measures of Respecting Ancestors /225
　　　　　2. Paying Homage at the Ancestral Mausoleums in the Chang'an Area after Emperor Ming Di /227
Section 2　The Powerful Families in the Guanzhong Region /229
　　　　　1. The Origins and Features of The Powerful Families in the Guanzhong Region /229
　　　　　2. The Powerful Families of Imperial Relatives on the Mother and Wife Side /231
　　　　　3. The Long-established Families Specialized in the Confucian Classics /236
　　　　　4. The Characteristic Style of the Officials and Scholars /241
Section 3　The Area of Sanfu under the Attack of Qiang Tribes /247
　　　　　1. The Inward Migration of the Qiang Tribes and the Official Managements /247
　　　　　2. Qiang's Riots Seriously Shook the Rule of the East Han Dynasty in the Area of Sanfu /248
Section 4　The Political Chaos at the End of the Han Dynasty /251
　　　　　1. The Rise of the Zhang Lu Regime in the Hanzhong Area /251
　　　　　2. The Westward Move of Emperor Xian Di Coerced by Dong Zhuo /252
　　　　　3. Li Jue and Guo Si's Rebel Intruding Chang'an /254

Chapter 7
The Shaanxi Culture in the Qin and Han Dynasty /257

Section 1　Science and Technology /259
　　　　　1. Astronomy and Calendar /259
　　　　　2. Math and Geography /260
　　　　　3. Medical Science /263
　　　　　4. Paper Making /266
　　　　　5. Underground Well Technology and Others /267
Section 2　Education /269
　　　　　1. Overview of Education in the Qin Dynasty /269
　　　　　2. Imperial and Local Schools and the Special Education in the Han Dynasty /270
Section 3　Historiography /275
　　　　　1. Historiography in the Qin Dynasty /275
　　　　　2. The Groundbreaking Value of *Historical Records* /276
　　　　　3. The Contribution of *The History of the Han Dynasty* /279
　　　　　4. The Initiation and Normalization of Chinese Historical Tradition /282

Section 4　Collation of Classics /283
        1. The First Massive Collation of Classics and the Collation of Liu Xiang and His Son /283
        2. The Three Parts in Collation by Family Liu /285

Chapter 8
The Cultural Remains of the Qin-Han Dynasties in Shaanxi /289

Section 1　The Cultural Remains of the Qin Dynasty /291
        1. The Relics of Capital /291
        2. The Relics of Mausoleum /295
        3. The Relics of Sacrifice, Palace, and Grand Project /308
Section 2　The Cultural Remains of the Han Dynasty /311
        1. The Relics of Chang'an City of the Han Dynasty /312
        2. The Relics of the Emperor of the Han Dynasty Tombs /314
        3. The Important Tombs of the Han Dynasty Explored by the Archeologists /322
        4. The Cultural Relics of the Han Dynasty in the Hanzhong Region /325
        5. The Tombs of Celebrities and Other Remains /327

Conclusion /335

References /337

Chronology /343

Index /385

Epilogue /391

插图目录

Illustration Catalog

图 1-1　清华简《系年》/016

图 1-2　秦襄公塑像 /017

图 1-3　秦人立国过程中的戎人分布示意图 /018

图 1-4　秦都雍城遗址出土瓦当 /023

图 1-5　秦雍城平面示意图 /024

图 1-6　秦穆公像 /032

图 1-7　《诗经·秦风·黄鸟》/034

图 1-8　秦公一号大墓发掘现场 /040

图 2-1　商鞅像 /048

图 2-2　废井田　开阡陌 /052

图 2-3　今商鞅封地远景 /056

图 2-4　宣太后塑像 /064

图 2-5　吕不韦、异人逃回秦国 /068

图 2-6　《吕氏春秋》书影 /069

图 2-7　李斯像 /073

图 2-8　郑国渠示意图 /075

图 2-9　韩非像 /075

图 2-10　《韩非子》书影 /076

图 3-1　皇帝、三公九卿、郡县层级结构及控制、回馈系统示意图 /085

图 3-2　秦驰道示意图 /086

图 3-3　秦始皇直道遗址 /087

图 3-4　《隶续》所载荆轲刺秦图 /089

图 3-5　咸阳秦宫"一号宫殿"复原图 /090

图 3-6　秦都咸阳平面布局示意图 /092

图 3-7　秦人都邑迁徙路线示意图 /093

图 3-8　秦坑儒谷遗址 /096

图 3-9　秦陶文 /097

图 3-10　秦封泥 /097

图 3-11　秦始皇帝陵园 /098

图 3-12　"世界遗产"证书 /100

图 3-13　一、二、三号兵马俑坑位置分布图 /101

图 3-14　一号兵马俑坑全景 /102

图 3-15　三号兵马俑坑形制及陶俑、陶马排列位置示意图 /102

图 3-16　跪射俑 /103

图 3-17　铜车马坑试掘方出土情况 /104

图 3-18　铜车马坑试掘方出土情况平面图 /104

图 3-19　一号铜车马 /105

图 3-20　二号铜车马 /105

图 3-21　二号铜车车轮结构 /106

图 3-22　石胄、石铠甲正视照片 /107

图 3-23　百戏俑 /108

图 3-24　铜仙鹤与铜禽坑发掘现场 /109

图 3-25　北大藏简《赵正书》/110

图 3-26　刘邦"约法三章"/114

图 3-27　鸿门宴 /116

图 4-1　汉长安城示意图 /130

图 4-2　贾谊像 /141

图 4-3　周亚夫像 /143

图 4-4　晁错塑像 /144

图 4-5　阳陵铠甲武士俑 /148

图 4-6　阳陵陶俑 /149

图 4-7　西汉长安平面略图 /151

图 4-8　董仲舒像 /155

图 4-9　张骞塑像 /158

图 4-10　张骞出使西域壁画 /159

图 4-11　司马迁像 /163

图 4-12　《史记》书影 /164

图 4-13　汉武帝茂陵全景 /166

图 4-14　上林三官五铢 /169

图 4-15　汉武帝时关中水利工程分布图 /170

图 4-16　代田法 /172

图 5-1　盐铁会议 /177

图 5-2　《盐铁论》书影 /180

图 5-3　海昏侯墓出土刘贺印 /183

图 5-4　霍光像 /184

图 5-5　汉长安城遗址——石渠阁 /189

· 17 ·

图 5-6　汉成帝像 /196

图 5-7　西王母画像图 /199

图 5-8　王莽像 /204

图 5-9　一刀平五千和契刀五百 /209

图 5-10　大泉五十 /209

图 5-11　长安南郊礼制建筑复原示意图 /214

图 5-12　刘秀像 /220

图 6-1　西汉帝陵分布示意图 /225

图 6-2　杨震纪念馆 /238

图 6-3　《隶释》所载《太尉杨震碑》/239

图 6-4　班超像 /244

图 6-5　东汉时期羌族人民起义 /249

图 6-6　董卓像 /253

图 7-1　汉代四神天象图 /260

图 7-2　马王堆出土汉地图 /262

图 7-3　马王堆出土导引图复原图 /265

图 7-4　西汉灞桥纸 /266

图 7-5　井渠法示意图 /268

图 7-6　汉代讲经图 /272

图 7-7　班固像 /279

图 7-8　《汉书》书影 /280

图 7-9　刘歆 /285

图 8-1　秦雍城遗址 /291

图 8-2　栎阳城遗址平面图 /293

图 8-3　秦公一号大墓 /296

图 8-4　秦东陵 /298

图 8-5　秦始皇帝陵园平面示意图 /300

图 8-6　王翦像 /307

图 8-7　扶苏墓 /308

图 8-8　蒙恬墓 /308

图 8-9　雍山血池祭祀遗址发掘现场 /309

图 8-10　阿房宫考古发掘现场 /310

图 8-11　郑国渠渠首遗址 /311

图 8-12　秦直道遗址 /311

图 8-13　汉长安城未央宫遗址 /312

图 8-14　汉长安城霸城门遗址 /314

图 8-15　汉阳陵考古陈列馆 /318

图 8-16　鎏金银竹节铜熏炉 /319

图 8-17　汉杜陵 /320

图 8-18　杨家湾汉墓出土骑兵俑 /322

图 8-19　杨家湾汉墓出土兵马俑 /323

图 8-20　西安交大壁画墓出土天象图 /323

图 8-21　西安理工大学汉墓壁画 /324

图 8-22　张安世墓 /325

图 8-23　古汉台 /326

图 8-24　汉中饮马池 /326

图 8-25　汉中山河堰遗址 /326

图 8-26　石门汉魏十三品 /327

图 8-27　张骞墓 /328

图 8-28　苏武塑像 /328

图 8-29　马援墓路碑 /329

图 8-30　班固墓 /330

图 8-31　班昭（曹大家）墓 /331

图 8-32　蔡伦墓 /331

图 8-33　甘泉宫遗址 /332

图 8-34　司马迁祠墓 /333

图 8-35　张良庙 /333

图 8-36　商山四皓墓 /334

绪论

一

自公元前8世纪初至公元3世纪初,是陕西历史上一个非常重要的时期。《陕西通史·秦汉卷》所写的,就是这段历史。按一般的理解,"秦汉"仅指公元前221年秦统一至公元220年东汉灭亡这段时间。在这里,我们把其上限向前延伸了五百余年,断于秦襄公受封为诸侯的公元前770年。换言之,就是说我们将东周这段历史,以秦国历史来表示。在此千年间,陕西历史发展明显分为三大时期——

一是秦国、秦朝时期。自公元前770年至前202年,包括楚汉战争。

这个时期陕西的历史,也就是秦国发展壮大,最终统一山东各国,建立秦王朝的历史。其具体又可分为三个阶段:

(1)商鞅变法前的秦国(前770—前357)。

秦国正式以周王朝诸侯国的面目出现,是与我国历史上的春秋时代同步的。在西周末的大动乱中,秦人站在周王室一边,因护送周平王东迁之功,受封为诸侯。从此,他们由原居地今甘肃东部一带,逐渐拓展到今陕西关中地区,成为陕西历史舞台上的主人。后来陕西之所以简称为"秦",原因就在于此。秦穆公(或作缪公)时期(前659—前621),秦国出现了繁荣昌盛的发展局面,在当时的霸主政治中占有一席之地,是所谓春秋五霸之一。[①]穆公之后,秦的国势有所衰落。特别是春秋末至战国初期的秦国,基本处于一种被动挨打的局面。这种情况,直到商鞅变法后,才发生了根本性变化。

(2)商鞅变法后的秦国(前356—前222)。

不论从何种古史分期的观点去考察,商鞅变法在秦的历史上都是一场伟大的变革,它大大加速了秦国发展前进的步伐,使之彻底甩掉了落后的帽子,一跃而成为当时最强大的诸侯国。由于这场大变革发生在以陕西为主体的秦国土

[①] 春秋五霸一说指齐桓公、晋文公、宋襄公、秦穆公、楚庄王,另说指齐桓公、晋文公、楚庄王、吴王阖闾、越王勾践。此用前说。

地上，所以它理所当然地也就成为陕西古代史上的重大事件之一。后来，主持变法的商鞅虽被新君惠文王处死，但他的新法却未被废除。这样，又经过数代的努力，到秦始皇（前246年即位）统治时期，秦统一天下的条件已经完全成熟。公元前221年，秦最终实现了统一。陕西作为基地和大本营，从人力、物力、财力等各方面，为秦的统一事业做出了巨大贡献，谱写了陕西历史上难忘的篇章。

（3）秦王朝及楚汉战争（前221—前202）。

秦王朝是中国历史上第一个大一统的多民族的集权制国家。尽管其疆域远远超出了陕西的范围，但其政治、军事、经济、交通、文化的中心却在陕西。确切地讲，是在以秦都咸阳为核心的关中地区。唯此，秦朝时期的陕西历史，虽非秦帝国历史的全部，但至少也是其主体。这即是说，陕西历史与秦帝国的历史是紧紧粘连在一起难解难分的。许多重大事件，如议帝号、议分封、焚书坑儒、建阿房宫、造始皇陵等等，既是秦帝国历史的重要组成部分，同时也是陕西历史的重要组成部分。秦亡后，推翻秦的两支武装力量，展开了一场长达数年的争夺天下的战争[①]，史称楚汉相争。这期间，陕西作为汉王刘邦的基地和大本营，再次付出了巨大的人力、财力、物力，为刘邦战胜项羽做出了决定性的贡献。

二是西汉时期（含新莽），自公元前202年至公元23年。

平民出身的刘邦建立的西汉王朝，是中国历史上继秦朝之后，又一个以陕西为政治、经济、文化中心的大一统、多民族的集权制国家。同秦帝国时期一样，西汉帝国的历史与陕西历史也是粘连在一起的。其发展同样可划分为三个阶段：

（1）汉初六十年（前202—前141）。

这里的六十年是取其整数而言，具体包括高祖、惠帝、吕后、文帝、景帝五朝。对陕西历史发展来说，刘邦采纳戍卒娄敬建议，定都关中，是至关重要的一步。刘邦死后，其妻吕后专权，统治阶级内部展开了刘、吕两姓的权力之

[①] 一般认为公元前205年刘邦从临晋渡黄河东进是楚汉相争的开始，这样至项羽兵败垓下，双方争战近三年。如从前206年还定三秦算起，战争则延续三年多时间。

争。在忠于刘氏的大臣的努力下，诸吕被平灭，代王刘恒被拥立为汉文帝。这场发生在汉京长安的惊心动魄的斗争，为陕西历史留下了发人深省的一页。汉文帝与汉景帝统治期间（前179—前141），西汉出现了治世，史称"文景之治"。当时帝都里发生的种种趣事，大大丰富了陕西历史的内容。

（2）武、昭、宣三代（前140—前49）。

汉武帝是中国历史上著名的雄才大略的帝王。他统治的半个多世纪中（前140—前87），为京畿三辅定名、扩建帝都长安、尊崇儒术、兴办太学、诏举孝廉、鼓励自衒鬻者、制定土德制度、开辟以长安为起点的丝绸之路、用酷吏打击豪强、兴建茂陵、发行三官钱、大兴关中水利、推行代田法，以及此期出现的史圣司马迁和武帝晚年发生的巫蛊之祸等等，均谱写了陕西历史上的重要篇章。昭、宣之世，号称"中兴"，陕西历史也随之揭开了新的一页。此间在长安召开的盐铁会议和石渠阁会议，三辅地区循吏的斐然政绩，二十七天短命皇帝刘贺，以及燕王、盖主、上官父子策划的未遂政变，霍氏败亡，等等，都在陕西历史上留下了不可磨灭的印迹。

（3）西汉末及新朝（前48—23）。

西汉末，元、成、哀三代昏君，一派衰世景象。公元前40年，原直属中央太常管理的诸陵邑划归三辅，是为陕西政区史上的一大变局。当时发生的毁庙罢园之议和天地祀典的改革，变化反复，延续几代，是政局动荡不安的折光。长安城出现的水警及祠西王母活动，直接反映了社会稳定性的丧失。汉哀帝演出的"再受命"闹剧，更表现出统治集团上层的愚昧无知和自欺欺人。这些都为陕西历史增添了颇为黯淡的一页。汉平帝时（1—8），握有实权的外戚王莽一步步篡汉而自立新朝，并推行一系列改制，使得本已十分尖锐的社会矛盾更加尖锐，终于导致大规模的农民起义爆发。公元23年，义军攻入长安，新莽败亡，陕西历史舞台上因此又展开了新的一幕。

三是东汉时期，自公元24年至公元220年。①

---

① 这里将王莽败亡至刘秀即帝位之间所空的公元24年亦划归东汉时期之内。

东汉以降，帝国的政治、经济、文化中心东移洛阳，陕西地区失去了原有的中心地位，所以陕西历史也就不再像秦及西汉时那样，完全与帝国的历史相重合，而更多地显示出地方的特点。不过，由于这里毕竟是皇族刘氏列祖列宗的埋葬之地，有"陵园之守"，故西汉时确立的"三辅"之名仍旧保持下来，东汉皇帝还常有"幸长安谒诸陵"之举。例如开国的光武帝便先后四次"幸长安"，"谒高庙"，"有事十一陵"，一次"行幸长安"，"祀长陵"。再加上这里是京师洛阳的西方屏障，战略地位十分重要，因此，在东汉"省诸郡都尉，并职太守"的情况下，三辅地区"乃复置右扶风都尉，京兆虎牙都尉"，用以加强管理，防备羌人。东汉之世，豪族势力普遍有所发展，关中豪族则显出其独具的特色。一是外戚豪门较多，如茂陵马氏、平陵窦氏等。二是经学世家较多，如弘农杨氏、平陵贾氏及茂陵杜氏、马氏等。这些构成了东汉时期陕西历史的基本内容。初平元年（190），权臣董卓胁迫汉献帝迁都长安。不久，董卓被杀，其部将李傕、郭汜等攻陷长安。后李、郭又火并相攻，关中一带成为战场。兴平二年（195），献帝东归，次年至洛阳。这样，在东汉末年的军阀混战中，长安又重温了一次帝都之梦，但却是昙花一现，从而在陕西历史乐章上留下了一段苦涩的小插曲。

《陕西通史·秦汉卷》在记述以上三大时期陕西历史发展过程的同时，把其文化现象的若干方面——主要是科学技术、教育、史学和校书，集中起来予以论列，以使人们对秦汉时期的陕西历史有更加全面的认识。

二

从春秋战国到秦汉王朝，原来的诸侯林立时代结束了，新的大一统的多民族的集权国家时代开始了。在这个古代社会大转型过程中，陕西显然起了其他地区所无法比拟的重大作用。这可以从两方面来理解：

其一，以陕西为基地和大本营的秦国，由小到大，由弱到强，由落后变为先进，最终统一天下，"别白黑而定一尊"①，建立了中国历史上第一个大一统的多民族的中央集权制国家。秦人秦国对中国历史发展的这一开创性贡献，从一定意义上讲，正是陕西地区陕西先民对历史做出的贡献。

其二，秦王朝虽然只存在短暂的十几年便迅速灭亡了，但其历史贡献与影响却没有因此而消失，相反，继立的西汉王朝将它进一步发扬光大。西汉王朝的国家形态与政治制度，是秦国家、秦制度活脱脱的翻版，所以历史上有"汉承秦制"之说。这表明，秦王朝最大的历史贡献完全被汉王朝继承下来。由于西汉存在长达两个世纪，所以它对中国历史发展的影响就更为深远。如果说，外语称中国为"China"系源于"秦"名远扬域外②，那么，中国人被称为"汉人"，中国语言、文字被称为"汉语""汉字"，中国学问被称为"汉学"，等等，则显示了"汉"对中国历史文化更巨大更深远的影响。值得注意的是，汉王朝在起家过程中，和秦一样也是以陕西为基地和大本营的，而当西汉帝国建立之后，其又一直以陕西关中地区为政治、经济、文化中心，所以在汉对中国历史发展的贡献与影响之中，陕西的巨大作用是绝不可忽视的。

当我们从以上两个方面出发，去考察秦汉时期的陕西历史时，其重要意义便显而易见。这里，起码可以归结出如下两点：

其一，陕西作为基地和大本营，对中国古代社会实现从诸侯林立时代向大一统帝国时代的转变，做出了远远超出其他地区的重大贡献。

其二，陕西作为秦王朝和西汉王朝的统治中心，对秦汉帝国的繁荣与昌盛、进步与发展，做出了远远大于其他地区的特殊贡献。

上述两种贡献叠加起来，就把秦汉时期的陕西历史推向一个非同寻常的地位。如果我们把整个秦汉时期全国各省的历史连作一条长龙，那么，陕西历史

---

① 司马迁：《史记》卷八七《李斯列传》，中华书局1982年版。
② 清末薛福成《出使日记》曾指出，欧洲各国称中国之名皆"秦"之音译，当由秦始皇逐匈奴威震殊俗所致。今研究者认为，早在秦穆公时期，随着戎狄流徙，"秦"可能已成为域外诸民族对中国的称呼。参见林剑鸣：《秦史稿》，上海人民出版社1981年版，第50—51页。

显然就是龙头。如果我们将秦汉时期全国各省的历史比作一群星斗，那么，陕西历史无疑就是众星拱卫的北辰。

秦汉时期，陕西之所以能处在十分显赫的地位，是与当时她所拥有的地理及自然优势密切相关的。就地理条件而言，陕西特别是关中地区，"被山带河，四塞以为固"①，其"左殽函，右陇蜀，沃野千里，南有巴蜀之饶，北有胡苑之利，阻三面而固守，独以一面东制诸侯"②，谓之"形胜之国"③，好比天下的咽喉，是古时最理想的建都之地。从自然条件来看，关中属古"雍州"之地，"厥土惟黄壤，厥田惟上上"④。这种黄土地，具有"无块""天性和美"等诸多优点，非常适合古代农业生产，故被列为土地的最高等级"上上"。加之战国至西汉时期，气温较今偏高，雨量也充沛，当时关中地区，竹林繁茂，稻田纵横，景象与今迥然不同。⑤关中地区由于这种优越的自然条件，遂被称为"陆海"⑥，或曰"天府"⑦。可见秦和西汉建都陕西关中，以这里为其统治中心，并非偶然。而正是这种选择，反过来又大大强化和突出了陕西的特殊地位，使之在中国古代的历史舞台上扮演了更为重要的角色。

总之，秦汉时期的陕西历史，是一部极其光荣的历史，是一部令人感到自豪和振奋的历史。今天，科学地总结这段历史，深入地研究这段历史，不仅有重要的学术意义，更有重要的现实意义。具体说来，秦汉时期陕西历史对当今陕西发展的借鉴价值与启迪作用，约有以下数端：

（1）秦汉陕西历史上，秦人所表现出的勇往直前、奋斗不息精神，是一笔

---

① 班固：《汉书》卷四三《刘敬传》，颜师古注，中华书局1962年版。
② 《汉书》卷四〇《张良传》。
③ 《汉书》卷一下《高帝纪下》。
④ 《尚书·禹贡》，见《十三经注疏》（清嘉庆刊本），阮元校刻，中华书局2009年版。关于黄壤的优越性，可参阅孙达人《中国农民变迁论》第二章，中央编译出版社1996年版，第30—94页。
⑤ 参见竺可桢：《中国近五千年来气候变迁的初步研究》，载《考古学报》1972年第1期。
⑥ 《汉书》卷二八下《地理志下》、卷六五《东方朔传》。
⑦ 《汉书》卷四〇《张良传》、卷四三《刘敬传》。

巨大的文化遗产，需要当代陕西人很好地继承和发扬。

西周末年，一则由于旱灾、地震，再则由于犬戎等少数民族入侵，周人被迫东迁洛邑。面对周人丢弃的陕西关中这个烂摊子，秦人没有畏葸不前，更没有怨天尤人，而是以一种勇往直前的积极进取精神，经过数代人近百年的不懈努力，终于赶走了入据丰岐的戎狄，营造出一个生气勃勃的新诸侯国——秦。秦人奋斗不息的史实启示我们：客观条件固然重要，但更重要的还是人们的主观能动性；只要充分发挥人的作用，就能够改变环境，取得成功。世间大凡做成一种事，贵在一往无前并能持之以恒。秦人正因为有这种精神，所以才得以在别人丢掉了的土地上，重新创造辉煌。

（2）秦汉陕西历史上，虽无"开放"这个说法，却有对外开放的实际。这种实际为今天陕西的发展，提供了宝贵的历史借鉴。

秦汉陕西历史上的对外开放，以秦国时期最为典型，而秦国的这种开放，又主要表现在其对外来人才的吸收接纳上。春秋战国时，各诸侯国把外来人才泛称为"客"。秦对"客"的使用，在各国中最为突出，所取得的成效也最为显著。秦发展史上几位关键性的人物，如春秋时的百里奚、公孙枝（支），战国时的商鞅、张仪、范雎、李斯等，均是秦大胆引进的外来人才，他们均以对秦做出了巨大贡献而名垂青史。从一定意义上讲，秦最终平灭六国，统一天下，与其广泛使用外来的"客"有极大的关系，故历史上曾有"秦固以客兴"[1]的说法。这充分反映了秦国对外开放的胆略和气魄。

秦王朝和西汉王朝，也都是以一种开放的姿态去处理对外关系的。《拾遗记》卷四所载始皇时"刻玉善画"的能工巧匠烈裔，即来自骞霄国——学者颇疑其国即《汉书·地理志》记载的"黄支"，《大唐西域记》谓之"建志补罗国"[2]。

---

[1] 罗大经：《鹤林玉露》甲编卷三《齐秦客》，王瑞来点校，中华书局1983年版。
[2] 马非百：《秦集史》上册，中华书局1982年版，第336页。此处把"黄支"视为位于印度东海岸的"建志补罗国"，系采用日人藤田丰八和法人费琅之说。对于这一说法，学术界有不同意见。或认为"黄支"在东南亚，具体位于苏门答腊西北部，参见周连宽、张荣芳：《汉代我国与东南亚国家的海上交通和贸易关系》，见中华书局编辑部编：《文史》第九辑，中华书局1980年版。

另，始皇时不断派员出海，固然是为求仙寻找不死之药，但又何尝不含海外开拓之意？！至于好大喜功的汉武帝派张骞西域"凿空"，开辟丝绸之路，就更是西汉帝国积极开放的典型反映了。总之，上述历史事实表明，秦汉时期确是一个大开放的时代，秦汉帝国那种超然的博大气势，实际上是同其开放的总态势密切相关的。今天，我们从这些历史事实中无疑会受到多方面的启发。

（3）秦汉陕西历史上变法图强的史实昭示我们，只有坚持走改革之路，才会有光明前程。

秦人建国后，在春秋中期曾出现繁荣昌盛局面。但随着周文化衰落的时代走势，按照周制立国的秦，在穆公之后很快也衰落了。面对落后挨打的现状，秦自献公时代便开始鼎新，实行改革，并取得初步成效。秦孝公即位后，进一步把改革事业推向纵深。在他支持下实行的商鞅变法，使秦国打了一个彻底的翻身仗，从此秦由落后变作先进，成为时代的排头兵。这段历史发人深省，对当代陕西人来讲，显然更富有启迪价值。

历史的功能，主要在于开启智慧，拓展思路，提供经验和教训，使后人不走或少走弯路，不犯或少犯错误，变得聪明起来。它虽不可能像应用性学科那样，产生立竿见影的经济效益，但它所激发的精神力量，是可以转化为强大的物质力量的。不难预料，《陕西通史·秦汉卷》将作为一部对陕西人民进行省情教育的教科书，将作为一部使陕西人民清醒认识过去、正确把握未来的好教材，发挥其应有的巨大作用。同时，她也必将成为国内外一切希望了解秦汉时期陕西历史者的好朋友。

三

全国各省撰写本省的通史，用以作为本地进行传统教育、爱国主义教育和省情教育的教材，这无疑是一桩盛举。不过，其他各省通史的古代部分相对好写一些，而陕西这个曾长期处于中国古代历史舞台中心的省，这个曾有十多个王朝于此建都的省，其古代史则不好写。原因是陕西省的古代史，与中国古代王朝历史大量重合，缺少个性。以本卷所述之秦汉时期陕西历史为例，在此段千年历史中，陕西历史与秦国、秦朝、西汉相重合者即占80%。这就产生一个难题：究竟应该怎样去写秦国、秦朝、西汉时期的陕西历史？

为此，我们确定了这样两条原则：

（1）秦国、秦朝、西汉时期，举凡发生在今陕西省境内之事，即为陕西历史的内容，否则，即使再重要，也不归入陕西历史。

（2）秦国、秦朝、西汉时期的重要人物，凡籍贯属于今陕西省范围者，则写入陕西历史；籍贯不属今陕西省，但其主要活动、事略在今陕西省内者，亦写入陕西历史。

在《陕西通史·秦汉卷》中，我们就是按照这两条原则做取舍的。不过，通史毕竟不同于方志，它还有自身的某些特殊要求，因此实际写作过程中，个别地方也有突破。例如公元前645年发生的韩原之战和公元前627年发生的殽之战，皆秦晋关系中的大事，在陕西历史上自然是不能不写的，但前者战场在今山西省境内，后者在今河南省境内，均突破了前述的原则。

作为一部通史，重要典章制度的记述，当然不可或缺。无论秦王朝还是西汉王朝，其典章制度除极个别特例外，一般总是针对全国而发的，因此很难视为陕西所独有。不过换个角度去看，典章制度基本都在国都制定，并由此颁行全国，陕西作为国都所在地，自然也就是典章制度的诞生地，故把这些典章制度归入陕西历史，实乃顺理成章之事。正是出于这种考虑，本卷书用了一定篇幅，专门介绍皇帝制度、三公九卿制以及秦之水德制度、汉之土德制度等等。不过，介绍的视角是经过调整有所变化的，其目的在于使所介绍的内容与陕西历史能够更紧密地结合起来。

由于秦汉时期去今已经相当久远，所遗留下来的典籍资料十分有限，而且其内容又主要是针对全局讲的，要想从这些典籍中找到具有陕西地方特色的材料，实在是大海捞针，困难异常。因此，在这部《秦汉卷》里，就存在着把某些看起来极其平常，但确实又具有明显陕西地方性特色的史实特别加以放大的现象。如汉文帝至细柳营劳军、长安城里精明的子钱家（即高利贷者）等等。这样做，势必会造成一定程度的不协调，但有弊亦有利，由此倒也给史著于严肃性外增添了一些新鲜活泼的气氛，使其趣味性、生动性大大提高。

东汉时期的陕西历史，尽管不像秦及西汉那样，与整个帝国历史黏合得非常紧密，但要从纷杂的近二百年史实中，找出一条足以显示时代特征的发展主线，也并非易事。对此，我们采取了突出重点、带动全面的做法。具体讲，即抓住外戚豪族、经学世家以及羌人袭扰这样三个点，进而展现该时期陕西历史的全貌。

至于对秦汉时期陕西文化的论述，本卷书是竭力突出陕西地方特色的。但事实上，在许多文化领域，很难把陕西与全国截然分开。因为一方面，在一个大一统国度里，通过交往与交流，各地基本上总是保持一种大体相同的物质生活和精神生活方式，在文化上显示出强烈的趋同性。另一方面，陕西作为秦汉王朝的中心，本身便代表了全国，是全国的缩影。唯此，在论述过程中，我们不能不适当选用一些陕西以外的最具典型性的例证，以求更准确地反映历史真实。

第一章 秦的兴起与称霸

第一节　秦人始封为诸侯

公元前8世纪前期，在中国西部大地上，出现了一个新的诸侯国，这就是以后在中国历史舞台上演出了极其威武雄壮剧目的秦国。回顾秦国的建立过程，虽然步履十分艰难，但秦人所表现出的那种进取、拼搏精神，却在中华民族的史册上留下了令后人备受鼓舞的光辉篇章。

一、受封诸侯前的秦人

秦受封为诸侯国之前，有着一段相当漫长的发展历史。

关于秦人究竟来自何方，学术界有不同的看法，其中以秦人东来说和秦人西来说最为常见。东来说认为秦人来自东方滨海地区的东夷族，与殷人同祖。西来说认为秦人属于戎狄（本通史某些卷作者即持此看法），或说就是西北甘青地区少数民族西戎的一支。这两种观点，虽然各自都有相当坚实的证据，但也各有短板，所以最终难以达成共识。在这种情况下，有研究者更换思路，把东来说与西来说结合起来，提出了秦人"源于东而兴于西"[①]的新说法。此说认为秦人有两个"源"，一为东方的"始发之源"，一为西方的"复兴之源"。按照通例，始发源与复兴源是不同的，然而秦人经历特殊，其复兴不是以原有文化为基础，而是在被"戎化"这一全新起点上开始的，如此秦在西方的复兴便有了明显的再次起源的性质。秦人东来说只看到了秦的"始发之源"，秦人西来说只看到了秦的"复兴之源"，二者虽然都探索到了真理，却都有片面性。把东来说与西来说统一起来的秦人二源说，或许更为全面地接近于历史的原貌。

新近有研究者根据清华简《系年》的相关记载，指出关于秦人始源又有了重要发现。[②]（见图1-1）尽管清华简只是我们今天有幸见到的众多古文献之一种，从某种意义上讲也只能算是一家之言，但它毕竟为秦人"源于东"之说增

[①] 黄留珠：《秦文化二源说》，载《西北大学学报》（哲学社会科学版）1995年第3期。

[②] 李学勤：《清华简关于秦人始源的重要发现》，载《光明日报》2011年9月8日第11版。

添了一条新证据。

在了解上述各种说法的基础之上，再来对照《史记·秦本纪》，受封诸侯前秦人的发展情况也就相对比较清楚了。其大体分为两个阶段：

第一阶段，自女修至大骆。其间的大事主要有：女修生大业，大业生大费；大费与禹平水土；大费被舜赐姓嬴氏，有子大廉、若木；大费玄孙费昌当夏桀之时，去夏归商，为汤御，以败桀；大廉玄孙孟戏、中衍，鸟身人言，为帝太戊御并妻之；中衍之后，世有功，为殷诸侯；中衍玄孙中潏，在西戎保西垂；中潏生蜚廉，蜚廉生恶来，蜚廉善走，恶来有力，父子俱以材力事殷纣；周武王伐殷，杀恶来，后蜚廉亦死，葬霍太山；蜚廉孙孟增幸于周成王，是为宅皋狼；皋狼孙造父以善御幸于周穆王，受封于赵城，由此为赵氏；蜚廉另孙女防生旁皋，旁皋生太几，太几生大骆，大骆生非子，皆以造父之宠，蒙赵城，姓赵氏。

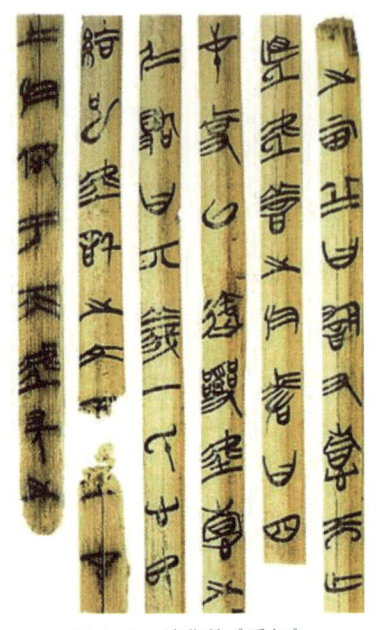

图1-1　清华简《系年》

第二阶段，自非子至襄公七年（前771）。这期间发生的大事主要有：居犬丘（今陕西兴平境内）的非子为周孝王主马汧渭之间，受封为附庸，邑之秦，号秦嬴，历秦侯、公伯，至秦仲；周宣王以秦仲为大夫，伐西戎并死于戎；宣王召秦仲子庄公昆弟五人，与兵七千，破西戎，遂以庄公为西垂大夫；庄公长子世父让位其弟襄公，时在公元前777年；次年，西戎围犬丘，世父迎战被俘，复归之；其后不几年，周幽王废太子，立宠妃褒姒子为嫡，引发变乱，由此导致秦人受封，由大夫升格为诸侯。

二、襄公始国

公元前771年，申侯联合少数民族犬戎攻破周都镐京（今陕西西安西南）追杀幽王于骊山脚下。当时，作为周"西垂大夫"的秦族首领秦襄公（见图1-2）

率兵救周,"战甚力,有功"。周平王即位后,迫于周王畿内(今陕西关中地区)戎狄势力的猖獗,不得不迁都到今河南洛阳,是为东都。在东迁过程中,秦襄公又率兵护送平王,尽心尽力。为此,平王封他为诸侯,赐予"岐以西之地"。于是秦人始国,"与诸侯通使聘享之礼",这时是公元前770年,正值我国历史上春秋时代的开始。[1]

秦国的建立,在陕西发展史上是件大事。她是陕西历史上继周之后,以富庶的关中为基地,

图1-2　秦襄公塑像

进而把统治推向全中国的又一个重要政权。她同西周一样,是中华文明发展史上的重要里程碑。此后秦的发展历史,从一定意义上讲,也就是陕西的发展历史。陕西简称"秦",便缘起于这里。

不过,周平王把秦襄公从"大夫"提升为"诸侯"的时候,只是开了一张空头支票。这一点,平王本人并不隐讳。在分封秦襄公的宣誓典礼上,他便坦率地当面向襄公指出:"戎无道,侵夺我岐、丰之地,秦能攻逐戎,即有其地。"[2]意思是说:秦如果能把戎狄从岐、丰一带赶走,就可以在那里建国;如若不能,只好听天由命了!那时,陕西关中及其四周地区,几乎布满了内侵的戎人和狄人。如渭水上游的"狄、獂、邽、冀之戎",泾水以北的"义渠之戎",洛

---

[1] 以上见《史记》卷五《秦本纪》。
[2] 《史记》卷五《秦本纪》。

水一带的"大荔之戎",渭水以南的"骊戎",[①]陕北高原的"白狄"[②],等等。另外,关中东部还有西周原来分封的梁、芮等小诸侯国。如此众多的戎狄部落和小诸侯国,早已把"岐、丰之地"挤得满满的,哪儿还有秦人插足的余地?在这种情况下,秦人只有以武力击败群戎,才能占据岐、丰之地,立国于诸侯之林。(见图1-3)

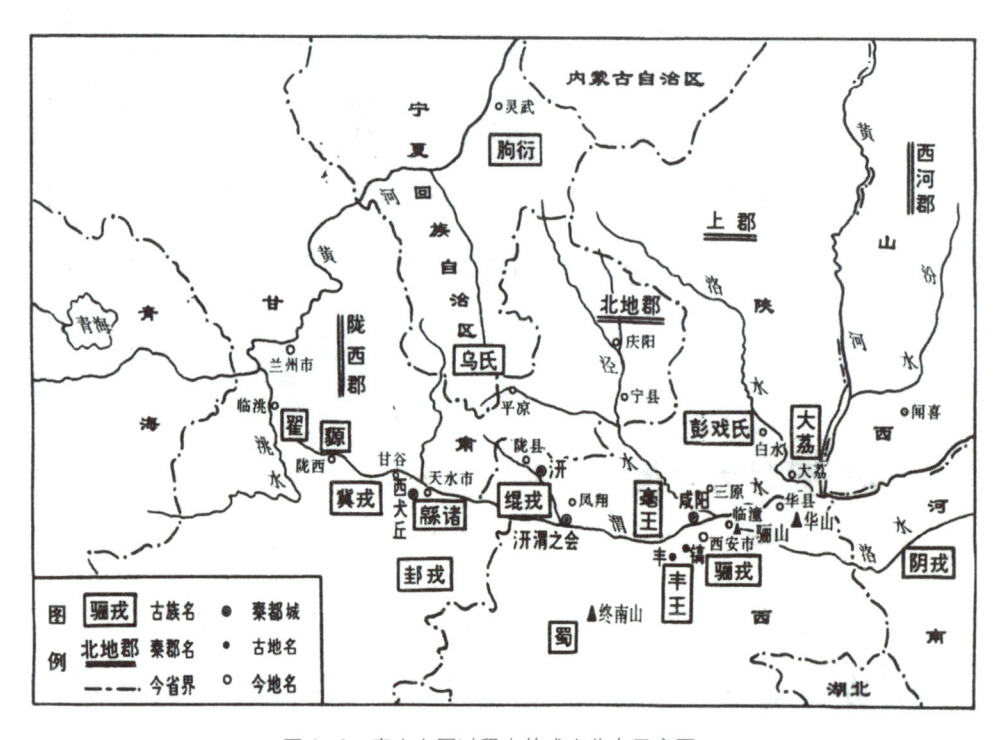

图1-3 秦人立国过程中的戎人分布示意图

三、同戎狄的艰巨斗争

秦襄公是一位颇有作为的君主,受命之后,立即扩张武备,决心从戎狄手中夺取岐、丰之地。据《诗经》及传世的《石鼓文》等资料记载,他统治期间,秦的武力大大加强。然而即使如此,秦对戎狄的战争也未能取得大的进展,秦人活动的范围,长时期内仍旧局限于原居住的"西垂"(今甘肃礼县一带)一

[①] 范晔:《后汉书》卷八七《西羌传》,李贤等注,中华书局1965年版。
[②] 马长寿:《北狄与匈奴》,生活·读书·新知三联书店1962年版。

隅之地。直到公元前766年，秦襄公方才"伐戎而至岐"①，即到了岐山，就是今陕西宝鸡以东的地区。在这次东征中，襄公去世。

古代国君的逝世，对局势的影响是异常重大的。史载继襄公而立的文公，即位之初仍居"西垂宫"，这意味着秦人又退回到西垂故地，襄公伐戎至岐的成果没能巩固下来。秦处退守之势三年，到公元前763年，秦文公才得以率兵七百"东猎"——实际是以武力向东扩大领土。经过一年的努力，到达"汧渭之会"。这是汧水与渭水的汇合处，在今陕西宝鸡境内，秦人的祖先非子曾在这里替周孝王养过马。如今文公到此，不免感慨万分，认为这里是秦人发迹的宝地，决定在此筑城定居。后经十多年苦心经营，秦的实力有所加强。公元前750年（秦文公十六年），秦终于打败了以"丰王"为首领的控制岐地的戎人，第一次取得了对戎战争的重大胜利，从而占有了周平王赐予的"岐以西之地"，并把"岐以东献之周"。②此时距秦人建国，已有二十年之久了。

文公之所以能取得对戎战争的胜利，有其深刻的社会背景。《史记·秦本纪》记载："（文公）十三年，初有史以纪事，民多化者。"这表明，文公在位以后秦国社会发生了某些重要变化。"初有史以纪事"，反映当时秦国不只抓武备，文治也有所成就，说明政权建设更臻完善。"民多化者"则反映当时秦人素质普遍提高。正是在这样的社会进步基础之上，秦国取得了胜利。

四、进一步吸收继承周文化

秦以对戎战争的胜利为转折，开始步入发展的新阶段。这期间，推动秦社会迅速前进的一个非常重要的因素，就是秦对周文化大量的更加全面的吸收与继承。

考古发掘资料表明，早在西周时期，秦人便已经吸收周文化，开始了农业定居生活。③但那时秦人毕竟远居"西垂"，所接受的周文化并不全面。自秦文

---

① 《史记》卷五《秦本纪》。
② 以上见《史记》卷五《秦本纪》。这里的"献之周"，应是礼仪之举，并不意味当时秦已将"岐以东"完全占有。
③ 参见赵化成：《寻找秦文化渊源的新线索》，载《文博》1987年第1期；袁仲一：《从考古资料看秦文化的发展和主要成就》，载《文博》1990年第5期。

公十六年（前750）击败戎人后，情况发生了很大的变化。这时秦人入居周文化的发迹之地，客观上具备了吸收继承周文化的更为便利的条件。尤其当时接受"周余民"这件事，影响甚为深远。所谓"周余民"，是指没有随平王东迁而留在周王畿故地的周人，人数不少。秦把他们"收"而"有之"后，一方面获得了充足的劳动力，另一方面，也是更重要的方面，"周余民"带来了他们先进的生产技术与生产经验，带来了较秦先进得多的周文明。这样，就大大加快了秦社会进步的速度。

如果把接受"周余民"看作秦全面吸收、继承周文化的开端，其后，这一过程则贯穿于相当长的历史时期。于是，中国西部的大地上出现了一种"秦人周化"现象。关于此，可从大量的史实中得到印证。例如考古发现的秦青铜器，无论是宝鸡西高泉村一号墓出土的器物，还是西安市鄠邑区宋村发现的青铜器，宝鸡太公庙发现的秦公镈、钟，或是阳平秦家沟、凤翔八旗屯一期墓出土的青铜器等，在百余年间，尽管器物形制、铭文字体、纹饰诸方面不断有所发展变化，但正如研究者所公认的那样，它们都具有"西周的传统"。[1]特别是春秋早期器物，西周风格更为显著，许多器物径直就是西周遗物。再如丧葬制度，经对新中国成立后发掘的关中地区500余座秦墓的分析研究，考古工作者得出结论：从春秋一直到战国早期，秦的葬制在相当大的程度上沿袭传统的周礼。[2]再如秦的文字，即继承沿用西周的文字。确切地讲，是由西周后期的金文——"籀文"发展演变而来的。故国学大师王国维说："秦居宗周故地，其文字犹有丰镐之遗。"[3]再如大型建筑，考古发现的春秋中期的秦宫殿、宗庙遗址，其布局完全符合周礼的"左祖右社"原则，宫殿、宗庙的结构均与周礼契合，甚至宫殿内

---

[1] 参见李学勤：《秦国文物的新认识》，载《文物》1980年第9期；中国社会科学院考古研究所编著：《新中国的考古发现和研究》，文物出版社1984年版。
[2] 参见中国社会科学院考古研究所编著：《新中国的考古发现和研究》，文物出版社1984年版。
[3] 王国维：《观堂集林》上册卷七《战国时秦用籀文六国用古文说》，中华书局1959年版，第306页。

储冰亦遵周凌阴之制。① 总之，秦在政治、经济、文化、风俗各个领域，全面吸收、继承了周文化。

秦人大量、全面地吸收、继承周文化，其结果之一便是进一步凝固了由周人所奠定的陕西关中地区的特殊风尚——即《汉书·地理志》所概括的"民有先王遗风，好稼穑，务本业"②。这也正是陕西黄土文明的最基本的特征。

五、三庶长之乱

秦人周化，意味着秦开始建设如同西周那样的社会文明，成为周天子属下的名副其实的诸侯国。虽然在东迁的周人那里，原来西周的礼乐法度已开始衰落，但对秦来说，它却是崭新的制度，是一种具有强大活力的社会生产方式。所以自秦文公中期以后，秦的国势蒸蒸日上。文公二十年（前746），秦进一步完善法律，制定"三族之罪"③。二十七年（前739），攻伐南山附近的戎族"大梓"及丰水一带的戎族"大特"④。宪公⑤二年（前714），出于对戎狄斗争的需要，秦将国都由汧渭之会迁往平阳——今陕西省宝鸡市东阳平镇。翌年，秦攻灭了活动于今陕西三原、兴平、长安间的戎人"荡社"（或称"汤社"），使自己的势力向东方大大扩展了一步。十二年（前704），又攻取了"荡氏"。然而正当秦步步胜利的时候，其国内却发生了一场内乱——这就是秦史上所谓的"三庶长之乱"。

庶长是秦特有的官名。一说其相当于后世的将军，因统率庶人，故名。⑥ 一说"为众列之长"⑦。在早期秦国历史上，此职为权力最大的官，又称"大庶长"，其设置无定员，常有擅权废立之举，战国以后逐渐演变为爵名（因秦素有官爵

---

① 参见袁仲一：《从考古资料看秦文化的发展和主要成就》，载《文博》1990年第5期。
② 《汉书》之说本于《史记》，但更精炼，故用之。
③ "三族之罪"即"罪及三族"之意。"三族"，一般指父母、兄弟、妻子，另说指父族、母族、妻族。
④ 旧注以"大梓"为大梓树，"大特"为牛神。日人泷川资言考证为戎名，今从其说。
⑤ 许多文献误记宪公为宁公。今据1978年宝鸡太公庙出土的秦公钟、秦公镈铭改。
⑥ 《续汉书·百官志五》刘昭注引刘劭《爵制》。
⑦ 《汉书》卷一九《百官公卿表》颜师古注。

不分的特点，故仍可视为官称）。这次的三庶长之乱，是秦史上发生的第一次庶长废立国君的事件。

秦宪公有三个儿子：长子武公，立为太子；次子德公，与武公同为鲁君之女鲁姬子所生；三子出子，为周王之女王姬所生。公元前704年，宪公去世，大庶长弗忌、威垒、三父废太子武公，而立年仅5岁的出子为君。其母王姬临朝，大权实际落在三庶长手里。公元前698年，三庶长又派人杀死刚刚年满11岁的出子，重新立原太子武公为国君。

从各种文献记载来看，三庶长之乱大体限于宫闱内部，对于秦的国力并无太多影响。故而武公即位后不久，便击败了居于彭衙（今陕西白水东北）的戎族"彭戏氏"，进军到华山之下。不过，秦武公毕竟年龄要长一些，阅历也深一些，所以即位第三年，便以废杀出子之罪，把三庶长正法，并夷灭三族。这样，大权又重新集中于王室。

六、扩张与迁都

秦武公时期王权的加强，使秦更有力量向外扩张领土。武公十年（前688），秦征服了西方的邽戎（据今甘肃天水南一带）、冀戎（据今甘肃甘谷南一带），并在这里设置了中国历史上最早的县。县的意义为"悬"，即系有所属的意思。设县就是在国都以外的地方设置直接归中央控制的行政机构，不过最初仅限于在边境的城邑设置军、政合一的组织。次年，秦又在杜（今陕西西安东南）、郑（今陕西渭南市华州区北）两地设县。这里原是西周的封国，后分别为戎族荡社与彭戏氏所占据。从前文叙述可知，荡社在宪公时被消灭，彭戏氏则亡于武公之初。现在又在这两地设县，说明秦的势力在这一带得到了巩固。就在这一年，秦还消灭了残存于国都附近即今陕西省宝鸡市陈仓区境内的戎人据点——小虢。这样，西起甘肃西南部，东至华山一线，整个关中渭水流域的广大地区，基本上为秦国所控制。

秦德公元年（前677），秦又将国都从平阳迁到雍——今陕西凤翔南。（见图1-4）不论是早先的国都所在地"汧渭之会"，还是后来迁徙而至的平阳，

图 1-4　秦都雍城遗址出土瓦当

都位于周原之下的河谷地带，回旋余地十分狭小，既不利于有效地统治已占有的广大领地，也不便于进一步向东、西方发展。在这种情况下，秦不能不另外选择国都的新址。其最后之所以选中雍，是有着深刻道理的。一方面，雍位于地势较高的周原上沣河上游的雍水附近，既是最富庶的农业区，又为陇山以东的门户，无论是向东方扩展，还是防备西方的戎人，地理位置都是非常理想的。[①]另一方面，时人认为"雍州积高，神明之隩"[②]，是建畤郊祭上帝的最佳场所，秦文公便曾在这里设立鄜畤[③]。所以建都于雍，不仅有利于人事活动，而且大大便于神事活动，这样就可以更好地利用神的威力以加强统治。自这次迁都后，雍作为秦政治、经济、文化的中心，一直延续了近三百年时间。（见图1-5）

就在德公迁都的同年，东方靠近黄河西岸的两个小国——据今陕西韩城南的梁伯和今陕西大荔境内的芮伯，前来朝秦。可见这时秦的势力，已远达河西之地。从襄公建国开始，历经文公（前765—前716年在位）、宪公（宁公，前715—前704年在位）、出公（前703—前698年在位）、武公（前697—前678年在位），到德公（前677—前676年在位），秦人终于在陕西大地上站稳了脚跟。

[①] 参见史念海：《周原的历史地理与周原考古》，载《西北大学学报》（哲学社会科学版）1978年第2期。
[②] 《史记》卷二八《封禅书》。
[③] 史载秦襄公曾在雍立西畤，学者考证认为这是汉儒伪窜，而文公立鄜畤，确为信史。

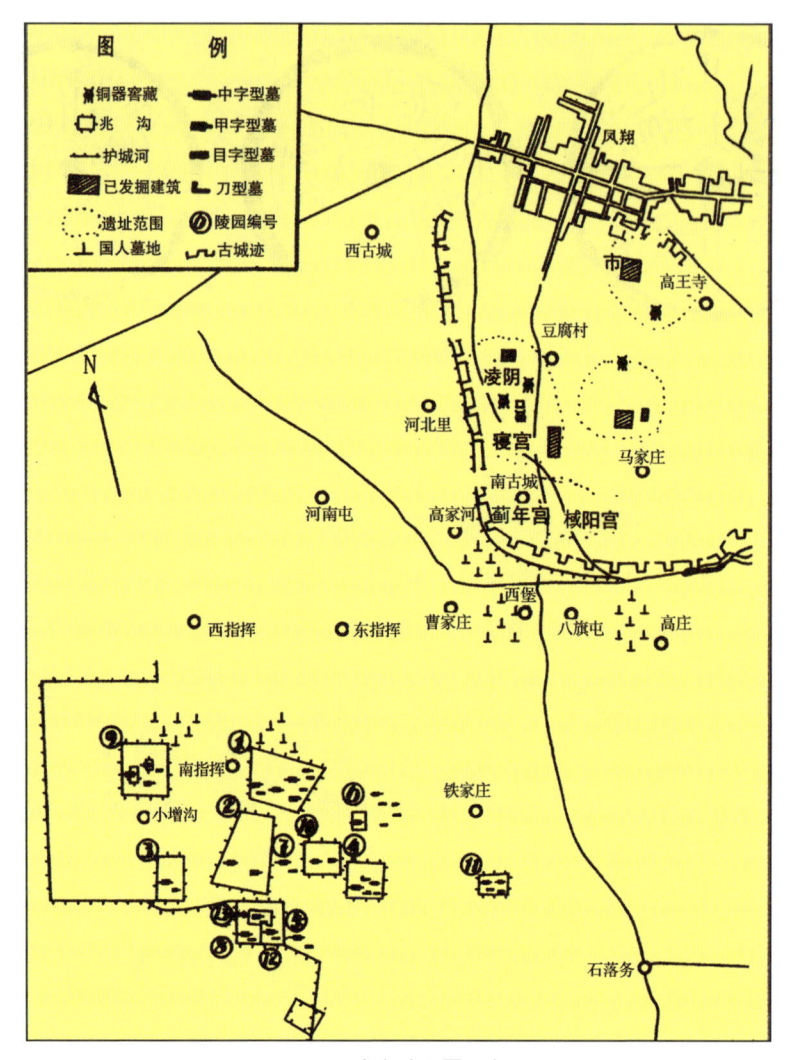

图 1-5　秦雍城平面示意图

第二节　霸主时代

秦国在秦穆公时期（前659—前621），政治、经济、军事、文化各个方面均空前繁荣昌盛，自此秦由一个微不足道的国家，一跃而为春秋霸主之一。

一、穆公的雄心及其智囊团

秦德公之后，经宣公（前675—前664年在位）、成公（前663—前660年在位），便是穆公。秦人由于长期同戎狄进行武装斗争，故君主的继立，并不严格遵循嫡长子继承制，而是"择勇猛者而立之"①。宣、成、穆三公，均为德公之子，亦均是兄终弟继。穆公名任好，即位时秦建国已百余年，各方面的条件比起当初已大大改观。穆公是位雄才大略的君主，他的雄心很大，一心要做当代的霸主。关中腹地有一条源于今西安市蓝田县灞源乡东家沟、长达109公里、流域面积2563.7平方公里的灞水（灞河），最早的名字叫滋水，穆公为了显示自己称霸的雄心，便把它改名灞水，"以章霸功"②。

穆公充分利用先辈所创造的有利条件，不失时机地把秦国推进到一个大发展的新时代。在这个过程中，其四周始终围聚着一批得力的助手，他们组成了帮助穆公成就霸业的智囊团。

秦穆公智囊团中最著名的人物，自然首推百里奚。史书关于此人的记载，颇多歧异，不过主要说法有二：一说他原是虞国人，晋灭虞后逃走，以五张羊皮自卖于秦客，养牛，后被公孙枝发现，荐于秦穆公受到重用；另说他家境清贫，曾周游齐、宋，均不见用，后到虞国靠朋友关系做了官，及晋灭虞，成为俘虏，适逢秦穆公迎娶晋献公女，遂被当作陪嫁奴隶送往秦，半路上逃跑至楚国，后被秦穆公以五羊之皮赎回，故号为"五羖大夫"。不管怎么讲，在当时各国普遍仍以"亲亲""贵贵"原则指导用人的情况下，秦穆公敢于突破宗法制的框框，大胆起用一个已沦为奴隶③的外国人，是很不简单的事。后来百里奚果然不负众望，为穆公谋划霸业，发挥了极重大的作用，并赢得了秦国民众的爱戴。据说他死后，"秦国男女流涕，童子不歌谣，舂者不相杵"④。

百里奚之外，这个智囊团中的知名人物还有许多。如蹇叔，他本是百里奚在宋国时结识的好朋友，二人拜为兄弟，百里奚仕秦后，把他也推荐给穆公，官任上大夫。再如由余、公孙枝、内史廖、丕豹等。他们每人的经历，都可以写成一个动人的故事，其中闪烁着智慧之光，充分展现了智慧的力量。正是这样一个高智能的谋臣集体，为秦穆公的称霸，做出了巨大贡献。

---

① 《春秋公羊传·昭公五年》何休注，见《十三经注疏》（清嘉庆刊本），阮元校刻，中华书局2009年版。
② 《汉书》卷二八《地理志》自注。
③ 百里奚之"奚"字，本义即奴隶。《礼记》疏："有才能曰奚，无才能曰奴。"
④ 《史记》卷六八《商君列传》。

二、称霸西戎

秦穆公时代，秦人仍然面临着继续同戎狄进行斗争的任务，而这种斗争，自然也就成为穆公霸业的一个重要组成部分。

在今天陕西、山西两省交界处的平陆（属山西）附近，当时居住着被称为"茅津之戎"的戎族。公元前659年，穆公刚一即位，就亲率大军伐茅津获胜，扫除了阻挡秦人向东发展的障碍。当时在秦国的腹地，约今武功县一带，还居住着一支被称作"陆浑之戎"的戎族，他们又被称为"允姓之戎"或"姜戎"。[①] 秦当然不允许这样一股戎人势力的存在。秦穆公二十二年（前638），秦以武力把他们赶走，消除了肘腋之患。伐茅津戎、迁陆浑戎之后，秦便开始向威胁最大的西戎发动进攻。

西戎泛指秦国西方散布的众多戎族。其各有君长，形成一百多个戎国，而以"陇以西"（即今甘肃天水、临洮一带）的四个戎国——绵诸、绲戎、翟、獂，最为强悍，是西戎诸国中最主要者。四国之中，则又以绵诸最强。

据《史记·秦本纪》记载，戎王（很可能即绵诸之王）听说秦穆公贤，遂派使者由余"观秦"。这位由余，其先为晋人，逃亡入戎。秦穆公向来访的由余显示宫室、积聚，由余毫不客气地批评说："使鬼为之，则劳神矣。使人为之，亦苦民矣。"针对穆公的提问，由余分析了"中国"（即华夏）所以乱而戎夷所以治的原因。他的远见卓识使秦穆公大为吃惊，深感西戎有如此贤者，实为秦国之忧，故决心收降这位贤人，为秦所用。于是穆公采用内史廖之谋，一方面给戎王送去女乐，"以夺其志"，另方面则离间由余与戎王的关系。结果，由余处处受到猜忌，数进谏而不被采纳。在万般无奈的情况下，他只好降秦。这样，秦穆公的计谋成功了。通过由余，穆公完全掌握了西戎的内部情况和山川地理形势，秦最终平灭西戎以巩固后方的主客观条件均已成熟。

秦穆公三十七年（前623），"秦用由余谋伐戎王"。当时秦采用了突然袭击的作战方法。长期以来，戎王沉溺于酒色之中，武装已经解除，面对秦军

[①] 陆浑戎居地用顾颉刚说，见《史林杂识初编》，中华书局1963年版，第46—53页。陆浑别称用李亚农说，见《李亚农史论集》下，上海人民出版社1962年版，第631页。

袭击，自然无力抵抗。当秦军到来之际，戎王尚酒醉未醒。结果，秦大获全胜，史称"益国十二，开地千里，遂霸西戎"，甚至周天子亦派召公过为使，"贺缪（穆）公以金鼓"。①自此，东起今陕西、山西两省交界处的黄河，西到遥远的甘肃中部一带，皆为秦所统治。长期以来秦所面临的戎狄威胁，被彻底解除，秦的国力因获得大批戎狄劳动力而大增，穆公本人也戴上了春秋霸主的桂冠。

秦称霸西戎的重大历史意义，除体现于上述对秦自身的价值之外，还表现在以下两个方面：

第一，对黄河以西广大地区的社会进步起了积极的促进作用。特别是使长期以来戎族控制下的地区，小国林立局面得以结束，社会经济文化得以发展，民族融合进程得以加快。

第二，令秦之威名远播域外。关陇以西与中亚乃至欧洲，自古以来便存在着令今人不可思议的交通往来。秦穆公称霸西戎，其声名不胫而走，遂开始使"秦"成为域外民族对中国的专门称谓。日后秦统一中国，则进一步强化了域外各国以"秦"指代中国的意识。据学者考证，许多国家称中国为"支那"或"China"，实即"秦"字的音译。

三、秦晋之间的战争

春秋以降，王室衰微，诸侯坐大，出现了大国争霸的局面。秦在各诸侯国之中，尽管是个后起者，且长时期困扰于同戎狄的艰苦斗争，但称霸的意识并不淡薄。尤其秦穆公，更为突出。这从前述他把滋水改称灞水，以及将新兴建的宫殿称作"霸城宫"②等等，都可看得很清楚。如此一位向往称霸的君主，当然不会仅仅局限于称霸西戎，他还要向东方拓展，与中原的霸主一比高低。

秦穆公东进，遇到的最大劲敌便是晋国。

晋本是周的同族，其始封之君唐叔虞即周武王幼子③。进入春秋后，晋曾长期内乱。晋献公时（前676—前651），秦穆公正值即位之初，尚无暇东顾，而

---

① 以上见《史记》卷五《秦本纪》。
② 《史记》卷八《高祖本纪》张守节《正义》引《三秦记》。
③ 周成王初，灭唐国，以其地封幼弟叔虞，故称"唐叔虞"。唐叔虞之子燮父迁居晋水之旁，始改国号为晋。

晋也刚刚重新统一，无意西征，所以两国以联姻的方式保持着友好往来关系。及晋献公去世，晋又开始内乱。当时流亡在外的晋公子夷吾，以割让晋河西八城为条件，取得秦穆公用兵护送他回国继承君位的许诺。后在秦支持下，夷吾真的当上了国君，是为晋惠公。但他却不愿履行诺言，如此，秦晋之间出现了裂痕。不过此后相当长的时间里，双方虽已钩心斗角，但尚未撕破面皮。公元前649年，伊雒之戎进攻周王室，双方还有联合救周之举。前647年，晋发生灾荒，秦还给晋运去粮食。当然，这些只是大战前的暂时平静。实际上，双方都在暗暗地积极准备着一场大厮杀。

公元前645年（秦穆公十五年），秦晋之间的大战终于爆发。

原来在这前一年，秦国发生饥荒，向晋国借粮，晋不予。翌年，即公元前645年，秦的年成不错，谷熟而民安，穆公则帅师伐晋[1]，接连三败晋边境守军，深入晋境内的韩原（今山西河津、万荣间[2]），同晋惠公亲率的大军相遇。九月十四日，双方开战。当时秦军人数较少，士气却很旺盛；晋军人数虽多，但内部矛盾重重，且道义上亏理[3]，士气低落。结果，晋军大败，晋惠公本人也被秦俘获。据说，战斗的关键时刻，岐下野人三百余毕力疾斗，对秦的获胜起了决定性的作用。原来这些野人曾食穆公丢失的"善马"，被发现后，穆公不仅不加罪他们，反说："吾闻食善马肉不饮酒，伤人。"乃皆赐酒，令遍饮而去。后这些人跟从穆公伐晋，"皆推锋争死，以报食马之德"。[4]

韩原之战，使秦在同晋斗争的第一个回合里占了上风。这场战争，尽管双方均无什么正义可言，但相对来看，秦内部团结较好，穆公采纳了智囊们提出

---

[1] 此用《国语·晋语三》说。《史记》所载与此不同。杨伯峻考证，以为《晋语》"盖得其实"，见《春秋左传注》修订本，中华书局2009年版，第353页。今从之。
[2] 《史记正义》引《括地志》以为韩原在韩城西南十八里。清人江永考证认为当在河东，即今河津、万荣间。此用江说。
[3] 晋惠公在秦的支持下登上了国君宝座，即位后却不履行自己的诺言；公元前647年，晋饥，秦借粮予晋；次年，秦饥，晋反不借粮予秦。这些事，均乃晋的亏理之处。
[4] 此传说始见《吕氏春秋·爱士》，《史记》参用之，后《韩诗外传》《淮南子·泛论训》《说苑·复恩》及《金楼子·说蕃篇》均沿袭此说，但《左传》《国语》未录。杨伯峻以为"自当以《左传》、《国语》为可信"。说见《春秋左传注》修订本，中华书局2009年版，第357页。

的正确意见，如晋遇旱灾向秦"请粟"，百里奚、公孙枝皆主张借粮予晋，这就使秦赢得了人心，在道义上具有很大的优势，故而秦军士气高昂。加之穆公准确把握了战机，所以能一战而胜。

当秦穆公带着被俘的晋惠公归秦后，周天子即派人前来讲情，惠公的姐姐——秦穆公的夫人，甚至以死相要挟，让穆公释放惠公。当时公孙枝衡量全局，认为"晋未可灭"，如杀死晋君，"只以成恶"，对秦反而不利。①穆公从其议，于当年十一月释放了晋惠公，而晋"献其河西地，使太子圉为质于秦"②。从此，秦的领地扩展至黄河沿岸一带。③这年，晋又发生饥荒，秦再次运去粮食。两国出现了暂时和解的局面。

过了六七年，晋惠公病重，在秦为质的太子圉闻讯私逃回国，准备继承君位。秦穆公怨圉私逃，于是从楚国迎来晋献公的另一个儿子——公子重耳，厚礼待之，用以同圉争夺君位。重耳在外流亡十多年，觊觎君位已久，遇此天赐良机，自是求之不得。公元前637年，晋惠公死，子圉继立为怀公。次年，秦即派兵护送重耳回国，夺得君位，是为文公。后虽有反对派纵火谋害重耳，但在秦武力支持下，重耳很快就稳定了局势。

自韩原战败后，晋国统治阶级中一部分有远见的大臣，便开始着手改革，"作爰田""作州兵"④，使晋的社会有所进步，国力得以恢复。晋文公长期流亡，政治经验丰富，了解下情，周围聚集着一大批经邦治国的人才。他上台后，进一步整顿内政，施惠百姓，"救乏振滞，匡困资无。轻关易道，通商宽农。懋穑劝分，省用足财"，很快使"政平民阜，财用不匮"，⑤为晋的强盛称霸打下了坚实的基础。公元前635年，周襄王被狄人赶出王城，逃到郑国避难。秦、晋两国得知后，都准备出兵"勤王"。但晋文公听从谋臣狐偃建议，抢先一步率军直接帮助周王复位，从而捞到了一大笔政治资本。公元前632年，晋、楚

---

① 《春秋左传·僖公十五年》，见《十三经注疏》（清嘉庆刊本），阮元校刻，中华书局2009年版。
② 《史记》卷五《秦本纪》。
③ 此综合《史记》《左传》《国语》的记载，系泛指当时河西、河东地区。
④ 《春秋左传·僖公十五年》。
⑤ 《国语·晋语四》，上海师范大学古籍整理组校点，上海古籍出版社1978年版。

爆发城濮之战，晋获全胜，威名骤增。战后，晋又会盟诸侯，周天子也赶来参加，并册令晋文公为"侯伯"。从此，晋取代楚而成为霸主。面对晋的迅速强大，秦不仅无法实现控制晋的企图，反而不得不维持双方的"和好"关系。

自然，由于秦晋争霸的矛盾，其间的友好关系是很难长期不变的。公元前628年，晋文公刚死，双方就爆发了第二次大战。

这次战争的直接导火线颇具戏剧性。一自称掌管郑国北城门的人以做内应相许，鼓动秦出兵袭郑。① 蹇叔、百里奚均反对这么做，秦穆公却一意孤行，派百里奚子孟明视及蹇叔子西乞术、白乙丙将兵出征。临行时，百里奚、蹇叔哭师，惹得穆公十分生气。公元前627年春，秦军至滑（今河南偃师南），遇到郑国商人弦高。弦高见秦大兵压境，郑却一无所知，便急中生智，将准备贩至周的十二头牛送到秦营，诡称奉郑国君之命前来犒军。孟明视等见此情景，误认郑早有准备，只好班师。回军途中顺便灭掉了滑国（滑本姬姓，当时已为"晋之边邑"②）。这件事正好给晋国兴师问罪提供了良机，晋遂以"秦不哀吾丧而伐吾同姓，秦则无礼"③为借口，联合姜戎之兵，于当年四月拦击秦军于殽（即崤山，在今河南洛宁西北）。这次秦晋之战，秦国师出无名，政治上战略上均极为被动，其心存侥幸，理亏心虚，傲慢轻敌，军纪松弛，士气不振。相反，晋国不仅选择了非常有利的出兵时机，而且找到了一个堂堂正正的理由，这就使其在政治上战略上都处于主动的地位。晋新即位的国君襄公身着凶服（"墨衰绖"）从戎，更加激起士卒对秦的仇恨心理，形成一种哀兵锐不可当之势。交战结果，秦全军覆没，"无一人得脱者"④。

被晋俘获的秦军三员主将——孟明视、西乞术、白乙丙，在晋襄公嫡母（即晋文公夫人，秦穆公女儿）文嬴的帮助下，被释放回国。当三人归抵秦都时，穆公素服郊迎，放声痛哭，检讨自己不听劝阻，招致惨败的过失。这一席话实

---

① 此据《史记》卷五《秦本纪》。《春秋左传·僖公三十二年》记为"杞子自郑使告于秦"，据杜注，杞子为秦大夫。
② 《史记》卷五《秦本纪》。
③ 《春秋左传·僖公三十三年》。"丧"指晋文公之丧。
④ 《史记》卷五《秦本纪》。

际等于下了一个"罪己诏",此即流传至今的《尚书》中的《秦誓》[1]。后穆公"复三人官秩如故,愈益厚之"[2]。

公元前625年(秦穆公三十五年)[3],秦晋又爆发了战争。这次是秦穆公为"报殽之役"而派孟明视主动攻晋,晋襄公亲率大军迎敌,双方战于彭衙。结果秦再次遭遇失败。

秦接受连续两次对晋战争失败的教训,进一步"增修国政,重施于民"[4],大大提高了军队的战斗力。公元前624年夏,秦穆公亲率大军伐晋。秦军渡过黄河就烧掉渡船,表示勇往直前的决心。这次秦大获全胜,攻占了王官(今山西闻喜南)及郊(或作部),"晋人皆城守不敢出"[5]。然后自北而南,从茅津渡河,"封殽尸而还"[6]。穆公终于洗刷了殽之役惨败的耻辱。

秦穆公时期秦晋之间的战争,明显带有两强争霸的性质。晋文公之前,秦穆公力图控制晋国;晋文公时,晋国强大,秦晋基本友好相处;晋文公死后,两国重开战衅,在反复较量中,秦略占优势。但综观这一时期,秦的势力始终未能发展到函谷关以东。

四、秦史上光荣的一页

在秦的发展史上,秦穆公是一位有重大贡献的人物。他谱写了秦史上光荣的一页。(见图1-6)

首先,穆公时期秦已建立了一套完整的统治机构。其仿效周设有卿(分上卿、亚卿)、大夫(分上大夫、右大夫、大夫)、史官、卜官、祝官、行人、太医令等官职,同时健全了各项制度,加强了司法。穆公本人常常以精通"诗书礼乐"自居。这表明,自秦文公十六年(前750)接受"周余民"后所出现的"秦人周化"——即按照周人的礼乐法度建设秦国,此时已胜利完成。

---

[1] 此用《书序》说。《史记·秦本纪》称作于王官之役后。
[2] 《史记》卷五《秦本纪》。
[3] 此用《春秋左传·文公二年》说。《史记·秦本纪》谓在秦穆公三十四年,即公元前626年。
[4] 《春秋左传·文公二年》。
[5] 《史记》卷五《秦本纪》。
[6] 《春秋左传·文公三年》。

图1-6 秦穆公像

其次，穆公时期秦社会经济空前繁荣。其农业生产在当时居领先地位。秦穆公十三年（前647），秦大规模输粮给遇到灾荒的晋，史称"泛舟之役"[①]。由此可见其农业的发达及储粮的丰富。从考古发现的春秋时期的秦青铜器来看，当时秦的青铜冶炼水平与山东各国并无区别。特别是雍城遗址出土的大型青铜建筑构件，在春秋其他国尚无所见。秦是我国最早出现和使用铁器的地区之一，穆公时秦使用铁器已有相当长的历史，其制作工艺更臻成熟。畜牧本是秦人的专长，随着农业的进步，其虽已退居次要地位，但穆公时秦的养马业仍十分发达。这从当时著名的相马专家，如伯乐、九方皋[②]等皆出自秦，可以得到很好的证明。另外，穆公时的商业也有长足的发展，当时不仅出现了"贾人"与货币，而且在城市形成了繁华的商业区。

再次，穆公时期秦的思想文化科学技术成就，均达到了当时的最高水平。秦穆公是古代较早认识到民心向背重要性的少数国君之一。他重视民的作用，争取民心的思想，具有进步意义。同时他突破宗法制束缚，大胆从社会底层选用人才的实践与思想，也是当时最先进的。从《诗》中的《秦风》十篇和《书》中的《秦誓》，可以看到穆公时代诗歌、散文方面的成就，其与东方各国的作品相比毫不逊色。尤其是穆公时代流传下来的那首《百里奚妻歌》，其字数之多，内容之生动、丰富，均大大超过了流传至今的其他先秦民歌，具有极高的文学价值。历史上，秦是名医辈出的地方。提出"膏肓"概念的医缓与提出"六气"

[①] 《春秋左传·僖公十三年》。
[②] 《吕氏春秋·精通》（高诱注，《诸子集成》本，中华书局香港分局1978年版）高诱注称伯乐为"秦穆公之臣"。九方皋事见《淮南子·道应训》（刘安等编著，高诱注，上海古籍出版社1989年版），作"九方埋"，系一人两名。

理论的医和，皆是去穆公时代不远的秦国医界巨星。由此上溯穆公时期医学的发展，当具有相当深厚的基础。天文历法是反映秦科技成就的另一重要领域。早在秦德公初，秦便"作伏祠。磔狗邑四门，以御蛊菑"①。这是秦人在天文、气象方面做出的特有贡献。由此不难推见，随着经济、文化的大发展，穆公时期天文历法的水平，较前有更大的提高。

总之，秦穆公时期，秦国的成就是巨大的、多方面的。这些成就的取得，同秦全面吸收继承周文化有直接关系，从某种意义上可以说，是秦人周化的结果。不过应该看到，春秋以来，周文化已经江河日下，周的礼乐法度与社会生产力发展已越来越不相适应。秦虽因其特殊的条件，在吸收继承周文化后出现了穆公时代的繁荣，但时代发展的大趋势毕竟不可逆转，所以穆公以后，秦的国势便逐渐走下坡路了。

第三节　春秋末到战国初的秦国

自公元前621年秦穆公去世，到公元前384年秦献公即位，是秦国新旧制度渐变的一个漫长阶段。在秦国发展史上，这明显是一个相对衰落的时期。然而换个角度来看，此时期却悄悄地孕育着一场决定秦国命运的重大变革，或者说正处在大变革的前夜。

一、后穆公时代秦日陷危机

在此，我们追赶一下潮流，姑且把穆公逝世后的一段时期称作"后穆公时代"。这时正值春秋中叶以后，社会变动进一步加剧。秦吸收继承周文化所建立的一套礼乐法度，在时代大潮的冲击下，难以继续维持。

人们的矛头指向，首先对准了残酷的人殉制度。

用活人殉葬，大约滥觞于原始社会后期。②考古发掘表明，殷商和西周，均盛行人殉。秦的人殉制度，与此存在着密切的渊源关系。春秋以来，特别

---

① 《史记》卷二八《封禅书》。
② 有研究者认为大汶口文化的男女合葬墓具有杀妾殉葬性质，或可视为人殉之始。参见中国社会科学院考古研究所编著：《新中国的考古发现和研究》，文物出版社1984年版，第94页。

是春秋中期以后，人殉现象在东方各诸侯国已普遍受到谴责，秦却仍然坚持这一制度。秦穆公死，即用一百七十七人殉葬，其中包括国人子车氏"三良"——奄息、仲行和鍼虎。时人痛惜三良，采用诗的形式表示反抗和不满。这就是流传至今的《诗经·秦风》中的《黄鸟》一诗：（见图1-7）

图1-7　《诗经·秦风·黄鸟》

交交黄鸟，止于棘。谁从穆公？子车奄息。维此奄息，百夫之特。临其穴，惴惴其慄。彼苍者天，歼我良人！如可赎兮，人百其身。

交交黄鸟，止于桑。谁从穆公？子车仲行。维此仲行，百夫之防。临其穴，惴惴其慄。彼苍者天，歼我良人！如可赎兮，人百其身。

交交黄鸟，止于楚。谁从穆公？子车鍼虎。维此鍼虎，百夫之御。临其穴，惴惴其慄。彼苍者天，歼我良人！如可赎兮，人百其身。

《毛诗序》指出："《黄鸟》，哀三良也。国人刺穆公以人从死而作是诗也。"上引诗中，作者反复大声疾呼："彼苍者天，歼我良人！"这愤懑的语言，明显向我们透露了某种重要的信息，那就是秦的社会已经开始出现危机了。

如果再考察一下春秋后期秦国的对外战争——主要是对晋国的战争，那就更清楚一些。

秦穆公以后的秦晋战争，自然是穆公时期秦晋双方争夺霸权斗争的继续和发展，但二者明显不同的是，穆公时秦的实力不断增强，斗争中占有相当的优势，而穆公之后，军事实力却每况愈下，由占优势而变为居劣势。

先看看康公时期（前620—前609）的情况。

秦康公即位当年，便与晋发生了一场大战。原来晋襄公死后，晋国内在拥立新君问题上产生了矛盾。赵盾等主张立襄公的庶弟、当时住在秦国的公子雍，贾季等则主张立公子乐。后赵盾虽战胜了贾季，但在襄公夫人穆嬴的软硬兼施下，不顾已派人前往秦迎接公子雍的既成事实，而立原太子夷皋为君，是为晋灵公。秦康公派兵护送公子雍回晋行至令狐（今山西临猗西）时，遇到赵盾率领的晋军。赵诡称前来迎接公子雍，实际乘机夜袭秦军，结果秦大败。其后双方在秦康公二年（前619）、康公四年（前617）春和夏、康公六年（前615），均又发生较大的战争，两国虽互有胜负，但总的趋势是秦国日益被动，颓势明显。

再看看康公以后至景公时期（前608—前537年，其间历共公、桓公）的秦晋战局。

这七十多年里，双方交战频繁。如果说康公时秦对晋勉强还算得上平手，那么，这期间秦的败仗已明显居多了。其中秦的大败有两次：一是麻隧之战。这是此阶段秦晋最大的一次战争。战前，晋开展了广泛的外交活动，争取到楚国的中立及许多国家的支持。然后派吕相（吕宣子）至秦宣布绝交书——实际是巧妙制造舆论并宣布伐秦檄文。书中历数秦的罪责，而把晋描绘成一个被欺侮的对象，这就为晋出兵找到了冠冕堂皇的借口。公元前578年（秦桓公二十六年）五月，晋军攻入秦境，在麻隧（今陕西泾阳北）大败秦军，并乘胜追过泾水，深入秦腹地。及晋军凯旋，晋厉公亲自到新占领的秦地新楚（今陕西大荔境内）去迎接。二是公元前559年（秦景公十八年）的战争。当时晋悼公联合宋、齐、郑、卫、曹、邾、滕、薛、杞、小邾等共同伐秦。秦虽采取了诸如放毒药一类的防范措施，但以晋为首的联军还是渡过了泾水，直攻到棫林（今陕西泾阳西南），使秦军惨遭失败。

通过上述秦晋之间的战争，可以看出春秋后期秦在危机之路上越走越远的总趋势。这实际也正是秦所承继的周文化日趋衰亡的反映。当时在秦统治阶级内部，曾刮起一股强烈的怀念秦穆公时代的风。有人借用爱情诗，讽刺穆公之后的国君"忘穆公之业"[①]；也有人通过对比，大发怀念穆公的感慨。他们说昔

---

① 《毛诗正义》卷六《秦风·晨风》，见《十三经注疏》（清嘉庆刊本），阮元校刻，中华书局2009年版。

日"夏屋渠渠","每食四簋",如今却"每食无余","每食不饱"①。从这些材料,似可以更具体更形象地看到,穆公以后的秦国,确实是一天不如一天了。

二、战国初期秦被动挨打的窘境

当时代的巨轮驶入战国后,社会变革已到了发生质的飞跃的关键时刻。战国初,在东方一些重要诸侯国里,新兴阶级纷纷登上政治舞台,并先后不同程度地进行改革,建立了新制度。与此相适应,思想文化领域则出现了"百家争鸣"的局面。在这风云激变的时代,秦在相当长的时期内,却一直是一名落伍者。

人们通常以《史记·六国年表》的始年公元前476年作为战国的始年。② 这正值秦厉共公即位之初。当时秦虽在危机路上走了很长的时间,但对外方面仍保持着一定的优势。这一方面是因为秦毕竟是个大国,占有富庶的关中平原及整个渭水流域,潜力雄厚;另一方面,秦的主要对手晋国当时正处在新兴阶级夺权的前夜,内部斗争十分激烈,无暇与秦争锋。不过当韩、赵、魏三家分晋之后,情况就发生了显著的变化。

公元前453年,晋国的韩、赵、魏三家灭智氏,瓜分其领地而分别自立;公元前403年,周王室正式承认它们为诸侯国。三国之中,魏占有原晋国与秦毗邻的最主要地区,故也就成为继晋之后秦的主要对手。魏文侯(名斯)是战国时期最先举起改革大旗的国君,他任用李悝(或作李克)进行变法,使魏成为战国初期最强大的诸侯国。他又用著名军事家吴起进行军事改革,使魏拥有一支当时最强的军队。面对迅速强大起来的魏国,秦完全陷入一种被动挨打的窘境。

公元前413年(秦简公二年),魏大举进攻秦,在秦境内的郑大败秦军。

公元前412年(秦简公三年),魏军攻占秦的繁庞(今陕西韩城东南)。

公元前409—前408年(秦简公六至七年),魏将吴起率兵夺取秦河西的临晋(今陕西大荔东)、元里(今陕西澄城南)、洛阴(今陕西大荔西)、郃

---

① 《毛诗正义》卷六《秦风·权舆》。
② 另一种较普遍的意见则以公元前403年韩、赵、魏三家分晋为战国始年。

阳（今陕西合阳东南）等地。①

上述几次战争，皆魏军主动攻秦，而秦竟没有一次能抵挡住魏军的进攻，充分说明了秦弱魏强的事实。特别是魏夺取河西数城的胜利，具有重要的战略意义。秦魏基本以黄河为界，魏在河西原来仅有少梁（今陕西韩城西南）一城，此后则据有了整个河西之地，并在这里置郡，任吴起为西河守，成为插入秦领土内的一把尖刀。据有关文献记载，吴起在任期间，"与诸侯大战七十六，全胜六十四，余则钧解，辟土四面，拓地千里"②。秦只好退守洛水，建重泉城（今陕西蒲城东南重泉村），以防御魏国。

后来秦魏间又多次交战，如：

公元前401年（秦简公十四年），秦伐魏，至阳狐（或作阳孤，今山西垣曲东南）③。

公元前393年（秦惠公七年），魏败秦于注（今河南临汝西北）。

公元前389年（秦惠公十一年），秦侵魏阴晋（今陕西华阴东）。

公元前387年（秦惠公十三年），魏伐秦，败秦于武下（今陕西渭南市华州区东），虏秦将识。

这几次战争，大体都以秦的失败而告终。例如公元前389年秦主动出兵进攻魏阴晋之战，尽管史书没有关于此战最后结果的直接记载，但通过其他有关记载可知，这一仗，魏军在吴起率领下，仅以五万人打败了秦军五十万众④。

历史上的战争，每每是衡量国力强弱的一把标尺。战国初期，魏国经过变法，蒸蒸日上，实力骤增，故在对秦战争中，处于主动地位，常常大获全胜。相反，秦在当时那样一个巨变的时代，仍基本上维持着早已衰落了的旧的礼乐法度，所以在同新兴魏国的战争交往中，处于被动地位，常常遭遇惨败。历史的发展，已经把改革秦国旧制度的任务，紧迫地提到议事日程上来了。

---

① 此事《史记·魏世家》记为魏文侯十六、十七年，或疑其当为周威烈王十六、十七年之误。
② 吴起：《吴子·图国》，中华书局1985年版。
③ 以下各战例发生的时间，史书记载多有错乱，此据王云度编著《秦史编年》，陕西人民出版社1986年版，第42—43页。阳狐今地名，据《中国历史大辞典·历史地理卷》，上海辞书出版社1996年版，第374页。
④ 此据《吴子·励士》。

三、大变革前夜

在秦穆公与秦献公之间，秦共经历了十四代国君、二百三十五年（康公，前620—前609年在位；共公，前608—前604年在位；桓公，前603—前577年在位；景公，前576—前537年在位；哀公，前536—前501年在位；惠公，前500—前491年在位；悼公，前490—前477年在位；厉共公，前476—前443年在位；躁公，前442—前429年在位；怀公，前428—前425年在位；灵公，前424—前415年在位；简公，前414—前400年在位；惠公，前399—前387年在位；出子，前386—前385年在位）。在这漫长的历程中，秦国虽然呈现出一种日渐衰落的趋势，但在时代大潮的影响下，其社会也并非决然没有变化，只不过这种变化发生得相对迟缓罢了。

公元前409年在秦国发展史上是个值得注意的年份。史书记载，这一年秦国"令吏初带剑"[1]，或记作"百姓初带剑"[2]。剑在古代不仅是防身武器，而且是表示身份的一种标识。春秋以后，礼坏乐崩，东方各诸侯国"官吏各得带剑"[3]。秦直到战国之后，才颁布允许一般"吏""百姓"带剑的法令，尽管时间上晚了许多，但毕竟是一个很大的进步，是破旧立新之举，意义非同一般。说明秦原来的等级制度已经崩溃。此时正是秦简公六年。

翌年，秦国又发生了一件更加不寻常的事。这一年，即公元前408年，秦简公七年，秦开始按土地亩数征税。此事史书上写作"初租禾"。"租"即土地税。这里用作动词，意为征收土地税。"禾"原指粮食，此处引申指地亩。"初租禾"与一百八十六年前鲁国的"初税亩"名异实同。二者都反映了"私田"发展已为统治者所承认的客观事实，说明国家依据私田地亩数而征收土地税的新制度的诞生，表示土地私有制已正式确立。

在秦国社会缓慢发生变化的同时，秦国统治阶级内部的斗争和阶级斗争也有了新的发展变化。

战国以降，秦又重蹈庶长擅权废立的覆辙。公元前429年，秦躁公去世，

---

[1] 《史记》卷五《秦本纪》。
[2] 《史记》卷六《秦始皇本纪》附《秦纪》。
[3] 《史记》卷五《秦本纪》张守节《正义》。

当时以庶长为首的操纵大权的贵族，拥立躁公之弟即位，是为怀公。然而不到四年，庶长晁和大臣们围困怀公，逼其自杀，另立怀公之孙，是为灵公。灵公之子公子连是位颇有政治头脑的人物，但灵公逝世后，控制国政的大臣贵族不拥立他，却从遥远的晋国接回灵公的叔父悼子，立为简公，并迫使公子连流亡国外。简公卒后，其子惠公立。及惠公去世，掌权大臣及贵族把一个不满2岁的小孩出子推上君位，其母小主夫人临朝听政。据有关文献记载，小主夫人统治期间，"用奄变，群贤不说（悦）自匿，百姓郁怨非上"[1]，政局极不稳定。

当秦统治阶级内部为废立国君而激烈争斗之际，秦国广大民众对剥削阶级的阶级斗争也在异常激烈地进行着。其最高斗争形式，就是武装反抗。旧史书对于那些高举武装斗争大旗的人，每每以"盗"相称。据学者考证，"在秦国的历史上，自穆公以后，出现了'盗'的记载"[2]。这就是说，最高形式的阶级斗争，自穆公之后，在秦国便出现了。见于《孟子》《庄子》《商君书》《荀子》《韩非子》等文献记载的历史上著名的人民起义领袖跖（或作蹠），古时就有人称其为"秦大盗"[3]，今有学者亦认为其与秦国存在着"密切关系"[4]。跖这个人，很可能是春秋战国之际许多人民起义领袖的集合。《庄子》说他率"从卒九千人，横行天下，侵暴诸侯"，所到之处"大国守城，小国入保（堡）"，虽具有很大的寓言成分，却曲折地反映了跖领导的起义流动性极强的特点，与后世黄巢、李闯等义军流动作战十分相似。估计跖的义军曾长期在秦国境内流动，故而产生了跖为"秦大盗"的说法，并产生了以后有关跖在秦国境内活动的许多传说。尽管传说不能当作信史，但它至少可以说明秦国曾经出现民众的武装反抗斗争。

以上秦社会的种种因素，组成了一股强大的"合力"，推动着秦国历史的发展。毫无疑义，虽然当时秦国较之山东各先进国家落后了一大段距离，但它也已处在大变革的前夜。

---

[1] 《吕氏春秋·当赏》。"奄变"即奄人。
[2] 林剑鸣：《秦史稿》，上海人民出版社1981年版，第137页。
[3] 《汉书》卷四八《贾谊传》注引李奇说。
[4] 林剑鸣：《秦史稿》，上海人民出版社1981年版，第169页。

四、考古发现的秦公一号大墓

秦公一号大墓位于陕西凤翔南指挥村境内,其发掘工作自1976年开始,至1986年结束,历时十年之久。大墓如同一座嵌入地下的倒金字塔,顶部长59.4米,宽38.8米,底部长40米,宽20米,距地平线24米,东西各有一条墓道与墓室相连,平面呈"中"字形,东西墓道加墓室全长300米,总面积5334平方米。(见图1-8)

图1-8 秦公一号大墓发掘现场

目前为止,该墓在中国考古学史上仍占据五个之最:中国已发掘的最大先秦墓葬;中国自西周以来发现殉人最多的墓葬,墓内计有186具殉人;椁室的柏木"黄肠题凑"椁具,是中国迄今发掘出土周秦时代最高等级的葬具;椁室两壁外侧所置木牌,是中国墓葬史上最早的墓碑实物;出土的石磬是中国发现的最早刻有铭文的石磬。

据所出土石磬铭文"龚桓是嗣"四字,学者推定墓主人应为秦景公。[①] 该墓虽经严重盗窃,但仍出土3500多件珍贵文物。由此可见,即便是在秦国国力较弱的中衰时期,统治者的奢靡程度依然不减。这,便是历史的真面目。

---

① 网上也有人对"景公说"提出不同看法,认为墓主应为秦穆公。

第二章 秦的变法图强与剪灭六国

第一节 献公的改革

随着秦献公的即位，秦国终于冲破黎明前的黑暗，开始步入其发展的新阶段。从此，不仅秦的历史揭开了新篇章，整个陕西历史的发展也迈进一个新时期。

一、公子连即位

秦惠公去世后，秦国历史上第一次出现了由女主专权的局面。这位当政的女性，史失其名，仅书作"小主夫人"。"小主"是指惠公之子——出子，即位时尚不满2岁，由其母听政，故称小主夫人。本书上章已经指出，她统治期间政局很不稳定。当时一部分反对派拥戴流亡在魏国河西地区的公子连，准备回秦国夺权，形势颇为紧张。

最初，公子连一行取道郑所之塞（今陕西渭南市华州区附近）入秦，被守塞官右主然①阻拦，无法入境。不得已，只好绕道北翟，改由焉氏塞（一说在今宁夏固原东南，一说在今陕西富平关山附近）而入。守塞官吏菌改是公子连的支持者②，所以此行十分顺利。小主夫人闻讯大惊，遂以"寇在边"为由，发兵前往国境讨"寇"。大军始发时，人人都称"往击寇"，不料中途却变了卦，改口道："非击寇也，迎主君也。"③于是讨"寇"军变成迎"寇"军。

很快，公子连和拥护他的大军回到秦都雍城，包围了小主夫人。夫人见众叛亲离，大势已去，遂绝望自杀。出子亦死，母子均被"沈（沉）之渊旁"④。公子连即秦国君位，是为献公。

二、献公新政

秦献公是战国时期秦国一位有作为的国君。他在位期间（前384—前362），顺应时代潮流，进行了一系列重要的改革。

第一，废除人殉制度。

---

① 或说"右主"为官爵名，"然"为人名。
② "菌改"或作"庶长改"，但以庶长之位去驻守一塞，似于情理不合。此从《吕氏春秋·当赏》。
③ 《吕氏春秋·当赏》。
④ 《史记》卷五《秦本纪》。

秦承袭殷周以来的人殉制度。尽管早在春秋中期这一野蛮落后的制度就已经受到人们的谴责，但却一直没有明令废除。秦献公即位当年做出的一项重大决策，就是颁令全国，正式废除殉葬制。[1]此事史书称作"止从死"[2]。

第二，迁都，推广县制。

公元前383年，即秦献公二年，秦将国都由雍迁往栎阳。新都位于今陕西省西安市阎良区武屯镇关庄村，古时这里是"东通三晋，亦多大贾"[3]的要冲之地，战略意义十分重要。献公之所以迁都于此，显然出于向东方发展的需要，反映了秦要重新夺回河西之地的决心。而原来的都城雍，远在关中西部，其不利于秦继续向东拓展是显而易见的。今对栎阳遗址的考古勘探和试掘表明，遗址东西长约2500米，南北宽约1600米。虽然这里城市建筑十分简陋，却筑有军事防御性质的夯土城郭，[4]这实际也从一个侧面向我们透露了献公迁都于此的目的。

秦国建县最早见于武公十年（前688），第一章第一节已做叙述。战国以来，秦继续不断置县，如秦厉共公二十一年（前456）设频阳县（今陕西富平东北）等等。献公时期，秦置县明显有新的变化：一是相对更为集中。如献公六年（前379）一次便置蒲、蓝田、善明氏三县。二是设置已从边远地区转入内地。如蓝田县，治所即在今陕西蓝田西，为秦国的腹地。三是国都亦置县。献公十一年（前374）在都城栎阳设县，为秦史上之创举，意义特殊。此举明白表示了秦将把县作为一级正式行政组织推向全国的意图，它为以后商鞅变法在全国范围内推行县制奠定了基础。

第三，"初行为市"[5]。

早在穆公时期，秦的商业活动就有了一定的发展。战国以后，秦商业贸易规模进一步扩大。为适应商业活动发展需要，秦献公七年（前378），"初行

---

[1] 考古资料表明，献公之后，秦仍有人殉存在，但这是另一回事，并不影响献公正式废除殉葬制的意义。
[2] 《史记》卷五《秦本纪》。
[3] 《史记》卷一二九《货殖列传》。
[4] 陕西省文物管理委员会：《秦都栎阳遗址初步勘探记》，载《文物》1966年第1期；《西安晚报》2020年12月21日。
[5] 《史记》卷六《秦始皇本纪》附《秦纪》。

为市"。此处的"市",一般理解为市场。当然,秦国有市场并不始于此时。有文献记载,早在秦文公时便造"直市",其地在"富平津西南二十五里",因"物无二价,故以直市为名"。①这类市场,估计是民间自发形成后由官方认可的。而"初行为市"之"市",当为政府建立的正规市场,国家设专职官吏主掌管理。

献公的这项改革,一方面对商人及商业贸易的合法性给予了承认,另方面则将商业活动纳入政府控制的渠道,这对增加国家的财政收入大有好处。

第四,"为户籍相伍"②。

"伍"本是古代军事组织的最基层单位。据《周礼·小司徒》记载,周代军队组织即按五人为伍,五伍为两,四两为卒,五卒为旅,五旅为师,五师为军而构成。秦献公十年(前375)用"伍"来编制户籍,规定每五家为一"伍",如此把全国人口编制起来,称作"为户籍相伍"。

秦采用军事单位来编制户籍,是有其特定意图的。那就是把秦国所控制的人口按军事组织编制起来,便于征兵作战。当然,编制户口本身就含有让民众互相监视的功用。从积极的方面来看,把全国民众一律"户籍相伍",反映了秦原来的人际等级制度已被完全打破,一种新的社会关系已开始建立。

三、大变革的序幕由此拉开

秦献公的改革是一场成功的改革。这可以从两个层面加以说明:

第一,献公改革,确实收到了增强秦之国力的实效。秦献公后期对三晋战争的一连串胜利,便是最有力的证据。公元前366年(秦献公十九年),秦在洛阴大败魏、韩联军。公元前364年(秦献公二十一年),秦军深入河东,与魏军大战于石门(今山西运城西南),斩首六万级,获全胜。这次胜利,对提高秦国的地位和声望影响很大。春秋末到战国初相当长的时期内,秦一直走在下坡路上,对外战争处于被动挨打的地位,各诸侯甚至以"夷翟遇之"③。石门胜利后,秦的形象在各国心目中发生了重大的变化,连天下"共主"周天子

---

① 何清谷:《三辅黄图校释》卷二《长安九市》,中华书局2005年版,第96页。
② 《史记》卷六《秦始皇本纪》附《秦纪》。
③ 《史记》卷五《秦本纪》。

（显王）也"贺以黼黻"①，从此"献公称伯"②，以示身份地位的提高。公元前362年（秦献公二十三年），秦献公使庶长国将兵伐魏，在少梁再次大获全胜，生俘魏将公孙痤③，夺得庞（当为繁庞）。

第二，献公改革，拉开了秦大变革时代的序幕。秦由于曲折的经历和特殊的建国过程，历史发展较之山东各国缓慢得多。当西周的礼乐法度已走向衰落的时候，它正大量地全面地吸收继承这种文明，并曾一度出现昌盛局面。然而时代大潮不可抗拒，秦仿效周文明所建立的礼乐法度很快也衰落了，秦与其他各国一样，社会也出现了变化。尽管秦开始变化的时间较先进国家晚了很久，但变的趋势终究不可逆转。在这个过程中，献公时代乃重大的转折关头。献公实施的一系列改革，顺应时代潮流，肯定并发展了秦社会已经发生和正在发生的各种变化，使过去的量变开始进入质变的阶段。这里，首先要看到改革在秦历史上的突破性作用。虽然献公的改革只是初步的，尚有很多未竟之业，但历史赋予的最主要使命——开创大变革的时代，显然已经胜利完成了。继献公之后孝公时期的商鞅变法，不过是进一步完成献公改革没有来得及完成的那些任务，是献公改革的继续和深入。从这种意义上说，献公、孝公实为一体，二者共同创造了秦史上一个伟大的变革时代。过去，人们论及秦史上的大变革，总认为始自孝公时的商鞅变法，其实，这是不确切的。献公在秦史上的开创之功，不可磨灭！

第二节　孝公求贤及商鞅变法

在秦国的历史舞台上，秦献公拉开大变革的序幕之后，便离开了人间，秦国大变革的重头戏，是由其子孝公通过重用一位外来人才来完成的。

一、秦孝公下令求贤

秦孝公名渠梁，即位时年仅21岁。当时秦国虽然经过献公时期的改革，取

---

① 《史记》卷五《秦本纪》。
② 《史记》卷四《周本纪》。
③ 或谓所俘为魏太子，或谓为太子及痤二人。此据《史记》之《秦本纪》与《魏世家》。

得了很大的成绩,地位、声望均有明显提高,但落后的帽子仍然没有最后甩掉。"秦僻在雍州,不与中国诸侯之会盟"。孝公是一位极富进取精神的国君,他自然不能忍受秦国的这种现状,于是在采取"布惠,振孤寡,招战士,明功赏"等一系列措施的同时,又下令求贤,希望得到贤者、智者的帮助。他在求贤令中讲:

> 昔我缪(穆)公自岐雍之间,修德行武,东平晋乱,以河为界,西霸戎翟,广地千里,天子致伯,诸侯毕贺,为后世开业,甚光美。会往者厉、躁、简公、出子之不宁,国家内忧,未遑外事,三晋攻夺我先君河西地,诸侯卑秦,丑莫大焉。献公即位,镇抚边境,徙治栎阳,且欲东伐,复缪公之故地,修缪公之政令。寡人思念先君之意,常痛于心。宾客群臣有能出奇计强秦者,吾且尊官,与之分土。①

求贤令首先回顾了当年穆公的霸业和自厉共公以来秦国衰败的事实,接着叙述了献公朝的政绩和本人打算继续完成先父未竟之业的决心,最后公布了求贤的具体要求和赏格。从求贤令的字里行间,至少可以看出这样几点:

(1)孝公向往当年穆公的霸业,急切希望"复缪公之故地,修缪公之政令"。

(2)孝公对长期以来秦国落后的局面深感可耻,以为"丑莫大焉"。这正是促使他力求改变国家现状的强大动力之一。

(3)孝公求贤的核心是"出奇计强秦"。为达此目的,他不惜"尊官""分土"予以重赏。

一位刚刚二十出头的青年人,能有如此见识、胆略和气魄,着实值得称道。古往今来,"凡是有便于杰出人物发挥其才能的社会条件的时候和地方,总会有杰出人物出现"②。秦自建国以来经过数百年历史发展,至此已为杰出人物出现创造了合宜的条件,同时秦社会也迫切需要杰出人物出现。正是在这种情况下,孝公应运而生。

当然,由于社会已经前进,秦孝公希望完全恢复穆公时代的"政令",已

---

① 以上见《史记》卷五《秦本纪》。
② 普列汉诺夫:《论个人在历史上的作用问题》,唯真译,生活·读书·新知三联书店1965年版,第33页。

不可能。历史赋予他的使命,是完成较穆公更加宏大的事业。

二、商鞅入秦

秦孝公下令求贤后,有位青年人应召来到秦国,并在中国历史上留下了深刻的印迹,他的名字叫商鞅。(见图2-1)

商鞅本是卫国国君的后裔,姓公孙,名鞅。古代贵族常以国为姓,故又称卫鞅。他"少好刑名之学"[1],又曾师从鲁人尸佼。公元前365年,商鞅来到魏国。这里曾是早期法家代表人物李悝活动的地方,法家思想影响很深。这样的环境,对爱好刑名之学的商鞅来说,十分理想。但可惜他得不到重用,仅在魏相公叔痤门下做一名中庶子。商鞅闻知秦孝公求贤的消息后,便怀着极大的希望,西行入秦,通过秦孝公宠臣景监求见孝公。

图2-1 商鞅像

商鞅第一次面见秦孝公,向他说以"帝道"。这是道家学派的一种学说。尽管商鞅滔滔不绝,"语事良久",但孝公不感兴趣,"时时睡,弗听"。事后孝公怒责景监,说他推荐来的"客"是位"妄人"。[2]

后五日,商鞅第二次面见孝公,向他说以"王道"。这是儒家学说,孝公仍然不感兴趣。事后孝公再次责备景监,景监则责备商鞅,而商鞅却要求再次面见孝公。

商鞅第三次见孝公,向他说以"霸道"。这是代表当时新兴阶级力量的法家学说。孝公听罢极感兴趣,对景监说:"汝客善,可与语矣。"商鞅也对景监讲:"吾说公以霸道,其意欲用之矣。诚复见我,我知之矣。"果然,秦孝公第四次会见商鞅。商鞅讲述的"强国之术"使孝公听得入了迷,"不自知膝

---

[1] 《史记》卷六八《商君列传》。
[2] 《史记》卷六八《商君列传》。

之前于席也",一连数日也不厌倦。① 就这样,孝公决定按照商鞅所说的"强国之术",改革秦的旧制度,实行变法。

商鞅以一个外国人的身份,千里迢迢来到秦国,向秦孝公献强秦之计,至此初步打开了局面。不过,当准备进行变法时,秦孝公仍有些犹豫,"恐天下议己"②。按秦的惯例,凡国君一时不能决断的军国大事,则交付廷议——即由大臣在朝廷上就问题展开讨论,最后再由国君做裁决。于是孝公召集反对变法的代表人物甘龙和杜挚,同商鞅进行辩论。这对商鞅来讲,又是一次重大的考验——他要为扫清变法思想障碍进行一场特殊的斗争。

双方争论的重点集中在应不应该变法这个问题上。商鞅认为:"圣人苟可以强国,不法其故;苟可以利民,不循其礼";"三代不同礼而王,五伯不同法而霸";"反古者不可非,而循礼者不足多"。甘龙认为"圣人不易民而教,知者不变法而治";杜挚认为"利不百,不变法;功不十,不易器。法古无过,循礼无邪"。③ 商鞅据理一一批驳了甘、杜二人的观点。由于他能紧紧抓住秦孝公希望图强的急切心理,所提主张切实可行,容易收到立竿见影的效果,适应了秦国当时新兴阶级的需要,故而受到孝公的赏识并得到其全力支持。经过辩论,秦孝公终于下定决心,任命商鞅为左庶长④,"卒定变法之令"⑤。

三、变法运动

商鞅制定好变法令尚未公布时,为了取信于民,先做了一件事——"徙木赏金"。

某日,商鞅在国都市南门立了一根三丈长的木头,当众宣布,如有人把木头徙置北门,便赏予十金。民众感到奇怪,没人敢动。接着,商鞅又宣布,"能徙者予五十金"。结果真有一个人把木头移到北门,商鞅立即赏给他五十金,"以

---

① 以上见《史记》卷六八《商君列传》。
② 《史记》卷六八《商君列传》。
③ 《史记》卷六八《商君列传》。有关双方的观点,亦可参见《商君书·更法》,严万里校,《诸子集成》本,中华书局香港分局1978年版。
④ 《史记·秦本纪》记商鞅入秦后三年,即公元前356年,始拜左庶长。此据《商君列传》。
⑤ 《史记》卷六八《商君列传》。

明不欺"。①据记载,当年吴起在魏国时也曾有类似的做法②,这里体现了先秦法家学派立法必行、说话算数的思想和精神。

通过"徙木赏金",商鞅在民众中建立了威信,大大强化了人们关于法令必定兑现的观念。在此基础上,商鞅大刀阔斧地开始了变法活动。其相对集中者主要有两次。

第一次变法开始于公元前359年(秦孝公三年),主要内容有:

第一,颁布"垦草令"。"垦草令"即开垦荒地的命令,这是商鞅发布的首道政令,其目的在于发展农业生产。此令原文已佚,具体内容不可确知。传世的《商君书》中有一篇《垦令》,很可能即"垦草令"最早的方案,从中可以推见该令的大体内容。其中最主要的有:实行"訾粟而税"的地税制度;压制商人和商业活动,"重关市之赋";整顿吏治,建立中央集权的政治体制;推行愚民政策;等等。

第二,"令民为什伍",定"连坐"之法。秦献公时就已"为户籍相伍",商鞅在此基础上制定了更加严密的户籍制度——"令民为什伍,而相牧司连坐"③。此制包括两方面内容:一是把全国人口按五家为伍、两伍为什的形式编入户籍;二是令什伍中各家互相纠察,"一家有罪而九家连举发,若不纠举,则十家连坐"④。其具体的奖惩规定极为严格:"不告奸者腰斩,告奸者与斩敌首同赏,匿奸者与降敌同罚。"⑤与献公时的户籍制相比,新制度对民众的控制明显加强了。

第三,推行小家庭政策。变法令规定:"民有二男以上不分异者,倍其赋。"⑥这就是说,凡一户有两个以上儿子到立户的年龄而不分居的,加倍征收户口税。国家运用经济手段,促使民众分户,建立一夫一妻的小家庭,这有利于充分调动人们的劳动积极性,对发展生产、繁荣经济大有好处。

---

① 《史记》卷六八《商君列传》。
② 见《吕氏春秋·慎小》《韩非子·内储说上》。
③ 《史记》卷六八《商君列传》。
④ 《史记》卷六八《商君列传》司马贞《索隐》。
⑤ 《史记》卷六八《商君列传》。
⑥ 《史记》卷六八《商君列传》。

第四，重农抑商。重农抑商是法家学派的一贯主张。当时把农业称作"本业"，将从事商业称作"末业"或"末利"。商鞅变法令规定："僇力本业，耕织致粟帛多者复其身。事末利及怠而贫者，举以为收孥。"[①] 其意是讲，凡努力从事农业，经过辛勤耕织收获粮食纺织品多的，免除徭役；从事工商活动及因怠惰而贫穷的，全家一并没为官奴婢。

第五，奖励军功，严惩私斗。商鞅大力倡导民众为国家勇敢打仗，而对于个人的私斗，严加禁止。变法令规定："有军功者，各以率受上爵；为私斗者，各以轻重被刑大小。"即凡立有军功的，各按其功劳大小授予爵位；为私斗的，各以情节轻重处以刑罚。又规定："宗室非有军功论，不得为属籍。"[②] 宗室如果没有军功，则不得入属籍，即除去其宗室的属籍。

第六，制定爵制，规定各级爵位占有田宅、臣妾奴婢的数量和衣服的等次。商鞅为激发民众的积极性，制定了一套爵制，用以奖励有功者，特别是有军功者，故这套爵制又被称作"军功爵"。此制后来不断发展完善，最终固定为《汉书·百官公卿表》所记载的二十等爵。[③] 兵士在战争中斩敌首一个，授爵一级，可为五十石之官；斩敌首二个，授爵二级，可为百石之官。有功的，可以享受荣华富贵；无功的，虽家资丰厚，也不得芬华。

公元前 350 年（秦孝公十二年），秦建都咸阳（今陕西咸阳东北）。这里北依高原，南对秦岭，渭水流贯其间，"据天下之上游，制天下之命者也"[④]，较之地理位置偏北的栎阳，更有利于向东方拓展。这一年，第二次变法开始，主要内容有：

第一，改革陋习，禁止父子兄弟同室居住。

---

① 《史记》卷六八《商君列传》。
② 《史记》卷六八《商君列传》。
③ 二十等爵是：一、公士；二、上造；三、簪袅；四、不更；五、大夫；六、官大夫；七、公大夫；八、公乘；九、五大夫；十、左庶长；十一、右庶长；十二、左更；十三、中更；十四、右更；十五、少上造；十六、大上造；十七、驷车庶长；十八、大庶长；十九、关内侯；二十、彻侯。各级爵名均有其特定的含义，详见《汉书·百官公卿表》颜师古注。
④ 顾祖禹：《读史方舆纪要·陕西方舆纪要序》，贺次君、施和金点校，中华书局 2005 年版。

第二，普遍实行县制。献公时代在国都栎阳置县，就已透露了秦将把县作为一级行政机构推向全国的意图，孝公时这一目标终于实现。变法令规定："集小乡邑聚为县，置令、丞"①。即将过去的乡、邑、聚等组织合并为县。每县设县令、县丞负责管理。令为全县最高行政长官，丞为令之佐官。当时全国共置四十一县。②

第三，"为田开阡陌封疆"③。即破除土地上原来的疆界封记，重新设置田界。实际上是实行土地私有制，准许土地买卖。（见图2-2）

图2-2 废井田 开阡陌

第四，统一度量衡。变法令规定："平斗桶权衡丈尺。"④

第五，"初为赋"⑤。古代注家或解释为"制贡赋之法"，或解释作"初为军赋"。⑥今有研究者认为，"这是按户按人口征收的军赋，就是云梦出土《秦律》所说的'户赋'，也称'口赋'，为汉代'算赋'的起源"⑦。

当然，如果我们把眼光放宽一些，迁都咸阳也可算作这次变法活动的一项内容。

---

① 《史记》卷六八《商君列传》。
② 此据《史记·秦本纪》。《商君列传》《六国年表》均记为三十一县。
③ 《史记》卷六八《商君列传》。
④ 《史记》卷六八《商君列传》。
⑤ 《史记》卷五《秦本纪》。
⑥ 《史记》卷五《秦本纪》裴骃《集解》引徐广、谯周说。
⑦ 杨宽：《战国史》，上海人民出版社1980年版，第191页。

四、"兵革大强，诸侯畏惧"[1]

商鞅在秦国掌权近二十年，他的新法在秦孝公支持下，得到较为彻底的推行。通过变法，秦实现了由落后变强盛的巨大飞跃。

新法鼓励农耕，这使秦国经济得到迅速发展，生产力水平显著提高，出现了"家给人足"[2]的局面。

新法推崇战功，这使秦国军队的战斗力大大增强。史称秦民"勇于公战，怯于私斗"[3]；"民之见战也，如饿狼之见肉"[4]。事实上，重战已凝固为秦的一种文化心态和文化价值。这种精神力量的巨大，是很难用数量表示的。

以新法中的县制、爵制以及什伍连坐制等为支柱所建立起来的一套新统治秩序，虽有其镇压人民的一面，但它大大有利于发展生产，有利于富国强兵，给民众也能带来某种安定，因而受到多数人的欢迎。史书所谓的"秦民大悦"，"乡邑大治"，[5]"道不拾遗，民不妄取"[6]，正反映了这种现实。

变法还使秦人普遍树立了较强的法令意识。商鞅等法家视法令为"民之命""治之本"[7]。出于"明法"的需要，秦从中央到地方均置法官法吏，负责核对和解释法令，对民众进行法令教育，这就使得法令观念深入人心。史载变法后"秦妇人婴儿皆言商君之法"[8]，是其明证。在中国历史上，像秦人这样具有强烈法令意识者，实属仅见。加上商鞅执法，无私无畏，"罚不讳强大，赏不私亲近"[9]，这就有力地保证了法令的公正性，使"法大用，秦人治"[10]。

商鞅变法除了取得以上经济、政治、法治等方面的成就外，还促使变法期间秦的对外战争（特别是对魏的战争）取得了多次重大胜利，从而扭转了长期

---

[1] 刘向集录：《战国策》卷三《秦策一》，上海古籍出版社1985年版。
[2] 《史记》卷六八《商君列传》。
[3] 《史记》卷六八《商君列传》。
[4] 《商君书·画策》。
[5] 《史记》卷六八《商君列传》。
[6] 《战国策》卷三《秦策一》。
[7] 《商君书·定分》。
[8] 《战国策》卷三《秦策一》。
[9] 《战国策》卷三《秦策一》。
[10] 《史记》卷五《秦本纪》。

以来的被动局面。这些战争，不少是由商鞅本人直接指挥的。

变法初期的公元前358年（秦孝公四年），秦在西山打败韩国军队。公元前355年（秦孝公七年），秦孝公与魏惠王在杜平（今陕西澄城东）相会，结束了秦长期"不与中国诸侯之会盟"的局面，反映了秦国地位的提高。翌年，秦趁魏赵交兵、魏集中兵力向邯郸进攻之际，出兵攻魏，在元里大获全胜，斩首七千，夺取魏之少梁。这是秦变法以来首次对魏的胜利。

当商鞅的第一次变法取得初步成功之后，秦再次向魏发动了进攻。公元前352年（秦孝公十年），秦军由已晋升为大良造的商鞅亲自率领，趁魏军主力在东面与齐、赵大战，后方空虚之机，穿过河西，直奔魏安邑（今山西夏县西北）。次年，商鞅又率秦军进攻魏长城北端要塞固阳，迫其投降。秦对魏战争的这一连串胜利，固然与所选择的有利战机有关，但也不能不看到，变法给秦国注入的新精神，特别是军队战斗力的提高，起了极重要的作用。

公元前350年（秦孝公十二年），秦因需要集中精力进行国内的第二次变法，对外采取相对灵活的战略，尽量避免同魏发生冲突。当年秦孝公与魏惠王在彤（今陕西渭南市华州区西南）相会，双方暂时休战。然而秦魏之间，"非魏并秦，秦即并魏"①，矛盾不可调和。公元前342年（秦孝公二十年），魏国又卷入同齐、赵、宋等国的战争中。次年，魏在马陵（今河南范县西南）为齐所败，太子申被俘，又遭齐、宋联合进攻，处境狼狈。商鞅建议孝公乘机伐魏，迫其东徙，这样秦即"据河山之固，东向以制诸侯，此帝王之业也"②。当年（前341）九月，秦孝公派商鞅率兵伐魏，恰巧十月，赵国也出兵攻魏。如此，秦又取得一次对魏的重大胜利。

公元前340年（秦孝公二十二年），魏受到齐、赵进攻，形势危急。商鞅率秦军亦攻魏。这次商鞅利用他与魏军主帅公子卬的旧交，以话旧为名骗其来秦营而拘押，然后向魏军进攻，大获全胜。尽管这次战争秦取胜的手段很不光彩，但兵不厌诈，战胜对手的目的总算是达到了。此战之后，一再被秦打败的魏国，不得不将河西部分地区退给秦国讲和。当时秦虽未全部收回河西之地，

---

① 《史记》卷六八《商君列传》。
② 《史记》卷六八《商君列传》。

但总的实力已超过了魏,彻底改变了过去秦弱魏强的局面。

总之,商鞅变法在秦国发展史上是一个重大的转折,是重要的里程碑。此后,秦一跃而为战国七雄中最强大的国家,史称"兵革大强,诸侯畏惧"。一个"移风易俗,民以殷盛,国以富强,百姓乐用"①的新秦国,出现在以陕西关中为主体的中国西部大地上,并在以后一个多世纪的中国历史上扮演着越来越重要的角色。

第三节 惠文王至昭王时期的巨大发展

公元前338年秦孝公去世,他的后继者惠文王(前337—前311年在位)、武王(前310—前307年在位)、昭王(前306—前251年在位)继续坚持商鞅变法以来的新政,使之成为秦稳定的国策,秦国因此而获得了巨大的发展。

一、商君虽死,其法未废

商鞅在秦国的成功,使他由最初的左庶长升职为大良造,最后被封以於、商十五邑,号为"商君",权势达到无以复加的程度。"商鞅"之名,即由此而来。

可是当秦孝公一死,太子驷(即惠文王)继位后,情况立刻发生了一百八十度的变化。太子驷原是商鞅的反对派。商鞅推行新法过程中,太子犯法,商鞅曾"刑其傅公子虔,黥其师公孙贾"以示惩处。第二次变法时,"公子虔复犯约,劓之"。这样,商鞅同太子党就成为死对头。所以太子驷刚一即位,"公子虔之徒告商君欲反",新君即下令逮捕商鞅。商鞅逃至关下,准备投宿客舍,但客舍主人不知来客就是商鞅,遂拒绝接受这位没有凭证的客人,并说这是"商君之法"。商鞅无奈逃至魏国,魏人早已对商鞅恨之入骨,所以不仅不接纳他,反把他赶回秦国。商鞅归秦后,只好回到自己的封地商邑,"与其徒属发邑兵北出击郑",试图对抗。②

商鞅封地商邑,在今陕西丹凤县西龙驹寨镇古城村。(见图2-3)考古工

---

① 《史记》卷八七《李斯列传》。
② 以上见《史记》卷六八《商君列传》。

作者在这里曾发现一座规模庞大、遗藏丰富的战国时期的城池遗址，以及多座战国墓葬，出土一批陶器、铜器、兵器，特别是建筑构件中带有模印小篆的"商"字瓦当和戳印"商"字瓦片，为该地确为商邑提供了直接证据。1992年，该遗址已被定为陕西省重点文物保护单位。总观此地的形势，相对狭小，非用武之地，根本无法与秦国抗衡。果然，秦惠文王发兵很快便消灭了商鞅的武力，杀商鞅于郑之黾池，又车裂以徇，并族灭其家。

图 2-3　今商鞅封地远景

　　由于商鞅变法是符合秦国社会变革潮流的政治改革运动，这一改革给秦国的社会进步开拓了广阔的前景，为秦国社会生产力发展创造了较为有利的客观条件，变法的各项措施代表了当时秦国新兴阶级的利益和要求，所以尽管商鞅本人在统治阶级内部的斗争中死于非命，但他为秦国制定并付诸实行的一整套新法，并没有因他本人的死去而废止。惠文王虽是商鞅的政敌，但他并不想恢复秦变法以前的旧礼乐法度。他同商鞅之间的矛盾斗争，很大程度上是统治者内部的恩怨；在使秦富强兴盛这一基本点上，在压迫剥削劳动人民这一基本方面，二者并没有根本性的对立。所以，当把商鞅从肉体上消灭之后，对于商鞅的那些行之有效的新法，惠文王不仅没有废除，反而予以保留、巩固与发展。

　　一个国家或民族的兴衰起落，原因是多方面的和复杂的，其中领导者的素质无疑具有相当重要的作用。从秦的情况来看，自献公以后的历代君主中，基本上没有昏君，而有作为、有能力的明君则相对集中出现于此时，这就有力保证了秦自献公新政至商鞅变法所取得的重大社会改革成果得以持续充分发挥其作用,使秦的各项事业形成良性循环。这里,我们要特别说一说惠文王。诚然,在秦史上他远没有献公、孝公、始皇那样的地位,但从他即位后没有出于个人恩怨而废除商鞅的新法来看,他不失为一位有政治眼光的国君,他对秦国历史发展的贡献,对陕西历史发展的贡献,应当充分肯定。

二、天下人才会集于秦

秦惠文王到秦昭王期间,秦国的巨大发展,首先表现在对外来人才的吸收和使用方面。从惠文王时开始,秦出现了吸收、使用外国人才的高潮。也就是出现了以客入仕的高潮,即吸收、使用外国人才,让其入仕为官。其高潮具体反映在两个方面:

第一,自惠文王以后,秦高级官员多由外国人才充任,史书中称作"多出于客"。这里以秦相为例来略做说明。秦之置"丞相",始于武王。①(详后)武王、昭王两代先后担任秦相者共十三人,其具体情况如下表所示:

表2-1 秦武王、昭王两代丞相表

姓名	籍贯	任相时间	位序	所据文献	备注
樗里疾	秦	武王二年至昭王七年（前309—前300）	右	《史记》之《秦本纪》《六国年表》《樗里子甘茂列传》	惠文王异母弟
甘茂	楚下蔡	武王二年至四年（前309—前307）	先左后右	《史记》之《秦本纪》《六国年表》《樗里子甘茂列传》	
屈盖	楚	武王三年至四年（前308—前307）	左	《战国策·秦策二》	
向寿	楚	昭王元年至七年（前306—前300）	左	《史记·甘茂列传》	宣太后外族

---

① 古籍中记载的武王以前的秦相,多指当国之正卿,并非丞相。

续表

姓名	籍贯	任相时间	位序	所据文献	备注
魏冉	楚	昭王七年至八年（前300—前299）；十二年至十五年（前295—前292）；十六年至十九年（前291—前288）；十九年至二十四年（前288—前283）；二十六年至时间不详（前281—？）；三十二年至四十一年（前275—前266）	右	《史记》之《秦本纪》《六国年表》《穰侯列传》	宣太后异父长弟
薛文	齐	昭王八年至九年（前299—前298）	右	《史记》之《六国年表》《孟尝君列传》	或作田文
金受	未详	昭王九年至十二年（前298—前295）	左	《史记·秦本纪》张守节《正义》	
楼缓	赵	昭王十年至十二年（前297—前295）	右	《史记·秦本纪》	
寿烛	未详	昭王十五年至十六年（前292—前291）	右	《史记·穰侯列传》	
杜仓	未详	昭王二十六年至三十二年（前281—前275）	右	《韩非子·存韩》	
芈戎	楚	昭王三十二年至四十一年（前275—前266）	左	《战国策·韩策三》	宣太后同父弟
范雎	魏	昭王四十一年至五十二年（前266—前255）	右	《史记》本传	
蔡泽	燕	昭王五十二年（前255）	右	《史记》本传	

据上表，十三位丞相中，明确记载为秦人者一人，不是秦人者九人；籍贯不明者三人，但其中一人曾拜客卿，故亦非秦人，可以完全肯定。由此可见当时秦吸收、使用外国人才之一斑。

第二，此时秦吸收、使用外国人才进入规范化形态阶段，即发展形成了一种专门的制度——客卿制度。

所谓"客卿制度"，简而言之，就是拜"客"为"客卿"的制度。这是一种有效而合理地吸收、使用外国人才的制度。关于"客"，前文已经涉及，它是战国时各国对外国人才的统称，或泛称"宾客"。其位尊者，称作"上客"。

这些客多为游士一类人物，他们凭借一定的知识专长，游说诸侯，"或一言契合，立擢卿相"①。商鞅在秦国做官的经历，便是由客入仕的典型。"客卿"与"客"不同，是指一种官职，"其位为卿而以客礼待之也"②。"客"包含着"客卿"，而"客卿"只是"客"的一部分。由"客"而拜"客卿"，即为入仕，但不是"立擢卿相"，而是在"客"与"卿相"之间增加了一个"客卿"的环节。"客"拜"客卿"之后，一般要经过一段相当长时间的考验，当立下以军功为主的功劳之后，才能正式拜为卿相。这实际是把由客入仕变为两步走：第一步，由客拜客卿；第二步，由客卿再拜卿相。这么做，纠正了单纯以客入仕过于简单化的偏颇，对人才实行储备考察，用人步骤更趋严密，是一大进步。

战国号称"大争之世"，各诸侯国之间互相争夺土地，争夺财富，争夺劳动力，同时也争夺人才。在这种新形势下，当时的一些大国，如齐、燕、赵、韩、秦等，都有"客卿"之设。不过，比较起来，秦客卿的材料最为丰富，最为典型，特别是从中可以看到如上这种完整的制度。

据研究者统计，秦的客卿今可考者共有九人③，兹将有关情况列表如下：

表 2-2 秦客卿表

姓名	籍贯	任客卿时间	事略	所据文献	备注
张仪	魏	惠文王	早年四处游说，入秦说惠文君拜为客卿，与谋伐诸侯。先后三次为相，一次为将，被封武信君。曾迫使魏献上郡，帮助惠文君称王，游说各国与秦连横，瓦解齐楚联盟，夺楚汉中地。其间又曾相魏、相楚。武王即位后，惧诛，出为魏相，不久死	《史记》本传、《战国策·秦策一》	

---

① 赵翼：《陔余丛考》卷一八《明初用人不拘资格》，中华书局1963年版。
② 司马光编著：《资治通鉴》卷二《周纪二》，胡三省音注，"标点资治通鉴小组"校点，中华书局1956年版。
③ 参见孙楷撰，徐复订补：《秦会要订补》，中华书局1959年版，第208页。马非百《秦集史·客卿表》统计为十人，中华书局1982年版，第942—944页。所列韩佽实是将《战国策》卷二八《韩策三》有关文字断句变动而来，兹不取。

续表

姓名	籍贯	任客卿时间	事略	所据文献	备注
通	未详	昭王	公元前303年，齐、韩、魏三国共伐楚。秦应楚请求，遣客卿通将兵救楚，三国引兵去	《史记·楚世家》	
寿烛	未详	昭王	公元前292年，魏冉谢病免相，以客卿寿烛为相。其明年，烛免	《史记·穰侯列传》	出土有"秦右庶长歜封邑瓦书"，陈直考证：歜"疑即寿烛"。又《贞松堂集古遗文》续下，载"丞相触戈"，疑"触"即寿烛
错	未详	昭王	公元前291年，白起与客卿错攻垣城，拔之。前289年，客卿错击魏，至轵，取城大小六十一	《史记》之《六国年表》《白起列传》	《史记·秦本纪》昭王十六年记有"左更错"，十八年、二十一年、二十七年均记有"错"。从上下文看，这四处名"错"者应为同一人。其与《白起列传》《六国年表》所记之客卿错是否同一人，待考。但据《秦本纪》昭王二十七年文，错与司马错不是一人。《秦集史》以左更错、客卿错、司马错为一人，疑非是
胡伤	卫	昭王	公元前274年，客卿胡伤攻魏卷、蔡阳、长社，取之，击芒卯华阳，破之，斩首十五万，魏入南阳以和。前269年，中更胡伤攻赵阏与，不能取	《史记》之《秦本纪》《穰侯列传》	或作胡阳。《战国策·赵策三》则作卫胡易。黄丕烈《战国策札记》指出，"易"当作"蔈"，"蔈""伤"同字。籍贯即据《赵策》
灶	未详	昭王	公元前271年，客卿灶攻齐，取刚、寿，予穰侯	《史记》之《秦本纪》《穰侯列传》《战国策·秦策三》	灶或作造
范雎	魏	昭王	早年游说诸侯，在魏遇害，更名张禄出逃。入秦说昭王拜客卿，谋兵事。建言废宣太后，逐穰侯、高陵、华阳、泾阳君于关外，遂拜相，封应侯。因举任郑安平、王稽不当犯法，后死	《史记》本传、云梦秦简《编年记》	

续表

姓名	籍贯	任客卿时间	事略	所据文献	备注
蔡泽	燕	昭王	早年游学干诸侯，不遇。入秦游说范雎，被延为上客；后受昭王召见拜为客卿，旋继范雎为相，东收周室。数月谢病归相印，号纲成君。居秦十余年，事昭王、孝文王、庄襄王，卒事始皇，为秦使燕	《史记》本传、《战国策·秦策三》	
李斯	楚上蔡	始皇	少为郡小吏，曾从荀卿学帝王之术。入秦先求为吕不韦舍人，后保任为郎，拜长史，复拜客卿。被逐，上书谏逐客令，遂复官，升迁至廷尉。统一后为丞相，参与沙丘之谋，终被二世、赵高所诛	《史记》本传	

　　从上表可以清楚地看到，今可考见的秦客卿，近90%都集中在秦惠文王至秦昭王时期，这有力地说明该时期是秦客卿制度最盛行的时期。通过这一制度，秦荟萃了当时各国的优秀人才。

　　进一步深入分析上表还可发现，在客卿制度下，入仕对象具有流动性，而仕途对于求仕者具有开放性。这就有力地保证了秦政权在人事方面的新陈代谢，使之能随时随地擢用外来的各种人才，同时也保持了吏治的生命力。战国末期著名思想家荀况于秦推行客卿制的极盛期——昭王时，曾入秦游。他描述说：秦"百吏肃然，莫不恭俭敦敬忠信而不楛"；士大夫"不比周，不朋党，偠然莫不明通而公"；朝廷"听决百事不留，恬然如无治者"。[①] 荀况以当时人写亲历的当时之事，其言应为可信。从他的这一席话不难看出，秦的吏治清明廉洁而富有生气。诚然，决定吏治清明的因素很多，但秦推行客卿制度不能不是一个重要的原因。因为这一制度具有流动性、开放性特点，必然带来较为激烈的竞争性。历史上秦一贯有重用外人的传统，这就使客卿制在秦国具有赖以

---

① 王先谦集解：《荀子集解·强国》，《诸子集成》本，中华书局香港分局1978年版。

充分发展的社会基础，从而发挥出更为突出的作用。

客卿制度不仅使天下人才会集于秦，而且造就了秦清明的吏治。这是秦惠文王至秦昭王时期所取得的最大成就之一。

三、军事胜利与领土扩展

秦惠文王到秦昭王时期，秦国的巨大发展，还反映在军事胜利与领土扩展方面。

惠文王即位后相当长时期内，秦对外斗争的主要目标是从魏国手中完全夺回河西之地。惠文王八年（前330），秦派大良造公孙衍率军攻魏，在雕阴（今陕西富县北）大败魏军，斩首四万五千级，生俘其将龙贾，魏被迫将少梁以外的河西地全部献给秦国。至此，秦数代国君收回河西之地的夙愿，基本实现。翌年，秦趁魏、楚交战之机，继续攻魏。秦军越黄河向河东挺进，先后占领汾阴（今山西万荣西南）、皮氏（今山西河津西）、曲沃（今山西闻喜东北）、焦（今河南陕县西）等地。惠文王十年（前328），秦再向魏进攻，占领蒲阳（今山西隰县西北）。在秦军的强大攻势下，魏国只得把河西的少梁及上郡十五县献给秦国以求和。这样，黄河以西的地区全部归秦所有。

秦取得以上胜利之后，它向外扩张的目标，就不仅仅限于一个魏国，而是关东各诸侯国了。各国在秦的威胁下，联合抗秦，史称"合纵"；秦则为拆散各国的联盟而积极活动，史称"连横"。为秦国搞"连横"的主要人物叫张仪。前面的客卿表中对张仪已有介绍。公元前328年（秦惠文王十年），他被任命为秦当国之正卿，亦称作"相"。在张的积极活动下，惠文君仿效魏、齐等国国君称"王"之例，于公元前325年（秦惠文王十三年）也自称为"王"。当时，韩、赵、魏、燕、楚五国共推楚怀王为纵长，共同伐秦。面对各国的"合纵"，秦加紧"连横"。其一方面积极开展外交活动，另一方面则以军事实力压倒对方。公元前318年（秦惠文王后七年），五国联军刚至函谷关，就被秦击退。次年，秦将樗里疾又在修鱼（今河南原阳西）大败三晋联军，斩首八万。五国伐秦彻底失败。在此基础上，秦进一步破坏各国联盟。公元前313年（秦惠文王后十二年），秦派张仪往楚国，离间楚、齐联盟，取得成功。楚怀王发现上当之后，发兵攻秦。丹阳（今河南丹水之北）一战，秦军大胜，楚将屈匄等七十余人被俘，甲士八万众被杀，秦军乘势占领楚之汉中。不久，秦在蓝田痛击进攻的楚军，再次取得胜利。

惠文王时期另一个重大胜利就是攻取巴、蜀。这是秦国西南方的两个小国，在今四川境内。巴、蜀两国长期不和，公元前316年（秦惠文王后九年）双方战衅又起，并同时向秦告急。惠文王认为这是攻取巴、蜀的良机，但担心道路险狭难至，当时韩国又从东面攻秦，遂使惠文王举棋不定。主张先伐韩的张仪与主张先伐蜀的司马错在惠文王面前展开一场争论，最后惠文王采纳了司马错的意见，于当年起兵伐蜀。由张仪、司马错、都尉墨率领的秦军从石牛道入蜀，经葭萌关之战，灭蜀，接着又灭巴。从此，秦西南秦岭以外地区，今四川盆地一带，尽归秦所有。此举意义极为重大。巴蜀位于秦之侧翼，不仅地理位置重要，而且土地肥美，物产丰富。秦既据关中的有利地形，又"擅巴汉之饶"①，这等于猛虎添翼，其实力就更为强大了。

秦武王是位雄心勃勃的国君，他十分向往周天子的宝座。为实现其"容车通三川，窥周室"②的夙愿，公元前308年（秦武王三年）特派左丞相甘茂率军进攻韩国的宜阳（今河南宜阳西）。次年，攻下宜阳，并取得河对岸的武遂（今山西垣曲东南）。这样，通往周王畿的道路便被打开了。于是武王派右丞相樗里疾率领一百辆车组成浩浩荡荡的队伍觐见周天子。秦在周天子面前耀武扬威，并在中原显示武力，反映了武王的政治野心。然而这位国君嗜好举重运动，公元前307年（秦武王四年），他在同力士孟说举鼎时折断胫骨，当年八月即死去。

武王无子，由其异母弟则（或名稷）继位，是为昭王。当时昭王才20岁，其母宣太后主政，由此开中国古史上母后专权之先河。宣太后（见图2-4），

---

① 《史记》卷八六《刺客列传》。
② 《史记》卷五《秦本纪》。

楚人，姓芈氏，秦惠王妃，称芈八子。昭王上台，实为宣太后的同母异父弟即昭王舅父将军魏冄恃兵拥立。宣太后当政期间，以魏冄为相，封穰侯，又封同父弟芈戎为华阳君，封公子市、公子悝为泾阳君和高陵君，合称"四

图2-4 宣太后塑像

贵"。四人专断无讳，进退不请，私家之富重于王室，以至造成了只闻秦有太后、穰侯、华阳、高陵、泾阳而不闻有王的局面。不过总体来看，此期秦的国力还是有很大发展的，宣太后不失为一位贤明的女政治家。特别是她以极其特殊的办法解决了长期威胁秦安全的义渠国问题，充分表现了她的理智、大义和以国家为重的胸襟与情怀，令人不能不予称赞。至于她为人诟病的私生活放荡，盖因当时开放的男女关系使然，且不可拿后世的节烈观去苛求。

秦昭王二年（前305），公子、庶长壮，联合诸公子发动叛乱，反对魏冄、宣太后及昭王。掌握军权的魏冄很快平定了这次叛乱，秦国的大权更加牢固地掌握在宣太后和魏冄手中。由于宣太后及魏冄是楚人，所以昭王初期，秦、楚结为联盟，双方联姻、会盟，保持着友好关系。各国畏于秦、楚联盟的强大，不得不表示屈从。公元前302年（秦昭王五年），在秦为质子的楚太子横，杀秦国一大夫后逃回国，引起秦统治者震怒，两国关系开始恶化。当然，从根本上讲，秦、楚两个大国各有自己的利益，其联合只是暂时的，矛盾冲突是不可避免的。太子横事件不过是一个导火线罢了。公元前301年（秦昭王六年），齐、韩、魏联合攻楚，秦没有像以前那样出兵援助，而是坐视不救，致使楚国大败。之后，秦竟也发兵攻楚。公元前300年（秦昭王七年），秦大败楚军，杀楚大将景缺，取襄城（或作新城，今河南襄城）。此后，秦昭王又骗楚怀王至武关结盟而劫持怀王，秦楚矛盾更进一步激化。及楚顷襄王新立，秦原来扣

留楚怀王以要挟楚的计划破产，于是大动干戈。公元前298年（秦昭王九年）秦攻楚，在析（今河南西峡）大败楚军，斩首五万，夺城十余座。

几乎与此同时，秦同东方的齐、魏、韩、赵等国亦不断发生战争，夺取了大片中原土地，其中包括宛（今河南南阳）这样具有重要经济意义的城市。公元前288年（秦昭王十九年），秦昭王一面派人去齐尊齐湣王为"东帝"，一面在宜阳自称"西帝"。尽管这次称帝活动仅仅两个多月，却明显反映了秦政治的倾向性。自公元286年（秦昭王二十一年）以后，秦向东方的三晋和南方的楚连续发动进攻，并取得重大胜利。例如公元前278年（秦昭王二十九年），秦攻破楚都郢（今湖北江陵西北）置南郡，迫使楚迁都于陈（今河南淮阳）；公元前275年（秦昭王三十二年）和前273年（秦昭王三十四年），秦军两次逼近魏都大梁（今河南开封西北），使魏献南阳之地；等等。

公元前271年（秦昭王三十六年），魏人范雎入秦，次年，受到昭王信任，拜客卿。所献"远交近攻"之策初试锋芒，便攻取了魏国的怀（今河南武陟西南）和邢丘（今河南温县东）。范雎拜相后，建言废太后，逐穰侯，使王权大为加强，对外战争亦取得一连串的重大胜利。其中特别是对赵国的长平之战，意义更非一般。

公元前262年（秦昭王四十五年），秦攻取韩地野王（今河南沁阳），割断了韩上党郡（今山西东南长治一带）同本土的联系。上党太守冯亭举郡降赵。公元前260年（秦昭王四十七年），秦左庶长王龁率军攻上党。赵派老将廉颇援救，驻长平（今山西高平西北）坚壁不出，以拖垮秦军。秦使用反间计，使赵撤掉廉颇而任用只会纸上谈兵的赵括为主帅。秦遂派白起为上将军，指挥秦军诱敌出战。赵括果然轻敌中计，被围困于孤城长平。自七月到九月，城内断粮四十六日，出现了人吃人现象。后赵括在突围中被射杀，所率四十万赵军降秦。白起命令只留二百四十个幼小士卒，使其回国报讯，其余全部活埋。此战秦军"前后斩首虏四十五万人"①，不仅为秦昭王三十八年（前269）攻赵的惨

---

① 《史记》卷七三《白起列传》。

败报仇雪耻①，而且大伤赵国的元气。长平大捷后，秦尽管也吃过一些败仗，但无损于秦对山东六国的军事优势。秦最后吞灭各国，已成定局。

四、制度方面的建树

秦惠文王到昭王时期，秦的巨大发展，还表现在制度文化的重大建树方面。其中最主要的有两项：中央设丞相和地方置郡。

秦中央设置丞相，始于武王二年（前309），并分左、右。当时以樗里疾为右相，以甘茂为左相。丞相是佐助国君、主持政务的最高官员。有时丞相也称"相国"——其实应为"相邦"②，汉时因避汉高祖刘邦讳而改为"相国"。丞相亦可简称作"相"。不过古籍中单言一个"相"字的情况比较复杂，需要具体分析。如《左传》记鲁定公与齐侯会于夹谷，"孔丘相"，只是傧相之相，而非丞相。再如《史记》记有"商君相秦"，实际商鞅的职务初为左庶长，再为大良造，并未任丞相，这里的"相"仅指当国之正卿；而苏秦佩六国相印，任务着重是办外交，以国君亲信身份出使各国，订立盟约，此"相"与丞相之"相"非属一事。

丞相的设置，意义重大。它标志着秦的中央机构的完善与强化，为日后三公九卿制这样的官僚科层结构奠定了基础。

秦在地方上置郡，始于惠文王时期。最早所建之郡为上郡，时在惠文王十年（前328）。这是在县之上另外设立的一级地方行政机构。此后，郡县两级地方行政组织，便成为秦国的固定制度。

郡的长官称郡守，由中央直接任命。一郡之下辖若干县。最初郡多设于边地，故常以武官任郡守。中央政权对地方的控制，主要通过上计制度来实现。上计制度是战国时许多国家实行的一种制度。每年地方官先把一年各种预算数

---

① 秦昭王三十八年，秦中更胡伤率兵攻赵之阏与（今山西和顺），赵国派赵奢率兵救援，结果秦军大败而归。

② 秦置相邦，早于丞相，今有秦惠文王十三年（前325）相邦义（张仪）戈可证。《史记》中有"张仪相秦"的记载，一般认为，此处的"相"，仍为当国之正卿，而非丞相。

字①写在木"券"上送交国君，年终时再将实际情况报告中央。中央通过这种办法考核地方官吏的政绩，掌握各地情况，实施有效控制。

郡的设置，使秦国地方已有的单一县制完善为郡县两级，形成科层结构，是在行政管理上的进步。这种郡县两级的地方行政制度即郡县制在我国历史上实施了相当长的时期，充分显示了其强大的生命力。

总之，惠文王到昭王时期，制度建设方面的成绩十分令人瞩目。许多商鞅变法时未能建立和未能充分发展的制度，在这个时期建立和完善起来。日后秦王朝的很多重大制度，在此期已初具规模。

第四节　支持统一战争的基地

结束春秋战国以来的长期分裂局面，实现国家统一的历史使命，是由秦最后完成的。陕西作为秦国的本土，对实现统一起了大本营和基地的作用。

一、吕不韦与秦王政

战国末，结束分裂实现统一的客观条件已经成熟。就在这时，秦国的政治舞台上演出了一场由大商人吕不韦导演的"立主定国"的奇剧。而这出戏，竟与后来秦的统一大业直接相关。

吕不韦原是卫国濮阳（今河南濮阳西南）人②，为"家累千金"③的巨商。一次他经商来到赵国首都邯郸，遇见秦在赵为质子的异人（子楚），认为"奇货可居"④，决定在异人身上搞一次政治投机，以赚取"泽可遗后世"⑤的最大利益。于是吕拿出"千金"，一半给异人，让他广交天下宾客，赢得良好声誉，另一半则购买珍奇玩物，由吕亲自带至秦国，通过关系，游说受宠于异人父亲

---

① 统计项目有十三种，称作"十三数"，参见《商君书·去强》。主要项目有仓库存粮、垦田、赋税户口、治安等。
② 《史记》记吕为"阳翟"（今河南禹州）人。或以为吕原为濮阳人后经商至韩国的阳翟。
③ 《史记》卷八五《吕不韦列传》。
④ 《史记》卷八五《吕不韦列传》。
⑤ 《史记》卷八五《吕不韦列传》张守节《正义》引《战国策》。

安国君的华阳夫人，使立异人为嫡嗣。安国君名柱，为秦昭王太子。及昭王死，安国君即位，是为孝文王。孝文王登上国君宝座刚三天便死去，于是异人继位，即秦庄襄王。这样，吕不韦被任命为丞相（相国），封文信侯，成为权倾当朝的大人物。吕"立主定国"的政治投机，获得了成功。（见图2-5）

图2-5 吕不韦、异人逃回秦国

不料秦庄襄王也是位短命的君主，即位三年便溘然而逝，由太子政继立为王，这就是日后大名鼎鼎的千古一帝——秦始皇。当时，秦政才13岁，其母后主政，吕不韦继续担任相国，并号称"仲父"，掌握着实权。这里有一段关于吕不韦、秦太后与秦政之间的故事，需要略做交代。

据《史记》记载，吕不韦当年在邯郸时，曾纳一绝色歌舞姬，后怀身孕。一次，异人从吕宴饮，见姬而悦之。后吕将赵姬献给异人，立为夫人，所生之子即秦政。后世不少史家对这一记载表示怀疑。或以为是"战国好事者为之"[1]，或以为出于吕不韦自己编造或吕门客泄私愤用以骂人[2]，或以为"是莫须有的事"[3]，等等。其实，从战国秦汉时期的社会习俗考察，当时两性之间相对比较开放，缺少后世那样的节烈观念，出现如同上述的"故事"，不仅是可能的，

---

[1] 汤聘尹辑：《史稗》，明万历刻本（线装）。
[2] 王世贞：《读书后》，浙江巡抚采进本。
[3] 郭沫若：《十批判书》，中国华侨出版社2008年版，第289页。

而且是很真实的,无须大惊小怪,更无须煞费苦心做出种种推测或否定。以司马迁那样的良史之才,在如此重大问题上做上述记载,应是有所依据的,非轻率之举。

二、《吕氏春秋》的编撰

吕不韦不仅是位出色的商人,也是位优秀的政治家。他把商业经营的办法用于政治,在政治史上不失为一项创造。在他执政期间,秦国的文治武功均获重大成就。自公元前249年(秦庄襄王元年)吕不韦亲自率军灭东周君,至公元前238年(秦王政九年)秦攻占魏国的垣(今山西垣曲东南)、蒲阳和衍氏(今河南郑州北),秦在对外军事上不断取胜,夺得十五郡以上的土地,几乎接近统一后全国总郡数的一半。[①] 在秦国的打击下,东方各国被打得落花流水,已经再也联合不起来与秦对抗,而只能等待着被秦一个个吃掉。面对即将统一的新形势,吕不韦效法魏之信陵君、楚之春申君、赵之平原君、齐之孟尝君所谓四大公子,养客三千,让他们著书立说,为统一做理论准备。在吕不韦的领导下,宾客们集体编写

图2-6 《吕氏春秋》书影

了一部"备天地万物古今之事"[②]的百科全书式的《吕氏春秋》。(见图2-6)

《吕氏春秋》全书分为十二纪、八览、六论三部分,计二十余万言。其体裁,在先秦诸子中是一个创新,十分整齐;其内容,兼容并包儒、法、道、墨、阴

---

① 秦统一之初,全国仅有三十八郡。
② 《史记》卷八五《吕不韦列传》。

阳五行各家思想。从政治上看，它为未来统一王朝制定了一套治国方案。从哲学角度考察，它安排了一种成龙配套的从自然到社会，所谓"上揆之天，下验之地，中审之人"的宇宙图式，开启了以儒家为主兼容各家以建构体系的时代要求。①书撰成后，吕不韦把它公布于咸阳市门，宣布："有能增损一字者予千金。"②据说结果竟"无能增损者"③。之所以如此，倒不是因为这部书已经尽善尽美，没有可改动之处，而是人们畏惧吕不韦的权势不敢改动。"时人非不能也，盖惮相国畏其势耳。"④

当然，作为我国第一部有组织有计划编写的文集，《吕氏春秋》的出现毕竟是我国先秦时期的文化壮举。这部历来被视为"杂家"的著作，实际集战国学术思想之大成，可以说是对百家争鸣的一个总结。这部书完成于古代的陕西，自然也就成为陕西文化史上的盛事。

三、消灭嫪、吕两大政治集团

吕不韦政治投机的成功，使他成为秦国最显赫的当权人物。秦之有吕氏政治集团，自此始。

当秦庄襄王去世后，吕不韦即与太后——秦政之母，庄襄王的夫人，重温旧情。随着秦王政年龄的增长，吕担心与太后之事败露，于是找来替身嫪毐。史载此人阳具甚伟，可"关桐轮而行"，号称"大阴人"。毐以"宦者"近侍太后，"太后私与通，绝爱之"，被封长信侯，"赏赐甚厚，事皆决于嫪毐"。⑤这样，在太后卵翼下，秦国又出现了一个政治暴发户。秦之有嫪氏政治集团，始自此。

吕、嫪两大集团，势力旗鼓相当。秦举国上下，非属嫪氏，即属吕氏，有"与

---

① 参见李泽厚：《秦汉思想简议》，载《中国社会科学》1984年第2期。
② 《史记》卷八五《吕不韦列传》。
③ 高诱：《吕氏春秋序》。
④ 高诱：《吕氏春秋序》。
⑤ 《史记》卷八五《吕不韦列传》。

嫪氏乎？与吕氏乎？"①之说。彼此间矛盾亦很尖锐，"两家宾客相抵牾尤甚"。相对看来，似乎嫪毐略占上风，故有人曾劝魏王"以国赞毒而弃吕氏"。②吕、嫪两大集团势力在秦国膨胀，必然要同王权发生矛盾斗争。当然，王权与两大集团矛盾的具体情况，各自又有不同。

王权同吕不韦之间的矛盾，较多地带有理论色彩。从前述吕不韦组织编写的《吕氏春秋》一书可知，吕是位杂家。他兼采儒、道等各家之长，主张在使用暴力的同时，也采取一些怀柔政策。如他率军灭东周后，不杀东周君，而把他迁往阳人（今河南汝州西北）；再如秦灭卫之后，把卫君从濮阳迁往野王，让他继续维持"君位"；等等。凡此都是适例。而秦王政对这些则不感兴趣。他崇尚法家学说，主张绝对君主集权，这就从根本上决定了他同吕之间冲突的不可避免性。另方面，吕不韦依恃着自己对秦国的特殊功劳，极力想控制秦王政，而秦政恰恰是一位个性极强、喜欢专断而不愿受人控制的人。曾在秦担任国尉要职的魏人尉缭评论秦政说："秦王为人，蜂准，长目，挚鸟膺，豺声，少恩而虎狼心，居约易出人下，得志亦轻食人。"③即秦王政这个人，鼻子很高，长眼睛，胸部像挚鸟那样凸起（即鸡胸），声音如同豺狼叫声，缺少恩惠而具有虎狼之心，在困难时还能够谦恭待人，一旦得志便要随便杀人。如此性格的秦政，自然不可能长期受制于其"仲父"。随着时间的推移，双方的矛盾冲突必然要激化为一场你死我活的斗争。

王权同嫪毐之间的矛盾，表现为赤裸裸的权力之争。如果说秦政与吕不韦的矛盾具有某种隐蔽、曲折的特点，那么，其与嫪的矛盾则是公开的、直观的。吕、嫪两大集团中，嫪因太后的卵翼，占有更多的优势，故而也就更加肆无忌惮。嫪与太后有私生子二人，嫪的目标即以其子取代秦政为国君。一次，嫪与侍中左右贵臣一块儿博戏，饮酒醉，互相争言而斗。嫪瞋目大叱，自称是"秦

---

① 《战国策》卷二五《魏策四》。
② 马非百：《秦集史·人物传·嫪毐》，中华书局1982年版，第318页。
③ 《史记》卷六《秦始皇本纪》。

王之假父"①。其骄横的程度，令人难以忍受。所与斗者气愤不平，遂到秦政处告发，检举嫪毐实非宦者，长期与太后私乱有子二人，并与太后密谋"王即薨，以子为后"。于是秦政立即逮捕有关人员，进行审讯，"具得情实"。②这样，秦政与嫪毐的矛盾，便率先激化为剧烈的冲突。其时在秦王政九年，即公元前238年。

秦政掌握了嫪毐的真实情况后，没有立刻揭开，而采取后发制人的策略，相机行事。这年四月，秦政赴故都雍郊祭上帝，并举行冠礼。嫪毐因事情败露正在忐忑不安之际，觉得秦政离开国都咸阳去雍是个作乱的好机会，于是"矫王御玺及太后玺"③，假借国君及太后的命令，征发军队准备进攻雍的蕲年宫，以夺取政权。此事全在秦政掌握之中，即命令相国昌平君及昌文君发兵平叛，双方战于咸阳。结果"尽得毐等"，"车裂以徇，灭其宗"；④"杀太后所生两子，而遂迁太后于雍"；参与叛乱的卫尉竭、内史肆、佐弋竭、中大夫令齐等二十人，皆枭首；凡嫪毐舍人，"皆没其家而迁之蜀"。叛乱"事连相国吕不韦"，"王不忍致法"，遂于次年（前237）免其相国职务，后又令回到封国河南（今河南洛阳）。过了一年多，秦王政"恐其为变"，下令让他举家迁往蜀地。吕不韦看到大势已去，遂"饮鸩而死"。⑤这样，嫪毐、吕不韦两大集团全被清除，秦国的大权，集中于秦王政之手。

四、郑国渠与逐客令

秦王政元年（前246），在今天陕西渭北平原上，开始兴建一项著名的水利工程。由于设计和主持施工的人名叫郑国，所以这项工程被称作"郑国渠"。

郑国本是韩国的"水工"，即水利专家。他为什么会到秦国去兴建水利工程呢？

---

① 马非百：《秦集史·人物传·嫪毐》，中华书局1982年版，第318页。
② 《史记》卷八五《吕不韦列传》。
③ 《史记》卷六《秦始皇本纪》。
④ 《史记》卷六《秦始皇本纪》。
⑤ 以上见《史记》卷八五《吕不韦列传》。

原来与秦毗邻的韩国，时时感到有被秦灭掉的危险，昏庸无能的韩桓惠王愚蠢地使出了所谓的"疲秦"之计：让水工郑国入秦，劝说秦兴建引泾水入洛的大型水利工程，以消耗其国力，使之无力东伐。不料郑国在秦主持工程进行之际，其阴谋被秦发觉。秦宗室大臣乘机向秦政建言说："诸侯人来事秦者，大抵为其主游间于秦耳，请一切逐客。"①是说各诸侯国来秦的人，大多是为其本国利益服务的间谍，请下令把这些外来的"客"一律驱逐出境。秦政采纳了这一建议，遂下令"逐客"。

在被逐的众多宾客之中，有一位名叫李斯（见图 2-7）的楚国上蔡（今河南上蔡西南）人。他年轻时曾做过小吏，又曾从荀卿学帝王之术，学成后离楚入秦，打算建立一番功业。至秦时正值幼主秦政新立，于是投奔到执掌秦国大权的相国吕不韦门下为舍人，并获得赏识，被保任为秦王的近侍卫士——郎。李斯利用能经常见到秦王的有利条件，劝王"成帝业，为天下一统"②，颇中秦王政下怀。所以他很快便得到信任，被提升做了长史，不久又拜为客卿。正当他步步青云之际，却遇到秦王颁行"逐客令"。当时李斯虽然已居客卿的官位，但毕竟还属外来的"客"，故也在被逐之列。值此紧急关头，他毅然上书秦王，要求改变成命。这篇上书便是著名的《谏逐客书》③。

在《谏逐客书》中，李斯首先列举了秦用外人而使国富民强的事实，从穆公"西取由余于戎，东得百里奚于宛，迎蹇叔于宋，来丕豹、公孙支（枝）于晋"，说到孝公之用卫商鞅、惠文王之用魏张仪、昭王之用魏范雎，然后得出结论："由此观之，客何

图 2-7 李斯像

---

① 《史记》卷八七《李斯列传》。
② 《史记》卷八七《李斯列传》。
③ 全文收入《史记》卷八七《李斯列传》。

负于秦哉！"如果秦"却客而不内（纳）"，"疏士而不用"，必然"使国无富利之实而秦无强大之名也"。接着，李斯又举出秦王所喜爱的珠宝玩好、音乐美女，许多皆来自秦国之外，并不因其非秦国所出产而拒绝，但对于"取人"，却"不问可否，不论曲直，非秦者去，为客者逐"，这是"所重者在乎色乐珠玉，而所轻者在乎人民也"。如此做法，"非所以跨海内制诸侯之术也"。在此基础上，李斯又反复阐述"太山不让土壤，故能成其大；河海不择细流，故能就其深"的道理，如果不能容纳人，"使天下之士退而不敢西向，裹足不入秦"，就等于帮敌人的忙，是所谓的"藉寇兵而赍盗粮"。最后李斯指出："夫物不产于秦，可宝者多；士不产于秦，而愿忠者众"，如果执意逐客，则"求国无危，不可得也"。

秦政见到这篇情词恳切的上书后，立即决定撤销逐客令，继续推行客卿制度，并恢复了李斯的官职，对他更加倚重——不久即官拜廷尉。同时，秦王政亦听从了水工郑国的辩解之词——"始臣为间，然渠成亦秦之利也。臣为韩延数岁之命，而为秦建万世之功"[1]——赦免了他的死罪，让他继续完成预定的工程。史载，郑国渠建成后，"用注填阏之水，溉泽卤之地四万余顷"，每亩收成可达一钟（相当今 1.286 石 / 0.7 亩[2]），从此，"关中为沃野，无凶年"。[3]

郑国渠（见图 2-8）从今陕西泾阳县境内起经三原、富平、蒲城等县进入洛水（北洛水），全长 150 多公里。西汉时又在其基础上修筑六辅渠和白渠，在关中地区构筑了一个完整的水利灌溉网。这些渠道经历代修整，在历史上发挥了重要作用。20 世纪 30 年代初，关中人民在郑国渠和白渠的旧址上，兴建了泾惠渠。新中国诞生，使古老的郑国渠得到新生。1952 年，灌区人民改造旧泾惠渠，重修了 120 公里长的干渠，使古渠换新颜，发挥出更大的作用。

---

[1]《汉书》卷二九《沟洫志》。
[2] 据王学理之统计。见所著《秦都咸阳》，陕西人民出版社 1985 年版，第 31、55 页。
[3]《史记》卷二九《河渠书》。

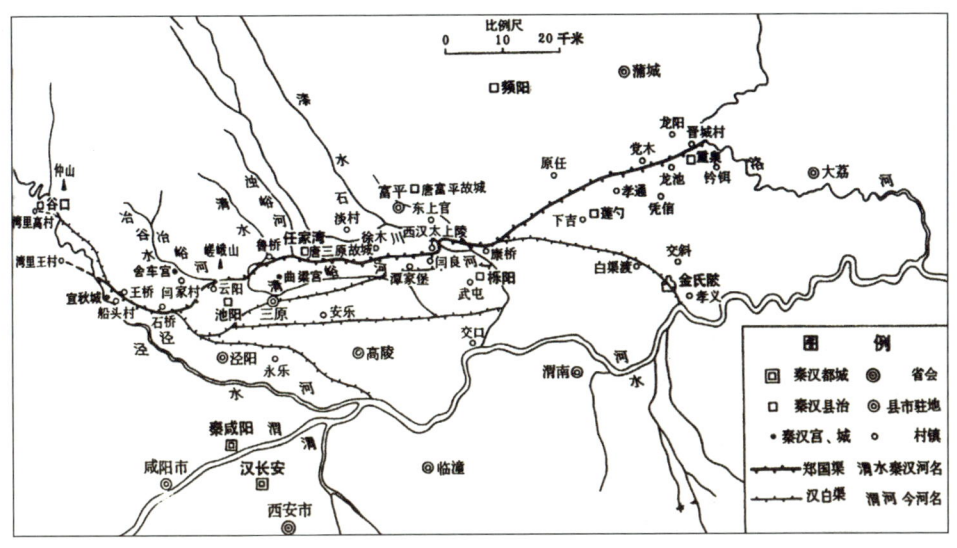

图 2-8 郑国渠示意图

郑国渠是陕西历史上劳动人民的不朽杰作，而由修建它所引起的"逐客"与"谏止逐客"，则给陕西古史留下了一个发人深思的故事。

五、韩非之死

战国末的韩国，统治者无能，桓惠王给秦送去了水工郑国，为秦营建了著名的水利工程郑国渠，紧接着韩王安又给秦送去了思想家韩非。不过韩非在秦却无所作为，被害而死，留下了无限的遗憾。

韩非（见图 2-9）出身于韩国贵族，是法家学说的集大成者。他为人口吃，不能道说，而善著书。其见韩之削弱，曾数次上书韩王安，进谏修明法度，却不被采用。于是愤而著述，作《孤愤》《五蠹》《内外储》《说林》《说难》等十余万言。（见图 2-10）

据《史记·韩非列传》记载，有人将韩非的著作传至秦国，秦王政见后感叹说：

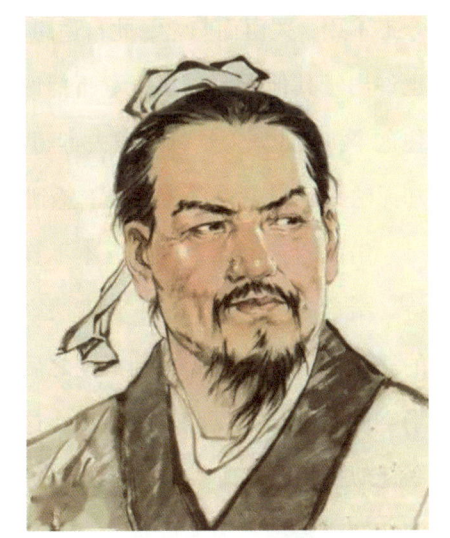

图 2-9 韩非像

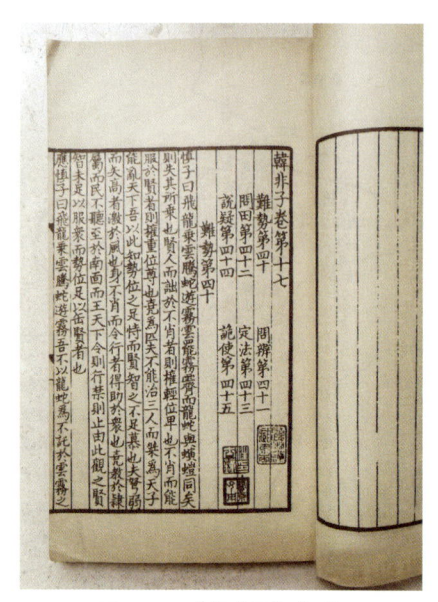

图2-10 《韩非子》书影

"嗟乎,寡人得见此人与之游,死不恨矣!"李斯告诉秦王:"此韩非之所著书也。"原来李斯与韩非是同学,皆荀子的门生,故而知道书出自韩非之手。这样,秦便借故紧急攻韩。韩王开始不用韩非,及遭秦进攻事急,乃派遣韩非出使秦国,希望求得和平。秦王见到韩非喜出望外,但没有及时予以信用,这就给在秦廷任职的李斯、姚贾加害韩非提供了机会。李之所以要害韩,主要出自嫉妒。早在学生时代,李斯就深感自己的学问不如韩非,内心便埋下了嫉妒的种子。现今韩非来到秦国,并深受秦王的喜爱,自然构成了对李的极大威胁,李必欲置韩于死地才肯罢休。姚之所以也要加害韩,主要出自忌恨。《史记集解》引《战国策》说,韩曾揭过姚的致命短处,所以姚亦必欲置韩于死地不可。于是李、姚两人联手向秦王进谗道:"韩非,韩之诸公子也。今王欲并诸侯,非终为韩不为秦,此人之情也。今王不用,久留而归之,此自遗患也,不如以过法诛之。"也许出于一时糊涂,也许出于其他原因,秦王竟听信谗言"以为然",遂将韩非投狱问罪。李斯抓住这个机会,派人给韩非送去毒药,逼其自杀。韩非打算向秦王陈情,进行解释,却无法见到秦王。不久,秦王感到后悔,忙使人去赦免韩非,但他已经死了。

偌大的秦国死个把人,本不算什么大事,但对韩非之死,却远不能如此看待。秦自商鞅变法后,一直奉法家学说为圭臬。像韩非这样一位深得秦王赏识的法家代表性人物,来到秦国之后,理应受到礼遇和重用,然而他却遭遇了一场空前的灾难,以至丢掉性命。这件事背后,含有太多的隐性内容。对此,司马迁似乎早已有所察觉,所以在《韩非列传》引韩文《说难》前发感叹道:"然韩非知说之难,为《说难》书甚具,终死于秦,不能自脱。"这里,既有无限的惋惜，也有委婉的批评，还有对冥冥之中安排的不平。韩非之死，无论从何种角度去看，都是一件发人深思的大事。

六、秦地人民对统一战争的巨大贡献

秦国历史的发展以献公新政为转机，特别是经过商鞅变法后，国势日强，到了秦政时期，统一六国已是水到渠成之事。秦王政是位具有超常进取性的国君。他对内消灭了嫪毐、吕不韦两大政治集团之后，便立即转过手来，自公元前236年到前221年，集中力量进行了剪灭六国的统一战争。首先于公元前230年灭韩，其次于前228年灭赵，前226年攻陷燕，前225年灭魏，前223年灭楚，前222年灭燕，最后于前221年灭齐。在这个过程中，秦地人民为实现统一做出了巨大的贡献。当然，由于旧史书中有关这方面的材料根本无载，所以今天想把情况具体、细致地写出来已无法做到，而仅能依据一些其他材料做出某些推测。

在冷兵器时代，战争中的人力是更为重要的因素，所以秦地人民对统一战争的支持首先反映在人力的巨大贡献方面。整个统一战争期间，秦地人民究竟为战争付出了多少人力？我们可从秦杀敌的数字上做些推算。据史书明文记载，秦军杀敌数如下：

表 2-3　秦军杀敌数表

时间	战役	杀敌数	所据文献
献公二十一年（前364）	石门	六万	《史记》之《秦本纪》《六国年表》
孝公八年（前354）	元里	七千	《史记》之《秦本纪》《六国年表》《魏世家》
惠文王八年（前330）	雕阴	四万五千	《史记·魏世家》
惠文王后七年（前318）	修鱼	八万二千	《史记》之《秦本纪》《六国年表》《赵世家》《韩世家》

续表

时间	战役	杀敌数	所据文献
惠文王后十一年（前314）	岸门	一万	《史记》之《秦本纪》《韩世家》
惠文王后十三年（前312）	丹阳	八万	《史记》之《秦本纪》《六国年表》《楚世家》
武王四年（前307）	宜阳	六万	《史记》之《秦本纪》《六国年表》《韩世家》《甘茂列传》
昭王六至七年（前301—前300）	重丘、新城	二万、三万	《史记》之《秦本纪》《六国年表》《楚世家》
昭王九年（前298）	武关	五万	《史记》之《六国年表》《楚世家》
昭王十四年（前293）	伊阙	二十四万	《史记》之《秦本纪》《六国年表》《楚世家》《魏世家》《韩世家》《白起列传》
昭王二十七年（前280）	攻赵，取代光狼	三万	《史记》之《秦本纪》《六国年表》《白起列传》
昭王三十二年（前275）	大梁	四万	《史记》之《秦本纪》《六国年表》《魏世家》《穰侯列传》
昭王三十四年（前273）	华阳	十五万	《史记》之《秦本纪》《六国年表》《赵世家》《魏世家》《韩世家》《穰侯列传》《白起列传》
昭王四十三年（前264）	陉城	五万	《史记》之《秦本纪》《六国年表》《白起列传》
昭王四十七年（前260）	长平	四十五万	《史记》之《秦本纪》《六国年表》《赵世家》《白起列传》
昭王五十年（前257）	邯郸	二万六千	《史记》之《秦本纪》《六国年表》
昭王五十一年（前256）	阳城、负黍	四万	《史记》之《秦本纪》《六国年表》《韩世家》
昭王五十一年（前256）	攻赵	九万	《史记·秦本纪》
秦王政二年（前245）	攻卷	三万	《史记·秦始皇本纪》
秦王政十三年（前234）	平阳	十万	《史记》之《秦始皇本纪》《六国年表》

以上合计杀敌数为一百六十九万人，按照"杀敌一千，自损八百"的比率折算，秦军死亡亦在一百三十五万人以上。这就是说，自献公至始皇时期，每年平均有近万名秦人死于战场之上。在某些特殊情况下，需要的人力自然要远远高于平均值。如长平之战，秦征发河内地区"年十五以上悉诣长平"[①]。这虽系特例，但在统一战争这样战事相对集中的特殊时期内，如长平之战那样的征用民力，恐怕亦在所难免。王翦灭楚，一次就需要六十万大军便是明证。由此可见，秦地民众在人力方面对统一战争贡献之大。

战争不仅需要大量的人力，也需要大量的物力——从军粮到兵器、铠甲、马匹、车辆，以及各种军需品，门类众多，数量庞大。战争中固然可以掠夺来一定数量的物资以补充军用，但最基本的供给，还需要从秦国本土付出。这自然是秦地人民对统一战争做出贡献的另一个重要方面。仅以兵器供应而论，今考古工作者自东北辽宁大连市金州区以远，到东南广东广州和广西桂林、平乐等广大地区，均发掘出土了秦的兵器，这明显是随着秦统一战争的进行而由秦军留下的遗物。这些兵器虽有一部分是六国所造而被秦得到后加刻铭文者，但基本还是秦国自己制造的。秦造的兵器，分为中央制造和地方制造两类。前者多以秦相为督造者，如秦惠文王十三年（前325）相邦义（张仪）戈，秦昭王十四年（前293）相邦冉（魏冉）戈、十六年（前291）丞相触（寿烛）戈，秦王政三年（前244）相邦吕不韦戈，等等。中央制的兵器铸造地点基本限于栎阳、雍、咸阳等都城所在地。地方产兵器由郡铸造，其中以上郡所造为最多，如上郡守赵戈、上郡守庙戈、上郡守趞戈等。一件武器的制造，要经过复杂的工序，完成后还要镌刻上生产年代、产地以及监造、主造、造器者的名字，管理十分严格。大量精良的武器武装了各个战场上的秦军，每件武器上实际都凝聚着秦国手工业工人的心血，是秦地人民为统一战争做出巨大贡献的见证。通过武器一项，亦不难推见秦地人民在物力的其他方面的巨大贡献。

---

① 《史记》卷七三《白起列传》。

总之，作为基地和大本营，以今天陕西关中地区为主体的秦国本土，为秦的统一六国做出了多方面的巨大贡献。我们今天重温这段历史的时候，首先应当看到他们——秦地人民，在实现统一大业中的丰功伟绩。

第三章 秦王朝时期的陕西

第一节　秦朝政治经济文化的中心

公元前221年，秦实现统一后，陕西由原来的秦国本土，变为新建的秦王朝的政治经济文化中心，秦朝历史上一系列重大事件，几乎都发生在这里。

一、两次重要廷议及两项重大决策

在实现统一的当年，秦朝廷便举行了两次重要的廷议，并做出两项重大决策。所谓"廷议"，就是在殿廷之上，国君把需要做出决策的重大事宜交由朝臣讨论，甚至经过辩论，然后由国君做出最终裁定的政治决策方式。秦历史上一向有这样的传统，它带有极微弱的民主成分，对秦的集权政治是一种补充。

第一次廷议的主题是"议帝号"。统一后，秦政认为，"寡人以眇眇之身，兴兵诛暴乱"，使"六王咸伏其辜，天下大定"，"今名号不更，无以称成功，传后世"。换言之，即秦政觉得殷、周以来最高统治者"王"的称号已不足以显示其尊贵，需要重新拟定名号。诸大臣、博士讨论后认为，"古有天皇，有地皇，有泰皇，泰皇最贵"，故"上尊号"为"泰皇"。然而秦政对此并不满意，于是他自己从"泰皇"称号中取一"皇"字，另采上古"帝"位号，合为"皇帝"。皇帝之"命"为"制"，皇帝之"令"为"诏"，皇帝自称作"朕"。同时秦政认为"谥法"是"子议父，臣议君"，故予废除，"朕为始皇帝"，"后世以计数，二世三世至于万世，传之无穷"。[①] 从此秦政被称为"秦始皇"。这样，就产生了中国的皇帝制度，并由秦开始直到清，实行了两千多年。这是第一次廷议的结果。

皇帝是秦王朝的最高统治者，拥有至高无上的权力。与皇帝制度成龙配套，秦中央实行三公九卿的官僚制。三公指丞相、太尉、御史大夫，为皇帝手下分掌政务、军事、监察的最高长官。其中丞相地位最尊，"掌丞天子助理万机"，为百官之长。九卿是中央政府各部门的主管官员，其数目不止九个，确切讲应作"诸卿"，主要有奉常（掌宗庙礼仪）、郎中令（掌宫殿掖门户）、卫尉（掌

[①] 以上见《史记》卷六《秦始皇本纪》。

宫门卫屯兵）、太仆（掌舆马）、廷尉（掌刑辟）、典客（掌诸归义蛮夷）、宗正（掌亲属）、治粟内史（掌谷货）、少府（掌山海池泽之税，以给共养）、中尉（掌徼循京师）、将作少府（掌治宫室）、内史（掌治京师）、主爵中尉（掌列侯）等。[①]三公九卿共同构成了秦王朝中央政权的实体，其间虽有层级区别，但统属关系并不特别明确，他们均听命于皇帝。

为了给自己的统治制造理论依据，秦始皇接受了"五德终始说"。这是战国末齐人邹衍创立的一种学说。它认为：凡是人的各项活动，都和阴阳五行相通，并互为影响，由此引起各种吉祥变化；人间天子一定要得到五德（行）中的一德，并由上天显示符应；当他的德衰了，有在五德（行）中得到足以胜过前一德的另一德者，就起而代之。如此按照土、木、金、火、水的五行相胜次序运转下去，便形成了历史上的改朝换代。按五德推演，周为火德，火之后是水，故秦便认定自己是以水德而得天下，并称说五百年前秦文公出猎时所获之黑龙，即秦为水德的符应。依据五德说理论，秦制定了一整套水德制度如下：

年始、朝贺	十月朔（以十月为正月，建亥）
衣服旄旌节旗	上黑
数	以六为纪
符、法冠	六寸
舆	六尺
步	六尺
乘	六马
音	上大吕
河（黄河）	更名德水
政术	刚毅戾深，事决于法

从上述来看，制度内容多是些很细小的事情，但时人却把这些看得非常重要，并赋予其许多神圣的意义。秦的当政者就是以这样的理论和制度来欺骗人民，同时也欺骗自己的。

[①] 见《汉书》卷一九上《百官公卿表上》。

第二次廷议是讨论丞相王绾等所提出的关于实行分封制的建议。当时参加廷议的多数大臣"皆以为便",即赞成立诸子为王,实行分封,唯廷尉李斯表示异议。他认为"置诸侯不便",只有郡县制才是"安宁之术"。秦始皇对少数派李斯的意见表示赞同,他最后做出裁决:"天下共苦战斗不休,以有侯王。赖宗庙,天下初定,又复立国,是树兵也,而求其宁息,岂不难哉!廷尉议是。"于是"分天下以为三十六郡",①后随着边境的开发与郡治的调整,总郡数不断有所增加②。"郡置守、尉、监。"③守即郡守,为一郡最高长官。尉即郡尉,佐郡守"典武职甲卒"。监即监御史,"掌监郡"。④郡之下有县。万户以上县设令,万户以下县置长。县之下有乡、亭、里的组织,各有管理人员。过去论者似乎总认为秦推行专一的郡县制是正确的选择,但从汉以后历代差不多都郡国并行的政治实践来看,这一做法还是有缺失的。

上述两次重要廷议做出的决策,使秦建立了一套完整的以皇帝制度、三公九卿制和郡县制为基本内容的集权型的政治制度体系。尽管这一体系中的不少制度在秦国时期已初具规模,但统一后的进一步发展与完善是显而易见的。在秦王朝,从皇帝到郡县,事实上形成一个金字塔式的官僚层级结构,同时,也构成自上而下的控制系统与自下而上的回馈系统。(见图3-1)

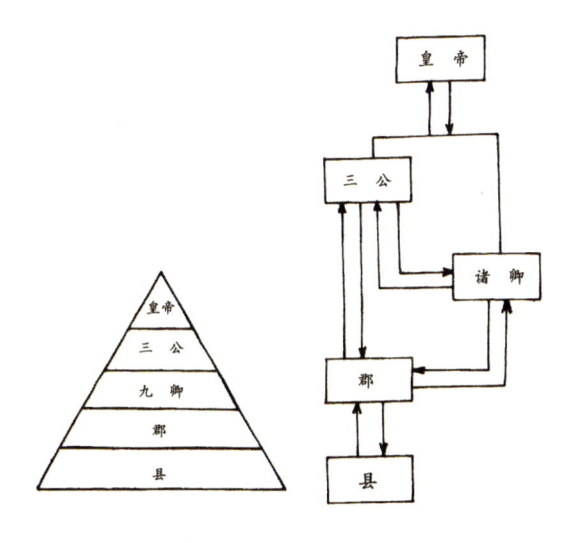

图3-1 皇帝、三公九卿、郡县层级结构及控制、回馈系统示意图

---

① 以上见《史记》卷六《秦始皇本纪》。
② 谭其骧《秦郡界址考》(载《真理杂志》1944年第1卷第2期)、《秦郡新考》(载《浙江学报》1947年第2卷第1期)认为总郡数达四十六郡。从新出土的里耶秦简来看,总数还要更多一些。
③ 《史记》卷六《秦始皇本纪》。
④ 《汉书》卷一九上《百官公卿表上》。

二、从秦都辐射出的驰道与直道

为了方便秦中央政权对全国各地的控制，为加强统治，自秦始皇帝二十七年（前220）秦开始修建以国都咸阳为中心的驰道。所谓"驰道"，本指专供皇帝驰行的道路。"驰道，天子道也"[1]。不过，据说只有驰道中央"三丈"宽的路面才是真正的天子行道，官吏以令也可行于"三丈"以外的旁道上。[2]不管怎么讲，修建驰道对于发展交通事业总是有积极意义的。

西汉贾山的《至言》记载："（秦）为驰道于天下，东穷燕齐，南极吴楚，江湖之上，濒海之观毕至。道广五十步，三丈而树，厚筑其外，隐以金椎，树以青松。为驰道之丽至于此"[3]。秦代以6尺为一步，"道广五十步"即宽300尺，约合今69.3米。路基用铁锤夯打坚实并使路面隆高呈龟背状，每隔3丈，种青松一棵。筑成的驰道，坦荡宽阔，直达天际，但见青松栉比，绿荫相接，一派壮观景象。这是秦代劳动人民在道路修筑上的不朽创造。

从首都咸阳辐射而出的驰道主要有两大干线：一是出函谷关通往燕、齐，即今河北、山东一带的东方道，或称枳道。二是出今陕南通往古吴、楚，即今长江中下游地区的武关道。其他如出今高陵通往陕北的上郡道，渡黄河通往山西的临晋道，出秦岭通往今四川的栈道，出陇县通往今宁夏、甘肃的西方道，等等，也很重要。（见图3-2）此外，还有一条具

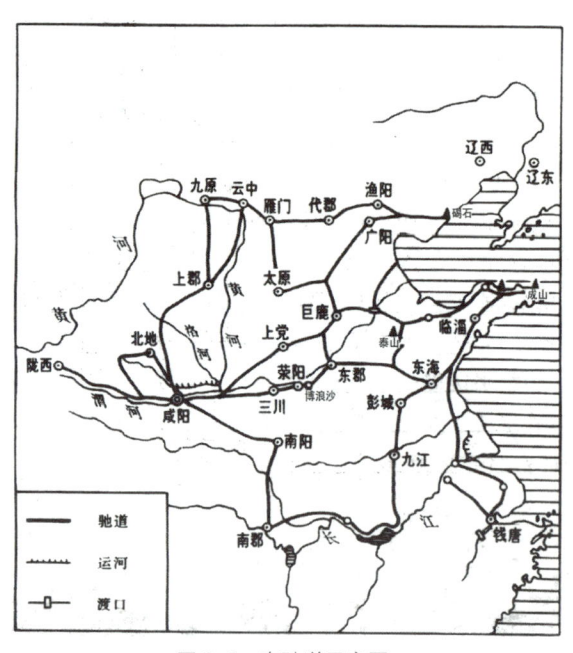

图3-2 秦驰道示意图

---

[1] 《史记》卷六《秦始皇本纪》裴骃《集解》引应劭说。
[2] 见《汉书》卷七二《鲍宣传》注引如淳说。
[3] 《汉书》卷五一《贾山传》。

有特殊军事意义的"直道"。

直道动工于秦始皇帝三十五年（前212），两年半后即告竣工。这是秦代劳动人民创造的又一奇迹。直道从咸阳西北不远的云阳出发，至子午岭上，循主脉北行，直到定边县南，由此向东北进入鄂尔多斯草原，过乌审旗北，经东胜西南，在昭君坟附近渡黄河，到达包头市西南秦九原郡治所，全长1800里（约合今750公里）。因是从首都咸阳通往北方九原郡的"直通"之道，故名。修建直道的目的，在于防御北方匈奴的侵扰。原来早在秦统一前，活动于阴山南北的匈奴族就经常南侵，成为严重的边患。统一后，秦始皇于公元前215年派大将蒙恬率三十万大军北征，把匈奴驱逐出河南地（今内蒙古乌加河以南地区），并修建万里长城加强防御。此后不久，秦即筑直道，作为加强防御的又一项重要措施。今考古调查显示，子午岭上的"直道遗迹都是宽四米半"，在内蒙古鄂尔多斯市东胜区的直道遗迹，"路面残宽约二十二米，现高一米至一·五米"。[1]如此宽阔的直道，使秦中央政府能以最快的速度把军队和物资运送至北方边境。2006年，考古工作者曾对直道经过的富县坡根底段进行发掘，挖掘出少量车辙、大面积建筑基址和汉钱。研究者认为建筑基址可能是直道上规格较高的兵站或关卡性质建筑的遗存。由此不难想见当年直道可观的规模。（见图3-3）

图3-3 秦始皇直道遗址

---

[1] 史念海：《秦始皇直道遗迹的探索》，载《文物》1975年第10期。

秦驰道与直道的修建，使陕西成为当时全国的交通中心。以驰道、直道为干线，再加上水运，整个秦王朝的版图被连接为一个整体。这对于发展经济、促进各地的文化交流，具有积极的推动作用。

三、咸阳宫与阿房宫

陕西作为秦王朝首都所在地，不仅有四通八达的交通网，而且集中了王朝最大的宫殿建筑群，是秦朝建筑艺术的荟萃之地。这其中，最负盛名者自然要数咸阳宫与阿房宫了。

自秦孝公迁都咸阳，即"筑冀阙宫廷"[1]，开始大规模营建这座城市。后经从惠文王到庄襄王的近百年时间，咸阳已被建成为全国一流的大都市。它基本以渭水为轴线，分为南北两区。南区主要是诸庙、皇家苑囿、陵寝及部分离宫别馆的所在地。北区为国家的政治中心所在，著名的咸阳宫就建在这里。

咸阳宫始建于何时已不可考，但从某些文献记载可知，至迟秦昭王时它已存在。由于这里是秦王常居和议事决政的地方，所以成为权力的象征。许多重大的政治事件均发生于此。公元前227年，燕太子丹派遣荆轲使秦献图，秦王政"设九宾，见燕使者咸阳宫"[2]，结果演出了荆轲刺秦王惊心动魄的一幕。（见图3-4）秦始皇曾按照"渭水贯都以象天汉，横桥南度以法牵牛"[3]的天体结构模式扩建与重建帝都，咸阳宫理所当然是增修的一个重点。"始皇穷极奢侈，筑咸阳宫，因北陵营殿，端门四达，以则紫宫，象帝居。"[4]今考古工作者指出："咸阳宫原先的规模不一定比'冀阙宫廷'更宏伟。因为随惠文、悼武、昭襄几代的武功显赫，疆土的开拓，秦咸阳已有向南扩展的趋势，秦王政凭借了咸阳原高亢的地理形胜，大兴土木（'因北陵营殿'），使原先具有一定规模的咸阳宫又有了新的外延：仿效天上的'紫宫'宫门四开，有如天子星在人间的再现，从而建成一组布局严谨的建筑群。"[5]

---

[1]《史记》卷六八《商君列传》。
[2]《史记》卷八六《刺客列传》。
[3] 何清谷：《三辅黄图校释》卷一《咸阳故城》，中华书局2005年版，第24页。
[4] 何清谷：《三辅黄图校释》卷一《咸阳故城》，中华书局2005年版，第22页。
[5] 王学理：《秦都咸阳》，陕西人民出版社1985年版，第72页。

图 3-4 《隶续》所载荆轲刺秦图

秦统一后的第二年，即公元前 220 年，在渭水南兴建信宫[①]。《三辅黄图》称"信宫，亦曰咸阳宫"。准此，咸阳宫似有两个：一在渭北，一在渭南。有学者曾认为始皇三十四年（前 213）"置酒"之"咸阳宫"即"信宫"，但未提出足够的证据做出证明。实际上，信宫建成后便改称"极庙"。这一点，《史记·秦始皇本纪》讲得非常清楚："二十七年，……作信宫渭南，已，更命信宫为极庙，象天极。"[②] 据此来看，信宫似乎并未被称作"咸阳宫"。《黄图》之说，尚有待进一步证实。

考古工作者在今咸阳东北黄土原上曾发现大区域的秦宫殿建筑遗址。有人认为，这就是当年咸阳宫所在。但随着考古工作的深入开展，此论已越来越多地受到学人的怀疑。20 世纪 80 年代中期曾有考古工作者指出，咸阳宫的"具体位置，大约在今咸阳市秦都区东聂家沟到刘家沟之间的咸阳原上下"[③]。当然这也有待进一步证实。总之，咸阳宫的遗址何在，迄今仍是一个历史悬案。（见图 3-5）

秦始皇帝三十五年（前 212），"始皇以为咸阳人多，先王之宫廷小"，于是"营作朝宫渭南上林苑中"。[④] 所谓"朝宫"，是举行朝会、庆典及决事之宫，也是帝王常居之宫。前述之咸阳宫就是秦原有的朝宫，或称作"先王之宫廷"，始皇嫌其狭小，故又筑新宫。为了和万世帝业相称，新宫的总体设计极尽宏伟、博大、豪华，"规恢三百余里。离宫别馆，弥山跨谷，辇道相属，阁道通骊山

[①] 李昉等：《太平御览》卷一七三引《史记》作"长信宫"，中华书局 1960 年版。
[②] 中华书局标点本《史记》本段文字断句有误，学人已指出。这里系据文意重新标点。"已"作"完成""事讫""事毕"讲，即指信宫完工。
[③] 王学理：《秦都咸阳》，陕西人民出版社 1985 年版，第 72 页。
[④] 《史记》卷六《秦始皇本纪》。

图 3-5 咸阳秦宫"一号宫殿"复原图

八十余里。表南山之颠以为阙,络樊川以为池"①。这种把宫室建筑与周围自然景观融为一体的设计方案,体现了秦代建筑思想的一大特点,实际上也是一种"天人合一",与《吕氏春秋》所建构的从自然到社会的宇宙图式相吻合。这一新宫,就是极其有名的阿房宫。

关于阿房宫的取名,有多种解释。或说"阿,近也。以其去咸阳近,且号阿房";或说"作宫阿基旁,故天下谓之阿房宫";或说"在山之阿";或说因前殿高广;或说因"墙壁崇广";等等。② 不过,阿房宫仅仅是个临时的名称,史载,当全宫修建完毕后,"欲更择令名名之"③。

阿房宫的首期工程是修建前殿。其规模,"东西五百步,南北五十丈,上可以坐万人,下可以建五丈旗。周驰为阁道,自殿下直抵南山。表南山之颠以为阙。为复道,自阿房渡渭,属之咸阳,以象天极阁道绝汉抵营室也"④。秦时1步等于1.3米多,此处为便于计算,按照1步等于1.5米,秦1丈等于2.3米来折算,那么前殿的面积为86250平方米(750米×115米)。当时秦调集刑徒数十万人从事修建,但仅仅两年多,便因始皇去世而停工。后秦二世又兴工营建,但不到一年即因农民军进入关中而不了了之。前殿遗址今仍高出地面10米以上,在今西安市西三桥街道南巨家庄至古城村一带。

---

① 何清谷:《三辅黄图校释》卷一《秦宫》,中华书局2005年版,第49页。
② 分见《史记·秦始皇本纪》张守节《正义》引颜师古说、《三辅黄图·秦宫》、《三辅故事》、《雍录》、《汉书·东方朔传》颜师古注等。
③ 《史记》卷六《秦始皇本纪》。
④ 《史记》卷六《秦始皇本纪》。

尽管阿房宫是一个未完成的工程[1]，但它旷世的规模，早已成为历代文人描绘的对象。唐代杜牧的《阿房宫赋》是其中代表之作。"五步一楼，十步一阁"，"覆压三百余里，隔离天日"。虽有文学夸张成分，但也确使我国建筑史上这一空前绝后巨篇的雄伟面貌跃然纸上，给人以直观的感受。2002—2008年，由中国社科院考古研究所和西安市文物保护考古所（现升格为"院"）联合组建的阿房宫考古工作队，对阿房宫前殿遗址进行了全面的考古调查、勘探与重点试掘，勘定了阿房宫前殿遗址的基本规制，以及其营建过程与工程的基本进展状况。这次考古活动，再次肯定了阿房宫是一个未完工程的事实，并确认流传了两千年的项羽"火烧阿房宫"的说法不过是子虚乌有的传说。

除咸阳宫与阿房宫之外，在京师咸阳及整个关中地区，秦的离宫别馆，亦"相望联属"[2]。其中主要者如章台宫、兴乐宫、六英宫、华阳宫、芷阳宫、长安宫、步高宫、步寿宫、橐泉宫、蕲年宫、棫阳宫、萯阳宫、平阳封宫、羽阳宫、长杨宫、高泉宫、虢宫、兰池宫、甘泉宫（南宫）、望夷宫、宜春宫、曲台宫、林光宫、梁山宫、回中宫、凌云阁等。另外，秦在扫灭六国的过程中，"每破诸侯，写放其宫室，作之咸阳北阪上"[3]。所谓"咸阳北阪"，指今咸阳东渭城湾到杨家湾之间的北原。经考古调查，这一带确有分布稠密的建筑遗址，应为秦仿作的六国宫室的遗存。（见图3-6）

大量的秦宫殿建筑，使古代陕西特别是关中地区的地貌大为改观，对古代陕西的城市发展起了巨大的推动作用。尤其在首都咸阳，随着巨大宫殿区的营建，居民区、手工业作坊区、商业区、旅馆区等也都相继出现。据研究者统计，当时咸阳的常住人口在五十万左右。[4] 这里，荟萃六国都城建筑艺术之精华，凝聚天地渭水之神韵，是秦文化集大成的辉煌巨制，是当时世界上最繁盛的都城之一。这里，谱写了陕西历史上最值得自豪的篇章。

---

[1] 有文献称阿房宫始建于惠文王时，秦始皇不过"广其宫"而已。但不管怎么讲，它最后毕竟没有完工。
[2] 何清谷：《三辅黄图校释》卷一《咸阳故城》，中华书局2005年版，第25页。
[3] 《史记》卷六《秦始皇本纪》。
[4] 见王学理：《秦都咸阳》，陕西人民出版社1985年版，第102页。

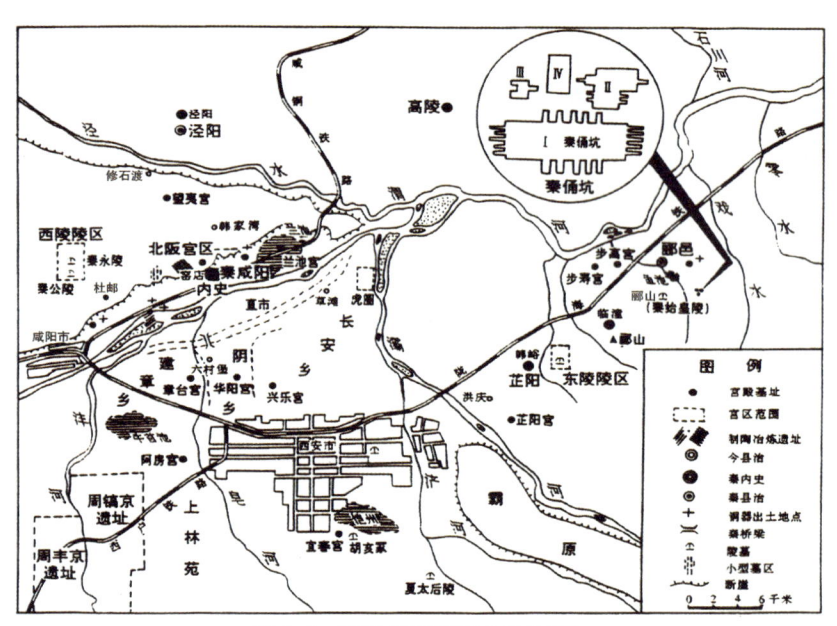

图 3-6 秦都咸阳平面布局示意图

四、徙民充实关中

秦之徙民,商鞅变法已发其端,以后各代,无不继续实行。至统一后,徙民的规模更是空前。当时徙民的情况有这样几类:一是迁徙富豪,目的在于打击其势力,消除政治隐患,并有某种平衡经济发展的含意;二是迁徙一般平民,即"黔首",主要用于实边,亦含有平衡人口的目的;三是迁徙亡国君臣,目的在于防范;四是迁徙有罪的吏民,目的在于惩处、发落,亦有实边的意图(这类人中还包括那些被征发去开拓边疆并留居当地的"亡人""赘婿""贾人"等)。从人数来看,一、二类是主要的。(见图3-7)

在徙民中,有相当一部分是被迁到首都咸阳和关中地区的。就在实现统一的当年,即公元前221年,秦王朝便"徙天下豪富于咸阳十二万户"①。这是一个相当大的数字。如果按每户三人计算,"十二万户"也当有三十六万人之众。帝都咸阳一下子就增加了三十多万"豪富",这对当地的经济发展,无论从人力、物力、财力或是经营管理等方面,都是一个巨大的投入。虽然被徙之家,经济

---

① 《史记》卷六《秦始皇本纪》。

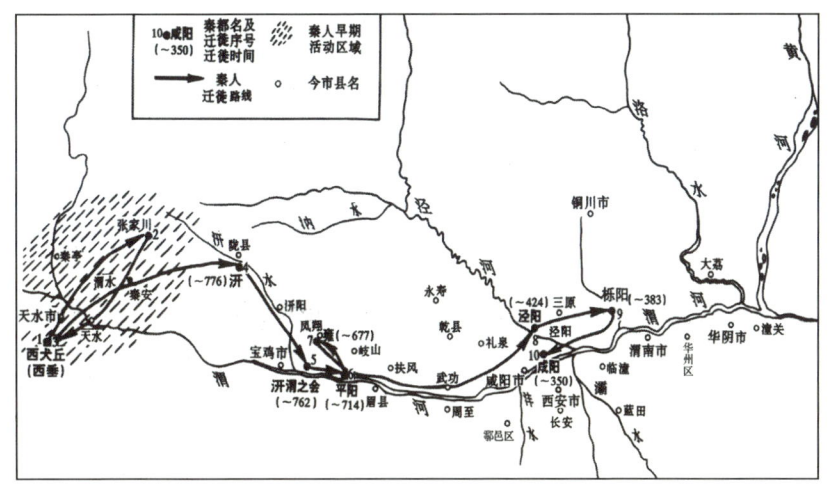

图3-7 秦人都邑迁徙路线示意图

上遭到很大的削弱，政治上也受到苛刻的待遇，甚至被称作"迁虏"，但他们毕竟是有一定基础和实力的人家，特别是他们所拥有的智力和丰富的"治生"经验，使之很快在新迁地又富起来，并大大刺激和带动当地的经济发展。

秦始皇帝三十五年（前212），秦政府又一次向关中地区大规模徙民——"徙三万家丽邑，五万家云阳"[1]。"丽邑"在今陕西西安市临潼区新丰街道，古为骊戎国，当时正在这里营建始皇的陵墓。"云阳"在今陕西淳化西北，为秦直道的起点，当时直道工程刚刚开工。向以上两地徙民，显然都具有充实当地的目的。秦政府对这次所徙的八万家给予优惠政策，"皆复不事十岁"[2]，即免除十年的徭役。由此也可进一步看出秦这次徙民的用意。

除了大规模向关中徙民，秦在平灭六国过程中，也曾把被灭国的个别名族迁到国都咸阳，以便于控制。例如灭赵之后，曾迁徙马服君赵奢之孙赵兴于咸阳，后遂为著名的扶风马氏。[3] 由于徙民来自秦地以外的地区，所以他们的到来，给古代陕西带来了新的文化成分。应该说，这是以政治力量促成的各地域之间的经济文化大交流。进入秦地的大批徙民，在一定程度上改变了古代陕西的人文地理面貌，对古代陕西历史的发展，产生了深远的影响。

---

[1] 《史记》卷六《秦始皇本纪》。
[2] 《史记》卷六《秦始皇本纪》。
[3] 马非百：《秦集史·迁民表》，中华书局1982年版，第923页。

这里拟附带说一下蒙恬屯军上郡的问题。这虽不属徙民的范围，但驻屯的军队对于当地居民来讲，亦是外来人口，他们在当地起着某种与徙民相类似的作用。

秦的上郡主要即今陕北地区，郡治肤施在今榆林东南。大将蒙恬北击匈奴、修筑长城后长期驻守于此，始皇派其长子扶苏为监军。数十万大军的到来，对当地的生产、供应、交通等方面必然会产生影响，驻军与当地民众之间也必然会有种种交往活动。民间传说，蒙恬发明制造了毛笔。尽管这一传说并不准确（我国早在新石器时代已用毛笔在陶器上绘制花纹），但人们大多还是公认蒙恬对毛笔的制作有重大改进。这样一位热心于文化事业的武将，长期驻守陕北，对当地的开发肯定会有所作为。可惜有关这方面的材料已经找不到了，不过迄今仍然保存在绥德县的蒙恬墓和扶苏墓，无疑是一个有力的佐证，说明他们当年对这里影响之深远。当今回顾陕北历史发展，是不应该忘记蒙恬、扶苏及所率数十万秦军的。

五、焚书坑儒

秦朝时期，陕西大地上发生了两件文化史上的重大事件——焚书与坑儒。

秦始皇帝三十四年（前213），"始皇置酒咸阳宫，博士七十人前为寿"。博士仆射周青臣极力称颂始皇的"威德"，不料此时博士齐人淳于越站了出来，给正在兴头的始皇当头浇了一盆冷水。他批评秦不实行分封制，造成"无辅拂"而遇事难以相救的被动局面，强调"事不师古而能长久者，非所闻也"，并指责周青臣"面谀"而加重了"陛下"的过失，"非忠臣"。从这一席话不难看出，淳于越在这里又重弹了八年前丞相王绾等建议实行分封制的旧调。于是始皇下令，让大臣们讨论这件事。当时已升任丞相的李斯严厉批驳了淳于越关于"师古"的言论，指出"今诸生不师今而学古，以非当世，惑乱黔首"，并把这一切都归罪于读书，因此建议焚书："臣请史官非秦记皆烧之。非博士官所职，天下敢有藏《诗》、《书》、百家语者，悉诣守、尉杂烧之。有敢偶语《诗》《书》者弃市。以古非今者族。吏见知不举者与同罪。令下三十日不烧，黥为城旦。

所不去者，医药卜筮种树之书。若欲有学法令，以吏为师。"①结果这项建议被始皇批准实行，从此开始了一场文化浩劫。是为"焚书"。

次年，又发生了"坑儒"。原来秦始皇为求长生不老，听信方士之言，耗费大量人力物力，去寻找所谓的"仙人"和"不死之药"。公元前219年，齐方士徐巿等上书，言海中蓬莱、方丈、瀛洲三神山事，于是始皇便"遣徐巿发童男女数千人，入海求仙人"，但徐等一去杳无音讯。公元前215年，始皇又派燕方士卢生入海去找仙人羡门、高誓，派韩终、侯公、石生去求仙人不死之药。卢生归来后，先向始皇献伪造的鬼神图书，继而又建言让始皇"微行以辟恶鬼"，行止隐秘不为人知，称说如此"真人"才能至，"不死之药殆可得也"。始皇竟听信了这一派胡言，果真照办起来，从此不再称"朕"而自称"真人"，把咸阳及其四周的宫观以复道、甬道相连，"行所幸，有言其处者，罪死"，也极少接近大臣。这时，卢生与侯生私下谋议，认为"始皇为人，天性刚戾自用"，"专任狱吏"，博士七十人"备员弗用"，"乐以刑杀为威"，"不闻过而日骄"，贪权势过甚，故"未可为求仙药"，"乃亡去"。始皇为此大怒，说："吾前收天下书不中用者尽去之，悉召文学方术士甚众，欲以兴太平，方士欲练以求奇药。今闻韩众去不报，徐巿等费以巨万计，终不得药，徒奸利相告日闻。卢生等吾尊赐之甚厚，今乃诽谤我，以重吾不德也。诸生在咸阳者，吾使人廉问，或为訞言以乱黔首。"②于是使御史审问诸生，诸生则互相告密揭发，最后由始皇亲自圈定了四百六十余人，活埋于咸阳。是为"坑儒"。

关于坑儒，还有另一种说法。秦始皇下令焚书之后，恐怕天下人不服，于是招诸生七百人拜为郎。始皇暗地里派人于冬日在骊山陵谷的温暖处种瓜，用温泉之水浇灌，等到瓜结出后，下诏让诸生讨论此瓜生长的原因。诸生议论纷纷，人言不同。始皇遂令到种瓜现场察看，暗中却布置了弓箭手。诸生到达现场，正在引经据典争论不休的时候，埋伏的军士乱箭齐发，接着又从上填之以土，

---

① 以上见《史记》卷六《秦始皇本纪》。
② 以上见《史记》卷六《秦始皇本纪》。

把诸生深深埋在谷中。此谷相传在临潼"温汤西南三里"①的地方，叫作马谷。谷的西岸有一大坑，传说即坑杀诸生之处。（见图3-8）

焚书坑儒是秦朝统治者赤裸裸使用权力和暴力来强行统一思想统一文化的暴行，它使中国文化遭遇巨大损失，许多重要的

图3-8 秦坑儒谷遗址

先秦典籍从此失传。更为甚者，正如郭沫若所说："书籍被烧残，其实还在其次，春秋末叶以来，蓬蓬勃勃的自由思索的那种精神，事实上因此而遭受了一次致命的打击。"②自然，应该看到，在焚书坑儒的背后，隐藏着的深刻原因在于秦文化与各种被征服文化之间的矛盾冲突。秦始皇的这一举措，纵然可以收到一时之效，却无法治本。唐诗人章碣所谓"坑灰未冷山东乱，刘项元来不读书"③，虽不免有绝对化的地方，但也确实道出了历史辩证法的某种规律。

六、秦陶文和秦封泥

以咸阳为中心的秦地，作为秦帝国政治经济文化中心，除发生上述重大事件和开展上述实体建设之外，还留存有不少文字方面的特殊资料，从而使我们今天能有幸目睹当年秦都的遗物。这其中，陶文和封泥是比较突出的两种。

陶文是戳印或刻书于砖瓦、陶器上的文字。（见图3-9）秦陶文目前已发现四千余件，主要出土于秦都咸阳及秦始皇帝陵园，时代为战国中晚期至秦王朝。陶文基本上为社会下层人的手笔，风格粗犷、随意。印文大都没有界格，字的大小不一，笔画粗细不一。尤其是刻画文字，无定式，无规范，文字大小参差，笔画粗细不等，行笔快捷流畅，有的互相勾连旋即草就。字体篆隶间杂，有的

---

① 《史记》卷一二一《儒林列传》张守节《正义》引颜师古说。
② 郭沫若：《十批判书·吕不韦与秦王政的批判》，中国华侨出版社2008年版，第326页。
③ 《焚书坑》，见彭定求等编：《全唐诗》卷六六九，中华书局1960年版。

径直就是隶书。这种无拘无束、自由奔放、率性而就的书写风格，与官府书法迥异，与上层书者不同，表现了另一种独特的审美情趣。

封泥为古代缄封简牍钤有印章以防私拆的信验物。（见图 3-10）印章抑盖于作封缄用的胶泥饼上所留的印文，成为一种重要的文字资料。20 世纪 90 年代中期，在今西安市北郊相家巷秦章台遗址出土秦封泥两千余种，是为秦封泥首次大规模发现。此后，考古工作者在这一带又有发现。这些封泥文字的形体略作方形，用笔遒劲圆匀，但笔道已开始破圆为方，不同于秦刻石文字的形体作长方而又线条圆转。此即所谓秦"八书"中的"摹印"，字体仍属小篆，却含有金文遗韵，又带有某种隶书意味，可谓之为"摹印篆"。秦的这种摹印篆为汉所承袭并进一步发展为带有更多隶意的汉摹印篆，在篆刻艺术发展史上占有重要的一席之地。

图 3-9　秦陶文

图 3-10　秦封泥

秦陶文和秦封泥不仅在研究古代文字、艺术方面具有重要意义，而且是极其宝贵的历史资料。陶文所见秦工官系统、工匠群体的情况，封泥所反映的秦职官、地理等方面的情况，皆为难得的第一手资料，对于历史研究具有无可比拟的重要价值。

第二节　骊山陵墓

秦王朝时期，在陕西大地上，修造了规模空前的骊山陵墓。在当时，这确实是一件害民极甚的事。但秦代劳动者所创造的这一秦文化瑰宝，在两千年之后，把当年秦王朝的历史面貌再现出来，使世人得以一睹秦皇雄师的风采。

一、秦始皇帝陵园

秦始皇帝陵园（见图 3-11）即骊山陵园，又称"丽山园"或"丽山"，位于今陕西西安市临潼区东 5 公里的骊山北麓。其以始皇陵墓为中心，由城垣、寝殿与便殿、园寺吏舍、陪葬坑、陪葬墓等文化建筑群体构成。它们有机地组

图 3-11　秦始皇帝陵园

合排列在一个 50 多平方公里的区域内，并与周围的山、原、河等自然地理环境融为一体。陵园的设计思想，与阿房宫的设计思想完全一致，也体现了《吕氏春秋》所建构的宇宙图式的原则。

始皇陵修建历时三十七年（前246—前210）①。统一前的工程主要由相国吕不韦主持。统一后，秦王朝竭全国之人力、物力和财力，从事更大规模的营建，由丞相李斯主其事。当时征发了七十余万刑徒，参加修陵及造阿房宫。近百万的劳动大军云集在沿渭河一线的工地上，"发北山石椁，乃写蜀、荆地材皆至"②，其场面之壮观，不难想见。

陵墓上筑有高大的封土堆，高"五十余丈"③，约合今116米。现实测高度为87米。④墓内情况，史书记载称："穿三泉，下铜而致椁，宫观百官奇器珍怪徙臧（藏）满之。令匠作机弩矢，有所穿近者辄射之。以水银为百川江河大海，机相灌输，上具天文，下具地理。以人鱼膏为烛，度不灭者久之。"⑤这就是说，墓穴穿越三泉（即潜水层），以铜液铸塞棺椁，墓室内造有咸阳宫殿模型并设百官位次，上绘天文图，下具自然地理景象，用水银制成可以流动的百川江河大海，装有触发式自动暗弩和长明灯，埋藏大量奇珍异宝。今考古勘察表明，墓室地宫筑有宫墙，墙周有斜坡门道，地宫平面近似方形，面积为18万平方米，中心点深可能在23—30米之间。

陵园城垣有内、外之分，均为南北长、东西窄的竖长方形，两城组成一"回"字。内城占地78万多平方米，南、西、东面各1门，北边2门，均筑门阙，城垣转角处筑有角楼。外城占地203万多平方米，四面各有1门，均筑门阙。始皇陵位于内城南部。

根据"事死如事生"的思想，始皇陵附近筑有寝殿和便殿，这是供墓主灵魂日常起居饮食及休息闲宴的处所。在始皇陵封土以北的内城垣内，考古工作者发现多处建筑遗址，其中北距封土40米处的方形建筑遗址，人们一般认为即当时寝殿遗址，而由此再向北75米处的另一建筑遗址，则被认作便殿遗址。

---

① 《史记·秦始皇本纪》称"始皇初即位，穿治郦山"，但对"初即位"所指的具体时间，学人有不同的理解。此处采用秦政13岁即王位说。
② 《史记》卷六《秦始皇本纪》。
③ 《史记》卷六《秦始皇本纪》裴骃《集解》引《皇览》。
④ 今实测高度因测点不同有多种数据。此系以陵园外城北门为测点测得之数据。说详袁仲一：《秦始皇陵兵马俑研究》，文物出版社1990年版，第10页。
⑤ 《史记》卷六《秦始皇本纪》。

在陵园内、外城西垣之间，考古发现有三组建筑遗址，据出土器物并参照汉代有关资料分析，人们一般认为这里便是园寺吏舍——主要应是掌握陵寝日常祭祀的食官的寺舍。

按古代的葬俗和葬仪制度，始皇陵建有大量的陪葬坑。现已发现的主要有：（1）铜车马坑。（2）马厩坑。共发现两处，一在陵东侧上焦村一带，西距陵园外城东墙约300米，疑为象征宫廷厩苑的地下马厩；二在内、外城西垣之间的南半部分，为一平面呈曲尺形的大型马厩坑，内有密集排列的马骨和大型陶俑。（3）珍禽异兽坑。位于陵园内、外城西垣之间的西门大道南侧，共31座，分作南北向的三行排列，疑为模拟地上苑囿以供死者灵魂游猎之用。（4）兵马俑坑。（5）石铠甲坑。（6）百戏俑坑。（7）铜禽坑。以上铜车马、兵马俑、石铠甲、百戏俑、铜禽诸坑，后文将有专门介绍，此处仅点到为止。

始皇陵还有许多陪葬墓。经考古调查及发掘，可知这些墓主要分布在：内城垣内北部；内、外西城垣之间；外城垣的东侧。从已发掘的外城东上焦村陪葬墓来看，葬者可能是被杀之始皇诸公子及公主。其他陪葬墓的情况尚不清楚，有待于进一步的考古发掘。在始皇陵西南约1.5公里处，考古工作者还发现两处修陵人的墓地。这一发现，进一步证实了文献记载的秦王朝征调数十万刑徒修建陵墓的历史事实。

另外，今天仍可见到的与始皇陵园相关的遗存还有：陵园南骊山脚下的防洪堤遗址、外城垣西侧北端的石料加工场遗址、陵园以北的鱼池遗址等。

始皇陵园是保存至今的规模最大的古代帝王陵园。尽管它的创造过程充满了暴虐与苦难，但它毕竟给陕西大地留下了一笔巨大的文化财富，是陕西历史的骄傲。1987年12月，联合国教科文组织已将秦始皇帝陵（含兵马俑）列入"世界遗产名录"。[①]（见图3-12）

图3-12 "世界遗产"证书

[①] 编号为304。1991年7月，颁发"世界遗产"证书仪式在北京故宫博物院举行。

二、秦陵兵马俑

始皇陵虽是秦代劳动者创造的文化瑰宝，但由于文献记载的限制，人们对其真实情况及价值的认识，是很不够的。1974年3月，临潼县晏寨公社西杨村村民打机井时，偶然发现了兵马俑坑。这一秦陵的重要陪葬坑，在文献上竟找不到任何蛛丝马迹。其丰富的文化内涵，一下子轰动了世界，被誉为"世界第八奇迹"。

兵马俑坑共4座，考古工作者将其编为一、二、三、四号坑，其中第四号坑空白无俑，是一个未建成的坑。一、二、三号俑坑，成倒"品"字状分布，西北距始皇陵外城垣1.5公里。（见图3-13）其所表现的对象，是秦始皇在统一六国中统帅的秦百万雄师。

一、二、三号俑坑均系地下土木结构建筑。其构筑为"架构法"，即在立柱上置纵横交错的梁枋，密排棚木于梁枋之上，棚木上铺席，席上覆盖胶泥土，最后盖以封土。封土上究竟有无其他设施，因文献失载和两千多年来地面的变化，已不可考知。

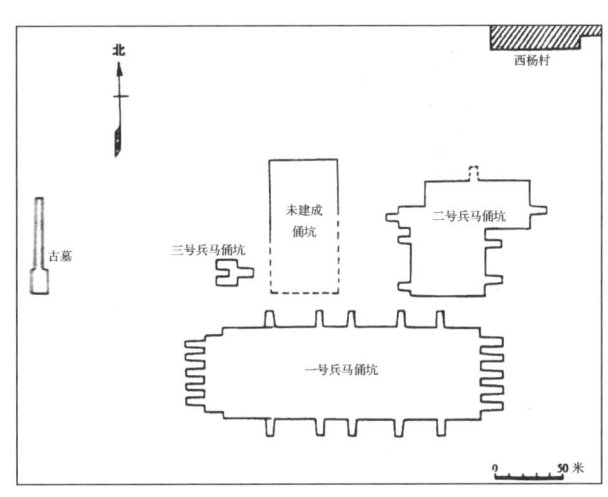

图3-13 一、二、三号兵马俑坑位置分布图

一号俑坑规模最为壮观。它东西长230米，南北宽62米，深4.5—6.5米，呈长方形，四面环以边廊，并各有5个斜坡门道，正门居东。坑内有长180米、宽3.5米的东西向过洞9条，过洞间隔以夯土墙。边廊内整齐排列着面向外侧直立的步兵俑，过洞内密集分布着战车与步兵相间的纵队。该坑共有陶俑约6000件。（见图3-14）

二号坑位于一号坑东端北侧，南距一号坑仅20米。其平面为曲尺形，面积约6000平方米。坑内分4个单元。第一单元为立射式、跪射式弩兵俑，第二单元全是木质战车，第三单元是车、步、骑三兵种混合军阵，第四单元均为骑

兵俑。该坑共有战车89乘、驾车陶马356匹、陶鞍马116匹、武士俑900余件。

三号坑位于一号坑西端北侧，南距一号坑25米。坑平面呈"凹"字形，面积仅约520平方米，形制特殊，结构复杂。其东边有一斜坡形门道，进门后正面有间车马房，内有战车1乘。两侧有南北向长廊，长廊两边分别连接南厢房与北厢房。长廊及厢房内共站立武士俑64件。（见图3-15）

图3-14 一号兵马俑坑全景

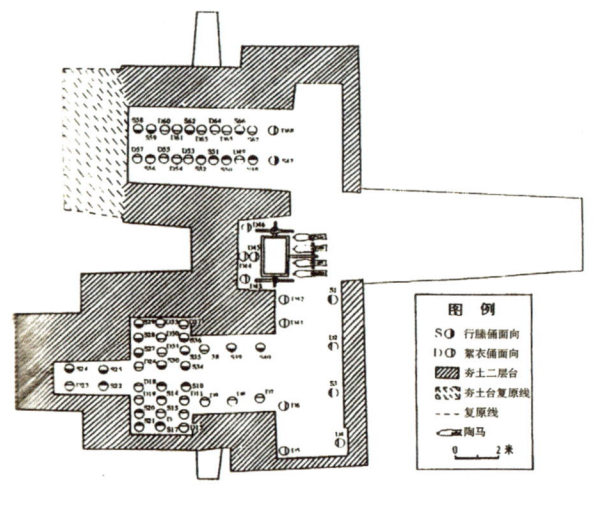

图3-15 三号兵马俑坑形制及陶俑、陶马排列位置示意图

所有陶俑身高在1.75—1.96米之间，容貌神态各具特色，均有彩绘。从兵种看，分作步兵、车兵和骑兵三种类型。步兵中包括跪射式、立射式弩兵和一般武士俑。（见图3-16）车兵包括驭手和车士。从职务分，有将军俑、武官俑和武士俑。俑的穿戴和兵器配备，随职务和兵种不同而有差异。所有陶马，均与真马大小相似，分为车马和乘马，其体型不大，腿短，与今甘肃河曲马种相近。

制作数以千计的大型兵马俑，是项巨大的工程，同时也是一次特殊的艺术创作。兵马俑制作于陕西，安放在陕西，从而为陕西的历史增添了光彩。尽管当时秦王朝会从全国各地调集来大批工匠从事制作，但终究还需要以所在地陕西的人力、物力为基础，需要以秦地原有的制陶技术和艺术水平为前提。在兵马俑身上发现的刻画或戳印的文字，就清楚地证实了这一点。这些秦俑陶文，基本为制俑的陶工名。其中相当一部分陶工来自秦中央官府制陶作坊，显然这些工人当以秦地工匠为主。另有相当多的陶工来自地方制陶手工业作坊，其中又以首都咸阳的工匠占绝大多数。① 由此可见，兵马俑主要体现了古代陕西劳动人民的智慧，是古代陕西人民的杰作。其实，从秦俑的造型来看，基本上亦是标准的关中汉子形象。这之中，就已经透露出许多重要的信息。

图 3-16 跪射俑

关于秦俑的性质，有较多争议。② 但其陪葬性质，已为大多数研究者所肯定。有关秦俑坑军事学内涵的认识，目前也已基本明朗化。主流观点认为，俑坑展示给人们的，是秦军在实战中使用的具体军阵。至于秦兵马俑在中国古代艺术史上的地位，则是显而易见的。秦在雕塑与彩绘方面的辉煌成就，已将中国美术推进到发展的第一次高峰。秦俑艺术无可争辩地推翻了中国古代雕塑艺术落后的观点，否定了秦文化落后的偏见。秦俑的艺术风格特征和艺术成就主要体现在：严格的写实性，强烈的逼真感；鲜明的主题，博大的气势；凝练的造型，入微的刻画；传神的个性，协调的类型；绚丽的彩绘，浓郁的秦风。

三、秦陵铜车马

始皇陵陪葬的青铜车马亦是文献失载而经考古发现的秦文化瑰宝。如果说秦兵马俑以其磅礴的气势、宏大的规模轰动了世界，那么，秦陵铜车马则以其

---

① 参见袁仲一：《秦始皇陵兵马俑研究》，文物出版社1990年版，第352—363页。
② 主要争议观点，或认为是守卫京城的宿卫军，或认为是秦始皇东巡卫队的象征，或认为是送葬的俑群，或认为是为表彰统一全国军功所树的纪念碑式的"封"，或认为是秦讲武礼"乘之"中的方阵，或认为是秦郎卫系统，等等。

精湛的工艺技术、逼真华丽的造型再次让世人倾倒。（见图3-17）

埋藏铜车马的陪葬坑位于始皇陵封土西侧20米处，平面呈"巾"字状。出土的两乘大型彩绘青铜车马系秦始皇生前乘坐的车驾的真实模拟，分别由数千件零部件组装而成，总重量近2.5吨，按排列前后顺序被编为一、二号铜车马。（见图3-18）

一号铜车马（见图3-19）定名为"高车"，是单辕双轮四马驾车，属于为秦始皇"大驾卤簿"开道、警戒的卫车。其车体较小，舆箱平面为横长方形，车马通长2.57米，宽0.955米，高1.68米，设计极为精巧。舆内右侧站立一位双手持辔、头戴鹖冠、后佩长剑、全神贯注的御官俑。车上竖立一把由22根青铜伞骨支撑的、伞盖直径1.22米的圆盖车伞，

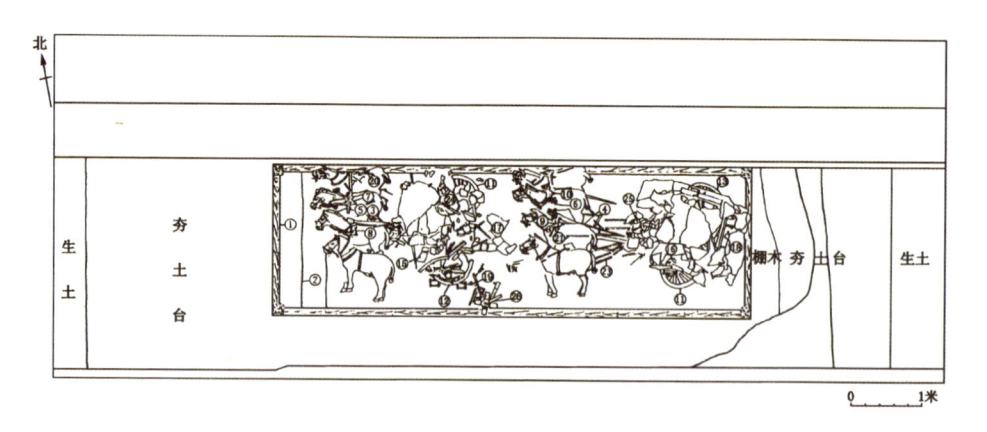

图3-17 铜车马坑试掘方出土情况

①椁厢朽木；②椁底板朽木；③④辀；⑤⑥衡；⑦～⑩轭；⑪～⑭轮；⑮⑯舆；⑰⑱残车盖；⑲车撑；⑳㉑鞴；㉒㉓辔；㉔㉕御官俑；㉖伞座。

图3-18 铜车马坑试掘方出土情况平面图

图 3-19　一号铜车马　　　　　　　　图 3-20　二号铜车马

并装备有弓弩、箭镞、盾牌等武器。

二号铜车马（见图 3-20）定名为"安车"，属于秦始皇"大驾属车八十一乘"中的一种大型安车，即史书上所称的"辒辌车"。亦为单辕双轮四马驾车，通长 3.171 米，高 1.062 米，总重 1241 公斤。舆箱平面略呈"凸"字形，分割为前窄后宽的二室，上有面积达 2.3 平方米的椭圆形篷盖。封闭式后室面积 78 厘米 ×88 厘米，为皇帝乘卧之处，设计舒适而高贵。左右两侧均有可随意开合的窗子，后边安装单片门扇。开放式前室面积 35 厘米 ×36 厘米，实际是安车的驾驶室。其以彩绘阑板与后室相隔，板上有一小窗供通话使用。室内跽坐一头顶鹖冠、身着长襦、腰挂短剑、双手平伸揽辔、目视前方、面带柔顺谦恭微笑的御官俑。驾车的四马昂首向前，欲奔且止。马脖子下挂着用铜丝纽结的璎珞"繁缨"。右侧骖马额前饰有古代天子之舆特有的马饰件"纛"。值得注意的是，铜车马奔驰的方向，与隔冢相望的兵马俑阵的方向恰恰相反。这其中包含了秦人深刻的宗教意识与信仰习惯，表示落叶归根，日落西方，死者灵魂乘华丽之车回返秦人初始勃兴之地，驰归秦嬴列祖列宗神灵聚集的西天。

从秦陵铜车马可知，秦代马车依然采用商周以来传统的轭靷系驾法，这比欧洲古代马车的颈式系驾法更为科学。铜车马的面世，也澄清了中国古代车制中许多令后人迷惑不解的难题。

就制作技术讲，铜车马铸造工艺先进，技术难度极大。它运用铸接、焊接、镶嵌、套接、扦接、活铰连接、子母扣接、销钉固定等多种方法，把数以千计的大大小小零部件灵巧完美地组装成大型青铜艺术品。据统计，仅青铜安车的多种接口就达 3962 处。铜车马埋在地下两千余年，已被压挤成千余块碎片，修复时发现，其绝大部分接口居然牢固如初，制作工艺之精，令人叹为观止。铜车马的实物证明，秦代工匠已经掌握了先进的缸套技术。（见图 3-21）

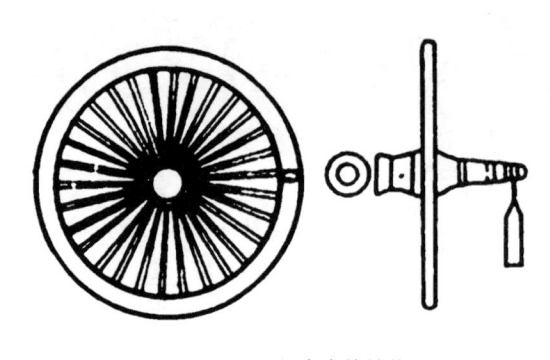

图 3-21　二号铜车车轮结构

铸造出薄如纸、细如丝的青铜部件，是铜车马制造技术中最为惊人的绝活。高车的圆形伞盖，安车的椭圆形顶篷，厚度仅 2—4 毫米，面积则均在 2 平方米左右。要浇铸如此轻薄宽阔的青铜物件，必须有极丰富的铸造经验和高超的工艺技巧，青铜液体必须保持均匀的流动性和相应的温度及压力，火候要掌握得恰到好处。8 匹铜马头部的璎珞用铜丝来表现，丝丝如缕，令人叹绝。这充分体现出秦代青铜制造所达到的登峰造极之境界。

秦代技术人员对青铜器内含的化学元素的认识和比例搭配关系的把握也达到了空前的水平。工匠们根据不同零部件的性能要求，调整青铜的铜、锡、铅三个基本化学元素的份额比例，从而铸造出强度相宜的器物。另外，所制的零部件具有相当严格的规范性和互换性，说明当时已出现了某种标准化意识。铜车马还使用了高超的防锈技术，至今其表面磨蚀深度仍在 1000Å（1Å=10^{-8}cm）以下，保持着较好的机械性能。

从造型艺术水准来看，铜车马超过了秦兵马俑。由众多普通工匠大规模集体协作完成的近 8000 件兵马俑，难免有个别制作粗糙、神韵不足、造型呆滞的作品；而出自人数不多的优秀工匠和制作专家之手的两乘铜车马则完全是超水平的上乘精品。其塑造的车、马、人物，不仅细腻逼真，而且具有很强的美感。与兵马陶俑一样，铜车马的表面也绘有一层厚实的彩色颜料。其颜色有朱红、粉红、绿、粉绿、翠绿、深蓝、天蓝、褐、黑、白等种，皆为天然矿物质颜料，与兵马俑彩绘颜料相同。不过，彩绘铜车马难度较大，需要先在铜车马表面均匀涂上一层天然胶，然后再平涂敷色。铜车马的彩绘采取铸绘结合、以绘补铸的原则。浓厚鲜艳的彩绘既遮掩了冶铸纹痕，简化了青铜铸件的表现（如跽坐御官俑所佩短剑剑身仅以彩绘虚示），又减缓了青铜氧化过程，并使铜车马华彩四溢、金碧辉煌，起到了遮痕、省铸、防锈、溢美四大积极作用。

由秦陵铜车马，可以佐证史书关于秦始皇"收天下兵，聚之咸阳，销以为钟镰，金人十二，重各千石，置廷宫中"[①]记载的真实性。尽管十二铜人后来被董卓、苻坚相继销毁，但秦陵铜车马的出土，则足以弥补这一缺憾。

四、不断的考古新发现

自兵马俑、铜车马问世以后，秦陵考古又不断有新发现。其主要是石铠甲、百戏俑和铜禽。

始皇陵陪葬的石铠甲坑，位于始皇陵园东侧内、外城垣东门间的东司马道南边、始皇陵现封土东南 200 米处。经试掘出土一批石铠甲、石胄以及石马甲等文物。（见图 3-22）石铠甲大致可分为三类：筒子甲，双肩有披膊之甲（据甲札形制的不同分作Ⅰ、Ⅱ、Ⅲ型），鱼鳞甲。现提取并修复的一顶石胄，由扁铜丝编缀 74 片青石片而成，通高和底部宽约 31.5 厘米，重 3168 克。石

图 3-22 石胄、石铠甲正视照片

---

① 《史记》卷六《秦始皇本纪》。

马甲由颈甲、当胸、身甲、搭后等部分组成，残长约1.8米。这批石质的甲、胄、马甲，虽系陪葬的明器，却为我们提供了当年秦军防护装备方面的珍贵资料。另外，之所以使用石甲、石胄一类石制品从葬，似还隐藏有某种神秘的文化内涵。研究者或认为，始皇陵园出土的石甲，是供始皇贴身卫队使用的，在幽冥世间身穿石甲、石胄的卫士，可以起到避恶鬼的作用。此虽为推测，但足可备为一说。

百戏俑坑位于始皇陵封土东南部的内、外城垣之间，北距石铠甲坑39米。在试掘方内出土与真人大小相似的百戏俑11件，现修复了6件。（见图3-23）这些俑上身及四肢赤裸，下身着短裙，体型和姿态各异。其中扛鼎俑膀宽腰圆，

图3-23 百戏俑

双足一前一后略呈"丁"字形站立，左臂自然下垂手握腰带，右臂做上举物状。都卢寻橦俑体魄健硕，四肢粗壮，立如铁塔，双手紧握腹前系结的前搭（小裙）；左侧臂胁间原抱持一直立的高竿，因俑坑经火焚，竿已不存；竿的顶端还应有一横竿，演员缘竿上下及在横竿上做各种动作。旋盘俑身材修长匀称，昂首挺胸，目视前方，一腿后曲，一腿柱立做金鸡独立状，左臂下垂，右臂向外曲折上举，食指与拇指上指；食指顶端有一径0.4厘米、深12厘米的直孔，孔内原插有一细长棒状物。角抵俑呈大力士典型形象，立姿，双手置于腹前做用力握物状。百戏在秦时主要是宫廷的娱乐活动，它从一个方面反映了该时代的游艺水平。

铜禽坑位于秦陵东北角约900米处，与始皇陵中心相距1.5公里。坑内出土的20件铜天鹅、20件铜鸿雁、6件铜仙鹤及15件陶俑，有机地组合成象征宫廷禽苑的一组大型群雕。（见图3-24）禽坑北部有条长约60米的坑道，其

底部有条象征河流的沟槽，槽的底部有淤泥，说明槽内原有水。46只铜禽分布于小河两岸，头向水面，或觅食，或闲步，或卧息，或举颈昂首，或颈微侧转举首张望，神态各异。禽坑南部有条南北向的坑道，两边共有11个象征禽圈的壁龛。那些陶俑是饲禽的仆役，白天把水禽赶到小河边放养，夜晚驱禽归舍。如此一批与真禽大小相近的铜禽之发现，填补了秦飞禽造型艺术的空白。从鸟禽雕塑史的角度看，它开创了独立鸟禽造型的先河，意义很不一般。

图 3-24 铜仙鹤与铜禽坑发掘现场

第三节 农民军攻占关中

以陕西为基地建立起来的秦王朝，不久便引发了农民大起义。农民军很快就攻占关中，宣判了秦王朝的死刑。在这前后，中国历史上的许多重要事件，相继发生在陕西这片土地上。

一、秦二世的短暂统治

据《史记》记载，秦始皇第五次出巡[①]来到平原津（今山东平原南）时，得了重病，不久便死于沙丘平台（今河北巨鹿东南）。当时掌管符玺大权的中车府令赵高怂恿始皇少子胡亥废长自立，并拉拢丞相李斯参与其事。他们伪造始皇遗诏，令长子扶苏自杀，将重臣蒙恬赐死。这样，胡亥继位，是为二世皇帝。其时在公元前210年。

[①] 统一后，秦始皇曾在全国进行五次远途巡行。首次巡行在公元前220年，方向是咸阳以西；第二次巡行在公元前219年，往东方和南方；第三次巡行在公元前218年，往东方；第四次巡行在公元前215年，往东北方向；第五次巡行在公元前210年，往南方和东方。

北大藏简《赵正书》（见图3-25）则有完全不同的记载。其说胡亥继位是始皇生前的安排，并非篡逆云云。估计此当反映了秦二世朝廷官方的观点，并非所谓的"小说家"言①。司马迁受西汉初以来"非秦""过秦"思潮的影响，而另取一套流传较广的说法。

秦二世的统治比较短暂。当时刚刚20岁出头的胡亥任赵高为郎中令，事皆依其谋划。在赵高教唆下，二世"诛大臣及诸公子"②以巩固自己的帝位。于是"六公子戮死于杜"③，十二公子"僇死咸阳市"④，公子将闾昆弟三人被迫"流涕拔剑自杀"⑤，公子高被迫请求为始皇殉葬，"十公主矺死于杜"⑥，凡二世及赵高以为"不可"之大臣，均以各种借口杀掉，"以罪过连逮少近官三郎，无得立者"⑦。结果使得"宗室振恐"⑧，"群臣人人自危"⑨。

图3-25 北大藏简《赵正书》

为了稳定局面，巩固统治，秦二世仿效其父以巡行来威服海内的做法，亦"巡行郡县"，先到碣石，继而南下会稽，再绕回辽东，最后返回咸阳。沿途"尽刻始皇所立刻石"⑩，彰颂功德。这无疑是加在劳动人民头上的沉

---

① 此说见辛德勇：《汉以前的"小说家"：说事儿不记事》，澎湃新闻2019-02-27，http://www.thepaper.cn/newsDetail_forward_2974446。另见氏著《生死秦始皇》，中华书局2019年版。
② 《史记》卷六《秦始皇本纪》。
③ 《史记》卷六《秦始皇本纪》。
④ 《史记》卷八七《李斯列传》。
⑤ 《史记》卷六《秦始皇本纪》。
⑥ 《史记》卷八七《李斯列传》。
⑦ 《史记》卷六《秦始皇本纪》。
⑧ 《史记》卷六《秦始皇本纪》。
⑨ 《史记》卷八七《李斯列传》。
⑩ 《史记》卷六《秦始皇本纪》。

重负担。

二世在埋葬始皇时,下令凡后宫无子者均须为始皇殉葬。他唯恐营造始皇陵的工匠泄漏墓内秘密,竟于下葬后把这些工匠统统活埋在墓中。他加强榨取劳动人民,"赋敛愈重,戍徭无已"[1]。他继续兴建始皇时未及竣工的阿房宫,还"外抚四夷"[2]。这样就把千百万劳动人民推进了痛苦的深渊,于是有更多的人铤而走险,走上了武装反抗的道路。

当陈胜、吴广领导的农民起义爆发后,秦二世又采纳李斯的建议,实行"督责之术"。这是一种为独裁暴君残酷统治服务的极端主义谬论。李斯自诩建议实行此术的目的在于,使臣下"不敢不竭能以徇其主",使人主"能穷乐之极",而实际上则是他"阿二世意,欲求容"之举。督责之术的具体内容,一是不以己身劳于天下之民,换言之,即"以人徇己""畜天下";二是推行刑罚至上,大搞"深督轻罪";三是主张"明君独断","权不在臣"。从督责术的角度来看,"税民深者为明吏","杀人众者为忠臣";只要"刑者相半于道,而死人日成积于市",君主的宝座就安然无恙,"群臣百姓救过不给,何变之敢图?"[3] 殊不知这么做的结果,恰恰是加速了秦的灭亡。

随着二世的瞎折腾不断加重,秦王朝内部的矛盾亦不断加剧。二世、赵高、李斯三人有相互联合的一面,亦有钩心斗角的一面。赵高终于利用二世之手,除掉李斯,居位中丞相。他指鹿为马,权倾当朝,后竟逼令二世自杀,另立扶苏子始皇孙子婴为秦王。子婴等对赵高的横行早已不满,遂诛杀赵高,夷其三族。然而当此之际,农民军已浩浩荡荡向关中挺进,秦王朝的灭亡已在眼前。

二、刘邦入关及"约法三章"

秦二世元年(前209)七月,陈胜、吴广等九百名赴渔阳(今北京密云西南)戍守的戍卒,在蕲县大泽乡(今安徽宿州东南刘村集附近),"斩木为兵,揭

---

[1] 《史记》卷八七《李斯列传》。
[2] 《史记》卷六《秦始皇本纪》。
[3] 《史记》卷八七《李斯列传》。

竿为旗"①，以"大楚"为号，推陈胜为将军，吴广为都尉，点燃了我国历史上第一次农民起义的熊熊烈火。当时"天下苦秦久矣"②，地火运行已久，故像陈胜、吴广这样的"瓮牖绳枢之子，甿隶之人"③，在大泽乡振臂一呼，竟至"天下云集响应"④。不久，义军即攻占陈郡首府陈（今河南淮阳）。在这里，陈胜"乃立为王，号为张楚"⑤，并部署军队向西、北、南三面出击。

当时向西挺进的义军主力分为三路：一路由吴广率领攻荥阳，以打通去往咸阳的大道；一路由宋留率领从南阳直叩武关（今陕西丹凤东南），以打通进入关中的另一孔道；再一路由周文率领，直捣咸阳。三路军进展均很迅猛。尤其周文所率义军，很快就突破函谷关，进攻到距秦都咸阳仅百里的戏（今陕西西安市临潼区东）。惊恐万状的秦二世急令少府章邯率数十万武装起来的被赦免的刑徒进行反击。在这关键时刻，本已投向义军的一些反秦力量纷纷自立，遂造成极为不利的形势。周文所率义军孤军深入，没有后援，又缺乏作战经验，结果被章邯军"尽败之"⑥。与此同时，秦二世又调回戍守北方的数十万大军，参与镇压农民起义。在秦军的全面反扑下，义军内部发生分裂，起义领袖吴广、陈胜先后遇害，农民军暂时失利，农民革命处于低潮。

然而不久，反秦义军又形成了以项羽、刘邦为中心的两大力量。项羽是楚国贵族的后裔，是位"力拔山兮气盖世"⑦的人物。当大泽乡首义之后，他和叔父项梁杀死会稽郡守，起兵反秦。他们在民间寻得楚怀王之孙名心，立为楚怀王（义帝），以号召天下。后不久，项梁战死，项羽便成为这支义军的实际首领。当时秦军集中力量镇压河北反秦武装，项羽率军北进救援，他破釜沉舟，经巨鹿（今河北平乡西南）之战，一举歼灭秦军主力，为反秦的最终胜利奠定了基础。刘邦原是秦沛县（今属江苏）泗水亭长，是位"好酒及

---

① 贾谊：《过秦论》，见《史记》卷六《秦始皇本纪》。
② 《史记》卷四八《陈涉世家》。
③ 贾谊：《过秦论》，见《史记》卷六《秦始皇本纪》。
④ 贾谊：《过秦论》，见《史记》卷六《秦始皇本纪》。
⑤ 《史记》卷四八《陈涉世家》。
⑥ 《史记》卷四八《陈涉世家》。
⑦ 《史记》卷七《项羽本纪》。

色"①的无赖。早在始皇时，他便以逃亡山泽的方式表示反秦。及陈胜起义后，在沛县掾吏萧何、曹参等人支持下，他从沛起兵，称为沛公，后归属项梁。当项羽率军北进时，他奉楚怀王之命，"西略地入关"②，向西进军，直攻秦王朝的心脏。

当时，秦军力量还相当强大，"诸将莫利先入关"，所以刘邦的西进并非轻而易举之行。不过，刘邦有他独到的长处，即善于用人和善于听取意见。一路上除"收陈王、项梁散卒"外，又在昌邑（今山东金乡西北）会合彭越义军，在栗（今河南夏邑）收编刚武侯的部队，从而壮大了力量。他攻昌邑不克西过高阳（今河南杞县西南）时，采纳守城门的小吏郦食其的建议，先攻取陈留（今河南开封东南），得秦积粟，使义军获得转机。他在曲遇（今河南中牟东）大破秦杨熊军，并大败秦南阳守齮之后准备绕过宛（今河南南阳）西进时，听取张良劝告，先取宛以解后顾之忧。他将宛城团团包围打算强攻时，接受坚守宛的南阳守之舍人陈恢建议，与守宛秦军"约降"，封宛守为殷侯。宛城的和平招降，意义重大，各地纷纷效仿，投降刘邦。义军"通行无所累"，一路势如破竹，直攻武关。③

此时赵高杀秦二世，派人与刘邦讲和，"欲约分王关中"④，被拒绝；秦王子婴诛灭赵高，遣将据守峣关（今陕西蓝田东南）。刘邦用张良之计，一面"益张旗帜于山上为疑兵"，另一面"使郦食其、陆贾往说秦将，啖以利"，然后乘其不备发动袭击，大获全胜。接着双方又在蓝田之北交战，"秦兵大败"。⑤汉元年（前206）冬十月，刘邦义军至霸上（今陕西西安东南），正巧这时出现了"五星聚"——即水、金、火、木、土五星同时出现在天空的"五星连珠"现象。按古代占星家的说法，这是最大的祥瑞。刚刚当了四十六天秦王的子婴"素车白马，系颈以组，封皇帝玺符节"⑥，向刘邦率领的义军投降。秦王

---

① 《史记》卷八《高祖本纪》。
② 《史记》卷八《高祖本纪》。
③ 以上见《史记》卷八《高祖本纪》。
④ 《史记》卷八《高祖本纪》。
⑤ 《汉书》卷一上《高帝纪上》。
⑥ 《史记》卷八《高祖本纪》。

朝至此灭亡。

刘邦进入咸阳后，见到富丽堂皇的原秦宫室，"欲止宫休舍"，经樊哙、张良劝谏，"乃封秦重宝财物府库，还军霸上"。唯有颇具心计善于管理的萧何，"尽收秦丞相府图籍文书"。[①] 日后刘邦在同项羽争夺天下时，其所以"具知天下阸塞，户口多少，强弱处，民所疾苦者，以何得秦图书也"[②]。不久，刘邦即"召诸县父老豪桀"，向他们宣布"约法三章"（见图3-26）："杀人者死，伤人及盗抵罪。"[③]

"约法三章"既是刘邦入关后的政治宣言，也是其施政纲领。它是针对"父老苦秦苛法久矣"的社会现实而提出的。秦法严苛，所谓"诽谤者族，偶语者弃市"，酷法使人简直无所措手足。所以刘邦"悉除去秦法"，而代之以"约法三章"，确实是真正抓住了当时社会迫切需要解决的要害问题，是一个进步的举措。史载，当这一政纲被"告谕"县乡之后，"秦人大喜，争持牛羊酒食献飨军士"，甚至出现了"唯恐沛公不为秦王"的普遍心理。[④]

图3-26 刘邦"约法三章"

三、鸿门宴

巨鹿之战后，项羽被各路反秦军公认为最高领袖，"诸侯皆属焉"。接着他接受了秦将章邯的投降，并坑杀了二十万秦降卒，率领四十万大军浩浩荡荡来到函谷关。先入关中的刘邦早已派兵守关，项羽破关而入，至于戏西，驻军

---

① 《汉书》卷一上《高帝纪上》。
② 《汉书》卷三九《萧何传》。
③ 《史记》卷八《高祖本纪》。
④ 以上见《史记》卷八《高祖本纪》。

新丰鸿门（今属陕西西安市临潼区）。刘邦左司马曹无伤派人告诉项羽说："沛公欲王关中，使子婴为相，珍宝尽有之。"项羽听罢大怒，决定第二天就出兵，进击刘邦。当时，刘邦只有十万人马驻在霸上，双方力量悬殊。项羽的谋士范增也乘机进言，说刘邦原在山东时，贪财好色，"今入关，财物无所取，妇女无所幸，此其志不在小"，应该"急击勿失"！① 霎时间，骊山上空战云密布，正酝酿着一场大厮杀。

项羽的叔父项伯，是刘邦谋士张良的好朋友。他担心一旦开战，难免玉石俱焚，所以连夜赶到刘邦军营私见张良告以实情，约他"与俱去"。张良急忙将此消息告知刘邦，刘听罢大惊，连连只说"为之奈何"，不知所措。后还是用张良之策，与项伯相见，极力陈述自己入关后"籍吏民，封府库，而待将军"的实情，请求项伯在项羽面前"具言臣之不敢倍德也"，并亲奉卮酒为项伯祝寿，"约为婚姻"。刘邦的花言巧语，使项伯不仅"许诺"，而且替刘邦出主意，让他第二天"蚤自来谢项王"。项伯当夜便赶回军营，把刘邦的话一五一十全讲给了项羽，并为刘邦开脱说："沛公不先破关中，公岂敢入乎？今人有大功而击之，不义也，不如因善遇之。""妇人之仁"的项羽，竟然"许诺"了这件事。② 于是骊山上空密布的战云悄然散去。

翌日，刘邦带领"百余骑"来见项羽，至鸿门军帐中对项王说："臣与将军戮力而攻秦，将军战河北，臣战河南，然不自意能先入关破秦，得复见将军于此。今者有小人之言，令将军与臣有却。"项羽听了这些话，心里美滋滋的，竟脱口而出：这都是你刘邦属下左司马曹无伤对我说的，不然，我"何以至此"！③ 于是项羽留刘邦在军中宴饮，这便是历史上有名的"鸿门宴"。（见图3-27）

宴会上，"项王、项伯东向坐，亚父南向坐。亚父者，范增也。沛公北向坐，张良西向侍"。范增多次给项羽使眼色，又举所佩玉玦向项羽示意再三，让他下决心把刘邦杀了，"项王默然不应"。范增无奈，便叫来项羽从弟项庄，让他借敬酒为名请求舞剑助兴，趁机在席间杀死刘邦。不料项庄拔剑起舞后，

---

① 以上见《史记》卷七《项羽本纪》。
② 以上见《史记》卷七《项羽本纪》。
③ 以上见《史记》卷七《项羽本纪》。

图 3-27　鸿门宴

项伯也连忙拔剑对舞，并用自己的身体掩护刘邦，使"庄不得击"。①

在此情况下，张良到营门外找到樊哙，告以宴会之状，说："今者项庄拔剑舞，其意常在沛公也。"樊哙听罢深感情势急迫，遂带着剑、盾闯进营门，来到宴会厅，掀开帷帐西向而立，圆睁两眼瞪着项羽，"头发上指，目眦尽裂"。项羽发现突然来了一位不速之客，立刻手按剑柄跪直身子警觉地问道："客何为者？"张良回答说："沛公之参乘樊哙者也。"项羽连称"壮士"，先赐"卮酒"，再赐"彘肩"（猪腿），并问樊哙："壮士，能复饮乎？"樊哙乘势回答说："臣死且不避，卮酒安足辞！"接着他从秦施暴政引起天下反叛，楚怀王与诸将所立"先破秦入咸阳者王之"约定，讲到刘邦先破秦入关，一分一毫的财物不敢取用，封闭宫殿仓库，等待大王到来的事实，并对派兵把守函谷关做出解释——"备他盗出入与非常也"。最后他以略带指责的口气说："劳苦而功高如此，未有封侯之赏，而听细说，欲诛有功之人。此亡秦之续耳，窃为大王不取也。"这一席话竟使项羽无言以答，只是尴尬地对樊哙说："坐。"②

---

① 以上见《史记》卷七《项羽本纪》。
② 以上见《史记》卷七《项羽本纪》。

不久，刘邦起身装作去厕所。他丢下车仗，"脱身独骑"，由樊哙、夏侯婴、靳强、纪信四人持剑盾步行保护，从骊山下取道芷阳，走捷径逃回自己的军营，而让张良留谢项王。

张良估计刘邦抄近路已到军中，便入帐向项羽谢罪，说："沛公不胜杯杓，不能辞。谨使臣奉白璧一双，再拜献大王足下，玉斗一双，再拜奉大将军足下。"项羽问："沛公安在？"张良说："闻大王有意督过之，脱身独去，已至军矣。"项羽遂接受了白璧，把它放在座位上。范增接过玉斗，便把它扔到地上，"拔剑撞而破之"，说："唉！竖子不足与谋。夺项王天下者，必沛公也，吾属今为之虏矣。"① 刘邦回到军中，立即杀掉了向项羽通风报信的曹无伤。

鸿门宴是秦亡后反秦义军内部两大政治军事集团之间首次以特殊形式进行的较量。表面上看，项羽是胜利者，而实际却是失败者。从某种角度看，这是日后楚汉相争的一次预演。项羽虽然占有绝对优势，却斗不过处于劣势的刘邦。可以说，楚汉相争的结局，在鸿门宴上已经显示得一清二楚了。这里，人的因素起了决定性的作用。

四、项羽屠咸阳及所封陕西四王

鸿门宴后不几天，项羽率兵"西屠咸阳"②。他先杀秦降王子婴，然后放了一把大火，将经营了百余年的秦都咸阳的宫室化为灰烬。史载："火三月不灭"③。这一则说明了秦宫室面积之大，大火连续三个月仍然没有烧完；二则也反映了这把大火破坏的严重性。"西屠咸阳"是句泛指的话，其"屠"的范围显然还包括咸阳周围地区，诸如距咸阳百里开外的始皇陵园等大型建筑群，自然都难免其劫。今考古发现的秦陵兵马俑坑因火焚而塌陷的土木结构建筑遗存，就是当年项羽纵火的最有力的证明。④

---

① 以上见《史记》卷七《项羽本纪》。
② 《史记》卷七《项羽本纪》。
③ 《史记》卷七《项羽本纪》。
④ 《史记》《汉书》等许多文献均记载，始皇陵墓亦遭项羽挖掘。最新的研究结果表明，项羽所毁只是始皇陵园的地面建筑，而地宫是否曾被项羽大规模盗掘，目前尚无法得到证实。说详袁仲一：《秦始皇陵兵马俑研究》，文物出版社1990年版，第17—21页。

项羽的这把大火，既充满着原六国贵族对秦报复的仇恨，也包含着以农民为主的广大民众对秦暴政的痛恨。就其对古代文化所造成的实际损失而言，远远超过了秦始皇的焚书坑儒。因为秦之焚书，毕竟只烧了民间的书，大量的官府藏书并不在焚烧之列。刘邦入咸阳后，萧何曾收丞相御史图书，但所收仅为政府档案材料，不包括博士所藏的文化典籍。这部分书一直完整地保存在国家图书馆内，是项羽的一把大火，将它们统统付之一炬。

由于大火烧在以咸阳为中心的关中地区，所以它对古代陕西的破坏更具有直接性。矗立在关中地区的大量的宏伟建筑群，基本上化为焦土，片瓦难存。古代陕西文明遭受了一场空前的大洗劫。

比较刘邦、项羽入关后的所作所为，可以明显看出，前者高瞻远瞩、理智而富有政治头脑，后者则鼠目寸光、愚蠢并一味感情用事。这里不仅有文、野之分，而且有高、下之别。当时有人向项羽建议说："关中阻山河四塞，地肥饶，可都以霸。"项羽见秦宫室都已被烧得残破不堪，又一心一意只想东归家乡，便讲："富贵不归故乡，如衣绣夜行，谁知之者！"建议者深为项羽这种浅见而惋惜，并发感慨说："人言楚人沐猴而冠耳，果然。"[①]项羽得知后，竟然烹杀了这位好心的建议者。

就秦亡后的形势而论，当时项羽已成为事实上的最高主宰。他既有因巨鹿之战而获得的巨大声威，又掌握着最强大的武装力量，在此基础上，再经过一番努力，建立一个统一的集权式的新王朝，是完全可以办到的。然而，项羽没有这么做，也不曾想这么做。他满脑子想的只是如何衣锦荣归，他最高的理想不过是回到家乡做一位"霸王"而已！在这种思想的驱使下，暴躁、骄傲、刚愎自用而又目光短浅的项羽，便采取了一种极其简单的处理办法：先封大家做王，然后使大家承认自己为"霸王"。这也就是史书上所说的："项王欲自王，先王诸将相。"[②]于是他以能否紧跟自己为标准，一下子分封了十八个诸

[①] 以上见《史记》卷七《项羽本纪》。
[②]《史记》卷七《项羽本纪》。

侯王①，他本人则"自立为西楚霸王"②。此举是项羽事业的极峰，但也是他一生最大的过失。

项羽所分封的十八个诸侯王中，陕西占了四个，即汉王刘邦、雍王章邯、塞王司马欣、翟王董翳。

刘邦之所以被封，自然是因为他最先进入关中，攻下咸阳的功劳。原来楚怀王与诸将有约在前："先入定关中者王之。"③按此约定，刘邦应被立为关中之王。但项羽不愿这么做，同时又怕违背怀王之约而引起诸侯的背叛，于是秘密谋划，把道路险恶、交通不便，昔日秦流放罪犯的巴、蜀之地分给刘邦。这样既达到贬斥、防范刘邦的目的，又可不落"负约"的罪名——因为"巴、蜀亦关中地也"。所以刘邦就被封作汉王，"王巴、蜀、汉中，都南郑（今陕西汉中）"。④

为拒塞、监视刘邦，同时也是进行犒赏，项羽把关中分给了三个秦降将。章邯曾是秦军主帅，自然给以特殊照顾，被封为雍王，"王咸阳以西，都废丘（今陕西兴平东南）"。司马欣早年做栎阳狱掾时，曾有德于项梁，为报此恩德，封之为塞王，"王咸阳以东至河，都栎阳（今陕西西安市阎良区附近）"。董翳由于最先劝章邯投降项羽，故被封为翟王，"王上郡，都高奴（今陕西延安东北）"。⑤

由于项羽的分封，在秦亡之后的一个短暂时期，以陕西为主的故秦之地，出现了四王分治的局面。

五、秦地在楚汉相争中的地位

公元前206年夏四月，项羽分封的诸侯，自关中各回自己的封国，项羽本人也带着从咸阳掳掠的"货宝妇女"⑥，返归彭城（今江苏徐州），准备一心一

---

① 十八诸侯王是：汉王刘邦，雍王章邯，塞王司马欣，翟王董翳，西魏王魏豹，河南王申阳，韩王韩成，殷王司马卬，代王赵歇，常山王张耳，九江王黥布，衡山王吴芮，临江王共敖，辽东王韩广，燕王臧荼，胶东王田市，齐王田都，济北王田安。
② 《史记》卷七《项羽本纪》。
③ 《史记》卷八《高祖本纪》。
④ 《史记》卷七《项羽本纪》。
⑤ 以上见《史记》卷七《项羽本纪》。
⑥ 《史记》卷七《项羽本纪》。

意做他的西楚霸王。

刘邦受封之初，异常气愤，打算同项羽拼死一战，后在萧何的劝谏下，忍气吞声率领本部人马和项羽拨给的三万人，以及"楚子、诸侯人之慕从者数万人"，从杜南入蚀中，向汉中进发。当过褒中时，采纳张良建议，烧绝栈道，"以备诸侯盗兵，亦视项羽无东意"。[1]刘邦到汉中后，充分利用当地与巴、蜀的丰富资源，养精蓄锐，广罗人才。在萧何的力荐之下，刘邦拜韩信为大将，积极扩展军备，部署诸将，等待时机。

果然，项羽在彭城立脚未稳，东方的田荣就率先举起了反楚的旗帜，自立为齐王。接着，彭越"反梁地"[2]，陈余亦与田荣联系，赶走项羽所封的常山王，自己做了代王。刘邦见时机已到，遂留萧何收巴、蜀粮食以给军饷，自己亲率大军，明修栈道，暗度陈仓（今陕西宝鸡东），一举还定三秦，占有关中。此后，刘邦则大力巩固关中这块基地。

首先，刘邦定都栎阳，把汉王政权的政治、经济、文化中心移到关中地区。

其次，刘邦开始健全各级政权组织机构。在中央，任命一批有实际能力、耿直正派的人担任要职，如任命忠贞不贰的周苛为御史大夫，以"为人强力，敢直言"[3]的周昌为中尉，等等。在地方，把新收复的地区按郡县制重新划分，并令每乡"举民年五十以上，有修行，能帅众为善"者一人为"三老"，择乡三老一人为县三老，"与县令丞尉以事相教"，[4]并免除其徭役。通过这一制度让乡贤参政议政，充分发挥他们对于巩固基层政权的作用。

再次，也是最重要的，刘邦施行了一系列"施恩德"、稳定根据地的政策。如政治上"赦罪人"，实行宽大处理；经济上开放故秦苑囿园池，"令民得田之"；[5]等等。另外还有一些特殊优待政策，如"关中卒从军者，复家一岁"（免

---

[1] 《汉书》卷一上《高帝纪上》。
[2] 《史记》卷七《项羽本纪》。
[3] 《汉书》卷四二《周昌传》。
[4] 《汉书》卷一上《高帝纪上》。
[5] 《汉书》卷一上《高帝纪上》。从刘邦据汉中时修筑"山河堰"（又名"萧曹堰"）的史实来看，其在关中发展生产繁荣经济的举措当不会仅此一项，可惜史籍失载，今已无从查考。

除其家一年的赋役）；"蜀汉民给军事劳苦，复勿租税二岁"（免除二年租税）；等等。至于一般的"赐民爵""赐酒肉"，则是经常举行的。①

刘邦在巩固关中基地期间，亦非常重视对精神领域的控制，如下令"除秦社稷，立汉社稷"②，即很典型的事例。为了取得更多秦人的支持，细心的刘邦竟宣称自己也是"获水德之瑞"③。这种做法，后来一直延续到西汉王朝建立后相当长的时期。

本来，在当年反秦过程中，刘邦进入关中后的一系列举措，特别是宣布"约法三章"，就已经受到了秦民的普遍欢迎。而今，经过这一番苦心经营，刘邦更是得到了秦民的拥护。相反，关中秦民对项羽的印象却极坏。项羽入关后，屠、杀、烧，"所过无不残灭"，从而使"秦民大失望"。④所以当刘邦与项羽展开争夺天下的楚汉战争后，秦地人民支持刘邦而反对项羽，便是理所当然之事。过去史家在评述刘、项成败得失时，往往忽略了这一点。其实，人心的向背，是刘邦成功项羽失败的根本原因之一。

如果把公元前205年三月刘邦率军从临晋渡河大举东进，算作楚汉战争正式开始的话，到前202年初项羽兵败垓下，楚汉双方打了近三年。如果从刘邦还定三秦算起，战争的时间则更长。这期间，据汉代人的说法，计有"大战七十，小战四十"⑤。秦地作为刘邦的基地与后方，究竟为战争做出了多少牺牲，今天已经无法做出数量的统计。不过，有一点却很清楚，即这一百多次大小战斗中，刘邦胜仗少而败仗多，有时全军覆没，败得很惨。当时，丞相萧何坐镇关中，负责补充兵员、后勤供给诸多事宜。他凭借从秦丞相御史府获得的档案材料，计户口，征粮饷，转漕，调兵，源源不断地将物资、兵员运往前线，有力地支援着战争。史称："汉王数失军遁去，何常兴关中卒，辄补缺。"⑥"辄补缺"，把萧何对前方供给的及时与迅速，表现得十分精确。这其中，包含了多少秦地

---

① 详见《汉书》卷一上《高帝纪上》。
② 《汉书》卷一上《高帝纪上》。
③ 《史记》卷二六《历书》。
④ 《汉书》卷一上《高帝纪上》。
⑤ 《汉书》卷四三《刘敬传》。
⑥ 《汉书》卷三九《萧何传》。

民众的血和汗呵！睢水之战，汉军全军覆没，形势对刘邦极为不利。是萧何"发关中老弱未傅者悉诣军"①，送到荥阳，才解救了危机。所谓"未傅者"，是指不够服役年龄的青少年。由此可见关中人民为战争所做出的牺牲之大。有时，"关中大饥，米斛万钱，人相食"②，这样，关中民众为保障前线需求而付出的代价就更沉重了。

正是秦地人民的这种支持，方使刘邦能够在前线专心作战而无后顾之忧。对于秦地民众的巨大贡献，当事人刘邦心中是最清楚不过的。所以当西汉建立后论功行封时，他把披坚执锐"身被七十创，攻城略地，功最多"的曹参排在第二，而将"未有汗马之劳，徒持文墨议论，不战"的萧何排在第一，并把萧何之功，看作"万世之功"，称为"功人"，而把其他诸将的功劳不过视作"功狗"罢了。③ 刘邦的这一看法，也从一个侧面回答了秦地在楚汉相争中究竟处在怎样的地位。

楚汉相争的非常时期，是历史上陕西又一次作为后方和基地，为中国的重新统一做出重大贡献的非凡岁月。

---

① 《汉书》卷一上《高帝纪上》。
② 《汉书》卷一上《高帝纪上》。
③ 《汉书》卷三九《萧何传》。

第四章 西汉立国百年间

第一节 定都关中

公元前202年，刘邦消灭了项羽，建立了西汉王朝。新王朝之初，曾为定都问题发生过较大的争议，最后终于决定，把国都还是建在关中地区。这样，陕西作为全国政治、经济、文化的中心，又揭开了其历史新的一页。

一、汉初困境与轻徭薄赋

自战国后期到楚汉战争结束，陕西，特别是关中，是全国付出代价最大的一个地区。在秦统一前，它作为秦国本土，倾其全部，支持了秦的统一战争。秦王朝时期，这里是大型工程最集中的地方。兴建驰道、直道、骊山陵墓、阿房宫等给人民带来的巨大灾难，陕西首当其冲。秦亡后，刘邦又以关中为后方和基地，与项羽争夺天下，打了三四年的仗。所以当汉王朝建立后，陕西就好像一位刚刚跑完了全程的马拉松运动员，急需躺下来，好好地休息一番。当然，就全国而言，人民饱经了秦的暴政和秦末的战乱，同样也是迫切需要休养生息的。

汉初的社会疲惫已极。史载："汉兴，接秦之敝，诸侯并起，民失作业，而大饥馑。凡米石五千，人相食，死者过半"；"天下既定，民亡（无）盖臧（藏），自天子不能具醇驷，而将相或乘牛车"。[①]按此说法，汉初社会残破的情况，比起秦末尚有过之。天下至尊至贵的皇帝的车驾连四匹颜色一致的马都找不到，将相乘坐的竟是牛驾的车，当时社会的困难，可以说已经达到了极点。

由社会基层而登上皇帝宝座的刘邦，对于民间疾苦，毕竟是有所了解的。他周围的文臣武将，大多来自社会下层，是所谓的"布衣将相之局"[②]。民间的情况对于这些人来说，并不陌生。针对汉初的社会实际，统治当局采取了"约法省禁，轻田租，什五而税一，量吏禄，度官用，以赋于民"[③]的一系列政策。

[①]《汉书》卷二四上《食货志上》。
[②] 赵翼：《廿二史札记》卷二《汉初布衣将相之局》，曹光甫校点，上海古籍出版社2011年版。
[③]《汉书》卷二四上《食货志上》。

而且在刘邦即帝位后不久，便发布了"复故爵田宅"诏，对"诸侯子"、"相聚保山泽，不书名数"的"民"、"以饥饿自卖为人奴婢"的"民"、"军吏卒"、"七大夫、公乘以上"的"高爵"者、"非七大夫以下"的有爵者等社会各阶层，给以安抚，规定了具体的优待政策。① 通过施行这些政令，社会日渐稳定，秩序得以建立，生产逐步恢复，经济有所复苏，基本上满足了广大民众希望休养生息的要求。应该说，刘邦在解决新王朝所面临的一大堆棘手问题上，是很有些办法的。

可是，西汉建立后，有关定都问题的解决，却颇费了一番周折。

二、娄敬建言，西都关中

历史上任何一个王朝，都把国都的选定看成极其重要的大事。因为国都定在哪里，哪里就是王朝的政治、经济、文化中心。其事关重大，不能不慎重考虑。

西汉王朝的前身汉王国，原都南郑，刘邦还定三秦后，迁都于栎阳。西汉的建立，实际上就是汉国的继续和扩大，如果仍旧以栎阳为都，亦未尝不可。但刘邦却把国都选定在洛阳，其用意无非是要"与周室比隆"②，居天下之中心。不料此后不久，有一位车夫娄敬，竟大胆批评刘邦建都洛阳的非是，并献西都关中之策。

娄敬本是齐人。他在前往陇西戍边路过洛阳时，通过老乡虞将军求见刘邦。娄敬首先针对刘邦要"与周室比隆"的思想，阐述了周、汉两代立国的不同，指出不能简单"比隆"的道理。接着便向刘邦分析了关中的地理、资源优势，以及在这里建都的好处。他说："秦地被山带河，四塞以为固，卒然有急，百万之众可具。因秦之故，资甚美膏腴之地，此所谓天府。陛下入关而都之，山东虽乱，秦故地可全而有也。"最后娄敬打比方说："夫与人斗，不搤其亢，拊其背，未能全胜。今陛下入关而都，按秦之故，此亦搤天下之亢而拊其背也。"③ "搤"就是"扼"的意思。"亢"即是喉咙。这就是说，在关中建都，立足于秦之故地，就好比扼住了天下的咽喉。

---

① 详见《汉书》卷一下《高帝纪下》。
② 《汉书》卷四三《刘敬传》。
③ 《汉书》卷四三《刘敬传》。

娄敬的这一番建言，既有道理也很实际。刘邦颇为所动，然而一时拿不定主意，于是"问群臣"①。"左右大臣皆山东人"，他们坚决表示反对，强调"雒（洛）阳东有成皋，西有殽黾，背河乡（向）雒，其固亦足恃"。②尤其他们还有一个很具说服力且带有蛊惑性的理由，即在洛阳"周王数百年"，而在关中"秦二世则亡"，因此"不如都周"。③在这一片反对声中，唯有张良支持娄敬的看法。他指出："雒阳……其中小，不过数百里，田地薄，四面受敌，此非用武之国。夫关中左殽函，右陇蜀，沃野千里，南有巴蜀之饶，北有胡苑之利，阻三面而固守，独以一面东制诸侯。诸侯安定，河、渭漕挽天下，西给京师；诸侯有变，顺流而下，足以委输。此所谓金城千里，天府之国。"④张良的分析，终使刘邦下定决心，"即日驾，西都关中"⑤，并"拜娄敬为奉春君，赐姓刘氏"⑥。其时值高帝五年（前202）夏五月。

翌年，有位名叫田肯的人再次向刘邦阐述了建都关中的实际价值。指出"秦，形胜之国也"，其河山之险，使与诸侯悬隔千里，只需两万人马，即可敌得诸侯百万之众，一旦要对诸侯用兵，"譬犹居高屋之上建瓴水也"。刘邦闻言连连称"善"，并"赐金五百斤"以为奖赏。⑦

三、长安城的营建

刘邦决定建都关中后，最初仍居栎阳"治栎阳宫"⑧。这里地处渭河之北，虽临东西交通大道，但并不是都城最理想的所在地。于是把建都目标西移，这与当年秦孝公自栎阳迁都咸阳的思路颇相似。当时，原秦都咸阳早已遍地焦土，而另建新城客观条件又不允许。恰巧渭河南岸长安乡一座秦兴乐宫，未被项羽的大火烧毁。这里虽在咸阳之东，但秦时仍属咸阳的范围之内，遂被选为

---

① 《汉书》卷四三《刘敬传》。
② 《汉书》卷四〇《张良传》。
③ 《汉书》卷四三《刘敬传》。
④ 《汉书》卷四〇《张良传》。
⑤ 《汉书》卷四〇《张良传》。
⑥ 《汉书》卷一下《高帝纪下》。
⑦ 以上见《汉书》卷一下《高帝纪下》。
⑧ 荀悦：《汉纪》卷三，见《两汉纪》上册，张烈点校，中华书局2002年版。

新都的基址。

兴乐宫为秦始皇在关中的"离宫三百"之一，"周回二十余里"[①]，规模相当可观。内有始皇二十七年（前220）修筑的高40丈的鸿台，台上楼观屋宇高耸入云，还有大夏殿以及鱼池、酒池等。汉廷派少府阳城延将此宫加以修葺扩建，并更名为长乐宫，作为汉帝处理政务及常居之处，从而开始了汉长安城最早的营建工程。

汉高帝六年（前201），更名咸阳为长安，这样，就正式确定了国都的城名。次年年始[②]，长乐宫建成，刘邦在此举行朝会，长安的首都功能实际上已开始发挥。不久，"丞相已下徙治长安"[③]，即汉政府的各个职能部门已迁至长安办公。

长安城的早期营建除将兴乐宫改建为长乐宫外，另一项目是新建未央宫。工程仍由少府阳城延具体负责，但由丞相萧何亲自主持监造。汉高帝七年（前200）二月，未央宫初具规模，"立东阙、北阙、前殿、武库、太仓"[④]。刘邦见这些建筑十分壮丽，甚怒，就批评萧何"治宫室过度"。萧何用"天子以四海为家，非令壮丽亡（无）以重威"作答，使刘邦转怒为喜，于是"自栎阳徙都长安"。[⑤]从此，长安就正式揭开了它作为西汉首都的历史。

汉高帝九年（前198），未央宫落成。刘邦在宫的前殿置酒，大朝诸侯群臣。刘邦亲自端起能容四升酒的玉卮为其父太上皇祝酒，并问如今他和哥哥刘喜究竟谁的产业多。结果"殿上群臣皆呼万岁，大笑为乐"[⑥]。不过从总体上看，当时长安的规模还很小，在长乐、未央两宫以外，基本上是一片旷野，甚至连外城墙也没有。

如果把汉高帝刘邦时期（前202—前195）对长安城的营建称作汉长安城建设的第一阶段，那么，惠帝时期（前194—前188）则是其建设的第二阶段。这阶段的营建主要是筑城墙，并建西市。

---

① 何清谷：《三辅黄图校释》卷一《秦宫》，中华书局2005年版，第45页。
② 汉初仍以十月为岁首。
③ 《史记》卷八《高祖本纪》。纪文系此事于二月，疑误。
④ 《史记》卷八《高祖本纪》。纪文系此事于八年，疑误。此用《汉书·高帝纪下》说。
⑤ 《汉书》卷一下《高帝纪下》。
⑥ 《史记》卷八《高祖本纪》。

城墙始建于惠帝元年（前194）春正月。三年（前192）春，"发长安六百里内男女十四万六千人城长安"，工程进行了整整一个月。同年六月，又征发诸侯王、列侯徒隶二万人筑城。五年（前190）春正月，"复发长安六百里内男女十四万五千人城长安"，工程仍旧集中进行了一个月。① 到这年九月，整个筑城工程全部结束。②"其进程大概是从城的西北方起，先筑西墙，再筑南墙，又筑东墙，最后筑北墙"③。今考古实测周长为2.57万米，合汉代62里强，与文献记载的"六十三里"④说基本相吻合。城平面略呈方形。南城墙因迁就长乐、未央两宫的已定位置，故有多处曲折。北城墙主要由于渭河河道的限制，也有许多曲折、偏斜。为此古人曾有"城南为南斗形，北为北斗形"，以及"斗城"之说。⑤ 其实，这仅是附会，并非筑城时刻意模仿。对此，元代的李好文（河滨渔者）早就指出过了。⑥ 考古发掘表明，城墙全部用黄土夯筑而成，其坚固程度超出了人们的想象。城墙高在12米以上，下部宽为12—16米，与文献记载颇有出入。

　　长安城内有九市。"六市在道西，三市在道东。凡四里为一市"；"当市楼有令署，以察商贾货财买卖贸易之事"。⑦ 九市之名，今人考证略有歧异，所得市名计有东市、西市、南市、北市、柳市、直市、交门市、孝里市、交道亭市、高市、槐市、四市（或说是东、西、南、北市之合称）等，实际已超过九个，疑"九"是极言其多之意。其中有些市，起始甚早，如直市，传为秦文公时所造。至于它如何成为汉长安之市，详不可考，也许只是延用直市之名罢了。但多数市当为西汉新建，其最早见于文献记载的是"起长安西市"⑧，时在惠帝六年（前189）。这反映了当时长安的商业贸易已比较活跃，

---

① 以上见《汉书》卷二《惠帝纪》。
② 此用《汉书·惠帝纪》说。《史记·吕太后本纪》：惠帝"三年，方筑长安城，四年就半，五年六年城就"。
③ 王仲殊：《汉代考古学概说》，中华书局1984年版，第3页。
④ 《史记·吕太后本纪》司马贞《索隐》及《续汉书·郡国志一》刘昭注引《汉旧仪》。
⑤ 见何清谷：《三辅黄图校释》卷一《汉长安故城》，中华书局2005年版，第64页。
⑥ 见李好文：《长安志图》卷中《图志杂说·北斗城》，辛德勇、郎洁点校，三秦出版社2013年版。
⑦ 何清谷：《三辅黄图校释》卷二《长安九市》，中华书局2005年版，第93、95页。
⑧ 《汉书》卷二《惠帝纪》。

需要建市以加强管理，此举或同丞相曹参"勿扰狱市"政策的影响有关。

长安城营建的第三阶段是武帝时期（前140—前87），至此都城的规模方才大备。（见图4-1）容后文再述。

四、长乐宫初试朝仪

鉴于秦的苛法繁仪，刘邦在"悉除去秦法"的同时，亦"悉去秦仪法，为简易"，

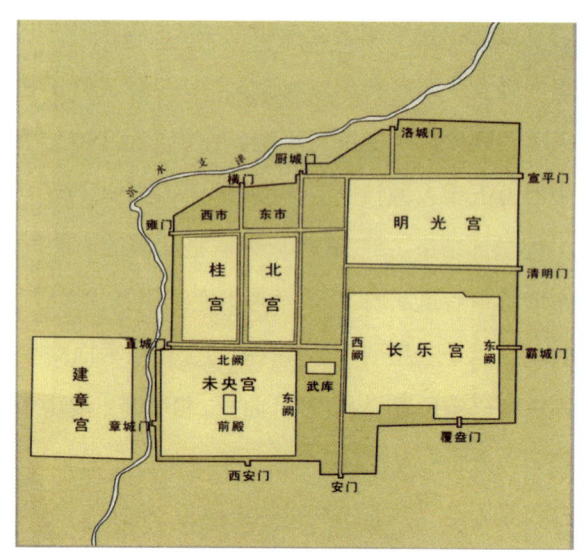

图4-1 汉长安城示意图

故西汉立国之始，朝廷的礼制很不完备。当年与刘邦一起造反打天下的弟兄们，现在虽然做了臣子，却不知君臣之礼。他们每每在皇帝面前饮酒争功，以至醉后狂呼乱叫，拔剑击柱，闹嚷喧嚣，不成体统。对此，刘邦颇"患之"。①

博士叔孙通深知刘邦的心思，便乘机进言，称"儒者难与进取，可与守成"②，表示愿去征召一批鲁地儒生，与其弟子共同为新王朝制定朝仪。这一提议，立即得到了刘邦的同意。

这位叔孙通，是原鲁国薛（今山东滕州南）人，秦时为待诏博士，善于随机应变，见风使舵，后投奔项梁义军，汉二年（前205）由事项羽投降刘邦。他得知刘邦讨厌儒服后，便立刻改穿楚式短衣，博得了刘邦的欢心，被拜为博士，号稷嗣君。当时跟从他降汉的弟子百余人，他一个也不向刘邦推荐，而"剸言诸故群盗壮士进之"。他向弟子们解释说，现在"汉王方蒙矢石争天下"，"故先言斩将搴旗之士"，"诸生且待我，我不忘矣"。刘邦登基时，他曾"就其仪号"。③这次他瞅准了时机，打算一显身手。

于是叔孙通征得鲁儒生三十人，"采古礼与秦仪杂就之"，制定出一套新

---

① 以上见《汉书》卷四三《叔孙通传》。
② 《汉书》卷四三《叔孙通传》。
③ 以上见《汉书》卷四三《叔孙通传》。

朝仪。高帝七年（前200）年始（十月一日），在刚刚竣工的长乐宫大朝受贺，新朝仪正式开始实行。

是日，天还没亮，宫中侍卫、仪仗已罗立廷中。只听一声传"趋"，众臣子由治礼谒者引导疾行入殿门。"功臣列侯诸将军军吏以次陈西方，东乡（向）；文官丞相以下陈东方，西乡。""于是皇帝辇出房，百官执戟传警"，群臣按官阶高低奉贺。礼仪庄严，场面肃穆，"自诸侯王以下莫不震恐肃敬"，充分显示出了皇帝的威严。行礼毕，举行朝宴，诸侍坐殿上者皆依礼法不敢平坐而视，众人皆依职位高低尊卑顺序向皇帝敬酒。及觞九行，只听谒者高喊"罢酒"，"御史执法举不如仪者辄引去"。整个宴会，"无敢谨哗失礼者"，一改过去那种混乱状态。①

见到朝会的此情此景，刘邦高兴地叹道："吾乃今日知为皇帝之贵也。"于是拜叔孙通为奉常，赐金五百斤。叔孙通遂乘机向刘邦推荐与他共同制定朝仪的弟子儒生，结果"高帝悉以为郎"。叔孙通又把所得赐金分给诸生，大家高兴地称他为"圣人"，说他"知当世务"。②

长乐宫初试朝仪，标志着西汉王朝的礼制建设开始进入一个新的阶段。随着国都的选定、礼制的健全，以陕西为统治中心的西汉帝国，其政治完备程度，又跨上了一个台阶。

第二节　汉京风云

西汉王朝创建者刘邦死后，其妻吕雉称制，封王诸吕，从而导致了一场刘、吕两大家族争夺最高统治权的残酷斗争。汉京的政治风云，在陕西古代历史上留下了难忘而发人深思的一页。

一、汉惠帝的奇怪婚姻

汉惠帝叫刘盈，为刘邦之次子③，但为原配夫人吕后所生，故被立为太子。

---

① 以上见《汉书》卷四三《叔孙通传》。
② 以上见《汉书》卷四三《叔孙通传》。
③ 长子刘肥，为刘邦外妇曹姬所生。

公元前195年，他继刘邦之后，成为西汉的第二个皇帝。那时他16岁，"为人仁弱"①，朝政大权实际掌握在其母手中。

吕后名雉，字娥姁，单父（今山东单县）人。其父吕公好相人，见刘邦贵相，就把雉嫁给刘邦，生惠帝及鲁元公主。楚汉相争中，吕雉曾被项羽俘获为人质。史称其"为人刚毅"②。她当政期间，继续执行刘邦的与民休养生息政策，社会基本上维持着稳定的局面，"天下晏然"，"衣食滋殖"。③但在统治阶级内部的权力斗争中，她却是一位心狠手毒、机关算尽、异常残酷的女人。

为了维系自己与儿子永久性的统治地位，她大开杀戒，首先把矛头指向了刘邦的宠姬戚夫人及其子赵王如意。刘邦晚年以太子刘盈"不类己"，"常欲废之"，而称"如意类我"，"几代太子者数"。戚夫人亦利用常跟随刘邦外出的机会，为其子求太子位。所以吕后一直将此母子二人视为头号政敌。刘邦一死，吕后便立即囚禁戚夫人，接着又将赵王如意召至长安，伺机鸩杀。如此仍不解吕后心头之恨，于是"断戚夫人手足，去眼熏耳，饮瘖药，使居鞠域（即窟室）中"，取名叫作"人彘"。④又对王族中她认为能够威胁她权力的人也予以打击和杀戮。如将淮阳王刘友迁为赵王，接着把其幽饿而死；将梁王刘恢迁为赵王，逼其自杀；使燕灵王刘建"绝后"；等等。

特别是吕后从狭隘的宗族观念出发，在血统婚姻上煞费苦心，大做文章。惠帝的姐姐鲁元公主，嫁给宣平侯张敖为妻，有女。惠帝即位后，"吕太后欲为重亲"，竟置人伦道德于不顾，将鲁元公主之女配惠帝为皇后，搞了一桩舅舅娶外甥女的奇怪婚姻。近亲结婚，自然难以繁衍后代，吕后却"欲其生子"，结果使尽房中方术，仍"终无子"。⑤于是取后宫美人⑥之子冒充皇后子立为太子，并杀其生母。

---

① 《汉书》卷九七上《外戚传上》。
② 《汉书》卷九七上《外戚传上》。
③ 《汉书》卷三《高后纪》赞。
④ 以上见《汉书》卷九七上《外戚传上》。
⑤ 以上见《汉书》卷九七上《外戚传上》。
⑥ 美人为秦汉皇帝妃妾等级名号。西汉后期制度规定，美人为第五等，享有二千石的官秩和少上造爵位的待遇。

及惠帝死，太子立为帝，吕后"临朝称制"。不几年，少帝"自知非皇后子，出怨言"。①吕后遂将其幽禁，"言帝病甚"，并"下诏废之"，接着推出恒山王刘弘为皇帝。吕后让其侄吕禄之女为皇后，"欲连根固本牢甚"，再次试图用婚姻来达到维持血统、巩固权力的目的。②

吕后的残酷诛杀尚可收一时威慑之效，而她在婚姻上搞的这些名堂，只能说明其愚昧无知，不过徒增笑柄而已！

二、丞相日夜饮酒之谜

惠帝、吕后时期（前194—前180），有一个很值得注意的现象，即一些丞相日夜饮酒。

曹参是继开国之相萧何以后的汉相，亦是古代史上享有盛名的贤相。史载他任职期间，"日夜饮酒"，"不事事"。当"卿大夫以下吏及宾客"去劝说他时，"辄饮以醇酒，度之欲有言，复饮酒，醉而后去，终莫得开说，以为常"。更有甚者，当时靠近相府后园的"吏舍"，"日饮歌呼"，搞得四邻不安。相府属吏为此大伤脑筋，遂请曹参游后园，意谓让曹出面干涉制止。不料曹目睹后，不仅不制止，"乃反取酒张坐饮，大歌呼与相和"。③

无独有偶，继曹参为相的陈平，亦为西汉名相，他同样也是"日饮醇酒"，"不治事"④。这两位名相连续任职的时间，占惠帝、吕后期间的90%以上。两位丞相为何如此偏爱饮酒呢？这里，有两方面原因值得重视。

其一，汉初黄老政治的影响。所谓黄老政治，即在黄老思想指导下的政治。黄老思想是一种标榜祖述黄帝、老子的思想，实际就是在汉初历史条件下发展了的道家学说。其施政讲究"因循"，追求"无为而治"的境界。曹参、陈平均为黄老之学的崇尚者，尤其曹参是汉初推行黄老政治最具代表性的人物。他任汉相后，"举事无所变更，壹遵（萧）何之约束"⑤，这就是"因循"；

---

① 《汉书》卷三《高后纪》。
② 《汉书》卷九七上《外戚传上》。
③ 以上见《汉书》卷三九《曹参传》。
④ 《汉书》卷四〇《王陵传》。
⑤ 《汉书》卷三九《曹参传》。

而他的"日夜饮酒"则是一种"无为而治"了。所以当惠帝派曹参之子窋向其父询问"为相国,日饮,无所请事,何以忧天下"时,竟被"参怒而笞之二百"。当惠帝责怪曹参笞打窋时,他遂发了一通"高皇帝与萧何定天下,法令既明具,陛下垂拱,参等守职,遵而勿失,不亦可乎"的大议论,惠帝听罢也不能不称善。①

其二,汉初统治阶级内部斗争的影响。西汉建国后,统治阶级内部的斗争,一天也没有停止过。这种斗争,范围很广,既包括最高统治层的权力之争,也包括帝王对臣下的猜忌、打击等等。出于家天下的权势独占欲的支配,皇帝对于臣下总是不放心的。以刘邦对佐助他打天下的得力助手来看,不仅韩信等人为刘所剪除,就连忠心耿耿的萧何,亦多次遭到刘邦的猜忌与打击,甚至"下何廷尉,械系之"②。这样的客观现实,对大臣的心理产生重要影响,使他们不能不考虑如何在激烈、复杂、残酷的统治阶级内部斗争中避祸保身。例如萧何"买田宅必居穷辟处,为家不治垣屋"③,明显就是一种免祸的措施;张良在功成之后,求仙访道,不问世事,诚如杨树达所言:"良之辟谷,所以自全耳。"④

吕后当政后,汉初统治阶级内部斗争进入一个新阶段。吕后凭借手中的大权,在向刘姓王族开刀的同时,也把打击的矛头指向忠于刘姓的大臣。刘邦死后,吕后密不发丧,曾策划把跟随刘邦打天下的"诸将""尽族"⑤,以扫除其上台执政的障碍。右丞相王陵公开反对她封王诸吕,即被"阳迁"为"帝太傅","实夺之相权"。⑥当年曾替刘邦出谋让周昌任赵王如意相国的赵尧,亦被罢官。如此等等。吕后打击异己,心肠之狠毒,手段之残暴,均在其夫刘邦之上,甚至连她的亲儿子惠帝都认为其母的做法"非人所为"⑦。在这种氛围下出现的曹

---

① 以上见《汉书》卷三九《曹参传》。
② 《汉书》卷三九《萧何传》。
③ 《汉书》卷三九《萧何传》。
④ 杨树达:《汉书窥管》,上海古籍出版社1984年版,第321页。
⑤ 《汉书》卷一下《高帝纪下》。
⑥ 《汉书》卷四〇《王陵传》。
⑦ 《汉书》卷九七上《外戚传上》。

参、陈平等大臣的"日夜饮酒"行为，就很难说只是单一的"无为而治"，而不具有某种避祸保身的性质。如果说曹参的狂饮尚看不出更多避祸保身的印迹，那么，陈平饮酒的这种属性则是显而易见的。史载，吕后之妹吕须因怨恨陈平当年执行刘邦之令去逮捕其夫樊哙，常常在吕后面前说陈平的坏话。她进谗的主要内容即陈平"为丞相不治事，日饮醇酒，戏妇人"。陈平知道后，不仅不改正，反而"日益甚"。吕后见此状，不仅不发怒，竟然还"私喜"，并当面告诉陈平，不要害怕吕须的谗言，说"儿妇人口不可用"，"无畏吕须之谮"。[1] 陈平借酒避祸保身，无须赘述。

其实，历史上以饮酒、醉酒为名行韬晦之实，几乎是普遍的规律性现象。西汉文景时的爰盎在任吴相国时，即采用其侄爰种的建议，用"日饮"之计，保身免祸，"幸得脱"。[2] 曹魏末年阮籍沉湎于酒亦属其例。对此，鲁迅在《魏晋风度及文章与药及酒之关系》一文中有深刻的揭示。

三、喋血京师，平灭诸吕

吕后为巩固其统治，除了采用杀戮、婚姻等手段，还大肆分封吕氏家族宗亲，造成一种盘根错节之势，以求固本。兹据《汉书》记载，将吕后所分封的吕姓王侯（含嗣立者）的具体情况，列表如下：

表 4-1　吕后分封吕姓王侯表

姓　名	与吕后关系	王侯名号	受封时间	备　注
吕　须	妹	临光侯	未详	
吕　平	甥	扶柳侯	元年（前187）四月	吕后姊长姁之子，不当姓吕
吕　胜	侄	赘其侯	元年（前187）四月	吕后昆弟之子
吕更始	未详	滕　侯	元年（前187）四月	
吕　忿	侄	吕成侯	元年（前187）四月	吕后昆弟之子
吕　莹	侄	祝兹侯	八年（前180）四月	吕后昆弟之子

---

[1] 以上见《汉书》卷四〇《王陵传》。
[2] 《汉书》卷四九《爰盎传》。

续表

姓　名	与吕后关系	王侯名号	受封时间	备　注
吕　台	侄	吕　王 吕肃王	元年（前187） 二年（前186）卒谥	吕后长兄吕泽子。高帝九年（前198）嗣父爵为周吕侯，更封为郦侯
吕　产	侄	汶　侯 吕　王 梁　王	元年（前187）四月 六年（前182） 七年（前181）	吕后长兄吕泽子，吕台弟
吕　则	侄	建成侯	惠帝二年（前193）嗣父爵	吕后次兄吕释之子。惠帝七年（前188）有罪，免
吕　种	侄	建成侯 不其侯	元年（前187）四月 七年（前181）	吕后次兄吕释之子，吕则弟
吕　禄	侄	汉阳侯 赵　王	元年（前187）九月 八年（前180）	吕后次兄吕释之子，吕种弟
吕　嘉	侄孙	吕　王	三年（前185）嗣立	吕后长兄吕泽孙，吕台子。后坐骄废。《异姓诸侯王表》记为高后二年（前186）嗣吕王
吕　通	侄孙	腄　侯 燕　王	六年（前182）四月 八年（前180）	吕后长兄吕泽孙，吕台子，吕嘉弟
吕　庀	侄孙	东平侯	八年（前180）五月	吕后长兄吕泽孙，吕台子，吕通弟
吕　大	未详	平昌侯 吕　王	七年（前181）十一月	继吕产之后为吕王
吕　公	父	吕宣王	元年（前187）追尊	高帝元年（前206）封临泗侯，四年（前203）卒
吕　泽	长兄	悼武王	二年（前186）追尊	高帝六年（前201）封周吕侯，九年（前198）卒。子台、产，孙嘉、通、庀
吕释之	次兄	赵昭王	八年（前180）追尊	高帝六年封建成侯，惠帝二年（前193）卒。子则、种、禄

从上表可知，诸吕封王者六人（含嗣立一人），封侯者九人（含嗣立一人），追尊王位者是三人。这个数字，相当于吕后所封刘姓王子侯（三人）与功臣侯（十二人）人数的总和，亦与刘邦所封同姓王（十二人，含随父者一人）、王子侯（三人）总数相当，约等于刘邦所封功臣侯的十分之一。这些吕氏王侯中的不少人，如吕台、吕产、吕禄、吕更始等，依靠吕后扶植，在朝廷担任公卿

将相，把持军队大权，一时造成"诸吕用事兮，刘氏微"①的局面。面对这种情况，刘姓王族当然不甘心被挤出政治舞台，拱手让出大权，他们同诸吕展开了激烈的斗争。例如朱虚侯刘章一次入侍燕饮，遂借担任酒吏之机，在吕后面前大讲"深耕穊种，立苗欲疏；非其种者，（鉏）而去之"的耕田歌，并追斩避酒而逃的诸吕一人，"自是后，诸吕惮章"。②大臣们虽慑于吕后淫威，或日夜饮酒以避祸，或自求病免以保身，不过暗地里，一批忠于刘姓的臣子却在积极串联活动，准备伺机诛灭诸吕。总之，在吕后当政期间，以吕后、诸吕为一方，以刘氏王族及忠于刘姓的大臣为另一方，矛盾日益尖锐，双方的总搏斗势不可免。

公元前180年，吕后刚死，一场政治风暴立刻爆发。当时专兵秉政的相国吕产与上将军吕禄，自知违背高祖刘邦禁止"非刘氏而王，非有功而侯"③的盟约，恐为大臣诸侯所诛，阴谋作乱。朱虚侯刘章从其妻（吕禄之女）处获此消息，即告知其兄齐哀王襄，齐王遂起兵而西。吕产、吕禄急派大将军灌婴"将兵击之"，不料婴至荥阳（今河南荥阳东北）后，反与齐王"连和"。④长安城内，太尉周勃与丞相陈平共同谋划，通过吕禄好友郦寄，劝说吕归将军印，回封国守藩。继而周勃假借皇帝命令入据北军，在关键时刻，郦寄等说动了吕禄，把北军兵权交给了周勃。正当陈平等谋划如何进一步夺取南军之际，掌握南军兵权的吕产入未央宫被阻殿门外，这时刘章率军赶来，击杀吕产，从而控制了整个局势。随后，斩吕禄，笞杀吕须，"悉捕诸吕男女，无少长皆斩之"⑤。齐王与灌婴亦各率军返归。这样，一场自吕后专权以来长达十多年的刘、吕两姓的权力之争，最终以刘姓的胜利而告结束。

汉大臣及诸侯对诸吕的这场流血冲突，正史记作因诸吕阴谋作乱而起。论者或否定此说，认为是大臣们发动的军事政变。其实，这场争斗并无正义和非

---

① 《汉书》卷三八《高五王传》。
② 《汉书》卷三八《高五王传》。
③ 《汉书》卷三《高后纪》颜师古注。
④ 《汉书》卷三八《高五王传》。
⑤ 《汉书》卷三《高后纪》。

正义的区别。这里,既不能用所谓"正统"观念,指斥吕后"篡夺",也不存在什么"统一"与"分裂"、"集权"与"割据"之间的斗争。诸吕的失败,主要败在人的因素上。吕氏当中,除吕后具有较好的政治素质和丰富的斗争经验外,其他皆平庸之辈,他们暴得王侯高位,而大有不知所措之势。当吕后一死,这个集团已不堪一击。特别是吕禄,自己放弃北军兵权,导致全局皆失。相比之下,陈平、周勃等一批跟随刘邦打天下的大臣则老谋深算得多。他们知退知进,既有高瞻远瞩的眼光,又有清醒冷静的头脑和组织调度的才能,诸吕远非其对手。另外,当时刘氏统治多年,已在民众心目中留下深刻印象,人心向背对刘氏有利,故当周勃在北军中宣布"为吕氏右袒,为刘氏左袒"时,"军皆左袒",[1]心向刘氏。这些都注定了诸吕的失败结局。

平灭诸吕是汉初历史上一起重大的政治事件。尽管它只是中国历史上常见的统治阶级内部的权力斗争,但陈平、周勃等汉臣忠于高祖"非刘氏王者天下共击之"[2]盟誓的精神,仍不失为民族文化中一种有价值的东西。由于这件事就发生在长安城内,所以它在陕西古代史上留下了巨大的印迹。

第三节 治世的长安

汉文帝(前179—前157年在位)和汉景帝(前156—前141年在位)两代,是西汉前期的治世,史称"文景之治"。20世纪末汉阳陵的考古发现,证明这一治世并非虚言。不过,治世也并非完全风平浪静。当时汉京长安发生的种种趣事,大大丰富了陕西古史的内容。

一、代王被迎立为帝

平灭诸吕后,众大臣共议,以为代王刘恒是高祖见在诸子中年龄最大的,且其母家薄氏,"君子长者"[3],不致重蹈吕后专权的覆辙,故决定迎立代王为汉皇帝。

---

[1] 《汉书》卷三《高后纪》。
[2] 《汉书》卷九七上《外戚传上》。
[3] 《汉书》卷三八《高五王传》。

当迎接代王的使者抵达代国（都中都，今山西平遥西南）后，代王的群臣对于其君是否应去长安，意见颇不一致。郎中令张武等主张"称疾无往，以观其变"；中尉宋昌则认为"此乃天授"，劝代王"勿疑"。刘恒经过占卜，得大吉之兆，但仍不放心，遂遣其舅薄昭见太尉周勃，探得准信后，才出发前往长安。一路上小心谨慎，车驾抵高陵（今陕西西安市高陵区）即暂时停下，先让宋昌到长安探听消息，当宋还报后，方又继续前进。至渭桥，群臣迎接，拜谒称臣，刘恒亦下拜。太尉周勃跪上天子玺，刘恒客气地辞谢说："至邸而议之"。于是进驻代国设在京师长安的朝宿之舍——代邸。群臣上议，请王即天子位，刘恒"西乡（向）让者三，南乡让者再"，遂即天子位，是为汉文帝。①

即位当天日落时分，文帝乘天子法驾入未央宫。②连夜即拜宋昌为卫将军，掌管南北军，首先控制了驻京师部队的军权；拜张武为郎中令，负责皇帝贴身卫队，案行殿中。然后颁布诏令，"赦天下，赐民爵一级，女子百户牛酒，酺五日"③。当一切安排就绪后，文帝则拜谒高庙，迎皇太后入京，封赏平灭诸吕有功之臣，以及搞一些兴灭继绝的名堂，以显示皇恩浩荡。

在西汉诸帝中，文帝是位比较贤明的君主。由于他是在统治阶级内部斗争的偶然机遇下被大臣们推上皇帝宝座的，所以即位后便不能不采用谦逊谨慎的态度，以继续取得大臣们的支持。例如他秉政近一年，才封宋昌为壮武侯，以表彰其劝入长安之功。在生活上，他注重节俭。"宫室苑囿车骑服御无所增益"；建造霸陵，"皆瓦器，不得以金银铜锡为饰，因其山，不起坟"；所宠幸的慎夫人"衣不曳地，帷帐无文绣"；曾打算建造露台，"召匠计之，直百金"，遂立即取消了建台计划；等等，皆给人们留下了较好的印象。他重视发展社会经济，适当减轻人民的负担，废除多种苛刑，"弛以利民"，"以德化民"，在位期间，"海内殷富，兴于礼义，断狱数百，几致刑措"，被史家赞为"仁哉"。④

---

① 以上见《汉书》卷四《文帝纪》。
② 自惠帝朝开始，汉皇帝常居于未央宫，原长乐宫改为太后常居之所。
③ 《汉书》卷四《文帝纪》赞。
④ 以上见《汉书》卷四《文帝纪》赞。

文帝时期开创的察举制度，在我国制度史上占有重要地位，值得特别提出。察举制是一种经过考察而予以荐举的选拔官吏制度。汉文帝二年（前178）十一月，因日食文帝下诏，让臣下"举贤良方正能直言极谏者"①，是为汉代察举选官的开始。按此法选官，先由皇帝下诏，指定举荐科目；然后由丞相、列侯、公卿及地方郡国按科目要求荐举人才；接着皇帝亲自对被举者进行策问；最后据对策的高第下第不同，区别授官。文帝十五年（前165），再次"诏诸侯王公卿郡守举贤良能直言极谏者"②，从而使察举之法形成一种制度，为以后各代汉帝所遵循，并一直延续使用到隋代科举制诞生之前。文帝时期之所以产生这一选官制度，固然与这时正值西汉官吏更新换代之际，急需选用新的人才来补充官吏队伍有关，但也与文帝在汉廷站稳脚跟后，试图选用一批新生力量以巩固自己的统治地位，有相当大的关系。

二、文帝时期的改制活动

汉文帝登上皇帝宝座时，距离西汉开国已经二十多个春秋。经过刘邦剪除异姓王，特别是平灭诸吕之后，刘姓王朝的统治相对稳定多了。在这样的社会条件下，有人提出了改制的要求，于是长安城里刮起了一股改制之风。

所谓"改制"，具体指改水德制度为土德制度。原来西汉立国以后，一直沿用着秦朝的水德制度，按五德终始论，秦既为水德，那么代秦而立的汉就应是土德，而实际上汉却偏偏沿用水德。这在那些五德说信徒的眼中，自然便成了一件大不顺的事。

首先提出改制建议者叫贾谊。（见图4-2）他是洛阳人，18岁时即以能诵诗书及作文章闻名本郡，后经廷尉吴公推荐，被文帝召为博士。当时贾谊才20多岁，在满朝文武官员中，年龄最小，但才华与本领却出类拔萃，深受文帝赏识，当年之内便被破格提拔为太中大夫。他对王朝的形势，有自己独到的精辟见解。他反对"无为而治"，建议"众建诸侯而少其力"③，削夺诸侯王权力，巩固中央集权；对外主张抗击匈奴侵扰；经济上强调重农抑商。他总结秦亡教

---

① 《汉书》卷四《文帝纪》。
② 《汉书》卷四《文帝纪》。
③ 《汉书》卷四八《贾谊传》。

训，极力倡导礼义教化。他的不少建议，如"更定"法令、遣列侯就国等等，均被文帝采纳实行。不过由于文帝新即位不久，朝内旧有的功臣势力还很大，当文帝提出让贾谊任公卿之位后，绛侯周勃、丞相灌婴、东阳侯张相如、御史大夫冯敬等坚决反对，诋毁贾谊"年少初学，专欲擅权，纷乱诸事"，于是，"天子后亦疏之，不用其议"。①这样，贾谊提出的一整套"改正朔，易服色制度，定官名，兴礼乐"②的改制方案，不仅未能实行，就连他本人也被派到边远的长沙国做个无权的太傅。后虽改任梁怀王太傅，

图 4-2 贾谊像

但仍是虚职，并不能充分发挥其应有的作用。结果 33 岁时，便郁郁而亡。

继贾谊之后提出改制的是鲁人公孙臣。然而他的运气并不比贾谊好多少。他上书陈述改制要求后，立刻遭到丞相张苍的反对。这位张丞相精通律历，他推断汉正值水德之时，"河决金堤"，就是水德的符应。谁知第二年，即文帝十五年（前165）春，被视为土德之应的黄龙（实为黄蛇）果真在成纪（今甘肃秦安北）出现。于是文帝召回公孙臣，"拜为博士，与诸生申明土德，草改历服色事"，那位坚持水德的丞相张苍为此也自绌辞职。③正当改制即将实现的关键时刻，不料节外生枝，出了新垣平事件，致使改制再次告吹。

新垣平是赵人，因掌握望气的方术而受到文帝召见，声称长安东北有五彩神气，好像人的冠冕一样，"宜立祠上帝，以合符应"。文帝听信其言，在渭水之阳（北）建立了"五帝庙"，并亲拜郊见，"权火举而祠，若光辉然属天焉"。由此新垣平从老百姓而贵至上大夫，赐累千金。接着新垣平又搞了许多花样，吹嘘其望气术如何灵验，文帝竟也一一信以为真。后来有人上书告发新垣平的骗术，于是新垣平被诛杀。"是后，文帝怠于改正服鬼神之事"，长安城里的

---

① 《汉书》卷四八《贾谊传》。
② 《汉书》卷四八《贾谊传》。
③ 以上见《汉书》卷二五上《郊祀志上》。

三、细柳营的军威

北方的少数民族匈奴,自战国后期以来,不断向中原地区侵扰,成为严重的边患。秦代筑万里长城、修直道,目的全在防御匈奴。秦末,中原大乱,匈奴乘机扩大势力。特别是冒顿单于即位后,其西逐月氏,东破东胡,北服丁零,南并楼烦、白羊,发展为北方头号强国。

西汉立国后,鉴于匈奴的猖獗,刘邦曾于公元前200年,亲率三十二万大军"往击之"。结果被匈奴人围困于平城白登山(今山西大同东北)整整七天,"汉兵中外不得相救饷"。后用陈平秘计,通过贿赂匈奴阏氏,使劝说冒顿"开围一角",刘邦方得逃出。此后,高祖采纳曾劝其建都关中的刘敬(娄敬)的建议,与匈奴约为兄弟,结"和亲"之约,岁贡献,嫁公主,通关市。如此,匈奴侵扰"乃少止"。[②]

惠帝、吕后时,匈奴冒顿益骄,曾致书吕后,称"愿游中国",并用挑衅的口气说:"陛下独立,孤偾独居。两主不乐,无以自虞,愿以所有,易其所无。"吕后受此侮辱大怒,但畏于匈奴的强大,也只好低声下气报书说"单于不忘弊邑,赐之以书,弊邑恐惧。退日自图,年老气衰,发齿堕落,行步失度,单于过听,不足以自污。弊邑无罪,宜在见赦",并献上车马,以示亲善。[③]这样双方得以维持和亲的局面。

文帝即位后,"复修和亲"[④],不过边境冲突,亦时有发生。特别自汉使燕人中行说降匈奴后,在其教唆下,双方冲突明显升级。[⑤]当时,汉京长安距匈奴最近处仅700里,轻骑一日一夜即可到达。为此,文帝常常在长安附近屯驻重兵,以防备匈奴。文帝后六年(前158),匈奴又大举犯汉边

---

① 以上见《汉书》卷二五上《郊祀志上》。
② 以上见《汉书》卷九四上《匈奴传上》。
③ 以上见《汉书》卷九四上《匈奴传上》。
④ 《汉书》卷九四上《匈奴传上》。
⑤ 匈奴老上单于即位初,汉文帝遣中行说(宦者)护送翁主赴匈奴和亲。中行不愿去,汉强使之。中行表示:我必于汉生患。中行至匈奴,即投降,受到爱幸。他教唆单于更多地向汉掠取。

境，汉廷除派三位将军各率大军屯驻边境地区外，在长安四周亦置三将军，即以宗正刘礼为将军驻霸上，以祝兹侯徐厉为将军驻棘门（在渭北，秦时宫门），以河内守周亚夫（见图 4-3）为将军驻细柳（在今陕西西安市长安区西南），用来"备胡"①。

一天，文帝往三将军驻军处慰劳。在霸上及棘门，文帝车驾均直驰而入，"将以下骑出入送迎"。最后来到细柳军，但见"军士吏被甲，锐兵刃，彀弓弩，持满"，一派战备紧张之态。天子先驱导驾至军门，竟不得入内。导驾者说："天子且至！"军门都尉回答："军中闻将军之令，不闻天子之诏。"不一会儿，文帝来到，仍然不得入门。于是文帝派使者持节诏将军称："吾欲劳军。"这样，周亚夫方传言打开军营壁门。正当文帝车驾准备驰入之际，不料壁门军士对车骑说："将军约，军中不得驱驰。"文帝闻言，"乃按辔徐行"。至中营，将军周亚夫长揖不跪，称："介胄之士不拜，请以军礼见。"见此状，天子为动，遂改容俯身抚着车前横木，表示礼敬，并使人称谢道："皇帝敬劳将军。"然后"成礼而去"。②

当文帝的车驾出了细柳营的军门后，"群臣皆惊"。文帝大发感慨说："嗟乎，此真将军矣！"他以为：霸上、棘门两处军营，"如儿戏耳"，"其将固可袭而虏也"；周亚夫则是任何敌人都丝毫不能侵犯的。文帝对细柳营的军威赞不绝口，"称善者久之"。③后月余，边警解除，三军皆罢。文帝遂拜周亚夫

图 4-3 周亚夫像

---

① 《汉书》卷四〇《周亚夫传》。
② 以上见《汉书》卷四〇《周亚夫传》。
③ 以上见《汉书》卷四〇《周亚夫传》。

为中尉，负责京师长安的警卫工作。

文帝临死前，告诫太子说："即有缓急，周亚夫真可任将兵。"①文帝死后，亚夫被任命为车骑将军。景帝三年（前154），吴楚等七个诸侯国发动了武装叛乱，周亚夫以中尉为太尉，率大军东击吴楚，只用了三个月便将叛乱平息。事实证明，文帝确实是有识人眼力的。在西汉反匈奴的斗争中，细柳营的故事虽只是一支小小的插曲，但其在陕西古代历史上却不失为一段有意义的佳话。

四、晁错削藩

汉景帝三年吴楚七国之乱后不久，在长安东市，发生了一件令人意想不到的事：正乘车案行市中的御史大夫晁错，身着朝衣竟被斩杀。身居三公高位的晁错，被如此匆匆处决，正是他削藩的主张招来了杀身之祸。

晁错（见图4-4）是颍川（郡治阳翟，今河南禹州）人。初习申商刑名之学，以文学任太常掌故。文帝朝，奉派至故秦博士伏生处受《今文尚书》，后迁博士、太子家令。以其辩才得幸太子（即景帝），号称"智囊"。文帝十五年（前165）诏举贤良，错即在举中，以对策高第，迁中大夫。上书言事凡三十篇，建议劝农立本、徙民备边，抵御匈奴侵扰，并力主削夺诸侯王权力，颇能切中时弊。汉文帝虽不尽听，然奇其才。

景帝即位，晁错任内史，深得信用，言听计从，"幸倾九卿，法令多所更定"②。丞相申屠嘉对错很反感，但苦于抓不住他的把柄。当时内史府位于太上庙内垣外的游地中，门东出，不方便，晁错遂凿庙游地的墙垣，穿门南出。申屠丞相闻知后大怒，准备以这个过错奏请皇帝将晁办罪。不料有人向晁错通风

图4-4 晁错塑像

---

① 《汉书》卷四〇《周亚夫传》。
② 《汉书》卷四九《晁错传》。

报信，错连夜入宫面见皇帝，取得了谅解与支持。当丞相奏事，言错擅凿庙垣为门，请求将其治罪时，景帝即为之辩解说："错所穿非真庙垣"①，"不致于法"②。申屠丞相碰了这个钉子，羞愤交加，对其长史说："吾悔不先斩错乃请之，为错所卖。"及回到相府，便"欧血而死"。③晁错因这件事反而"愈贵"④，迁为御史大夫。

晁错从加强皇权的目的出发，向景帝建议"削藩"，即"请诸侯之罪过，削其支郡"。当时晁错"所更令三十章，诸侯谨哗"。其父得知此事后，特地从颖川赶到京师长安，批评错"侵削诸侯，疏人骨肉"。错则认为"不如此，天子不尊，宗庙不安"。错父感叹说："刘氏安矣，而晁氏危"，"吾不忍见祸逮身"。于是饮药而死。⑤

此后不久，吴王刘濞伙同楚、胶西、胶东、菑川、济南、赵等诸侯国，以"诛晁错，清君侧"为名，公开发动武装叛乱。晁错提出让景帝亲率大军前往征讨，而自己留守京师，此举颇逆景帝之意。适逢景帝召见曾担任吴相的爰盎，问以破敌之策。盎将吴王反叛的责任全推在晁错身上，献计称："独急斩错以谢吴"⑥，"兵可毋血刃而俱罢"⑦。原来晁错、爰盎素不相善，"错所居坐，盎辄避；盎所居坐，错亦避：两人未尝同堂语"⑧。晁错任御史大夫后，曾以盎受吴王财物为由将其治罪。吴楚反后，错又拟进一步加害盎。爰盎闻讯后遂通过窦婴求见景帝，借献破吴之策的机会报复晁错。当时景帝正为晁错建议他亲征之事恼火，听罢爰盎献计，虽默然良久，但最后还是下了决心："吾不爱一人谢天下。"⑨后十余日，由丞相、中尉、廷尉等公卿出面，劾奏晁错"亡（无）

---

① 《汉书》卷四二《申屠嘉传》。
② 《汉书》卷四九《晁错传》。
③ 《汉书》卷四二《申屠嘉传》。
④ 《汉书》卷四九《晁错传》。
⑤ 以上见《汉书》卷四九《晁错传》。
⑥ 《汉书》卷四九《爰盎传》。
⑦ 《汉书》卷四九《晁错传》。
⑧ 《汉书》卷四九《爰盎传》。
⑨ 《汉书》卷四九《晁错传》。

臣子礼，大逆无道"①。于是发生了晁错衣朝衣被斩东市的一幕，而错之全家老小也全遭极刑。

晁错被杀后，景帝接见从前线归来汇报军情的谒者仆射邓公，便询问晁错死后吴楚是否罢兵之事。邓公遂率直地指出：吴王图谋造反已经几十年了，所谓"诛晁错，清君侧"不过是借口而已；晁错担心诸侯强大威胁朝廷，故建议削藩，目的在于"尊京师"，乃"万世之利也"；现在"计画始行，卒受大戮"，这就使"天下之士拑口不敢复言矣"；如此"内杜忠臣之口，外为诸侯报仇，臣窃为陛下不取也"。景帝听罢，"喟然长息"说："公言善，吾亦恨之。"于是拜邓公为城阳中尉。这位邓公，系成固（今陕西城固东）人，史称"多奇计"。②后在汉武帝时被举贤良，起家即拜九卿。

五、独具慧眼的"子钱家"

自西汉立都长安后，刘邦就采纳刘敬的建议，实行"强本弱末之术"，即"徙齐诸田，楚昭、屈、景、燕、赵、韩、魏后，及豪杰名家"，"实关中"。③这与当年秦始皇的徙民政策一脉相承。关中地区从外地迁入了大量的豪富和贵族之家，其因战争而减少的人口迅速得到补充，从而继续成为人口稠密、经济发达的繁华之地。

长安作为首都，自然是王朝全力发展的最重要的城市。《汉书·地理志》记长安"户八万八百，口二十四万六千二百"。尽管这是西汉末年的统计数字，但对于了解文景时期长安的人、户数亦有一定的参考价值。另外还应看到，这只是国家所控制的征收租税的人、户数，而长安的实际常住人口，一般推断当在五十万左右④，与前述秦都咸阳人口差不多。

在长安数十万居民中，有相当数量的人是从事工商业的。当时，国家的统一为工商业发展提供了良好的社会条件，而长安特定的地理位置也有利于工商

---

① 《汉书》卷四九《晁错传》。
② 以上见《汉书》卷四九《晁错传》。
③ 《汉书》卷四三《刘敬传》。
④ 参见武伯纶编著：《西安历史述略》，陕西人民出版社1984年版，第117页；[日]吉田光邦：《汉代长安素描》，载《摘译》1975年第12期。

业的活动:沃野千里的关中平原,可以提供丰富的农产品;富庶的巴蜀和"畜牧为天下饶"①的陇西一带亦可提供货源和市场。西汉当局虽然对商人有打击、限制的一面,但其"开关梁,弛山泽之禁"②的政策,毕竟有利于工商业的发展。史称"其民益玩巧而事末"③,指的便是长安及其四周人众重视商业和手工业的社会风气。时有民谚说:"以贫求富,农不如工,工不如商,刺绣文不如倚市门。"④这实际也是人们总结出的发财致富的经验之谈。西汉一代,长安及关中地区,出现了许多因从事工商业而成为巨富的"素封"之家。按当时的标准,"千金之家比一都之君,巨万者乃与王者同乐"⑤。

随着工商业的发展,高利贷这个行业也日渐兴旺发达起来。当时称高利贷作"子贷",把高利贷者叫作"子钱家"。文景时期汉京长安究竟有多少子钱家,今已不可考。但史册上留下了一位独具慧眼的子钱家的事略,至今仍令人不能不叹服其高超的预见能力。

这位子钱家,史失其名,只是笼统地称为"毋(无)盐氏"。景帝初,吴楚七国兵起,京师长安中列侯封君行从军旅,行者须赍粮而出,遂向子钱家借贷;子钱家认为关东战衅初起,成败未卜,故都不肯冒险放贷。唯有这位无盐氏,拿出了千金之资大放高利贷,其利息高达10倍。当时,敢于承担如此风险,确实是需要非凡的眼力与魄力的。结果,起势异常凶猛的七国叛乱,只经过三个月便被平灭。那些借了无盐氏高利贷而从军的列侯封君,很快就回归长安,偿还了借贷。于是"一岁之中,则毋盐氏息十倍,用此富关中"⑥。

六、从汉阳陵的考古发现看文景之治

汉阳陵是汉景帝刘启及其皇后王氏同茔异穴合葬的陵园,位于今咸阳市渭城区正阳街道张家湾、后沟村北的咸阳原上。陵园由帝陵、后陵、南北从葬坑、刑徒墓地、陵庙等礼制建筑、陪葬墓园及阳陵邑等部分组成。1990年5月,陕

---

① 《史记》卷一二九《货殖列传》。
② 《史记》卷一二九《货殖列传》。
③ 《史记》卷一二九《货殖列传》。
④ 《汉书》卷九一《货殖传》。
⑤ 《史记》卷一二九《货殖列传》。
⑥ 《汉书》卷九一《货殖传》。

西省考古研究所（现升格为"院"）在配合西安咸阳机场专用公路的考古钻探中发现从葬坑数座，并进行抢救性发掘和进一步钻探，发掘出土大量彩绘裸体陶俑，发现了南区从葬坑。1991年，这批阳陵发掘成果被评为全国十大考古新发现之一。

被发现的陶俑，一般高62厘米，无臂，作裸体。其整体各部基本合于人体比例，唯腰腹、股部略长，而阳具（或女阴）、肚脐、窍孔无一不备。头发上拢于顶，绾髻后插笄。头发、眼眉、胡须、瞳孔用黑色，同颜面、躯干的橙红色相映衬，显示出一种特有的鲜明艺术效果。从出土迹象知，男武士俑（见图4-5）额前原缠有一条束敛头发的丝带，再以漆纚长冠压顶。由于织物腐朽，留下一道朱红色印迹。俑原来身着长袍，以铜带钩束腰，再擐穿革质的铠甲。双腿胫部缠有朱红色的"行

图4-5 阳陵铠甲武士俑

縢"。木质胳臂装在横穿两肩部的转轴上，可以做抬举、下垂或画圆的动作。由于长期埋于地下，衣物、木臂均腐朽，出土时只剩下裸体陶俑，被喻为"东方的维纳斯"。

其后，阳陵考古不断有新收获。1992年4月公布了南区从葬坑16、17号坑的发掘成果，两年后又公布了南区从葬坑20—23号坑的发掘成果。1995年11月，南区10号从葬坑（局部）出土大量彩绘裸体武士俑。坑中有排列密集的武士俑群，有堆放粮食的仓库，还有牛、羊、猪、狗、鸡等陶质动物及成组的陶、铁、铜质生活用具，全面展现了汉代的军旅场景，或认为与西汉的南军、北军有一定关系。这些考古发现，既是西汉帝王丧葬制度的生动反映，也是当时经济繁荣、军力强盛和物质生活富裕的缩影。1998年，陵东侧10个外藏坑又出土大量文吏、武士、男女侍从、宦者等各种陶俑，各类陶塑家畜，原大或缩小为三分之一的木马车，各种质地的生活器具和兵器，以及粮食、肉类、纺织品等生活消费品。同样反映了当时社会的富足、

图 4-6　阳陵陶俑

充裕、强盛和繁荣。（见图 4-6）

一般认为，文景之治的标志，一是社会比较安定，二是老百姓的负担有所减轻，三是经济恢复和发展，出现了富庶景象。尤其第三点，似乎直观性更强，更易于把握和体察。对此，《史记·平准书》有一段被视为经典的描述："非遇水旱之灾，民则人给家足，都鄙廪庾皆满，而府库余货财。京师之钱累巨万，贯朽而不可校。太仓之粟陈陈相因，充溢露积于外，至腐败不可食。众庶街巷有马，阡陌之间成群，而乘字牝者傧而不得聚会。"从汉阳陵出土物所揭示的情况看，史迁之说，并非全是虚言。另外，《汉书·景帝纪》赞也有一段关于文景的评价："汉兴，扫除烦苛，与民休息。至于孝文，加之以恭俭，孝景遵业，五六十载之间，至于移风易俗，黎民醇厚。周云成康，汉言文景，美矣！"过去我们总认为这是史家班固的溢美之词，今天看来，其中不少地方还是符合历史真实的。

第四节　武帝时期的三辅大地

汉武帝刘彻是我国历史上一位雄才大略的帝王，在位长达半个多世纪（前140—前87），占了西汉王朝四分之一的时间，因此他对西汉一代影响至深至大。西汉的这段历史，自然也是陕西古史上最辉煌的篇章之一。

一、三辅定名与长安扩建

关中之地，秦朝置内史以领之。内史本为周官，秦用以为掌治京师之官名。

"言其在内，以别于诸郡守也。"① 亦用以指所领的地区，为政区之名。秦亡，项羽把关中地区分给了三个秦降将，即以章邯为雍王、司马欣为塞王、董翳为翟王，称作"三秦"。及刘邦从汉中还定三秦，将塞国之地更名为渭南、河上两郡，雍国之地更名为中地郡，翟国恢复秦上郡之名。高帝九年（前198），罢渭南、河上、中地三郡，复名内史。

汉景帝时，关中始有"三辅"之称。原来景帝二年（前155），分置左、右内史，其与执掌列侯的主爵中尉（原为秦官）被合称为三辅。景帝中元六年（前144），主爵中尉更名都尉。汉武帝太初元年（前104），汉廷对其官制做了一次较大的调整，关中政区及行政长官的更名是这次调整的重点内容之一。当时把右内史更名京兆尹，左内史更名左冯翊，都尉更名右扶风，合称三辅，是为京畿地区的总称。三辅之定名，始于此。

京兆尹的取名，按古人的解释，"京，大也。兆者，众数。言大众所在，故云京兆也"②。"尹"则是"正"的意思。左冯翊，"冯，辅也。翊，佐也"。右扶风，"扶，助也。风，化也"。③ 这三者既是京畿三政区的名称，亦是京畿三政区最高长官的名称。其治所均在长安城中。所辖区域，"长安以东为京兆"，实即关中东南部一带；"长陵以北为左冯翊"，实即关中东北部一带；"渭城以西为右扶风"，实即关中西部广大地区。④ 需要指出，都尉更名为右扶风，完全失去原有职掌，而变为地方行政长官，这在太初元年的官制调整中是很特殊的。

汉武帝元鼎四年（前113）为三辅地区置都尉，总称三辅都尉。其京辅都尉治华阴，左辅都尉治高陵，右辅都尉治郿。三辅及三辅都尉亦合称为"六辅"。

武帝时期不仅为三辅定名，完善建制，而且对京师长安也进一步加以扩建，使都城的规模至此而大备。当时，汉王朝经过六十余年的休养生息，已经一扫汉初那种窘境，而呈现出一派繁荣富庶景象。正是在这样的社会条件下，武帝开始

---

① 《汉书》卷二八下《地理志下》颜师古注。
② 《汉书》卷一九上《百官公卿表上》颜师古注。
③ 《汉书》卷一九上《百官公卿表上》注引张晏说。
④ 《汉书》卷一九上《百官公卿表上》颜师古注。

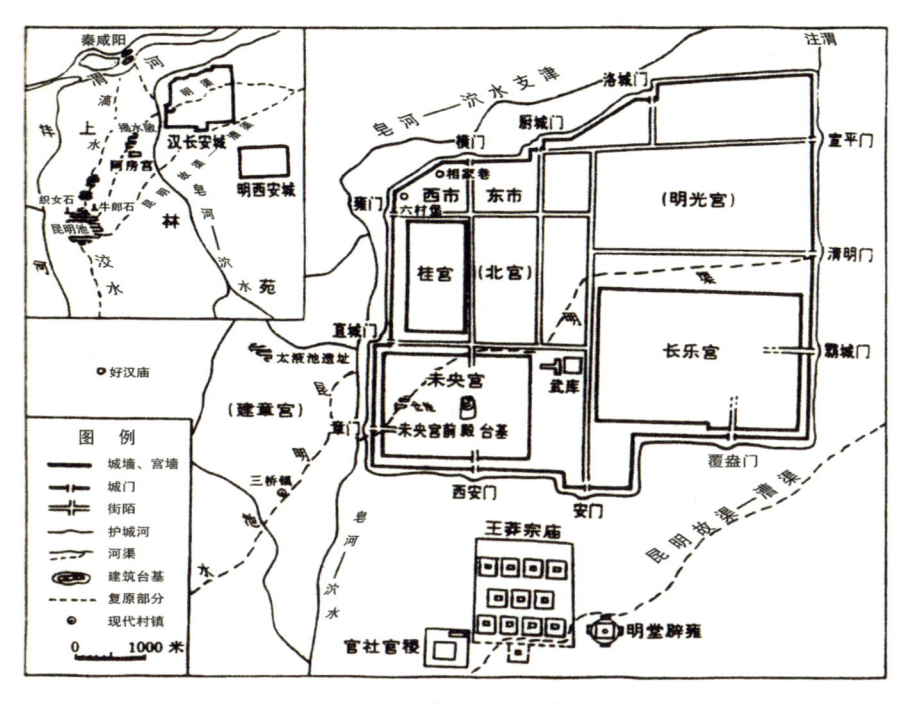

图 4-7 西汉长安平面略图

大规模营建长安。其主要工程有：在西面城外建建章宫，在长乐宫北面建明光宫，在未央宫北面建桂宫，增修北宫，扩建上林苑，开凿昆明池，等等。（见图 4-7）

建章宫建于太初元年二月。当时柏梁殿发生火灾，武帝听信粤巫之言，按粤俗"复起大屋以厌胜之"①，于是有此宫之修造。由于兴建在西汉国力最强盛的时候，故"营宇之制"及豪华程度均在未央宫之上，号称"千门万户"。其正门在南面，名"阊阖"，意即"天门"，因以玉为饰，又称"璧门"，凡三层。左凤阙，高 25 丈，上有金凤（实为铜凤），故名，又名"圆阙"。右神明台，为武帝祀仙之处所，台上立铜柱，柱上有一巨大的铜仙人舒掌捧铜盘玉杯以承云表清露。宫南有玉堂，其内殿 12 门，阶陛皆用玉石做成；又铸 5 尺高的铜凤，饰黄金栖屋上，下有转枢，向风若翔。宫中还有许多殿堂，其中奇华殿专门陈列外国奇物及外国使节的贡品。宫北有太液池，即一大型人工湖。"太液者言其津润所及广也。"池"中起三山，以象瀛洲、蓬莱、方丈，刻金石为鱼龙、

---

① 何清谷：《三辅黄图校释》卷二《汉宫》，中华书局 2005 年版，第 122 页。

奇禽、异兽之属"。① 整个建章宫，"周回三十里"②，有"飞阁"与未央宫相通。遗址在今西安市西郊三桥街道至西柏梁村和孟家村一带。

明光宫建于太初四年（前101）秋，"南与长乐宫相连属"③。桂宫"周回十余里"，"有紫房复道，通未央宫"。宫中明光殿，"皆金玉珠玑为帘箔，处处明月珠。金阶玉阶，昼夜光明"。因武帝置四宝物于桂宫，故"时人谓为四宝宫"。今西安北郊夹城村东有一夯土台，当地居民叫凤坡或凤圪垯，可能即当年桂宫明光殿遗址。北宫"周回十里"，在桂宫之东。"高帝时制度草创，孝武增修之，中有前殿，广五十步，珠帘玉户如桂宫"④。从文献记载来看，这里与桂宫常作皇后"废处""退居"之处。

上林苑系沿用秦的旧苑名称。秦上林苑在渭南，范围较小。汉初曾开放秦的苑囿园池，令民耕种。建元三年（前138），武帝在秦苑基础上进行扩建，使之成为北临渭河、南依秦岭、东起蓝田、西到盩厔的一个广袤数百里的古代皇家苑囿。这里既是宫殿、园林与大自然巧妙结合的帝王享乐处所，也是规模浩大的植物园和野生动物园。文献记载，全苑划分为36个小区域的苑囿，共有12宫、25观，以及苑门12道。著名的建章宫即建在苑中。西汉文豪司马相如曾著《上林赋》，对苑中宫殿及自然景观有生动的描述。

昆明池是上林苑中最大的人工湖，"周回四十里"。元狩三年（前120），武帝为准备同昆明国（今云南晋宁一带）作战训练水军，并解决漕渠水源和首都供水不足问题，在长安西南沣、滈二水之间开凿此池。"昆明国有滇池，方三百里，故作昆明池以象之，以习水战"。中置戈船数十艘，楼船百艘，操练水军。又作豫章大船，可载万人，上起宫室；还置龙首船，令宫女泛舟池中，棹歌鼓吹。池旁竖立两石人，左牵牛，右织女，以象天河；另还有长3丈的石鲸，

---

① 何清谷：《三辅黄图校释》卷四《池沼》，中华书局2005年版，第261页。又《汉书·郊祀志》称池中有蓬莱、方丈、瀛洲、壶梁四仙岛。
② 何清谷：《三辅黄图校释》卷二《汉宫》引《三辅旧事》，中华书局2005年版，第127页。
③ 何清谷：《三辅黄图校释》卷三《北宫》，中华书局2005年版，第184页。
④ 以上见何清谷：《三辅黄图校释》卷二《汉宫》，中华书局2005年版，第133、134、135、136页。

传说"每至雷雨，常鸣吼，鬣尾皆动"。①池中矗立着巍峨壮丽的豫章观（昆明观）；登观眺望，美景尽收眼底。昆明池遗址在今西安市长安区西斗门街道东南一带。

新中国成立后，曾对汉长安城做过有计划的考古勘查发掘工作。其中1956—1957年，主要勘查城墙、城门，并对一些城门做了重点发掘，从而确定了各城门的位置。1958—1960年，主要勘查发掘城南郊礼制建筑遗址群。1961—1962年，勘查城内街道和长乐宫、未央宫、桂宫和城西建章宫的范围。1975年以来，主要勘查发掘武库和未央宫周边建筑遗址。目前工作仍在继续进行之中。

二、尊儒术与兴太学

汉武帝时期，在国都长安曾做出两项重要决策，对我国政治、思想与文化的发展产生了极其巨大的影响。

第一项决策是尊儒术。

建元元年（前140）冬十月，刚刚即位的汉武帝"诏丞相、御史、列侯、中二千石、二千石、诸侯相举贤良方正直言极谏之士"。当时丞相卫绾上奏说"所举贤良，或治申、商、韩非、苏秦、张仪之言，乱国政，请皆罢"，遂得到武帝的批准："奏可"。②这里，卫绾上奏中虽仅举出法与纵横两家，但实际上包括了儒家以外的一切学说。此举即我国历史上著名的"罢黜百家，独尊儒术"。

儒家是春秋末孔子创立的一个思想学派。其"祖述尧舜，宪章文武"，崇尚"礼乐"和"仁义"，提倡"忠恕"与"中庸"，政治上主张"德治"和"仁政"，重视伦理道德教育。战国时，儒分为八，主要则是孟、荀两派。至西汉，儒家思想的发展已在许多方面改变了先秦时代孔、孟儒学的面目，成为按阴阳五行宇宙论配置而融合各家思想因素的杂烩式的庞大理论体系。由于它在政治上更适合于大一统的汉政权加强中央集权的需要，所以被推至"独尊"的地位。不过，汉武帝用儒家思想来取代西汉立国后一直占统治地位的黄老思想，并非一帆风顺。为此，在汉京长安又出现了一场尖锐而复杂的统治阶

---

① 以上见何清谷：《三辅黄图校释》卷四《池沼》，中华书局2005年版，第249、253页。

② 《汉书》卷六《武帝纪》。

级内部的斗争。

汉武帝即位时才16岁，由其祖母窦太后督政。窦太后是位笃诚的黄老信徒，在她的要求下，皇室宗族"不得不读《黄帝》、《老子》，尊其术"①。还在景帝时，儒生辕固生因说《老子》书是"家人言"，便险些被她处死。所以武帝虽然照准了罢黜百家的奏言，也相继任命了一批儒者担任朝廷要职，如以窦婴为丞相、田蚡为太尉、赵绾为御史大夫、王臧为郎中令等等。而且这些人上台后，"迎鲁申公，欲设明堂，令列侯就国，除关，以礼为服制，以兴太平"，搞得热火朝天。但由于窦太后的缘故，尊儒活动实际上并没有收到真正的成效。特别是新上台的儒者"举谪诸窦宗室无行者，除其属籍"的做法，直接触犯了以窦太后为首的窦氏集团的利益，这样双方的斗争就远远超出了儒、道两种思想斗争的范围，而成为一场权力的斗争。建元二年（前139），"赵绾请毋奏事东宫"，使这场斗争达到最高潮。②结果，握有实权的窦太后取胜，赵绾、王臧皆下狱自杀，窦婴、田蚡也被免官，尊儒活动遭受严重挫折。

然而，当时更易统治思想毕竟为大势所趋。尊儒活动当建元二年受挫之后，不几年便又有所抬头。建元五年（前136）春，武帝正式"置《五经》博士"。所谓"五经"，即被儒家奉为经典的《诗》《书》《礼》《易》《春秋》。此举表明当时儒者势力已有了长足的发展。次年，坚持黄老之学的代表人物窦太后去世，形势发生了根本性的变化：崇儒的田蚡被重新起用当了丞相，一大批儒者新生力量也纷纷登上政治舞台，史称"于是董仲舒、公孙弘等出焉"。③如此，武帝的"罢黜百家，独尊儒术"，才得以完全实现。

第二项决策是兴太学。

太学是我国古代官办的高等学府，实际是一种政治大学。早在西周时，便已有太学之名。汉代最先提出设太学之人为董仲舒（见图4-8）。他在著名的"天人三策"中向武帝建议说："养士之大者，莫大乎太学；太学者，贤士之所关也，

---

① 《史记》卷四九《外戚世家》。
② 以上见《汉书》卷五二《田蚡传》。
③ 以上见《汉书》卷六《武帝纪》。

教化之本原也。""臣愿陛下兴太学,置明师,以养天下之士"。①元朔五年(前124),经丞相公孙弘奏请,汉武帝正式在京师设立太学。太学的教师即建元五年所置"《五经》博士",学生称"博士弟子",后亦称太学生。学生来源如下:一由太常(即奉常,掌宗庙礼仪,景帝时更名太常)选补,条件是"民年十八以上仪状端正者";二由郡国察贡,条件是"好文学,敬长上,肃政教,顺乡里,出入不悖"。②另外还有以"父任"者,即凭靠父辈的官位(地位)而入学。开始博

图4-8 董仲舒像

士弟子仅五十人,国家免除其徭役,学习后通过考试,劝以官禄,后来人数不断有所增加。

武帝兴太学实际是他尊儒术的具体措施之一。史称:"自此以来,公卿大夫士吏彬彬多文学之士矣。"③这里的"文学之士",主要指儒生而言。要之,即是说太学培养的一批又一批儒者,被补充到汉廷官吏队伍之中,从而改变了王朝官吏的成分,提高了其文化素质。同时由于太学的兴建,各地学子荟萃京师长安,遂使陕西成为古代教育的中心。

三、土德制度与求仙祭祀

文帝时期在汉京长安曾刮起一阵颇为强烈的改制之风,然而由于客观条件不成熟,改制未能实现。汉武帝时,此风在长安城里又重新刮起。

与以前不同的是,这次的改制风是有其比较坚实的社会基础的。史称当时"缙绅之属"均普遍要求改变原来的水德制度为新的土德制度。而武帝本人也与文帝有很大的不同,他既具雄才大略,又极好大喜功,加上此时正值汉室全盛之秋,有雄厚的物质基础,所以定德改制的事业,是非要进行不可的。虽然开始时赵绾、

---

① 《汉书》卷五六《董仲舒传》。
② 《汉书》卷八八《儒林传》。
③ 《汉书》卷八八《儒林传》。

王臧等倡导的改制，因窦太后的反对而告失败，连赵、王两人也遭诛杀，但改制的总趋势并没有因此而被遏止。太初元年（前104），当各方面的准备工作就绪之后，武帝便正式宣布改制——即建立新的土德制度。

据《史记》之《封禅书》《历书》及《汉书》之《武帝纪》《律历志》等有关记载，改制后的土德制度内容是这样的：

   正朔 正月朔（建寅）

   服色 上黄

   度数 以五为纪

   音律 上黄钟

这个土德制度中，正朔一项，颇有点问题。照五德终始说推算，秦既建亥，那么汉应建戌（以"戌、亥、子、丑、寅"为次而逆数），或者建卯（以"亥、子、丑、寅、卯"为次而循环）。为什么却偏偏建寅了呢？原来武帝改制，是用了五德说土德的服色、度数、音律，而用了三统说黑统的正朔（建寅）。关于五德说，前已述及。所谓三统说，是从五德说蜕化而来的一种理论。据《春秋繁露》等文献可知，此说的要素是三统——黑、白、赤，另还有四法——夏、商、质、文（此处夏、商是两种法名）。它认为，历代帝王被分配在三统里，夏为黑统，商为白统，周为赤统，其后依次循环，三统各有自己的制度。四法也是循环的，而且与三统相配，构成"黑统—法夏""白统—法商"……这样的组合。由于三统以三数循环，四法以四数循环，故须经历十二代才能完成一次大循环。武帝朝以这样的神秘理论构筑起的神秘制度，今天看来自然很可笑，但当时它却是人们笃信不疑的圣典。汉都长安正是这一神秘世界的中心。

武帝时不仅制定了神秘的土德制度，而且还搞了一系列求仙与祭祀的神秘活动，从而使长安这个世界中心的神秘色彩更加浓厚。

早在战国时就出现了所谓的神仙家，秦汉时神仙家被称作"方士"[1]，人们认为他们掌有一种可与鬼神往来的方术。方士宣称，在渤海中有蓬莱、方丈、

---

[1] 严格讲，神仙家只是方士的一种。参见顾颉刚：《秦汉的方士与儒生》，上海古籍出版社2005年版，第10页。

瀛洲三座神山，"诸仙人及不死之药皆在焉"①。当年秦始皇就被方士的谎言哄得团团转，花费了大量人力财力，干了许多荒唐事。汉初，统治者由于忙于恢复经济和巩固政权，对于神仙之事，尚无力大肆铺张。不过前文所述汉文帝受新垣平之骗，作渭阳五帝庙，似已开汉代皇帝迷信方士风气之先河。至武帝，则达到了高峰。为了长生不老，武帝对方士所搞的一套把戏，始终兴趣不衰。其迷信的程度，不亚于秦始皇。向往神仙，迷信方士，亦成为上层社会的一种时尚。当时全国的方士会集长安，各显神通，施展方术，其中不少人居然取得了武帝的信任，如李少君、少翁、栾大、公孙卿等。少翁曾被拜为"文成将军"，栾大甚至连挂"五利""天士""地士""大通""天道"五将军印，封乐通侯，妻卫长公主。当方士的骗术接二连三被戳穿后，武帝虽然毫不客气地杀掉了他们，但对神仙及不死之药，却仍一心向往。为此，武帝特在长安作飞廉、桂馆，在甘泉（今陕西淳化西北）作益寿、延寿馆，命方士"持节设具而候神人"，又在长安建30丈高的通天台，"将招来神仙之属"。②为了自我安慰，武帝还在建章宫"泰（太）液池"中建造蓬莱、方丈、瀛洲、壶梁四仙岛，以此表示他的精神寄托。这些为迷信目的而兴建的工程，无疑使京城长安增加了大量的新景观。

祭祀是古代社会的头等大事，《周礼》曾有"邦都之赋，以待祭祀"之说。汉武帝尤重这一活动，而汉立国六十余年所积累的雄厚实力也为他大搞祭祀提供了物质条件。元光二年（前133），武帝亲自郊祭雍（今陕西凤翔南）之五畤，"后常三岁一郊"，基本成为定制。不久，亳人谬忌建议祠祭泰一，说："天神贵者泰一，泰一佐曰五帝。"武帝听后欣然同意，令太祝在长安城东南郊，按谬忌所说的方法进行祠祀。又有人上书要求祭祀"三一"，即"天一、地一、泰一"，他也照样同意，遂在泰一坛上祠三一。元狩三年（前120），武帝听信方士少翁的话，"作甘泉宫，中为台室，画天地泰一诸鬼神，而置祭具以致天神"。后来，武帝常在甘泉搞人神相通的活动。元鼎五年（前112），武帝又在甘泉立起泰一祠坛，共分三层，"五帝坛环居其下，各如其方。黄帝西南，除八通

---

① 《史记》卷二八《封禅书》。
② 《汉书》卷二五下《郊祀志下》。

鬼道"。这年十一月初一是冬至,当黎明曚昽时分,武帝举行隆重的"郊拜泰一"之礼。"是夜有美光,及昼,黄气上属天",群臣大受鼓舞,以为这是上天"祐福兆祥"。[1]武帝所祠祀的泰一,实际就是人间最高统治者的象征。就在此前不久,武帝在汾阴脽(今陕西韩城东南)上建立了后土祠,祭祀地神(或称社神)。这样,甘泉泰一,汾阴后土,再加上雍之五畤,天地祭祀的规模就完全齐备,"战国时破坏的天上秩序,到这时又建设起来了"[2]。通过这一系列祭典,以京都长安为主的陕西,成为汉帝国祭祀活动的中心。

四、丝绸之路从这里开始

中西交流的历史起始甚早。《山海经》里"夸父追日"的故事,很可能反映了原始社会一次溯河、渭而上,朝西北方向行进的大规模交通活动。《穆天子传》中关于周穆王乘八骏之车,溯黄河,登昆仑,会见西王母的传说,则生动反映了古代人们进行中西交往的愿望。应该说,书中对西方风物的记述,表现出当时人们对西部地区具有丰富认识。

秦汉时,中西交流已经既非神话,也非传说,而是活脱脱的现实。当时把今中国新疆、中亚及更远的西方泛称为"西域",而狭义的西域仅指天山南北一带地方。西汉初,西域共有三十六国,绝大多数分布在天山以南的塔里木盆地南北边缘的绿洲上。那时活动在北方一带的匈奴族经常侵扰汉边境,成为严重的边患。为了有效抵御北方匈奴的侵扰,汉武帝从一个匈奴降人口中得知西迁的大月氏有报复匈奴之意后,便立即决定募使前往寻求与国,以实现其"断匈奴右臂"的战略构想。武帝的募召,得到了汉中成固人张骞(见图4-9)的积极响应。当时,

图4-9 张骞塑像

---

[1] 以上见《汉书》卷二五上《郊祀志上》。
[2] 顾颉刚:《秦汉的方士与儒生》,上海古籍出版社2005年版,第15页。

从汉到西域须经匈奴人控制的河西地区，前进的道路异常艰难。公元前138年，张骞率众百余人持汉节从长安向西域进发，途中被匈奴俘获，拘留了十余年，逃脱后继续仗故节西行抵大月氏。由于大月氏在中亚阿姆河流域农耕定居已久，"志安乐，又自以远，远汉，殊无报胡之心"[1]，结果张骞扑了个空。尽管张骞未能完成结交与国的使命，但他终于在公元前126年生还长安，给西汉王朝带回了关于西域的最新消息。这更加激发了武帝西进的热情，此后遂开始了一系列广求西域通道的活动。自公元前121年，汉骠骑将军霍去病大败匈奴收复河西之后，通往西域的道路终告畅通。

司马迁把张骞的西域之行称为"凿空"[2]。"凿空"一词，古人曾解释说："凿，开；空，通也。（张）骞开通西域道。"[3]又解释说："谓西域险阸，本无道路，今凿空而通之也。"[4]现代著名史学家范文澜则释为"探险"[5]。今有研究者指出，学人认为新疆拜城发现的汉代石刻文字中的"作孔"即"凿空"意见，可以支持。它们都宜理解为通过山地施工，完成了西域道路这一交通工程。[6]张骞"凿空"的行动，意义重大，由此而开拓的西域通道，以后发展为著名的"丝绸之路"，对中西文化经济交流起了重要作用，谱写了世界古代史上绚丽的一页。（见图4-10）

诚然，目前关于丝路开辟的时

图4-10 张骞出使西域壁画

---

[1] 《汉书》卷六一《张骞传》。
[2] 《史记》卷一二三《大宛列传》。
[3] 《史记》卷一二三《大宛列传》裴骃《集解》引苏林说。
[4] 《史记》卷一二三《大宛列传》司马贞《索隐》按。
[5] 范文澜：《中国通史简编》（修订本）第二编，人民出版社1964年版，第89页。
[6] 王子今：《〈龟兹左将军刘平国作关城诵〉考论——兼说"张骞凿空"》，见《第二届西安丝绸之路历史文化国际学术研讨会论文集》，2017年10月。

间,学术界尚有不同的看法,但不管怎么讲,经河西、西域、中亚直到西方的商路,开始成为正式通衢大道,并见诸史籍明确记载者,张骞通西域应是重要的里程碑。作为丝路开拓者,陕西人张骞是当之无愧的。从武帝朝开始,整个西汉一代,长安始终是沟通中西的丝绸之路的起点。①

五、"孝廉"与"自衒鬻者"

元光元年(前134),汉武帝下诏,"初令郡国举孝廉各一人"②。从此,汉代察举增加了岁举孝廉的科目,而以此为标志,自文帝时代开始的察举制度在整个汉代选官中的主导地位得以完全确立。

所谓"孝廉",即孝事父母、廉洁奉公的意思。这是古人大力推崇的两种高尚品德。察举具有这样品德的人到朝廷做官,就叫举孝廉。孝廉作为察举科目,规定每年每郡国须向中央察举二人。③一般都在郡国上计时,随上计吏一道贡至朝廷,称作"计偕";朝廷则多把郡国所贡孝廉安排在皇帝卫队中担任郎官,时称"宿卫"。汉代郎官仅是秩俸相当三百石的小官,但由于服务在宫中,侍卫在皇帝周围,故地位还是很重要的。《汉书·百官公卿表》称:"郎掌守门户,出充车骑"。在此过程中,他们进一步学习各种礼仪、官场规矩及为官之道,满一定期限后,经再次选拔,内迁或外放实任官。各地贡于朝廷的孝廉绝大多数为儒者。这表明,孝廉制度实际上是武帝推崇儒术的一项重要措施,是从人事制度上保证崇儒目的的实现。自元光元年以后,每年都有二百余名孝廉贡于京师,这不仅促进了长安人口的流动,而且给长安人口增加了新成分。

武帝朝在广开才路方面,除了建立岁举孝廉制度,还有许多重大举措。从当时云集京师长安的"自衒鬻者"中选用人才,即武帝破格用人的又一重要途径。

所谓"自衒鬻",即毛遂自荐。唐颜师古注"衒"字说"行卖也",注"鬻"

---

① 丝绸之路的起点究竟在哪里,当前有不同的理解。有研究者认为丝路的丝绸主要源自今山东,故丝路起点应在山东;还有人认为丝路起点应在洛阳;等等。
② 《汉书》卷六《武帝纪》。
③ 此指西汉至东汉初的规定。自东汉和帝永元年间开始实行按郡国口率察举的新办法,规定每二十万口岁举孝廉一人,对边郡地区另有特殊照顾。

字说"亦卖也"。①许慎《说文解字》把"衒"字又写作"衙"，从言从行，表示以言语驰说自卖之意。也有人把自衒鬻称作"上书求官"。据《汉书·东方朔传》记载，武帝时"四方士多上书言得失，自衒鬻者以千数"；西汉末的梅福也曾指出："孝武皇帝好忠谏，说至言，出爵不待廉茂，庆赐不须显功，是以天下布衣各厉志竭精以赴阙廷自衒鬻者不可胜数。"②显然，自衒鬻在当时已成为一种社会风气。扬雄曾说自衒鬻者"策非甲科，行非孝廉，举非方正，独可抗疏，时道是非，高得待诏，下触闻罢"③，颇符合实际情况。《颜氏家训·省事篇》依据自衒鬻者上书的具体内容，将他们分为四种类型："攻人主之长短，谏诤之徒也；讦群臣之得失，讼诉之类也；陈国家之利害，对策之伍也；带私情之与夺，游说之俦也。"汉武帝对于自衒鬻者基本上采取鼓励政策，史称"汉家得贤，于此为盛"④。见于史传记载的主父偃、朱买臣、东方朔、徐乐、严安、终军等一批对西汉文治武功做出贡献的人，都是被汉武帝破格提拔的自衒鬻者。自衒鬻之风的盛行，成为武帝时代汉京长安人文风貌的一大特点。

六、治理三辅的酷吏

古代把用刑严酷的官吏称作"酷吏"。汉武帝曾重用一批这样的官员，为巩固自己的统治服务。其中不少酷吏都曾担任三辅地区的行政长官，治理三辅大地，从而在陕西古代历史上留下了深刻的印记。这些酷吏主要有：

宁成，南阳穰（今河南邓州）人，好气猾贼任威。为下级，必陵其长吏；作上级，对下属执持迫急。曾事景帝，担任负责京师治安的中尉（后改名执金吾），行法不避权贵，"宗室豪桀人皆惴恐"⑤。武帝时，徙任掌治京师的最高行政长官内史，其治严酷，甚至对九卿亦敢破例用刑。后遭外戚谗毁，抵罪髡钳，于是伪造证件出关归家。

---

① 《汉书》卷六五《东方朔传》颜师古注。
② 《汉书》卷六七《梅福传》。
③ 《汉书》卷八七下《扬雄传下》。
④ 《汉书》卷六七《梅福传》。
⑤ 《汉书》卷九〇《酷吏传》。

义纵，河东（郡治安邑，今山西夏县西北）人，少年时曾攻剽为群盗。以姊任为官，不久迁为长陵及长安令。其"直法行治，不避贵戚"，因捕案王太后外孙修成君之子中，受到武帝的赏识，迁官河内都尉、南阳太守、廷尉史，后任掌治京师行政的最高长官右内史（即京兆尹），史称"其治，所诛杀甚多"，"以斩杀缚束为务"。① 由于得罪武帝及逮捕主告缗事杨可的使者，被判罪处死。

王温舒，阳陵（今陕西泾阳东南）人。少时即作奸犯法，后为吏，治狱至廷尉史，事张汤。由御史迁广平都尉、河内太守。任上诛杀豪猾，"至流血十余里"，武帝以为能，迁任中尉，负责京师长安治安。为人多谄，善事有势者。"有势家，虽有奸如山，弗犯；无势，虽贵戚，必侵辱"，故势家多称其为能吏。在任穷治奸猾，"大氐尽靡烂狱中"，手段残酷至极。② 其属吏多以权贵致富。曾坐法免官，复因营建通天台拜官少府。后历任右内史、右辅、行中尉等掌治京师的官职。太初元年（前104）因罪自杀，株连罪至五族。死后，家累千金。

尹齐，东郡茌平（今山东茌平西南）人。以刀笔吏迁至御史，为张汤所称。其执法不避贵势之家，武帝以为能，迁关都尉，擢中尉，负责京师治安。其虽敢诛杀，但木强少文。豪吏不肯为用，善吏不能为治，致政事多废，遂以此抵罪。复为淮阳都尉，诛灭甚多。及死，仇家欲烧其尸。

咸宣，河东杨（今山西洪洞东南）人。初为佐史，大将军卫青荐于武帝，由厩丞迁至御史、御史中丞，以"敢决疑"著称。后任左内史（即左冯翊），治尚细苛，"事小大皆关其手"。③ 复任右扶风，因使郿令将吏卒阑入上林杀其吏成信，射中苑门，坐为大逆，遂自杀。

酷吏虽然"皆以酷烈为声"④，但不同的人具体情况又有所不同。有的为官抗直，据法守正。他们打击豪强权势之家，对维护正常社会秩序、保障社会经济发展发挥一定的积极作用。有些酷吏则一味阿谀人主，专以皇帝意旨为

---

① 以上见《汉书》卷九〇《酷吏传》。
② 以上见《汉书》卷九〇《酷吏传》。
③ 《汉书》卷九〇《酷吏传》。
④ 《汉书》卷九〇《酷吏传》。

狱，乃至滥杀无辜。不可否认，严刑峻法，确实可以立竿见影，收到一时之效，但从长远来看，并非为治之本。司马迁讲："法令者治之具，而非制治清浊之源也。"①

七、司马迁发愤著《史记》

今陕西韩城，汉代叫夏阳，属左冯翊。我国著名的史学家和文学家司马迁（见图4-11）即出生于此。关于司马迁的生卒年，尽管学术界有多种不同说法，但他一生主要生活在武帝时代是完全可以肯定的。司马迁的先祖做过周太史，以后世代为史官，其父司马谈学问渊博，精通天文历数和黄老之学。在这种家庭里成长的司马迁，自幼便接受了良好的教育。

图4-11 司马迁像

武帝初，司马谈出仕为太史令。后司马迁亦至京师长安，曾向著名学者孔安国、董仲舒求教。20岁时，他开始漫游全国。《史记·太史公自序》记其经过说："南游江、淮，上会稽，探禹穴，窥九疑，浮于沅、湘；北涉汶、泗，讲业齐、鲁之都，观孔子之遗风，乡射邹、峄；厄困鄱、薛、彭城，过梁、楚以归。"这次壮游，使青年司马迁饱览祖国大好河山，体验了各地风俗民情，考察了重要的历史遗迹，积累了丰富的资料，加深了与人民的情感。这些为他以后撰写不朽之作——《史记》，奠立了雄厚的基础。壮游结束不久，他就仕为郎中，从此经常侍随武帝巡行郡县，并"奉使西征巴、蜀以南，南略邛、笮、昆明"②。

元封元年（前110），武帝去泰山封禅。封禅是古代一种特殊的祭祀天地形式。封即"泰山上筑土为坛以祭天，报天之功"；禅即"泰山下小山上除地，报地之功"。③司马谈没能随驾封禅，滞留周南（今河南洛阳一带）。按时人

---

① 《史记》卷一二二《酷吏列传》序。
② 《史记》卷一三〇《太史公自序》。
③ 《史记》卷二八《封禅书》。

观念，这是极大的耻辱。司马谈为此气愤而发病。刚从西南出使归来的司马迁，在河洛之间见到奄奄一息的父亲。父亲握着他的手悲痛地述说自己事业未竟的遗恨，希望他继承父志，勿废天下之史文，扬名于后世。司马迁俯首流涕回答说："小子不敏，请悉论先人所次旧闻，弗敢阙。"① 表示谨遵父命，一定完成其未竟之业，写出一部贯通古今的史书。父亲死后三年，司马迁继任为太史令。由于职务之便，他得以阅读大量国家藏书，搜集整理史料，为完成父亲的遗愿积极准备。他正式开始写作不久，一件意外的祸事却突然降临。

当时与匈奴作战的汉将李陵，因寡不敌众，援兵不至而投降。司马迁直言不讳地向汉武帝陈述李陵的为人和不得已投敌的苦衷，结果触怒了武帝，被判处死刑。按汉律，死刑可以用钱赎免，但他"家贫，财赂不足以自赎，交游莫救，左右亲近不为一言"②。为了完成所著史书，他只得忍受奇耻大辱，自请将死刑改为宫刑。③ 受刑后，他的精神受到极大的打击，"是以肠一日而九回，居则忽忽若有所亡，出则不知所如往。每念斯耻，汗未尝不发背沾衣也"④。但为了完成著史的事业，他顽强地活了下来。

太始元年（前96），司马迁被赦出狱，为中书令，尊宠任职。后又经过数年艰苦努力，终于在征和二年（前91），完成了史书的写作。所著史书原名《太史公书》，后改称《史记》（见图4-12）。这是一部纪传体通史，记录了上自黄帝，下至汉武帝太初年间，前后三千年的史事。全书分作十二本纪、十表、八书、

图 4-12 《史记》书影

---

① 《史记》卷一三〇《太史公自序》。
② 《汉书》卷六二《司马迁传》。
③ 此用韩兆琦《司马迁自请宫刑说》一文观点，载《北京师范大学学报》（社会科学版）1988年第2期。
④ 《汉书》卷六二《司马迁传》。

三十世家、七十列传，共一百三十卷，五十二万六千五百字。司马迁把自己毕生写就的这部宏伟巨著，与文王演《周易》、仲尼作《春秋》、屈原赋《离骚》、左丘撰《国语》等相提并论，认为都是遭遇厄难之后的奋发之作。他深知此书难容于世，写作时便已有将其"藏之名山"的准备。史载："迁既死后，其书稍出。宣帝时，迁外孙平通侯杨恽祖述其书，遂宣布焉。至王莽时，求封迁后，为史通子。"①

尽管汉代统治当局并不那么喜欢司马迁的《史记》，直到东汉还称其为"谤书"，然而人民与历史却充分肯定了它的价值。《史记》所开创的纪传体史书体例为以后历代正史所沿袭，就是绝好的证明。《史记》继承并发扬了我国史学"秉笔直书"的优良传统，班固称赞说："其文直，其事核，不虚美，不隐恶，故谓之实录。"②书中所反映的司马迁的社会历史观具有唯物主义因素，所表现的司马迁"究天人之际，通古今之变"的思想，今天看来亦不失其深刻的意义。尤其难能可贵的是，其创立的"人""天"并书模式，开我国史学的大历史传统，意义十分重大。另外这部书还极富文采，是西汉散文的最高成就。司马迁不仅是我国古代伟大的史学家，也是伟大的思想家和文学家。他被追认为世界文化名人当之无愧。今天在他的家乡还保存着宋元建筑的纪念他的祠堂和衣冠冢。有人认为，古代中国的东方与西方先后出现了两大圣人，一是东圣孔子，一是西圣司马迁。

八、兴建茂陵

中国古代帝王即位以后，几乎是马上便着手为自己建造最终的归宿——陵墓。汉武帝在汉代诸帝中当政时间最长，达五十四年之久，而他的陵墓也建了整整五十三个年头。

武帝陵称作茂陵（见图4-13），位于今陕西省兴平市南位镇茂陵村，此地西汉为槐里县之茂乡，故名茂陵，是咸阳原上汉帝陵中最西的一座。因为武帝统治时期，西汉国力鼎盛，加之武帝本人好大喜功的个性特点，所以茂陵被建

---

① 《汉书》卷六二《司马迁传》。
② 《汉书》卷六二《司马迁传》赞。

成西汉帝陵中最大最雄伟的一座。每年王朝赋税的三分之一,都被用来筑陵。

茂陵的雄伟,首先表现为其封土的高大。《长安志》卷一四引《关中记》称:"汉诸陵皆高十二丈,

图 4-13 汉武帝茂陵全景

方百二十步,惟茂陵(高)十四丈,方百四十步。"保存至今的茂陵封土呈覆斗形,全用夯土打筑,底部东西边长 229 米,南北边长 231 米,顶部为 40 米见方的平顶,高 46.5 米,在西汉诸帝陵中最为高大。以高大的封土为中心筑有方形陵园。其东西长 430 米,南北宽 414 米,四面中央各辟一门,门外置双阙。经今实测,每对门阙间距 12—16 米,每个阙址面宽 38 米,进深 9 米,残高 3 米。

茂陵的雄伟超众,还反映在其合葬、陪葬墓的数量多、规模大、等级高等方面。茂陵西北 525 米处(今兴平市南位镇张里村)为李夫人墓,陵高 24.5 米,中腰内收,形成二层台,即重台,名叫"英陵",或称"集仙台""习仙台"。李夫人祖籍中山(治今河北定州),以能歌善舞而取得武帝宠爱,不幸年纪轻轻离开了人间,武帝一直思念不已,故被破格"异穴合葬"于茂陵。在茂陵之东,有卫青、霍去病、金日䃅、霍光、董仲舒、公孙弘、李延年等 20 余座陪葬墓。这些墓主,多为西汉著名的文臣武将。其中大将军卫青墓状如庐山(即寘颜山,为当时匈奴境内山名,非今江西之庐山),骠骑将军霍去病墓状如祁连山(在今甘肃酒泉南),用以纪念二人生前抗击匈奴的赫赫战功。霍墓还堆放有大型石雕,如马踏匈奴、跃马、卧牛、伏虎、卧象、石蛙、石鱼等等,均由天然巨石雕成,手法夸张,线条简洁明快,造型生动逼真,是我国迄今发现最早最完整的大型陵墓石刻艺术珍品。考古工作者曾在被当地群众称作"羊头冢"的陪葬坑中出土鎏金马及鎏金鎏银竹节熏炉等 230 多种稀世珍宝,由此更可看出茂陵陪葬墓的宏大规模。

除了高大的封土、众多的高等级陪葬墓,茂陵的礼制建筑也极其恢宏。考古勘察表明,茂陵东南部有大片建筑遗址。著名的白鹤馆遗址即在其中。白鹤

馆周围5里，是武帝"驰逐走马"的地方。此地现存夯台基址一处，东西53米，南北41米，高5米。遗址以东，有一条南北向的沟渠，沟西曾出土巨型玉铺首、琉璃璧、画像砖和各种文字瓦当。青玉铺首，面饰浮雕，精致异常，应是大门上的装饰物。面径19.3厘米的十二字瓦当，四周文字为"与民世世，天地相方"，中央为"永安中正"，当为寝殿遗物。依此推断寝殿建筑当在这一带。另据文献记载，武帝陵庙"龙渊宫"（或称"龙渊庙"）亦位于茂陵以东。

武帝之世，厚葬之风甚盛，故茂陵玄宫内殉葬品极为豪华。《汉书·贡禹传》载："金钱财物，鸟兽鱼鳖牛马虎豹生禽，凡百九十物，尽瘗臧之。"相传武帝身穿金缕玉衣，玉箱、玉杖和他生前所读的杂经三十余卷，盛入金箱，也一并埋入。由于茂陵营筑时间长，及武帝葬时，"其树皆已可拱"[1]，陪葬品堆积得再也放不进去。西汉末，农民起义军打开了茂陵的羡门，成千上万的义军搬取陵内陪葬品，数十天后，"陵中物不能减半"[2]，由此可见陵内从葬品之丰。

为了保护帝陵，特在陵区设置县邑，并三次徙民。所徙居民为全国各地的豪杰、官吏和家产三百万以上的家族。这样，就使茂陵邑集聚了当时天下一大批富翁，拥有强大的经济实力，并在政治上起着重要作用。由于茂陵邑的特殊地位，当时相当多的社会名流亦迁居到此，如思想家董仲舒、文学家司马相如、史学家司马迁等等。据《汉书·地理志》记载，茂陵邑有户六万一千余，人口二十七万七千多。学者认为，其实际人口"至少在30万人以上"[3]。若按《汉书》的统计，当时首都长安的人口还比茂陵邑少三万一千人。其繁华景象甲天下。

汉武帝茂陵的兴建及茂陵邑的设置，使关中西北部咸阳原上又兴起了一座新城市。它与原有的汉高祖长陵、惠帝的安陵、景帝的阳陵及武帝以后昭帝的平陵，合称五陵，咸阳原因此又称"五陵原"。这些陵邑内豪富生活奢侈无度，其子弟更是饱食终日，无所用心，斗鸡寻欢，走狗取乐。以致后人把"五陵少年"

---

[1] 房玄龄等：《晋书》卷六〇《索綝列传》，中华书局1974年版。
[2] 《晋书》卷六〇《索綝列传》。
[3] 刘庆柱、李毓芳：《西汉十一陵》，陕西人民出版社1987年版，第68页。

视作纨绔子弟的同义语。

九、三官钱

武帝时期加强中央对财经控制的各项措施中,专由中央政府统铸"三官钱",是一项具有划时代意义的重大举措。

秦统一后以重十二铢的"半两钱"实现了全国币制的统一。汉兴,认为"秦钱重难用,更令民铸荚钱"。这种荚钱,是既轻且薄的三铢钱,因其形状有如"榆荚",故名荚钱。吕后时,推行八铢钱、五分钱,文帝时又制造四铢钱。这些钱虽都袭用秦的"半两"名称,但实际重量却相去甚远。钱币大小、轻重、成色不一,官造、私铸并行,造成了币制的混乱。特别是文帝"除盗铸钱令,使民放铸"后,"盗铸如云而起"。一些贵族官僚、富商大贾操纵造币之权,"富埒天子","财过王者",威胁中央。[①] 西汉统治者虽采取了某些整顿做法,但收效甚微。

武帝即位后,因不断对匈奴用兵及关东地区连遭水灾,财政出现困难。元狩四年(前119),武帝接受御史大夫张汤的建议,一方面利用禁苑的白鹿皮制成值四十万的皮币,作为王侯宗室朝觐的荐璧;另方面大造"白金三品",即制造银、锡、白金的龙、马、龟三种货币,分别值三千、五百、三百,同时销毁四铢重的半两钱,更铸重量与钱文一致的三铢钱。但是这次货币改革的结果很不理想。由于白金币定值过高,三铢钱过轻,盗铸容易,有大利可图,故虽严刑峻法禁止私人铸钱,但仍无法遏制盗铸的迅猛发展。次年,武帝又改三铢钱为两面均有周廓的五铢钱,仍由郡国分散铸造。至元鼎二年(前115),开始在京师用紫铜精工铸造赤仄(侧)五铢钱,每枚当五个郡国五铢钱。当时规定缴纳赋税及政府发放经费一律使用赤仄五铢,试图以此来弥补国家财政的不足。然而这种比价不合理的币制,既遭到民众的抵制,又助长了私人盗铸之风,结果物价暴涨,社会动乱。面对这些严重的问题,汉武帝不能不下决心对货币进行彻底的改革。

元鼎四年(前113),武帝正式下令宣布禁止郡国铸钱,并废止郡国旧币,把全国各地私铸之钱一律运至京师销毁,规定此后专由水衡都尉所属钟官、

---

① 以上见《汉书》卷二四下《食货志下》。

辨铜、技巧三官负责铸造新的五铢钱。这样把铸币大权完全收归中央所有。主持铸币的水衡三官之中，钟官负责铸造，辨铜负责审查铜的质量成色，技巧负责刻范。①新铸的五铢钱即所谓的"三官钱"，也叫"水衡钱"或"上林钱"②。（见图4-14）其轻重适中，实际重量与币值相等，周廓纹理细，不易磨损，制作精巧，质量高，便于流通。由于制作工本费用高，遂使盗铸无利可图，从而基本上制止了盗铸现象。西汉立国以来长期存在的币值不稳、货币流通紊乱的弊病，由此得以解决。"自孝武元狩五年三官初铸五铢钱，至平帝元始中，成钱二百八十亿万余云。"③

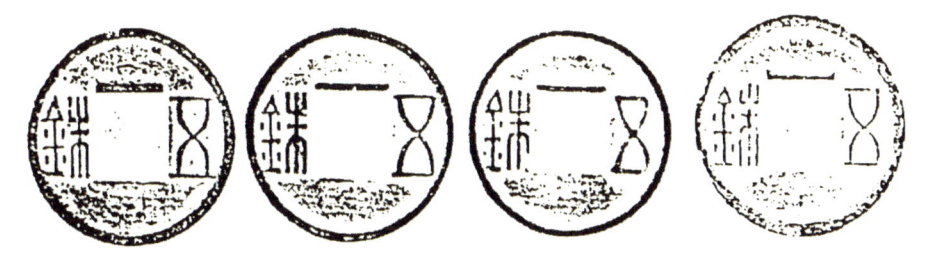

图 4-14　上林三官五铢

三官钱的创行，有力促进了西汉社会经济的发展，对巩固中央集权起了重要的作用。自此，汉京长安成为唯一的法定货币铸造地，陕西在当时全国财政经济中的重心地位从而被大大突出了。

十、关中六渠

自西汉定都长安后，关中便成了全国政治、经济、文化的中心。由于关中的农业生产直接关系着京城的粮食供应，故而统治者对这里的农田水利建设极为重视。另外，为了满足统治阶级奢侈生活需要，维持汉帝国庞大的财政开支，还必须把关东，即今河南、山西、河北、山东一带的大量物资漕运到关中，这也向统治者提出了完善关中水利的要求。武帝统治期间，国家富强，为了进一

---

① 此用陈直说，详见所著《汉书新证》，天津人民出版社1979年版，第117页。旧说三官为钟官、辨铜、均输。
② 因水衡都尉及其所属各官署均设于上林苑，故有"上林钱"之名。
③ 《汉书》卷二四下《食货志下》。

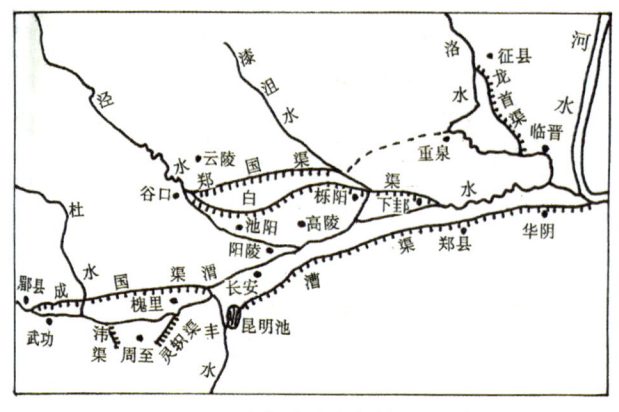

图 4-15　汉武帝时关中水利工程分布图

步强化王朝的统治，巩固和发展京师实力，在关中大兴水利事业。关中六渠，就是当时修建的主要水利工程。

关中六渠，是指漕渠、龙首渠、六辅渠、白渠、灵轵渠与成国渠。（见图4-15）其或以漕运为主，或以灌田为目的，具体情况尚不完全相同。下面分别做些简略介绍。

元光六年（前129），主管王朝财政的大司农郑当时向武帝建议，自长安到黄河修一条人工运河，以解决漕运问题。武帝十分赞赏这一计划，下令让齐人水工徐伯勘察设计，征发数万人开渠，"三岁而通"①。这条与渭河平行的运河即漕渠。它经过今西安临潼、渭南、华阴，在潼关附近入黄河，全长300余里（汉里）。过去漕运溯渭水而上，渭河沙多，流量变化无常，河道蜿蜒曲折，由长安至黄河长900余里（汉里），航运需时六个月。改由漕渠运输后，路程只有原来的三分之一，时间节省一半，三个月可达，且航道较直，航行方便。在渠口附近建有京师仓（或称"华仓""河口仓""京师庚"），其遗址在今华阴东卫峪乡凤凰岭一带。这座西汉国家级粮仓，建筑宏大，周围有城墙护卫，仓内有通风防潮设备。每年由关东运来的漕粮在四百万石左右，一度达六百万石。另外，漕渠还可供灌溉，民田受益面积在万顷以上。

在元朔、元狩之交（前123—前122），有一叫严熊②的人向武帝奏言，建议由北而南修一条引洛河水的灌渠。当时重泉（今陕西大荔西）以东有万余顷"故恶地"（即盐碱地），临晋（今陕西大荔东）人民希望开渠灌溉以提高产量。武帝诏准了这一建议，于是征发万人，自徵县（今陕西澄城西南）引洛水开渠。渠道所经商颜山（今铁镰山）一带，土质疏松，渠岸容易崩塌，修渠的劳动群众因地制宜，发明了"井渠法"。这一开渠技术，类似现代的隧洞竖井施工法。在地面上打许多井，

---

① 《汉书》卷二九《沟洫志》。
② 严熊，《史记》作庄熊罴。此从《汉书》。

在地下修建暗渠使井井相通，水流井下暗渠中。此法通过丝路传至西域，直到今天，新疆人民仍用这种办法修建灌溉渠道，称为"坎儿井"。因开渠中获得"龙骨"（当为古动物化石），故取名"龙首渠"。经十余年努力，渠始基本建成，后虽未能发挥显著效益，但所创井渠法不失为水利史上的一项伟大创造。

元鼎六年（前111），主持畿辅行政的左内史儿宽奏请"穿凿六辅渠"，以灌溉郑国渠原来浇不上的"高卬之田"。[①]六辅渠，又名"辅渠"或"六渠"，实际是在秦郑国渠的基础上增修六条辅助渠道，使郑国渠的灌溉体系更加完善。

到了太始二年（前95），赵中大夫白公奏请修建引泾灌渠。其"首起谷口（今陕西泾阳西北），尾入栎阳（今陕西西安市阎良区附近），注渭中"[②]，流经今泾阳、高陵、三原、临潼诸地区，全长200里（汉里），可灌田4500余顷。此渠因白公首议建造，故名"白渠"。整个工程规模宏大，建成后与六辅渠、郑国渠构成了渭北地区完整的灌溉系统。后人将这些渠合称作"郑白渠"，其对关中地区农业发展起到了重大的促进作用。当时老百姓即作歌赞颂道："田于何所？池阳、谷口。郑国在前，白渠起后。举臿为云，决渠为雨。泾水一石，其泥数斗。且溉且粪，长我禾黍。衣食京师，亿万之口。"[③]东汉的班固在其《西都赋》中也以"郑白之沃，衣食之源"来颂扬二渠之功。汉以后历代曾多次对郑白渠进行维修改建，使其一直福泽三秦大地。

成国渠与灵轵渠都是引渭工程。成国渠从今眉县杜家村开始，东北向流往上林苑蒙笼渠，全长200余里（汉里），灌溉今眉县、扶风、武功、兴平、咸阳一带上万顷农田。其经历代维修保护演变为今渭惠渠。灵轵渠起于今周至灵轵原下，灌溉今西安鄠邑、周至一带农田万顷左右。

关中六渠的兴建，是古代陕西水利史上的壮举，大大促进了汉代关中农业经济的发展和航运事业的兴盛。六渠之外，西汉时关中有名的灌渠还有沣渠，在今岐山、扶风交界处，引渭河支流沣水以溉田。

十一、代田法的推行

汉武帝晚年，颇悔以往征伐之事，决心改弦更张，于是封丞相为富民侯，

[①]《汉书》卷二九《沟洫志》。
[②]《汉书》卷二九《沟洫志》。
[③]《汉书》卷二九《沟洫志》。

下诏称"方今之务,在于力农"①。为此,特任命农业技术专家赵过为搜粟都尉,大力发展农业生产。

赵过总结劳动人民的生产经验,新创了一种耕作方法,叫作"代田法"。(见图4-16)原来的耕作,是翻地之后就在田里漫撒种子,既不分行也不打垄,谓之"缦田法"。用此法连续耕作数年后,地力便被耗尽,必须休耕。一般情况下,好地须休耕一年,差一些的地则要休耕三年以上。很显然,这是一种十分落后的耕作法。代田法正是针对缦田法之弊而创的。所谓"代田",就是把每亩地分为六等分,三分开为深宽各1尺的畦叫"甽",三分堆成高宽各1尺的坎叫"垄";甽垄相间排列,田禾种于甽中,甽垄逐年置换。这种耕作法优越性很多:第一,把大片休耕变为局部休耕,有利于地尽其力;第二,随着甽中禾苗的生长,不断锄草并顺便培垄上的土于苗的根部,起保墒、抗旱、耐风的作用;第三,苗间行距宽,便于作物通风采光,苗壮生长。

图4-16 代田法

代田法最先由京师一带离宫驻守士卒利用"宫墙地"②进行试验,结果"课得谷皆多其旁田亩一斛(即1石,约合今2斗)以上"③,接着便在三辅公田上试行,并先后推广到河东(治今山西夏县西北)、弘农(治今河南灵宝北)以及居延(今内蒙古额济纳旗东南)和一些边郡。史称:"民皆便代田,用力少而得谷多。"④

与代田法相配合,赵过还创造了耧车和耦犁。耧车又名三脚耧,是一种三腿的播种机,同时可以播种三行。其设计合理,一次可把开沟、下种、覆盖的任务全部完成。直到今日,北方某些农村仍然使用。它具有省力、省人、生产

---

① 《汉书》卷二四上《食货志上》。
② 即离宫外墙与内墙之间的空地。
③ 《汉书》卷二四上《食货志上》。
④ 《汉书》卷二四上《食货志上》。

效率高的特点。耦犁是一种使用"二牛三人"耕耘的田器,其把深耕、翻土、培垄一次进行,能耕出代田法所要求的深、宽各 1 尺的犁沟。武帝命大司农专门召集工匠与有技术的奴隶,制作新农具,并让关中各地派官吏及三老、力田和种田能手学习使用新农具与新耕作技术。对于一些缺少畜力的地区,则推广"以人挽犁",收到良好的效果。

十二、巫蛊之祸

古时众多的巫术中有一种为害最严重的"巫蛊"。古人以为,巫(女巫)觋(男巫)下神时祝诅及把木偶人埋地下,可以害人,此术被称作"巫蛊"。这种迷信大概是中原巫术与少数民族巫术相结合的产物,故有学者称其为"华夷迷信之所萃也"[①]。汉武帝对巫蛊深信不疑。早在元光五年(前 130),那位曾令武帝倾倒,声称要以"金屋储之"的陈皇后陈阿娇,便因巫蛊而被废黜,受株连者竟达三百余人。

征和二年(前 91)正月,丞相公孙贺被大侠朱安世告以奸事及巫蛊,父子俱死狱中,阳石、诸邑公主及卫皇后弟卫青之子长平侯卫伉等皆受株连而死。当时武帝年老多病,一个名叫江充的人乘机奏言,说武帝的病乃巫蛊所致,于是武帝便任命江充为使者"典治巫蛊"。这位江充,本名齐,字次倩,赵国邯郸人。其妹嫁赵太子丹,故他得幸于赵王。后与赵太子交恶,逃至京师,上告太子奸事,被武帝召见,以其"容貌甚壮"受到重视。遂自请出使匈奴,还后拜官绣衣使者,"督三辅盗贼"。由于"所言中意",故"大见信用,威震京师","迁为水衡都尉"[②]。后其坐法免官,正在此时发生了公孙贺事件,遂得以东山再起。

江充被重新任用后,在胡巫的帮助下,到处"掘地求偶人",因巫蛊而被其处死的"前后数万人"[③]。霎时间,京师长安变成了一个恐怖世界。最后江充竟又查到太子刘据的头上。原来江充当年任绣衣使者时,曾劾奏太子家使车行驰道上,没收其车马,得罪过太子。他担心将来太子即位后对自己进行报复,于是利用手中的权力,来了个先下手为强。当然,江充之所以敢这么做,也是

[①] 吕思勉:《秦汉史》上册,上海古籍出版社 1983 年版,第 147 页。
[②] 《汉书》卷四五《江充传》。
[③] 《汉书》卷四五《江充传》。

有相当把握的。一是当时太子生母卫皇后已经"宠衰",二是年迈的武帝性格变得多疑,"意多所恶,以为左右皆为蛊道祝诅"。江充摸透了武帝的这种心理,向其进言说:"宫中有蛊气"。①于是被准许进入宫省检查。其先陷害了一批已经失宠的嫔妃,然后步步紧逼皇后及太子,并终于在太子宫掘得"桐木人"。当时武帝有病在甘泉宫(在今陕西淳化境内,其宫殿台基犹存)避暑,只有皇后、太子在长安。太子刘据见状不知如何是好,遂问计于少傅石德。石德害怕为太子师傅遭受株连,便建议假传圣旨"收捕"江充等"穷治其奸诈"。太子依计而行,派门客扮作使者收捕了江充等人,时在"征和二年七月壬午"。同时让舍人无且连夜入未央宫通报卫皇后,调兵警备,并告令百官"江充反"。②于是由太子亲自监斩,杀了江充,将其死党胡巫烧死上林苑中。这样,在汉京长安实际上发生了一场宫廷政变。

武帝闻讯后即命丞相刘屈氂捉拿太子,他也亲自赶到长安城西的建章宫坐镇指挥。繁华的京师顿时成为激烈厮杀的战场,"合战五日,死者数万人,血流入沟中"③。混乱之中谣传太子据谋反,"以故众不肯附"④,太子孤立无援,兵败出逃。盛怒之下的武帝下令收卫皇后玺绶,迫其自杀,卫氏满门悉数坐罪。出逃的太子据匿藏在湖县(今河南灵宝西)泉鸠里,不久被发现,遂自刭身亡,所携二子皆并遇害。为此长安受株连者不可胜数。

这就是西汉历史上有名的"巫蛊之祸"。事后有些大臣上书为太子申冤,加之所谓巫蛊多有不实,武帝亦有所醒悟。他悔恨万分,遂"族灭江充家",为太子与卫后昭雪,并在湖县造"思子宫"与"归来望思之台"。⑤然而这件事对武帝的刺激太大,此后三年,这位雄才大略的帝王也离开了人间。

巫蛊之祸虽然只是统治阶级上层以特殊形式展开的一场特殊斗争,但它发生在汉京长安,也就成为陕西古史上的重大事件之一。

---

① 《汉书》卷六三《武五子传》。
② 《汉书》卷六三《武五子传》。
③ 《汉书》卷六六《刘屈氂传》。
④ 《汉书》卷六三《武五子传》。
⑤ 《汉书》卷六三《武五子传》。

第五章 从昭宣中兴到光武中兴

第一节 中兴之光

汉昭帝（前86—前74年在位）、汉宣帝（前73—前49年在位）时期，轻徭薄赋、发展生产、平理刑狱、重视吏治等一系列政治经济措施，使一度风雨飘摇的西汉王朝又兴盛起来，史家称作"昭宣中兴"。这时陕西的历史也揭开了新的一页。

一、盐铁之议

始元六年（前81），汉昭帝诏令丞相车千秋、御史大夫桑弘羊召集郡国所举贤良文学六十余人至京师长安，以"民所疾苦，教化之要"[①]为议题，围绕政府现行政策举行了一次大规模讨论会，是为西汉历史上有名的"盐铁会议"，或称"盐铁之议"。（见图5-1）

会上，以贤良文学（主要有汝南朱子伯、中山刘子雍、九江祝生，以及茂陵唐生、鲁万生等）为一方，以政府代表（主要有大夫即桑弘羊，以及"群丞相史、御史"等）为另一方，围绕西汉政府实行的盐铁、平准、均输等政策，展开了一场唇枪舌剑的大战。双方辩论的内容相当广泛，不过重点集中于这样几个问题上：

图5-1 盐铁会议

一是盐铁官营问题。

盐铁官营即由国家垄断盐铁业，这是桑弘羊在武帝时代提出的解决政府财政危机的一项重要措施，它有力地保障了对外用兵的后勤供应，加强了中央集

[①] 《汉书》卷二四下《食货志下》。

权,起了积极作用。当然,此项举措也有不少流弊,主要是经营盐铁的官吏"攘公法,申私利,跨山泽,擅官市"①,大发其财,而广大农民所得到的则是价高质差的恶铁苦盐,以致不少人"木耕手耨,土耰啖食"②,给生活和生产造成极大的影响。贤良文学以此"为民请命",提出罢盐铁、酒榷、均输等官营事业,说盐铁官营是"民所疾苦"的根源所在。

桑弘羊坚持盐铁官营不能罢。他从法律、财政、政治、社会等四个方面阐述了自己的理由。③尽管他也承认盐铁官营存在"吏或不良,禁令不行,故民烦苦之"④等弊病,但这一措施毕竟大大增加了政府的财政收入,而且有利于防止地方豪强势力膨胀,其利远大于弊,故不应罢废。

二是与匈奴和战问题。

匈奴为西汉北方严重的边患,对匈奴政策始终是汉代统治当局面临的重大问题。武帝以前,汉对匈奴妥协、退让、和亲,武帝时经大规模反击战争,使匈奴势力大大削弱,基本上解除了其对汉王朝的威胁。盐铁会上,贤良文学从"武力不如文德"⑤的观点出发,不赞成对匈奴用兵,主张"罢关梁,除障塞,以仁义导之"⑥,认为如此即可感化匈奴,维持和平。

桑弘羊则坚决反对投降主义的和亲论,而坚持抗击匈奴的主战论。他认为匈奴贪狠成性,"反复无信,百约百叛"⑦,唯有通过战争,才能使其降服。

三是法治与德教问题。

这实际是重刑罚还是重德治教化的问题。贤良文学主张推行德治,认为单纯依靠刑罚会给社会造成严重的恶果,所谓"一人有罪,州里惊骇,十家

---

① 桓宽:《盐铁论·刺权第九》,《诸子集成》本,中华书局香港分局1978年版。
② 《盐铁论·水旱第三十六》。
③ 见马元材(非百):《桑弘羊年谱订补》,中州书画社1982年版,第161—168页。
④ 《盐铁论·复古第六》。
⑤ 《盐铁论·险固第五十》。
⑥ 《盐铁论·世务第四十七》。
⑦ 《盐铁论·和亲第四十八》。

奔之"①，不仅使百姓深受其害，而且会动摇统治基础，故而"严法峻刑，不可久也"②。

桑弘羊则主张法治，认为"礼让不足禁邪，而刑法可以止暴"③。在他看来，严刑峻法的威力无穷，"令严而民慎，法设而奸禁"④。他的这种重刑罚思想，直接源于管仲、吴起、商鞅、申不害、韩非、李斯等人。

四是重本与重末问题。

贤良文学主张重本，认为"王者，崇本退末"，"本修则民悫"，"民悫则财用足"，"进本退末，广利农业便也"。⑤这种重农的思想，体现了农业民族的基本观念。

桑弘羊在重农主义思想弥漫的氛围中，超然独树一帜，以其农工商并重之主张为天下倡。他认为治国之道，必须"开本末之途，通有无之用"⑥，使农工商皆得到发展。他还特别强调，在农工商中，唯商最容易致富，指出："富在术数，不在劳身；利在势居，不在力耕也。"⑦这与《史记·货殖列传》所言"用贫求富农不如工，工不如商，刺绣文不如倚市门"，正一脉相承。

以上所述贤良文学与桑弘羊等的主张，应该说各有一定的合理性，也各有一定的片面性。二者乍看起来针锋相对，实际却有很强的互补性。抑此扬彼或扬此抑彼，都有失全面。通过这次辩论，西汉统治者总结了施政之得失，对现行政策做了适当调整，这具体反映在后来奏罢郡国榷酤及关内铁官等行动上面。不管从何种视角去考察，盐铁之议都是昭帝朝的一次重大事件，它发生在长安，因而也就给陕西历史增添了颇有分量的一页。宣帝时，庐江太守丞桓宽据这次会议的资料，结合当事人汝南朱子伯的追述，推衍增广成《盐铁论》一书，

---

① 《盐铁论·申韩第五十六》。
② 《盐铁论·诏圣第五十八》。
③ 《盐铁论·诏圣第五十八》。
④ 《盐铁论·刑德第五十五》。
⑤ 《盐铁论·本议第一》。
⑥ 《盐铁论·本议第一》。
⑦ 《盐铁论·通有第三》。

使我们在今天还能有幸了解这场唇舌大战的真实情况。（见图5-2）

二、一场未遂政变

盐铁之议后不久，在汉京长安又发生了一场未遂政变。

巫蛊之祸刘据死后，按次序太子的空座应由燕王刘旦继

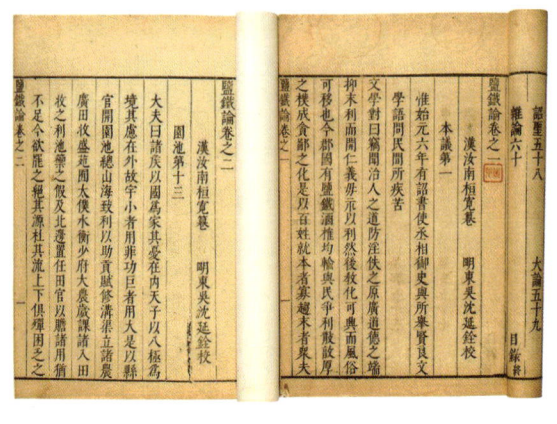

图5-2 《盐铁论》书影

承。史载旦"为人辩略，博学经书杂说，好星历数术倡优射猎之事"[1]，颇有才干。但他继位心切，竟上书求入京宿卫，俨然以武帝继承人自居。不料武帝对此举十分厌恶，遂将燕王使者下狱，并借其藏匿亡命犯法，削三县之地。刘旦大失所望。

昭帝刘弗陵，是武帝的少子，即位时年仅8岁，由大将军霍光、车骑将军金日䃅、左将军上官桀、御史大夫桑弘羊共同辅政。燕王旦得到武帝驾崩的消息及昭帝玺书后，怀疑京师有变，上书"请立庙郡国"，未获准，于是大怒称："我当为帝"。遂与宗室中山哀王子刘长、齐孝王孙刘泽等结谋，伪称曾受武帝诏，"修武备，备非常"。他们宣称"少帝（即昭帝）非武帝子，大臣所共立，天下宜共伐之"，积极准备起兵讨伐。[2]由于䤵侯刘成告发，始元元年（前86）八月，青州刺史隽不疑收捕刘泽，并上报皇帝。朝廷审讯中牵连出燕王刘旦，因至亲之故，有诏特许勿治，而刘泽等皆被处死。此后刘旦不仅没有收敛野心，反而同盖长公主、上官桀等勾结，变本加厉地策划夺权。

盖长公主为武帝长女，燕王旦之姊，食鄂邑，故又称鄂邑盖长公主。年幼的刘弗陵始立，盖主居禁中供养帝。其男宠丁外人与左将军上官桀之子上官安相友善。安娶大将军霍光女为妻生有一女。此女刚5岁，安就打算送其入宫。

---

[1] 《汉书》卷六三《武五子传》。
[2] 以上见《汉书》卷六三《武五子传》。

秉政的霍光认为外孙女尚幼，不许。上官安便通过丁外人使盖主在宫中活动，结果其女被召入为婕妤①，不久又立为皇后。上官安以皇后之父封桑乐侯，迁车骑将军。上官父子并为将军，有椒房中宫之重。而桀早在武帝时已为九卿，位在霍光之上，他见霍光专制朝政，遂心怀嫉恨，与光争权。上官氏为报答丁外人恩情，为其求侯，屡为霍光所阻，于是盖主与光有怨。加之御史大夫桑弘羊因政见不同，也对霍光不满。这样，反霍的各种力量便很自然地纠集在燕王旦的旗帜之下。

当时盖主、上官父子及桑弘羊与燕王通谋，暗中指使人为燕王上书皇帝，控告霍光"专权自恣，疑有非常"②，请求入京宿卫，以察奸臣之变。上书者趁霍光休沐日，上官桀当值时将书奏上。上官桀、桑弘羊等原打算借昭帝名义将霍光执退，不料年仅14岁的昭帝竟看出奏书的破绽。次日霍光上朝，闻知此事，止画室中不敢入。昭帝诏召大将军，亲自宣布其无罪，并下令逮捕上书者。上官桀等害怕事情泄漏，便极力阻止追捕，说小事无须穷究，昭帝不听。后桀党又有人谮陷霍光，昭帝大怒说："大将军忠臣，先帝所属以辅朕身，敢有毁者坐之。"③自是桀等不敢复言。

反霍派不甘心失败，于是进一步密谋由盖长公主宴请霍光，乘机以伏兵杀之，然后废昭帝，迎燕王旦为天子。当时燕王旦亦与上官桀等密书往来，暗许立桀为王。上官安的野心更大，甚至计划诱杀燕王旦而立父桀为帝。有人问他："当如皇后何？"他竟回答："逐麋之狗，当顾菟邪！"④正当反霍派紧锣密鼓积极策划之时，盖主舍人父稻田使者燕仓向大司农杨敞揭发了他们的密谋。杨敞一贯谨慎怕事，得讯后吓得装病不出，而将此消息告知谏大夫杜延年，杜则向昭帝上奏。结果，上官父子、桑弘羊、丁外人等被捕并族灭之。时在元凤

---

① 婕妤又作倢伃，皇帝妃嫔称号。始置于汉武帝。《汉书·外戚传》："倢伃视上卿，比列侯。"位次于皇后。汉元帝增设昭仪之号后，位次昭仪。东汉废，只在特殊情况下暂设。
② 《汉书》卷六八《霍光传》。
③ 《汉书》卷六八《霍光传》。
④ 《汉书》卷九七上《外戚传上》。

元年（前80）九月。燕王、盖主亦自杀。一场谋划多时、起伏跌宕的政变，终于以彻底的失败而告终。

三、二十七天汉帝刘贺

燕王、上官桀等谋反被粉碎后，霍光声望进一步提高。原来的四位顾命大臣中，金日磾早死，上官桀、桑弘羊伏诛，唯剩下霍光，大权独握，"威震海内"①。

元平元年（前74）四月，年仅21岁的昭帝病逝，无嗣，群臣咸举武帝子广陵王刘胥继位。"王本以行失道，先帝所不用。"正当霍光"内不自安"时，有一郎官上书言"广陵王不可以承宗庙"。②霍光如获至宝，以其书遍视大臣，于是改迎昌邑王刘贺继位，那位郎官也被超擢为九江太守。

刘贺系武帝之孙，昌邑哀王刘髆之子，生于昌邑（今山东巨野南）。刘髆去世后，贺于始元元年（前86）嗣立为昌邑王，时年四五岁。元平元年昭帝逝后，贺被征召入朝，立为皇太子。六月丙寅受皇帝玺绶，二十六天后就又被霍光等废黜，前后当了二十七天皇帝，史称汉废帝。据霍光等人"连名奏"称，刘贺被废的原因是其"荒淫迷惑，失帝王礼谊，乱汉制度"③。不过一些研究者则指出，此中真正的原因当为擅权的霍光与"昌邑群臣"间势不两立的权力斗争。

其后上官太后诏令刘贺回故地昌邑，赐汤沐邑两千户，昌邑王国被废，改为山阳郡。

元康三年（前63），宣帝封刘贺为海昏侯。当年四月，刘贺前往豫章郡海昏县（今江西南昌北）就国。神爵三年（前59），刘贺卒。

2011年以来，位于南昌市新建区大塘坪乡观西村附近的海昏侯刘贺墓被发现并发掘。此墓被公认为面积最大、保存最好、内涵最丰富的汉代列侯等级墓葬，一时间媒体刮起了海昏侯墓旋风，2015年入选为全国十大考古新发现之一。（见图5-3）历史似乎开了一个玩笑。刘贺生前只不过是一介废帝，不想死了两千

---

① 《汉书》卷六八《霍光传》。
② 《汉书》卷六八《霍光传》。
③ 《汉书》卷六八《霍光传》。

多年后却又如此大大风光了一把。

四、落难曾皇孙刘询即位

刘贺被废黜后,帝位由谁来继承?当时在皇族近亲中,死的死,被株连的被株连,唯有刘询成为最合适的人选。

刘询是武帝曾孙,戾太子刘据之孙。"巫蛊之祸",询之祖父母及父母皆遇害。那时他才出生数月,"虽在襁褓,犹坐收系郡邸狱",幸赖廷尉监丙吉多方保护得以

图5-3 海昏侯墓出土刘贺印

存活,并被转送至祖母史良娣家收养。后遇赦,始归掖庭养视,"上属籍宗正",号皇曾孙。恰巧掖庭令张贺原是戾太子下属,思顾旧恩,对曾孙奉养甚谨,以至拿自己的私钱供其读书学习,待成年后又为其娶暴室啬夫许广汉女为妻,"曾孙因依倚广汉兄弟及祖母家史氏"。他曾"受《诗》于东海澓中翁,高材好学,然亦喜游侠,斗鸡走马"。他经常往来于诸陵县间,足迹遍布三辅大地,曾多次被人困辱于莲勺县(今陕西蒲城南、大荔西)盐池中。他尤其喜欢杜、鄠两县之间(今陕西西安市长安区与鄠邑区间),常常在下杜(今属陕西西安市长安区)滞留。当岁时随宗室朝会,则住在京师长安的尚冠里。曾孙周身及足下皆长有毛,颇多怪异之处。由于他自幼生长民间,故"具知闾里奸邪,吏治得失"。①

当大将军霍光与车骑将军张安世等大臣议立新帝尚未做出最后决定时,已经升任光禄大夫给事中的丙吉奏记,称曾皇孙"通经术,有美材,行安而节和"②,应被拥立,得到了霍光的赞同。在霍看来,曾孙起自民间,左右无心腹幕僚,年龄只有十八九岁,是十分理想的皇帝。就这样,关中黄土地哺育成长起来的落难曾皇孙刘询,便一跃而登上了皇帝的宝座,是为汉宣帝。如此,由

---

① 以上见《汉书》卷八《宣帝纪》。
② 《汉书》卷七四《丙吉传》。

霍光执导的一出"立帝—废帝—再立帝"的政治大戏落下帷幕。

五、霍氏的败亡

宣帝即位之初，霍光（见图5-4）曾打出一张"稽首归政"的试探牌，"上谦让委任焉，论定策功，益封大将军光万七千户"①，"诸事皆先关白光，然后奏御天子"②。由此，霍光的权力似乎更大了。实际上，宣帝对霍光"内严惮之，若有芒刺在背"③，这就决定了皇权与霍氏之间矛盾的不可调和性。不过宣帝与霍光在为政方针上并无太大分歧，因此他们君臣之间尚能维持较为正常的关系。地节二年（前68）霍光病危，宣帝亲往问病，"为之涕泣"。及死，更以帝王之制予以厚葬，下诏称其"功如萧相国"。④当霍光死后，宣帝便开始大刀阔斧地削弱霍氏势力。这场统治阶级内部的斗争，

图5-4 霍光像

给陕西古代政治史留下了深深的印迹。

历史上的权势之家，大体有这样的规律：第一代创业者十分精明强干，而第二、三代守业者，由于长处顺境之中，多为败家子。霍氏家族正是这样的典型。霍光秉政前后长达二十年，此间"百姓充实，四夷宾服"⑤，为昭宣中兴做出了重要贡献，旧日史家称赞他"匡国家，安社稷，拥昭立宣"，"虽周公、阿衡，何以加比"，⑥并非没有道理。如此的权势地位，使霍氏家族"党亲连体，根据于朝廷"。早在昭帝时，"光子禹及兄孙云皆中郎将，云弟山奉车都尉侍中，领胡越兵。光两女婿为东西宫卫尉，昆弟诸婿外孙皆奉朝请，为诸曹大夫，

---

① 《汉书》卷八《宣帝纪》。
② 《汉书》卷六八《霍光传》。
③ 《汉书》卷六八《霍光传》。
④ 《汉书》卷六八《霍光传》。
⑤ 《汉书》卷六八《霍光传》。
⑥ 《汉书》卷六八《霍光传》赞。

骑都尉，给事中"。①霍光临死前，霍禹以右将军嗣父爵博陆侯；死后，霍山封乐平侯，以奉车都尉领尚书事，霍云封冠阳侯，仍旧煊赫一时。霍氏子弟宗亲，凭着已有的势力，飞扬跋扈，为所欲为，就连霍家的奴才也骄横成性。汉乐府诗有一首《羽林郎》，具体描写了霍家奴冯子都横行霸道之事。该诗头四句写道：

昔有霍家奴，姓冯名子都。

依倚将军势，调笑酒家胡。

短短二十字，一个豪奴的骄横嘴脸跃然纸上。由此不难想见霍家不可一世的情形。

权势极度膨胀的霍氏，必然对皇权构成极大威胁。"宣帝自在民间闻知霍氏尊盛日久，内不能善。"霍光死后，宣帝始躬亲朝政，重用御史大夫魏相，加官给事中。一次"两家奴争道，霍氏奴入御史府，欲躏大夫门，御史为叩头谢，乃去"。适逢魏相擢升为丞相，"数燕见言事"。于是宣帝"令吏民得奏封事，不关尚书"，首先削夺了霍家掌握的"领尚书事"大权。②而霍光夫人显毒杀许皇后恶性事件的泄露，则进一步加速了最终铲除霍氏势力的进程。

原来宣帝即位后，立微时妻许广汉女平君为皇后，霍夫人显欲贵其小女成君，于是串通乳医淳于衍，趁许后分娩之机行毒杀害，并通过霍光的权势立自己的女儿为皇后。当追查医疗事故时，显恐怕事败，遂将实情告诉了霍光。"光大惊，欲自发举，不忍，犹与。"后在光的庇护下，投毒者竟逍遥法外。光死后，其事逐渐泄露。宣帝听到了有关风传虽未知虚实，但进而采取了一系列措施：一方面"尽变易大将军时法令"，"发扬大将军过失"；一方面削弱霍氏实力，特别是剥夺其军权。诸霍"自见日侵削，数相对啼泣，自怨"。在"恐急"情况下，霍夫人显把毒杀许后的事"具以实告山、云、禹"，"于是始有邪谋矣"。地节四年（前66），霍氏欲废宣帝而自立之谋被发觉，云、山等自杀，禹被腰斩，显等被弃市，"与霍氏相连坐诛灭者数千家"。③而那位皇后霍平

---

① 《汉书》卷六八《霍光传》。
② 以上见《汉书》卷六八《霍光传》。
③ 以上见《汉书》卷六八《霍光传》。

君，亦被"废处昭台宫。后十二岁，徙云林馆，乃自杀"①。曾显赫多时的霍家，就这样一败涂地了。

当初，霍氏奢侈，茂陵徐福曾多次上疏，建议"宜以时抑制，无使至亡"，结果均不了了之。其后霍氏被诛灭，而告霍氏者皆封。有人替徐生鸣不平，上书向宣帝讲了一则"曲突徙薪亡恩泽，焦头烂额为上客"的寓言故事。②于是宣帝赏赐徐福帛十匹，后又擢为郎官。

六、昭宣时期的三辅循吏

"循吏"，或称"良吏"，"谓本法循理之吏也"③。昭宣时期，之所以呈现政治清平的局面，与当时一大批循吏的治绩直接有关。尤其宣帝本人，"繇仄陋而登至尊，兴于闾阎，知民事之艰难"，故特别重视吏治。史载其"厉精为治，五日一听事，自丞相已下各奉职而进。及拜刺史守相，辄亲见问，观其所繇，退而考察所行以质其言，有名实不相应，必知其所以然"。他"以为太守，吏民之本也"，不宜经常变动。每当他们有治绩时，"辄以玺书勉厉，增秩赐金，或爵至关内侯，公卿缺则选诸所表以次用之"。④由于这一系列政策措施的施行，所以汉代的"良吏"，以宣帝朝为最多，赵广汉、韩延寿、尹翁归、严延年、张敞、王成、黄霸、朱邑、龚遂、郑弘、召信臣等皆其中代表人物。这些人施政均有两大特点：一是执法公平，不避豪门权贵，但又与"酷吏"不同，即在使用刑罚的同时更重"教化"，是恩威并施。二是重视发展经济，殖财富民，以宽政合人心，造成一种"所居民富，所去见思，生有荣号，死见奉祀"⑤的社会现象。循吏中不少人曾担任三辅的地方官，他们的业绩，既为古代陕西历史增光添彩，同时也给人们留下了不少有益的教训和值得回味的逸闻趣事。像赵广汉的精于吏职、尹翁归的廉洁自守、韩延寿的感化治民以及张敞"五日京兆"

---

① 《汉书》卷九七上《外戚传上》。
② 以上见《汉书》卷六八《霍光传》。
③ 《史记》卷一一九《循吏列传》司马贞《索隐》。
④ 以上见《汉书》卷八九《循吏传》。
⑤ 《汉书》卷八九《循吏传》。

的逸事等等，都堪称典型。

赵广汉，字子都，涿郡蠡吾（今河北博野西南）人。昭帝时曾以京辅都尉守京兆尹。由于把一向豪侠、放纵宾客为奸的京兆掾杜建收案致法，而受到京师舆论的称赞。宣帝时，再度担任京兆尹。其"天性精于吏职"，为人强力，接见吏民可通宵达旦，尤其善为"钩距"之术。"钩距者，设欲知马贾，则先问狗，已问羊，又问牛，然后及马，参伍其贾，以类相准，则知马之贵贱不失实矣。"实际上这是一种由此及彼的推断方法。因为广汉精于此法，故对郡中盗贼、闾里轻侠的根株窟穴所在，以及官吏贪赃受贿之奸，都掌握得清清楚楚，收到"发奸擿伏如神"之效，从而"京兆政清，吏民称之不容口，长老传以为自汉兴以来治京兆者莫能及"。① 当霍光死后，其摧辱霍氏及贵戚大臣无所回避。元康元年（前65）在审理丞相府侍婢被笞自杀案中，因"摧辱大臣"等罪被腰斩。② 当广汉下狱时，长安吏民守阙号泣者数万人，甚至有愿代死者。

尹翁归，字子兄，原为河东平阳（今山西临汾西南）人，后徙居杜陵（今陕西西安东南）。霍光秉政时，霍氏家奴在平阳市面上公然行凶，吏不能禁。翁归担任市吏后，便无人再敢违禁了。他为吏公廉，从不接受馈赠。后受太守田延年赏识，被委为都邮，从此步步晋升。及征拜东海太守，赴任前向廷尉于定国辞行。定国家在东海，原拟把两位家乡青年托他带往任上安置，但经过与翁归交谈，终不敢提出这一请求。翁归治东海，极重调查研究，故对郡中吏民的好坏及奸邪罪名，全都了如指掌。县县均有簿籍，专门登记各种情况。他令各县收取黠吏豪民，案致其罪，又捕杀郯县豪猾许仲孙，使"一郡怖栗，莫敢犯禁"，"东海大治"。以高第入为右扶风，"治如在东海故迹，奸邪罪名亦县县有名籍"。他选用廉洁公平、疾恶如仇的掾吏担任重要职务，推行政令，把打击重点对准豪强。"京师畏其威严，扶风大治，盗贼课常为三辅最。"③ 他为政虽严苛，但一向廉洁自守，在公卿间从不谈及私事，也不以行能骄人。死

---

① 以上见《汉书》卷七六《赵广汉传》。
② 赵广汉死年，《汉书·宣帝纪》系于元康二年（前64），此据《资治通鉴》。
③ 以上见《汉书》卷七六《尹翁归传》。

后家无余财，颇负盛誉。

韩延寿，字长公，由燕徙居长安杜陵。历任淮阳、颍川、东郡太守，政尚礼义，好古教化，所至必聘贤士，修治学官，移风易俗，广谋议，纳谏争，是故令行禁止，"吏无追捕之苦，民无棰楚之忧，皆便安之"，由于政绩卓著而入为左冯翊。为不增添百姓负担，到任一年多都不肯外出视察。后经下属力劝，才于春月行县劝励农桑。当至高陵时，正巧碰上兄弟二人为争夺田产告状而相互指责，延寿非常伤心，认为这是自己"不能宣明教化"的过失，于是"移病不听事，因入卧传舍，闭阁思过"。一时县里莫知所为，大小官吏"皆自系待罪"；告状的两兄弟也深自追悔，"皆自髡肉袒谢，愿以田相移，终死不敢复争"。此事使"郡中歙然，莫不传相敕厉"，争讼斗殴之事基本绝迹。延寿就是如此推其至诚，取得了吏民的拥戴。然而延寿与萧望之有矛盾，两人互相揭发。后以上僭不道、诬陷典法大臣等罪判处延寿弃市。临刑前，吏民几千人送至渭城，老少扶持车毂，争献酒炙。延寿不忍谢却，逢酒便饮，"计饮酒石余"，表示"死无所恨"。[①]百姓莫不流涕。

张敞，字子高，原籍河东平阳，其家先迁茂陵，后徙杜陵。曾任太仆丞，因切谏昌邑王显名。宣帝擢为豫州刺史，复拜太中大夫平尚书事。因违忤霍光，出为函谷关都尉，后历官山阳太守、胶东相，皆有治绩。当时京师长安社会秩序混乱，偷盗尤多，于是朝廷特调敞任京兆尹。敞到任后，先向长安父老求问，查出盗窃团伙头目数人。原来此辈都是些生活优裕、出有车马的阔人，闾里中甚至把这些人看作长者。张敞召见他们，当场宣布其罪行，同时也表示可以给他们戴罪立功的机会。其中一偷长请求官府委任他们以吏职，一则便于效力，再则也可避免引起诸偷的惊惧。张敞答应了，并让他们回去休假。众头目在家设宴庆贺高升，小偷莫不前来贺喜，一个个喝得酩酊大醉，偷长借机以赭色其衣。张敞命人在街巷守候，按标记捕捉，一日捕得数百人。从此"市无偷盗"，受到皇帝称赞。敞为人敏疾，其政颇杂儒雅，不纯用诛罚。朝廷每有大议，应

[①] 以上见《汉书》卷七六《韩延寿传》。

奏得体，多为采纳，公卿莫不钦佩。然无威仪，罢朝后路经章台街，总以盖扇遮面。盛传他为夫人画眉，长安舆论非之，终不得大位。因杨恽获罪被诛事牵连，被劾奏当免官。掾属絮舜讥之为"五日京兆"，不肯听命。敞遂案杀絮舜。临刑前，敞使主簿拿着自己的手令对舜说："五日京兆竟何如？"① 以后，"五日京兆"便成了形容任职极短或即将去职的成语典故。

七、石渠阁会议

甘露三年（前51），在京师长安未央宫北汉国家收藏图书秘籍的场所——石渠阁（见图5-5），宣帝诏诸儒讲五经同异，这就是著名的石渠阁会议。不论从哪种角度去看，这次会议都是当时政治与文化生活中的一件大事，自然也是古代陕西历史的大事之一。

图 5-5　汉长安城遗址——石渠阁

汉宣帝召开石渠阁会议，同汉代经学的发展有关。

经学就是儒学。"经"指孔子手定的儒家文献。汉初，民间私藏的未被秦火焚烧的经书陆续重新面世，在流传中形成不同派别，如《诗》便有齐、鲁、韩三家等等。自汉武帝罢黜百家表彰儒术后，经学发展迅速，所繁衍出的新流派可谓五花八门。这些新生学派为了争取自己的政治地位和学术地位，极力使

---

① 以上见《汉书》卷七六《张敞传》。

其学说迎合当时统治者的需要，而争取地位的关键，就在于使本派学说立为博士。博士一官，始见于战国。秦时有博士七十人，掌通古今，辨然否。西汉初，设有治各家之学的博士若干人。至武帝建元五年（前136）置五经博士后，乃专主儒学。当时所立共五经七家博士：即《诗》三家，《书》《易》《礼》《春秋》各一家。七家各设博士官一员，缺后辄补。随着经学的发展，各学派激烈竞争博士之位，遂使增加博士的问题被提到议事日程上来。这就成为召开石渠阁会议的一个重要原因。

此外，在经学发展过程中，各流派为避免他派的攻难，一味追求僻碎之义，故意搞许多便辞巧说，以破析文字之形体，"说五字之文，至于二三万言"①，结果使经学变成了一种烦琐哲学。宣帝本好刑名，多用文法之吏，尽管他深谙"霸王道杂之"的妙用，但对经学繁碎之弊十分反感，甚至认为"俗儒不达时宜"，"使人眩于名实，不知所守，何足委任"。②为减省繁多的章句，需要对五经同异有所裁定。这则是召开石渠阁会议的另一个重要原因。

史载，石渠阁会上，由名儒太子太傅萧望之等"平奏其议"，宣帝"称制临决"，亲自做了总结。"乃立梁丘《易》、大小夏侯《尚书》、穀梁《春秋》博士。"③这当中，尤其关于穀梁《春秋》是否应立博士问题，曾展开激烈的辩论。穀梁《春秋》是战国时穀梁子④对《春秋》所做的解释，由于时人把"孔子所定谓之经；弟子所释谓之传"⑤，故穀梁《春秋》也叫《春秋穀梁传》，或简称《穀梁传》。其学在立为博士之前就已长期盛行。宣帝即位，听说祖父卫太子好《穀梁》，所以对该学也产生了极大的兴趣。他组织《穀梁》学者选郎教授，经多年准备，才于石渠阁会上议置博士。因为《穀梁》与《公羊》同经，而《公羊》已立有博士，故对是否再立《穀梁》博士，自然会产生不同看法。当时，《公

---

① 《汉书》卷三〇《艺文志》。
② 《汉书》卷九《元帝纪》。
③ 《汉书》卷八《宣帝纪》。
④ 穀梁子之名，颇有异说。或以为名赤，或以为名寘、名喜，或以为名俶字元始。
⑤ 皮锡瑞：《经学历史》，周予同注释，中华书局2008年版，第67页。

羊》派一边是《公羊》博士严彭祖与侍郎申挽、伊推、宋显四人，《穀梁》派一边是议郎尹更始与待诏刘向、周庆、丁姓四人。《公羊》派感到难以压倒《穀梁》，便请《公羊》家侍郎许广与会。《穀梁》派当然不甘示弱，亦请《穀梁》家中郎王亥参加。双方辩争结果，《穀梁》派取胜。①

有关石渠阁会议的情况，后来曾汇编成《石渠奏议》一书，又名《石渠论》。可惜所辑奏议今佚，仅在唐人杜佑所撰《通典》中保存有若干片段。两汉历史上如此诏群儒论定五经异同的会议，东汉章帝建初四年（79）曾再次在白虎观举行。著名史学家吕思勉指出："石渠、虎观，用意相同，皆为减省烦多也。"②其说虽不尽确，但也不无道理。

第二节　衰世京畿

自元帝（前48—前33年在位）开始，西汉王朝步入急剧衰落阶段。其后经成帝（前32—前7年在位）、哀帝（前6—前1年在位），便陷入所谓的"三七之厄"。衰世京畿发生的一系列事件，为古代陕西历史留下了令人无限感叹的篇章。

一、三代昏君

我国历史上的开国之君，大多是有为的帝王。一个王朝的兴盛，也每每同若干代贤明的君主有很大关系。而其末世的衰败，则多是数代昏君执政所致，民不聊生，内忧外患交加，最后导致王朝崩溃。如果说秦代二世而亡算是一个特殊的例外，那么，历经十多位帝王、二百余年的西汉王朝，可算是体现上述规律的典型了。西汉的衰亡，固然是帝国内部生产力与生产关系矛盾发展的必然结果，但与元、成、哀连续三代皇帝的昏庸无能亦密不可分。

元帝名奭，"柔仁好儒"。其父宣帝曾叹喟："乱我家者，太子也！"③

---

① 认为《穀梁》为古文经的学者把此作为经今古文之争的开始。
② 吕思勉：《秦汉史》下册，上海古籍出版社1983年版，第758页。
③ 《汉书》卷九《元帝纪》。

即位后，朝中便出现了以名儒萧望之、周堪等为一方，以宦官弘恭、石显及外戚史高为另一方的两大政治派别。萧望之等不失为统治阶级中有一定远见卓识的政治家，而宦官、外戚集团中的人物多是图谋私利、贪婪庸鄙的小人。因此，宦官、外戚专权就意味着统治阶级的统治更加腐朽和黑暗。在两派斗争中，表面上看，元帝似乎有时倾向于萧派，但实际却一屁股坐在反萧派一边。他酷爱音乐，不亲政事，认为"中人无外党，精专可信任"[1]；而对于"君人之道"几乎一窍不通，甚至连奏章中"请谒者召致廷尉"[2]即下狱都不懂。反萧派正是利用他的昏庸无能，用他的手逼死了萧望之，从而使宦官擅权，外戚恣纵，政治日趋黑暗。这就更加速了土地的集中、小农经济的破产。尽管元帝也曾下诏减免田赋徭役，以公田苑囿赋假贫民，但也无法挽救王朝的衰败。旧史家评论说元帝"牵制文义，优游不断，孝宣之业衰焉"[3]，是有一定道理的。

成帝名骜，字太孙。这是位"湛于酒色"[4]的荒淫君主，昏庸程度远在其父元帝之上。早在为太子时，他就"幸酒，乐燕乐"[5]，是个酒色之徒，即位后更是大肆采良家女子备后宫以满足淫欲。尤其赵飞燕、赵合德姊妹得宠后，奢侈淫逸，"自后宫未尝有焉"[6]。这位好色帝王还经常微服出宫，至市里郊野斗鸡、走马。如此荒唐的国君，自然无心顾及朝政，而把政事交给元舅王凤，任为大司马大将军领尚书事。王氏诸舅亦皆拜为列侯。外戚专权，胡作非为，使政治更加黑暗。成帝又营建昌陵（说详后），费以巨亿，以至天下匮竭，百姓流离，饿死于道路者数以百万计，各地人民反抗斗争此起彼伏，西汉王朝迅速衰落。吕思勉先生说得好："汉治陵夷，始于元帝，而其大坏则自成帝"；"朝政自

---

[1] 《汉书》卷九三《佞幸传》。
[2] 《汉书》卷七八《萧望之传》。
[3] 《汉书》卷九《元帝纪》赞。
[4] 《汉书》卷一〇《成帝纪》赞。
[5] 《汉书》卷一〇《成帝纪》。
[6] 《汉书》卷九七下《外戚传下》。

此乱，外戚之势自此成，汉事遂不可为矣"。①

哀帝名欣，为元帝庶孙，定陶恭王之子。成帝无嗣，于临死前一年立欣为太子。即位后，削弱外戚王氏权势，但又大力扶植外戚丁氏、傅氏。他嬖幸"为人美丽自喜""性柔和便辟，善为媚以自固"的董贤，"出则参乘，入御左右"，②两人甚至同床而寝。董贤除仪貌漂亮之外，并无实际本领，却被封为大司马大将军，位居三公，权倾当朝，骤然暴富，其财产达四十三万万，比西汉政府"都内钱四十万万"③还多。哀帝在三代昏君中自然位次虽排于最后，但其荒唐可笑的程度却应名列前茅。史载其患"痿痹"之症，不断加剧，在位仅七年便一命呜呼了。

三代昏君在京师长安将近半个世纪的表演，无疑是陕西古代历史舞台上的悲剧。

二、陵县划归三辅

汉代三辅境内存在着一种特殊的行政区——陵县（或称陵邑）。其设置于皇帝陵墓附近，某些特殊情况下，如在未与先帝合葬的皇帝之母的陵区，或死时未以帝陵礼仪入葬的皇帝父母的陵区，亦有设置。西汉共置陵邑11座，具体如下表所示：

表 5-1 西汉陵邑表

县名	设置地	始置时间	备注
长陵邑	汉高祖刘邦长陵。隶左冯翊，在今咸阳市渭城区正阳街道怡魏村	汉高祖时	城址平面呈长方形，南北2200米，东西1245米。陵邑与陵园南北相邻。城垣修建于高后六年（前182），无东墙，户五万零五十七，口十七万九千四百六十九
安陵邑（安邑）	汉惠帝刘盈安陵。隶右扶风，在今咸阳市渭城区正阳街道白庙村附近	汉惠帝时	城址平面为长方形，东西1548米，南北445米。邑中居有自关东迁徙来的倡优乐人五千户，故又称"女啁陵"

① 吕思勉：《秦汉史》上册，上海古籍出版社1983年版，第181页。
② 《汉书》卷九三《佞幸传》。
③ 《汉书》卷八六《王嘉传》。

续表

县名	设置地	始置时间	备注
霸陵邑	汉文帝刘恒霸陵。隶京兆尹，在今陕西西安东北郊	汉文帝九年（前171）	原名芷阳，为秦县，文帝更名。文献记载，霸陵邑在霸陵北10里，灞河东岸田王村一带
阳陵邑	汉景帝刘启阳陵。隶左冯翊，在今陕西西安市高陵区泾渭街道一带	汉景帝五年（前152）	原名弋阳，景帝更名。据文献，阳陵邑在阳陵东2里
茂陵邑	汉武帝刘彻茂陵。隶右扶风，在今陕西兴平东北	汉武帝建元二年（前139）	户六万一千零八十七，口二十七万七千二百七十七。据文献，茂陵邑在茂陵东2里。今兴平南位镇道常村东窑匠沟以西，有东西1500米、南北700米的常常出土汉代文物的地区，或许即邑之所在
平陵邑	汉昭帝刘弗陵平陵。隶右扶风，在今陕西咸阳西北	汉昭帝时	邑位于平陵东，其范围西自平陵，东至北上召村，南起渭惠渠，北到庞村一带，东西和南北长1500—2000米
杜陵邑	汉宣帝刘询杜陵。隶京兆尹，在今陕西西安市雁塔区曲江街道三兆村西北	汉宣帝元康元年（前65）	城址为长方形，东西2100米，南北500米。故杜伯国，宣帝更名。文献记载有户三万，学者推断人口当在三十万以上
万年县（万年邑）	汉太上皇万年陵。隶左冯翊，在今陕西西安市阎良区境内	汉高祖时	城址平面为长方形，东西2500米，南北1600米。宫殿区分布在城址中部，手工业作坊分布在城东北与东南。其与汉栎阳城实为一城两名
南陵邑	汉高祖薄姬南陵。隶京兆尹，在今陕西西安市灞桥区狄寨街道北大康村附近	汉景帝二年（前155）	《汉书·地理志》载南陵文帝七年（前173）置，当为开始修筑南陵
云陵邑	汉武帝钩弋夫人云陵。隶左冯翊，在今陕西淳化铁王镇赵家村北、塔尔寺南、冠家村东、古城村西邻	汉昭帝时	城址平面为长方形，南北700米，东西370米。研究者推断，其人口不少于十万
奉明县	汉宣帝父史皇孙刘进及夫人王翁须奉明园。隶京兆尹，在今陕西西安玉祥门西	汉宣帝元康元年（前65）	东汉时其县废置

陵邑的设置，一般都追溯到秦始皇所置的丽邑。早期的陵邑，与陵墓相距较远，如丽邑与始皇陵相距10里，万年邑与万年陵距离22里等。为了便于"供奉山园"，自汉高祖长陵邑开始，将陵邑筑于帝陵旁。但从汉文帝开始，陵邑又与帝陵保持一定距离，少者一二里，多者五六里。陵邑大多分布在帝陵北部或东部，唯杜陵邑位于帝陵西北（可能因地理环境的限制）。关于陵邑的作用，供奉陵园自然是非常重要的，另外，从秦汉均向陵邑大量徙民的事实分析，其明显含有消除不安定因素，巩固中央集权，繁荣陵邑地区经济、文化的作用。当然，随着徙民政策的变化，不同时期陵邑的具体功能亦略有不同。如西汉初向长陵邑和安陵邑主要迁徙关东大族，陵邑发挥了加强对发达的关东地区实施政治控制的作用；西汉中期诸陵邑，以迁徙高訾富人、豪杰兼并之家为主，这则是朝廷为在经济上控制全国，分化瓦解豪富兼并势力而采取的措施；等等。

总的来看，西汉陵邑是官宦富豪的聚居地，是当时人口最稠密的地区，而其人口的政治、经济和文化素质也较高。一般说来，执政皇帝的陵邑中，达官显贵和社会名流最为集中。随着皇帝的更替，权贵名流又迁居新皇帝的陵邑，这有助于强化当政帝王的权威。由于陵邑人口来自四面八方，致使风俗"五方杂厝"，加之权贵们生活奢侈无度，遂造成治安的混乱难理。本来三辅在全国就是一个与其他郡国不同的"特区"，而陵邑的特点又使它成为特区中的特区。西汉政府将陵邑归属于中央九卿之一的奉常（太常）直接管理，固然与其供奉山陵的功能有关，但强化控制的意图也是显而易见的。一般情况下，诸陵邑的县令，其社会名望、政治地位均高于一般县令。某些情况下，差距还相当大。如高后六年（前182），"秩长陵令二千石"①，这实际是郡守的级别。

汉元帝永光四年（前40），诸陵邑开始改隶于三辅，从而结束了陵邑直属中央太常的历史。这是西汉陵邑行政管理上的一大变局，此后，陵邑的县令成

---

① 《汉书》卷三《高后纪》。

为三辅长官的下属。不过实际上，陵邑的县令们并不把三辅长官放在眼里。如萧望之之子萧育担任茂陵令时，曾替漆令郭舜辩解，不怕得罪上司右扶风，甚至"案佩刀"拒绝上级的"传召"，并准备"去官"，[①]后元帝召拜其为司隶校尉，又至扶风府门大摆威风。这虽属特例，但由此亦可想见其一般情形。

三、昌陵的营建与罢建

前文讲武帝"兴建茂陵"时曾指出，中国古代帝王即位后立马便着手为自己修建陵墓，美其名曰"寿陵"。汉成帝虽是昏君，但在修陵问题上却一点儿也不糊涂。（见图5-6）他即位次年，就选定渭城的延陵亭为建寿陵之地。

延陵位于今陕西咸阳市渭城区周陵街道严家沟村，处于元帝渭陵和昭帝平陵之间。当延陵建造十年之后，成帝却突然对另一块地方感兴趣，于是决定重新建陵，名曰昌陵，其地位于今西安市灞桥区许王村南。而新建昌陵一开始又同某些朝臣力图恢复元帝时已作罢的帝陵不复徙民起邑的要求及政治活动交织在一起，搞得相当曲折、复杂。

图5-6 汉成帝像

昌陵所在地地势低下，填土工程量巨大，时任将作大匠的解万年曾夸下海口说三年即可将陵建成，然而建了五年，仍无法竣工。所动用卒徒工庸，以巨万数，至燃脂火夜作，取土东山，与谷同价。如此劳民伤财，工程实在是进行不下去了。永始元年（前16），在朝臣一片反对声中，成帝只好下诏，停建昌陵，复还归延陵。不过事情总得找个替罪羊垫背，于是解万年等被流放敦煌，算是对朝野有一个交代。统治者这般瞎折腾，老百姓如何受得了！

四、毁庙罢园之议与天地祀典改革

西汉末，由部分大臣领头，掀起了反淫祀的斗争。这主要指元、成时的毁庙罢园之议与成、哀时的天地祀典改革。本来当时的社会就已经乱糟糟的，加

---

① 《汉书》卷七八《萧望之传》附《萧育传》。

上这先后数十年祭祀方面的反复变更，可谓火上添油。而这许多事，都是在长安附近进行的，就不能不给陕西历史留下深刻的印记。

"毁庙罢园"，指将不合于礼法规定的宗庙与园寝予以裁汰。宗庙是古代帝王、诸侯或大夫、士祭祀祖宗的处所。园寝或称陵寝，即帝王陵墓之寝殿建筑。前者大约产生于原始社会后期。由于人类代代相传，要对所有的死者一一立庙祭祀显然不可能，于是便有了许多限制性规定，如周代庙制：天子七庙，诸侯五庙，大夫三庙，士一庙。后者出现较晚，为秦所创立。其本来用以放置墓主的起居衣服象生之具，后亦用于祭祀。西汉的宗庙，大大超越了古制，而园寝的设置，亦泛滥无度。庙园祭祀管理的巨大人力物力耗费，成为一项沉重的社会负担。面对这种现实，统治阶级内部某些有识之士，认为淫祀无福，宜定宗庙迭毁之礼，实行天子七庙之制。元帝朝的贡禹最先提出了这方面的奏议，可惜未及实行，他便死去了。

永光四年（前40），元帝追思贡禹奏言，在丞相韦玄成等大臣支持下，裁减了"郡国庙"①及部分园寝。次年决定以高祖为太祖、文帝为太宗、景帝以下为四亲庙，余庙皆毁。后又罢孝文太后、孝昭太后寝祠园。这一毁庙罢园之举，史称"元帝改制"。改制中还蠲除了吕后时颁定的擅议宗庙园寝者弃市的法令，多少具有一些积极意义。

当建昭三年（前36）韦玄成死后，情况发生了变化。原来一向文弱的元帝患病，梦见祖宗谴责罢郡国庙，据说元帝的小弟弟楚孝王也做了同样的梦。元帝十分担心，而病又长期不见好转，于是便下令把所罢寝庙园一律恢复。元帝死后，匡衡奏言，认为恢复已罢诸祠卒不蒙福，因此二次将宜毁之庙园，悉罢勿奉。后来，由于成帝无嗣，加上建议罢诸祠的匡衡犯罪免官，于是又陆续恢复了所罢寝庙。哀帝即位后，又有大臣奏言，请求杂议迭毁之礼。总之，西汉后期关于宗庙园寝的罢置，正如《汉书·郊祀志》所说，是"或罢或复，至哀、平不定"。

---

① 西汉立国后，下令地方郡国立祖宗庙，称为郡国庙。仅高帝至宣帝期间，所立郡国庙就有167所之多。

古代对天地的祭祀礼典称作"郊社之礼"。"郊"指祭天帝，"社"指祭地神。西汉立国之初，仅有郊礼，至武帝时，郊社之礼始告齐备。不过这类祭祀，基本上是在方士的鼓动下进行的。其主要特点是随时随地立祠祭祀，以至汉国家奉祀的祠庙泛滥成灾。西汉末，儒生开始与方士在祭祀方面争夺阵地。他们根据儒家经典，要求改革以前的祭祀，于是出现了西汉末年天地祀典的改革。

成帝初立，采纳丞相匡衡、御史大夫张谭奏言，制定了新的祭祀天地礼典，称作"长安南北郊"，即"祭天于南郊，就阳之义也，瘗地于北郊，即阴之象也"，[①]同时罢废了原来的祭天地祠庙，迈出改革的关键一步。不久，又合祭天地，并审定国家奉祀的祠庙，只保留了208所合于礼制者，其他统统罢废。天地祀典的这一变革，与当时发生的第二次毁庙罢园合在一起，形成了西汉末年反淫祀的高潮。

然而，就在开始罢废甘泉、汾阴祠[②]的那天，"大风坏甘泉竹宫，折拔畤中树木十围以上百余"[③]，"郡国被灾什四以上"[④]。后来，力主祀典改革的匡衡也出了事，于是"众庶多言不当变动祭祀者"。恰值成帝无子，疑心这是由于迁废诸祠庙所致，遂下令恢复过去的天地祀典。不久，成帝死去，皇太后以卒不获祐之故，一气之下，"复南北郊长安如故，以顺皇帝之意也"。哀帝即位后常病，为祈求福祐，又把已罢废的祠庙逐步恢复。这样，"三十余年间，天地之祠五徙焉"。[⑤]

天地祀典改革与毁庙罢园之议虽为两事，但均属祭祀礼典的范畴，二者有密不可分的关系，实际上它们也是相互参合而发展的。这种祭祀方面的反复变化，正是西汉末政局动荡的折光，同时也是陕西古代这段昏暗历史的具体映像。

五、长安水警及"祠西王母"

衰世汉京，怪事迭起，长安城出现的水警及祠西王母活动，皆其中典型事例。

---

① 《汉书》卷二五下《郊祀志下》。
② 甘泉祠为祭祀"泰一"（即天帝）处，汾阴祠为祭祀"后土"（即地神）处。
③ 《汉书》卷二五下《郊祀志下》。
④ 《汉书》卷一〇《成帝纪》。
⑤ 以上见《汉书》卷二五下《郊祀志下》。

汉成帝建始三年（前30），关内连续大雨四十余日。七月某天，京师长安民众无故相惊，"言大水至，百姓奔走相蹂躏，老弱号呼"①，城中顿时大乱，"吏民惊上城"②。居渭河边虒上的小女陈持弓，听说大水将至，竟"走入横城门，阑入尚方掖门，至未央宫钩盾中"③。成帝得知消息后，"亲御前殿，召公卿议"。秉政的天子元舅大司马大将军王凤首先发表意见。他认为大水的传言属实，建议"太后与上及后宫可御船，令吏民上长安城以避水"。当时"群臣皆从凤议"，唯有左将军王商不同意这种看法，他讲："此必讹言也，不宜令上城，重惊百姓。"成帝采纳了王商的意见，没有做避水的准备。过了一段时间，"长安中稍定，问之，果讹言"。④一场大水暴至的虚惊，就这样又复平静下来。

长安水警是一个信号，它表明西汉社会的稳定已经丧失，任何风吹草动，都将会掀起巨大的波澜。据史书记载，类似长安水警这种无中生有之事，哀帝时又曾发生，那就是京师民众"祠西王母"的活动。

建平四年（前3）春，大旱。自正月开始，关东民众无故惊走，手持"稿"（禾秆）或"棷"（麻秆）一枚，传相付与，称作"行西王母筹"（或作"行诏筹"）。（见图5-7）"道中相过逢多至千数，或被发徒践，或夜折关，或逾墙入，或乘车骑奔驰，以置驿传行"，先后经历二十六个郡国，传至京师。这年夏天，长安城中民众聚会里巷阡陌，设张博戏之具，"歌舞祠西王母"。⑤人们"夜持火上屋，击鼓号呼相惊恐"⑥。同时又四下"传书"，

图 5-7 西王母画像图

---

① 《汉书》卷八二《王商传》。
② 《汉书》卷一〇《成帝纪》。
③ 《汉书》卷一〇《成帝纪》。
④ 以上见《汉书》卷八二《王商传》。
⑤ 以上见《汉书》卷二七下之上《五行志下之上》。
⑥ 《汉书》卷一一《哀帝纪》。

称:"(西王)母告百姓,佩此书者不死。不信我言,视门枢下,当有白发。"如此一直闹腾到秋天,才逐渐平静下来。当时著名的灾异学家杜邺认为,这是哀帝朝外戚丁、傅并侍帷幄、把持朝政的征应。但也有论者认为"丁、傅所乱者小,此异乃王太后、莽之应云"。① 这些论断自然都是附会之言,不足为信。实际上,此事本身不过是当时混乱社会的一个缩影罢了。

成帝朝的长安水警与哀帝朝的祠西王母,为陕西古史增加了颇具神秘色彩的一页。

六、汉哀帝的"再受命"

产生于战国末的"五德终始论",秦汉时极为盛行,并不断派生出新的理论体系。汉成帝时,有齐人名叫甘忠可,史载其"诈造《天官历》、《包元太平经》十二卷",创立了所谓的"再受命说"。他宣称:"汉家逢天地之大终,当更受命于天,天帝使真人赤精子,下教我此道。"甘氏手下教授有三大弟子:夏贺良、丁广世、郭昌。然而当时的中垒校尉刘向不赞成此说,遂"奏忠可假鬼神罔上惑众",把他下了狱。② 甘忠可最后便病死狱中。

甘氏虽死,但其弟子夏贺良等却继续鼓吹此说。哀帝即位之初,甘氏弟子郭昌任长安令。郭通过灾异学家李寻的关系,使贺良等皆待召黄门,多次受到皇帝的召见。夏贺良等人便乘机兜售"再受命"的理论,说"汉历中衰,当更受命",成帝由于"不应天命,故绝嗣";如今圣上长期患病,灾异屡现,这是"天所以谴告人也",应该赶快"改元易号",才能"延年益寿,皇子生,灾异息",否则必将"咎殃且亡"。身患"痿痹"之症的哀帝,对夏贺良的这些话颇感兴趣,并真的照此去做,宣布"再受命"了。再受命的诏书这样写道:

> 朕以眇身入继太祖,承皇天,总百僚,子元元,未有应天心之效。即位出入三年,灾变数降,日月失度,星辰错谬,高下贸易(指山崩

---

① 以上见《汉书》卷二七下之上《五行志下之上》。
② 以上见《汉书》卷七五《李寻传》。

川竭——引者注），大异连仍，盗贼并起。朕甚惧焉，战战兢兢，唯恐陵夷。惟汉兴至今二百载，历纪开元，皇天降非材之右，汉国再获受命之符，朕之不德，曷敢不通夫受天之元命，必与天下自新。其大赦天下，以建平二年为太初元年，号曰陈圣刘太平皇帝。漏刻以百二十为度。布告天下，使明知之。①

这段诏书共讲了三层意思：第一，皇帝自责罪己；第二，说明如今得皇天之助，将使天下自新；第三，宣布再受命的具体措施——改元易号，增益漏刻。这里值得注意的是，哀帝为什么用了"陈圣刘太平皇帝"这样一个称号。原来这是一种厌胜之术。所谓"陈"是指"舜后"，而"刘"则为"尧后"，"陈圣刘"即"舜后"胜"尧后"之意（"圣"为"胜"的通假）。整个称号是说，中衰的汉皇帝再次承受天命成为太平皇帝。这实际上把哀帝打扮成既为尧后又为舜后，既为自行禅让又为自行受禅的人，以此压制作为舜后的异姓受禅代汉。②

然而，骗术是经不住实践检验的。当再受命的诏令宣布之后，哀帝的疾病依然如故，汉王朝的国势也丝毫不见好转。相反夏贺良等志得意盈，竟妄想夺权。结果哀帝遂以"执左道，乱朝政，倾覆国家，诬罔主上，不道"③的罪名，把他们杀了。汉京长安舞台上演出的再受命的闹剧，前后历时不到两个月，便宣告结束。它生动地反映了西汉末年统治集团的愚昧无知，也留下了滑稽可笑的一幕。

七、经今古文之争的开始

哀帝即位之初，爆发了一场关于经学问题的激烈争执，是为汉代经今古文之争的开始。此事发生在汉京长安，在陕西史册上占有一席之地，构成陕西古史的重要内容之一。

---

① 以上见《汉书》卷七五《李寻传》。
② 此用赵克尧说。见《"陈圣刘太平皇帝"考》，载《社会科学战线丛刊》1980年第2期。
③ 《汉书》卷七五《李寻传》。

自汉武帝采纳董仲舒的建议，罢黜百家表彰儒术后，儒学成为汉官方独尊之学。不过当时使用的儒家经典，都是用汉世通行的隶书写定的，称作"今文经"。后来又出现了用汉以前古文书写的儒家经典[①]，称为"古文经"。最初，立于学官者全为今文经，古文经仅在民间传授。成帝时，刘向奉命整理校订国家藏书，其子刘歆也受诏帮助校理。据说刘歆在校书时，发现了一部用古文书写的《春秋左氏传》。"歆大好之"，认为"左丘明（即《左氏传》作者）好恶与圣人同，亲见夫子（指孔子），而公羊、穀梁在七十子（即孔子弟子）后，传闻之与亲见之，其详略不同"，从而认定《左氏传》是解释《春秋》最可靠的书。刘向死后，汉哀帝命刘歆代替父职，于是歆便请朝廷把《左氏春秋》以及《毛诗》《逸礼》《古文尚书》等古文经"列于学官"，由此而引发了经今古文之争。[②]

当时，刘歆的建议遭到今文学博士的反对。歆不甘示弱，遂写信"责让"反对者，这就是有名的《移太常博士书》。书中首先回顾了汉兴以来经学发展的历史，指出学官所传偏离其真的弊端；接着述说了"今圣上"如何"闵文学错乱"，下明诏试《左氏》可立否，却遭到"众庶""深闭固距"的事实；最后，指责太常博士们"专己守残，党同门，妒道真，违明诏，失圣意，以陷于文吏之议"。书信言语甚切，公布后"诸儒皆怨恨"，反对的声浪更加激烈。当时名儒光禄大夫龚胜以辞职表示抗议；另一名儒大司空师丹"大怒"，控告刘歆"改乱旧章，非毁先帝所立"。史载"歆由是忤执政大臣，为众儒所讪"，只好主动要求离开京城长安，到外面做地方官去了。[③]

汉代的经今古文之争，实际上是两种不同思想体系和政治派别之争。今文经学注重阐发"大义"，讲求"通经致用"以迎合统治阶级的政治需要，并逐渐与谶纬合流。古文经学则把儒经看作古代的历史材料，强调训释字句，探求

[①] 古文经是如何出现的，有许多说法：或以为出自孔子宅壁，或说发自皇家藏书，或讲献自民间。其中以武帝末鲁恭王坏孔子宅得古文经之说较为流行。

[②] 以上见《汉书》卷三六《楚元王传》附《刘歆传》。

[③] 以上见《汉书》卷三六《楚元王传》附《刘歆传》。

经文本义，而不注重理论的阐发，不凭空臆造。双方虽然各立门户，争论不休，但在歌颂先王、先圣，美化古代社会政治制度及为统治者服务等问题上还是一致的。从这种意义上来说，汉代的经今古文之争，就是儒家内部争夺"禄利之路"的斗争，是统治阶级争夺权力的一种表现形式。当然，从客观上来看，经今古文之争，由于彼此互相辩难，对学术发展也起了一定的促进作用。

哀帝死后，平帝继立，王莽秉政，刘歆被召回朝中，历任要职，成为当时文化学术事业的领导人。由于歆所提倡的古文经为王莽代汉提供了理论依据，故受到莽的青睐，《左氏传》等古文经皆被立于学官，设置博士，古文经学终于取得合法地位。

八、师丹限田限奴之议

西汉末，严重的土地兼并成为社会问题最大的症结，王侯官吏及豪富"多畜奴婢"的问题，也令社会稳定受到很大的威胁。

汉哀帝时，辅政大臣师丹建言限民名田及奴婢，以缓和社会矛盾。哀帝下诏令朝臣"其议限列"，丞相孔光、大司空何武随即制定了限定的额度和限制的措施。据《汉书·哀帝纪》记载，其要点如下：

上至诸王、列侯，下至吏民，拥有田产最多不过三十顷。

占有奴婢的数目，诸侯王不得超过二百人；列侯、公主不得超过百人；关内侯、吏民不得超过三十人。

商人不得拥有田产。

超过以上限量的，田畜奴婢一律没收入官。

然而，这一设想遭到当政外戚、官僚的激烈反对而未能实行。提建议的师丹本人，也因反对立哀帝祖母尊号忤旨，为外戚诬陷，免官废归乡里。社会问题既然未能解决，以后总还是会冒出来的。王莽改制所实行的"王田""私属"制，可以说就是师丹限田限奴议的延伸和扩展。可惜王莽也没能解决这一问题，而且栽得更惨。对此，我们后文再做交代。

第三节 王莽代汉及其改制

西汉末,外戚王莽专权,最终代汉而立,"定有天下之号曰新"①。他实行了一系列社会改革,史称"王莽改制"。他脱离实际,大搞复古主义,结果使各种社会矛盾急剧恶化,新莽政权在农民起义的烈火中迅速灭亡。王莽改制前后的历史,在陕西史册上留下了令人深思的一页。

一、从居摄到登基

王莽(见图 5-8),字巨君,魏郡元城(今河北大名东)人。汉元帝皇后王政君之侄,自称是黄帝的后代。其父早亡,但由于姑母王政君的缘故,王氏家族掌握着朝中大权。经伯父王凤推荐,莽步入仕途。初拜黄门郎,永始元年(前16)封新都侯。因告发淳于长之功,擢为辅政大司马,时年38岁。哀帝初立,他暂时失势,回封国杜门自守。当时很多人上书替他讼冤,又逢日食,贤良对策亦颂其功德,遂征还京师。不久哀帝去世,他诛灭政敌董贤,迎立9岁的汉平帝即位,再次出任辅政大司马,掌握了朝廷的全部大权。

元始五年(5),汉平帝已14岁,他越来越不甘心听凭王莽的摆布。随着平帝亲政时间的日渐迫近,权势赫赫的王莽心中时时涌起无可名状的恐惧。一年多以前,他不惜以牺牲世子王宇为代价,铲除了平帝之母卫姬的家族势力,阻止了朝中一些大臣策划归政卫氏的企图,而他与平帝之间的仇隙也由此难以弥合。

五月,王莽唆使以张纯为首的九百

图 5-8 王莽像

---

① 《汉书》卷九九上《王莽传上》。

零二名公卿大夫、博士、议郎和列侯联名上书，请求按照先秦的礼制和《周礼》《礼记》的有关经义，采用"九命之锡"①的特殊恩宠，以表彰王莽的辅弼功勋。此事得到元后的批准，并在未央宫前殿举行了隆重的典礼。然而王莽并不满足。接着在他的授意下，泉陵侯刘庆上书，请求援用周公居摄辅弼幼主成王之例，"令安汉公（王莽）行天子事，如周公"②。群臣又一同随声附和。不过此议被搁置下来。

进入冬季，平帝生了病，王莽认为时机已到。他一方面假惺惺地以周公为榜样，依样画葫芦地请命于泰畤，声言愿代平帝而死，并将策文藏于前殿，故意命令大臣们不得向平帝透露消息；一方面竟利用腊月"上椒酒"祝寿的机会，"置药酒中"③，毒死了平帝。事后，他大作姿态，宣布全国实行大赦，命令凡六百石以上的官吏都要服丧三年。

国不可一日无君。当时汉元帝的嫡嗣至平帝已经断绝，而宣帝的曾孙封王并健在的有五人，封为列侯的尚有四十八人。王莽见他们均已成人，难以驾驭，于是打出"兄弟不得相为后"④的旗号，将他们全都排斥在一边，却从玄孙辈中挑选出年仅2岁的广戚侯子刘婴为继承人。第二年三月，立为皇太子。王莽乘机要挟元后下诏，命王莽居摄，代行皇帝之权，处理一切军国大事。从此，王

---

① "锡"的特殊恩宠即赐。"九锡"相传是先秦时期天子尊崇股肱重臣的一种最高赏赐礼仪，《礼记》、《公羊传》注、《韩诗外传》、《汉书·武帝纪》注，对九种赐品各有不同说法。总括起来，所赐一般应包括车马、衣服、乐器、朱户、纳陛、虎贲、斧钺、弓矢、秬鬯等九种物品。但连齐桓公、晋文公也未能从周天子那里获此殊荣，可见先秦从未真正实行过此制。《汉书·王莽传》中记载王莽所获的物品，与上述记载有所出入，所赐的物品也不仅限九种，每种中多有配套的物件：（1）特制的衣服，配有绿色的蔽膝、佩刀的玉饰和方头丝鞋；（2）带有鸾铃的路车，饰有九条飘带的龙旗，以及配有一套皮帽和素服的战车；（3）分别漆有红漆和黑漆的弓箭；（4）红色或金色的斧钺，加上一套精制的甲胄；（5）用黑黍和香草酿制的用于祭神的酒两樽，还有玉制的酒勺；（6）青色玉石制作的圭；（7）红漆漆过的大门；（8）登殿堂所用的特制的踏阶；（9）三百名虎贲勇士以充安汉公府的守卫等。也就是说，没有乐器，但代之以青玉圭。从王莽开此例始，"加九锡"成为历代权臣篡位的前奏。
② 《汉书》卷九九上《王莽传上》。
③ 《汉书》卷一二《平帝传》颜师古注引《汉注》。
④ 《汉书》卷九九上《王莽传上》。

莽自称"假皇帝",臣民称他为"摄皇帝",公元6年也被称作居摄元年。西汉政权便名存实亡了。

王莽试图代汉的行为,很快引起统治集团中以刘氏皇族为代表的一部分势力的不满和反抗。

居摄元年四月,安众侯刘崇首先以"安汉公莽专制朝政,必危刘氏"[①]为由,率众一百余人进攻宛城(今河南南阳),旋告失败。

第二年九月,东郡太守翟义利用都试兵马的机会,集中兵力,拥戴严乡侯刘信为天子,号召天下,起兵反莽。天下为之震动,王莽惊慌失措,寝食不安,急调大军予以镇压。

三辅地区听说翟义起事,槐里(今陕西兴平东南)男子赵明、霍鸿立即响应,东起茂陵(今陕西兴平东北),西到汧县(今陕西陇县南),共有二十三个县的人与之响应,聚众达十万人之多,杀死右辅都尉和氂县(今陕西武功西)县令,乘长安空虚,直逼京师,"火见未央宫前殿"[②]。一时间,长安风声鹤唳,一片混乱。王莽慌忙抱着孺子婴来到郊庙之中,一边祷告,一边信誓旦旦地表示将来一定归政幼帝。

到了冬末,翟义军失败。转年春天,赵明和霍鸿也战败身亡。参与起事的三辅吏民的尸体,分别被王莽下令堆放在濮阳(今河南濮阳西南)、无盐(今山东东平东)、圉(今河南杞县南)、槐里、盩厔(今陕西周至东)等五地的通衢大道旁,立表木,上书"反虏逆贼鱬鲵"[③]六个大字,以威吓天下。

始初[④]元年(8)十一月,王莽好不容易刚刚定下心来,朝中期门郎张充等六人又密谋劫持王莽,拥立楚王刘纡为帝。不料谋事不密,被发觉而均遭处死。事已至此,王莽决心撕下伪装,加快代汉的步伐。

---

① 《汉书》卷九九上《王莽传上》。
② 《资治通鉴》卷三六。
③ 《汉书》卷八四《翟义传》。鱬鲵,指残暴的吞食小鱼的大鱼如鲸等,引申为罪魁。
④ "始初",《汉书·王莽传》作"初始",今从《资治通鉴》。又荀悦《汉纪》、韦庄《美嘉号录》和宋庠《纪年通谱》均作"始初"。说见《通鉴考异》。

西汉末盛行图谶与符命，此前广饶侯刘京上报齐郡发现了新井，车骑将军手下任千人官的扈云上言巴郡发现了石牛，而太保属官臧鸿也报告扶风出现奇石。这些征兆都被王莽视为可以改朝换代的证据。而正在长安游学的广汉梓潼（今四川梓潼）人哀章，见有机可乘，便精心伪造了一个铜匮，内放两个书检，其一署为"天帝行玺金匮图"，另一署为"赤帝行玺某传予黄帝金策书"，[①]声言西汉开国皇帝刘邦授意应把帝位让与真命天子，而此真命天子就是王莽，要皇太后顺应天命，转移国祚。并且还写明了八个在位大臣，以及哀章和两个杜撰的人王兴、王盛为辅佐新朝的大臣。当哀章将铜匮献给王莽时，王莽如获至宝，亲至高庙拜受铜匮。他以应天承命为名，逼使元后交出了传国玉玺。

始建国元年（9）春正月，王莽以居摄三年十二月癸酉朔为始建国元年正月之朔，以土德上黄色代替汉代火德上赤色，正式登基坐殿，建立新朝。于是一场轰轰烈烈开场而又凄凄惨惨告终的大改革便开始了。

二、托古改制

机关算尽的王莽，爬上新朝皇帝宝座后，面对天下汹汹、民怨鼎沸的社会现状，为显示新朝政权是"承天受命"、顺应民心的合法政权，他本人是能解民于倒悬的"真命天子"，于是从政治、经济等方面入手，殚精竭虑地发起了一场规模空前的托古改制活动。

王莽的确眼光独到，为获得最大限度的人民的拥护与支持，他毅然从关系到封建社会治乱根本的土地问题着手，下诏宣布实行"王田""私属"制。据《汉书·王莽传》与《汉书·食货志》记载，这一改革措施大致包括以下六个方面的内容：

（1）全国田地均归国家所有，不得买卖，称为"王田"。

（2）凡一家有八个男丁者，可有田一井，即九百亩。

（3）原有田亩超过规定亩数，即一家男丁不够八人，而田超过九百亩者，

[①] 见《汉书》卷九九上《王莽传上》。传文说："某者，高皇帝名也。"即指汉高祖刘邦。

将超额之田分给宗族或乡邻无田而应受田者。

（4）无田之家，应按上述制度从政府受田。

（5）奴婢不得买卖，改称为"私属"。

（6）凡攻击井田制度，煽动他人破坏法令者流放至边境。

从当时社会实际考察，这些措施并非欺骗性的一纸空文，也不是王莽凭空想象的产物，而是王莽依据当时土地兼并严重、奴婢数量不断增加的社会现状，从儒家的社会理想出发，按周代的井田制原则制定出的一套国家强制性重新分配土地、限制奴婢数量增多的措施。据陈直考证，虽莽制变更太速，时间太短，但王田制曾部分实行过，① 然而由于大地主与中小地主联合抵制，王田制无法进一步推广，结果引起"自诸侯卿大夫至于庶民"的广泛反对。究其原因，无非有以下三点：（1）以土地买卖为杠杆的土地私有制是春秋战国以来社会变革的决定性因素，于秦汉之际深入民心，不可动摇。而大土地所有制至西汉发展到上升时期，是当时社会生产力发展到一定阶段的必然产物，是与当时生产关系相适应的经济表征，不是王莽一纸公文可以取消得了的。（2）农民既是土地私有制的受益者，也是土地兼并的受害者。他们受土地买卖天公地道时代观念的束缚，从来也未正式向土地私有制发出挑战。农民对生活的渴望，主要集中在对土地的渴望上，而不在于取消土地私有制本身。（3）王莽的土地改革政策关键在于保证政府的土地税征收，以维系帝国的庞大开支，从来也没有真正顾及农民的利益。所以王莽的土地改革措施不仅无法扭转历史，还空自招来地主们的不满与反抗，而希望落空的农民的怨怼很自然地把王莽逼入两面夹攻的绝境。因此，当始建国四年（12）中郎区博上书痛陈利害后，王莽不得不无可奈何地下诏宣布：王田可以买卖，不再以原法拘治；犯有私自买卖人口罪的人，也得免于惩处。② 从而宣告了王莽"王田""私属"制的破产。前文我们说王莽在解决土地和奴婢问题上栽得更惨，正是基于这样的事实。

---

① 陈直：《汉书新证》，天津人民出版社1979年版，第477页。
② 见《汉书》卷九九中《王莽传中》。

建立新朝前，王莽为打击货币持有者，增加政府财政收入，曾多次改革币制。居摄二年（7），他以周代的钱币有母、子钱相权为理由，下令在西汉原来流行的五铢钱以外，增加三种钱：一是值五千钱的错刀；二是值五百钱的契刀；三是值五十的大钱。（见图5-9、图5-10）各种不同币值、不同形式的货币同时在市场上流通，特别是新币质量低劣，远不足货币所定之值，而政府又用这种劣质钱兑取人民手中的五铢钱，从中渔利，结果不但致使流通秩序混乱，而且造成了百姓对"新"莽货币的不信任。人民拒绝使用新币，王莽就用严刑酷法强制推行，以致出现了"民人至涕泣于市道"[①]的情景。

在严峻的事实面前，王莽不但未有所醒悟，反而突发奇想，即企图通过改变币制，抹去汉朝刘家天下留在人们脑海中的印记。因繁体"劉"字由卯、金、刀三部分组成，而金刀就是当时流通的五铢钱、大钱、契刀、错刀四种货币的代称。那么，不再把它们用作流通、交换的媒介，不就等于间接抹去了人们头脑中汉朝刘家天下的印记吗？于是始建国元年（9）、二年（10），王莽又两次下诏改革币制，颁行"宝货五品"，把货币分为五物、六名、二十八品。五物是指金、银、铜、龟、贝五种不同的币材；六名是六类货币的名称，即黄金、银货、龟币、贝币、布、泉；二十八品是二十八种货币的交换比值。如此混乱的币制，一齐投入市场，连王莽自己都不知道如何折算。因此，时过不久，王莽就不得不宣布取消龟、贝、布之类的货币，只准流行"小钱直一"和"大钱五十"两种。天凤元

图5-9 一刀平五千和契刀五百

图5-10 大泉五十

---

① 《汉书》卷九九中《王莽传中》。

年（14），王莽又进行第四次货币改革，废除大小钱，重申金、银、龟、贝币可用，又改用重五铢值一钱的货泉和重二十五铢值二十五钱的货布两种。事不尽此，昏头昏脑的王莽又多次改变币制，社会经济的紊乱便一发不可收拾。

王莽为了控制国家的经济运行秩序，于始建国二年依国师公刘歆的建议，下令根据《周礼》有赊贷、《乐语》有五均的记载，以及《周易》所谓"理财正辞，禁民为非"的原则，推行五均赊贷和"六管"。

五均赊贷即平抑物价和向民众贷款。据《汉书·食货志》记载，"五均"的内容是：

（1）在长安及洛阳、邯郸、临淄、宛、成都等城市，设五均官。长安分东西市，设令，各市有长，令和长都兼五均司市，称"五均司市师"。

（2）各城市置交易丞五人，钱府丞一人。

（3）工商各业，按其经营向市中申报，钱府按时向他们征税。

（4）各司市在每季度的第二个月评定出各种物品的法定价格。五谷布帛等物，人民如有卖不出的，五均司市师可按法定价钱收买。如果某种物品市价高于官价，政府就把控制的物资出售，以平抑物价。如果市价低于官价，则听人民自由交易。

赊贷的具体内容是：借钱给城市居民用于祭祀丧葬等，不收利息，祭祀以十日为限，丧纪以三个月为期，到期偿还；百姓要借钱治产业做生意的，收十分之一的年息或百分之三的月息。

六管就是由朝廷管理的六种经营事业，即对酒、盐、铁实行国家专卖，铜冶钱币由官府铸造，名山大泽由官家管理，加上五均赊贷，共为六种。这六种有关国计民生的重要经济事业全由国家统制，或课以重税，或由国家专卖，以防商人把持，投机牟利。

但由于在执行五均、六管政策时用人不当，大商人、豪富把持了五均、六管权，把这些政策变为他们掠夺财富的新手段，鱼肉人民，加重了人民的负担，引发了人民对"新政"的痛恨，因此到地皇三年（22），王莽垮台前一年，不得不下令废除六管令，承认这一政策的彻底失败。

王莽在进行经济改革的同时，还进行了一系列政治改革。

王莽言必称三代，事必据《周礼》，企图给臣民以唐虞再世的新印象。他煞费苦心地研究《周礼》，并依《周礼》改革典章制度，在西汉政权的基础上，以心腹爪牙为班底，根据五德、符命和杜撰出来的古史系统，改变了西汉的大批官名和秩禄之号，又增减了许多官职，从而建立了"新"莽官爵体系。

王莽初即帝位时，曾依照伪造的符命，封拜辅臣十一人，即"四辅""三公""四将"，合称"十一公"，形成最初的政府班底。以后又有所谓"新室十四公"。此外，王莽又封黄帝、少昊、颛顼、帝喾、尧、舜、夏、商、周及皋陶、伊尹、周公、孔子之后为公、侯。还根据《礼记·王制》及《周官》等典籍，改秩禄之号：三公之下有卿、大夫和士，大夫又分上、中、下，士中有元士、命士、中士、下士、庶士，共十等。始建国四年（12），王莽在长安南郊的明堂里堂而皇之地宣称，要依周制，对诸侯授茅土，裂地分封。事实上，朝廷连分封的图册都没有准备好，根本无法实授国邑。于是被封的二千多名公、侯、伯、子、男、附城等，只得暂在京城供职，每月给几千钱花销。在物价飞涨的长安城中，几千钱根本不敷用度，害得这批受封者吃不饱、穿不暖，甚至沦为富人的帮佣。

新莽政权变易汉官制有两种情况。其一是增加新官职，如在中央政府中增设大司马司允、大司徒司直、大司空司若、五威司命等官，地方则设州牧副、部监副等。其二是改易汉官名，如在朝廷中改大司农为羲和，再改为纳言，改大理为作士、中尉为军正等，地方官中太守改称大尹，又名卒正或连率，县令、长则叫作宰等等。

王莽还以《王制》为蓝本，对州郡县的名称和区划，首都、宫殿及城门名称均做了较大的变动。如改长安为常安、长乐宫为常乐宫等等。不仅如此，王莽对匈奴及西南少数民族首领的名称和官号、玺印也加以改变。如把匈奴单于称为"降奴服于"。这一轻率的明显带有污辱性的举动，招致双方兵戎相见。

王莽改制，在形式上大搞复古主义，其目的一为稽古以示新，一为调整各种社会关系，借以巩固新政权。但由于他无知愚蠢、多疑善变，一切举措换来的是政治、经济、外交、军事各方面均纷乱如麻，社会矛盾不仅没有得到丝毫缓解，反而更加恶化，风波迭起。于是新莽政权在"改制"声中走向灭亡。

三、制定"元始之制"与兴建大型礼制建筑

西汉后期，随着儒家正统地位的完全确立与发展，一些儒生出身的官吏依据儒学典籍的说法，对西汉立国后所建立起来的具有很强随意性的祭祀典礼提出批评，并要求以儒经为准给予更正，如此就出现了前文所述的长达数十年的天地祀典变革和毁庙罢园之议。直到平帝朝，由秉政的王莽亲自牵头，将儒家经典与方士学说、阴阳五行糅合在一起，建立了一套符合儒家规范的相当繁复的祭祀制度。由于平帝的年号为元始，所以这套祭祀制度被称作"元始之制"。

在古人眼里，祭祀活动是"国之大事"，有所谓"邦都之赋，以待祭祀"之说。尽管王莽手定"元始之制"，主要是为其取代汉室的政治目标服务，但他严格按照儒典制礼也树立了祭祀制度的范式。后来，即便是反莽起家的刘秀及其继承者们，虽然在政治上完全打倒了王莽，但在祭祀礼典方面却不能不全面继承王莽，即史书所称"采元始中故事"。由此可见，王莽所制定的"元始之制"，在古代祭祀制度发展史上还是具有重要意义的。

元始年间，辅政的王莽不仅在祭典方面制定了"元始之制"，还奏请在长安南郊兴建明堂、辟雍、灵台等礼制建筑。所谓"明堂"，为古时天子宣明政教的建筑物。东汉郑玄注称："明堂者，明政教之堂。"汉武帝时，曾依公玉带所上黄帝《明堂图》造于汶上，并祠泰一、五帝，其后或兼作处理政事之所。辟雍本为周天子所设太学。有一种说法认为，古太学有五部分，中曰辟雍，东为东序，南为成均，西为瞽宗，北为上庠，是为五学。《礼记·王制》则讲："大学在郊，天子曰辟雍，诸侯曰頖宫。"总之，把辟雍理解为当时的高等学

府应不致大谬。王莽在建辟雍同时，还"为学者筑舍万区"[1]，研究者普遍认为这上万间房舍是给辟雍建造的，与辟雍成龙配套。灵台为古代观测天象的高台，全国不少地方都有此类建筑。周文王曾建灵台，位于今西安市西沣河附近。汉成帝亦曾在长安西南建造清台，后改称灵台。以上这一系列建筑，在一年左右时间内便全部竣工了，速度还是很快的。这或许可以看作王莽的一项文化建设成就吧！

王莽称帝之后于地皇元年（20）又搞了一次礼制建筑的大手笔，在长安城南用地百顷建造九庙。这里的"庙"即宗庙，为古时帝王、诸侯或大夫、士祭祀祖宗的处所。"九庙"指祖庙五加亲庙四，具体为：（1）黄帝太初祖庙；（2）帝虞始祖昭庙；（3）陈胡王统祖穆庙；（4）齐敬王世祖昭庙；（5）济北愍王王祖穆庙；（6）济南伯王尊祢昭庙；（7）元城孺王尊祢穆庙；（8）阳平顷王戚祢昭庙；（9）新都显王戚祢穆庙。其中，（1）至（5）为祖庙，"凡五庙不堕"；（6）至（9）为亲庙，庙主按昭穆轮番，易一世一迁，以保证对血缘最近祖先的祭祀。史称九庙"殿皆重屋。太初祖庙东西南北各四十丈，高十七丈，余庙半之。为铜薄栌，饰以金银雕文，穷极百工之巧"[2]。这样一来，九庙加上元始年间所建明堂、辟雍、灵台等，在长安城南郊就形成了一个空前庞大的文化新区。如此大规模建造大型礼制建筑于长安城南，遂使这座城市的布局发生了明显变化，即由西汉初、中期的东向布局，变作了南向布局。这在长安城建设史上应该说是一件大事。（见图5-11）

需要指出的是，上述长安城南郊王莽兴造的那些礼制建筑，在新中国成立后的考古发掘中多有发现，其中，最引人注目的是元始辟雍遗址和地皇九庙遗址。

"元始辟雍"指汉平帝元始四年（4）王莽所建造的辟雍。其遗址位于今西安市西郊大土门村。遗址分三部分：中心建筑；围墙，四门，围墙四隅的曲尺

---

[1] 《汉书》卷九九上《王莽传上》。
[2] 《汉书》卷九九下《王莽传下》。

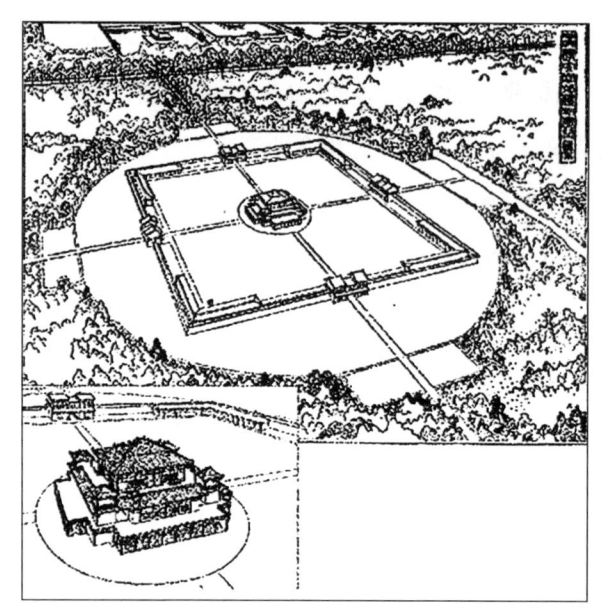

图 5-11　长安南郊礼制建筑复原示意图

形配房；遗址周围的圜水沟。中心建筑建造在一个直径达62米的圆形夯土台上，正中是夯土建筑的平面呈"亚"字形的台基。台基上应是"主室"及其四隅的"夹室"建筑。台基四边有"四堂"，四堂之内又各有抱厦、厅堂之类的设置。研究推测，中心建筑可能是一座三重屋檐的高大建筑物。外围墙呈方形，夯土建造。每边围墙的正中各有一门道。门道中有木门槛痕迹，两旁有土台，台上应有门楼，如同城门楼。围墙四隅有曲尺形配房，似为廊屋，或为守卫人员的居室。围墙外面有圜水沟，其与四门相对处又各有长方形的小水沟，北边的小水沟与一条西来的河渠相通。

也有研究者认为，辟雍为明堂外围的圜水，是明堂的一部分。因此上述大土门的建筑遗存应叫作"元始明堂"遗址，或曰"元始明堂辟雍"遗址。

"地皇九庙"指新朝地皇元年王莽兴建的宗庙。位于长安城安门和西安门南出的平行线之内，具体讲就是长安城南城墙以南1公里外，适处安门以南沿线西侧，西安门以南沿线东侧一带。遗址内有单体建筑12座，建筑形式全同，发掘报告将其编为1—12号建筑遗址。在1—11号建筑的外边有周环方形大围墙，12号建筑在它的南边正中，其北围墙距大围墙仅10米。每座建筑都由中心建筑、围墙、四门和围墙四隅的曲尺形配房组成。中心建筑和围墙的平面均作方形，轮廓如"回"字，规矩方正，分毫不差。1—11号建筑，大小相仿，间距相等。分三排，东西并列，由西而东顺序编号。北排的1—4号遗址与南排的8—11号遗址，方位一致，南北对应；中排的5—7号遗址错落于南北排之间。12号建筑的围墙大小与1—11号的围墙无别，但12号的中心建筑比1—11号的中心建筑约大一倍，细部结构也稍有区别。每处遗址的中心建筑在整个遗址的正中间，方形，每边长55米（12号中心建筑每边长约100米），四面对称。中央"主室"，四隅有"夹室"，平面如"亚"字形，台基夯土筑造，高出四周地面。主室四面各有一个"厅堂"，内部构造完全相同。厅堂内的右边有一个"厢房"，左边有一堵"隔墙"。四堂之间有绕过夹室的走廊相通。厅堂前面各对着三个方形土台。方土台前面有砖路，正对四门。整个中心建筑还环绕着河卵石铺砌的散水。每座建筑四周都有围墙，夯土筑造，平面方形，大小差不多。

对于上述建筑的性质，虽然研究者有多种认识，但主流看法认为就是王莽建造的九庙。有研究者还提出，王莽九庙亦可称作"地皇新庙"，以示其为新朝宗庙的特别属性。

综上似可以这样说，考古发掘证实了王莽在长安城南郊建造一系列大型礼制建筑的真实性，同时也证实了王莽兴造活动改变长安城布局方向的真实性。王莽的政治改革虽然失败了，但他在文化建设方面还是多有作为的。

四、绿林赤眉闯关中

王莽统治时期，各地农民起义此伏彼起，连续不断，连首都长安附近也是"盗贼麻起"。为此，王莽专门"置捕盗都尉官，令执法谒者追击长安中，建鸣鼓攻贼幡，而使者随其后"。[①] 这当然阻止不了风起云涌的农民起义。分散各地的农民起义队伍由小到大，绿林、赤眉二军从中脱颖而出，形成两大主力。绿林军始起于天凤四年（17），以王匡、王凤为首，组织鄂西饥民聚集于绿林山（今湖北钟祥、京山、随县三地间的大洪山），公开反莽。一度因逃避瘟疫，分兵两路转移。一支是王匡、王凤率领的"新市兵"，入南阳郡。一支由王常、成丹率领入南郡，号"下江兵"。不久陈牧、廖湛率"平林兵"前来投奔，于是鄂北豫南成为绿林军的活动范围。赤眉军则兴起于天凤五年（18），以泰山为根据地，推樊崇为首领。由于全军上下均将眉毛涂为红色，以为标识，所以

---

① 《汉书》卷九九下《王莽传下》。

被称作"赤眉军"。他们数度重创莽军,成为活跃在山东及其交界苏、皖、冀、豫诸省地区的重要反莽力量。

地皇三年(22),包括刘玄、刘縯、刘秀在内的南阳宗室势力加入绿林军。转年二月,刘玄被拥立为帝,建立更始政权,以复兴刘氏江山为号召。一时之间,"海内豪桀翕然响应"①,长安为之大震。该年六月爆发的昆阳(今河南叶县)之战,是决定王莽命运的关键之战。刘秀亲率数千义军以一当百,以少胜多,击溃王莽数十万大军,敲响了新莽政权的丧钟。

更始军在昆阳大捷后,兵分两路:一路由王匡率领向洛阳进发,攻下洛阳后与赤眉及河北诸路义军取得联系,联合反莽。一路由申屠建率领取道武关(今陕西丹凤东南),向关中挺进。

在此稍前,几十万饥民蜂拥进入关中。在东方田野里吃尽了庄稼的蝗虫,也铺天盖地地由东向西一路飞往长安。未央宫的殿阁也爬满了蝗虫,以至群臣无法上朝。几十万饥民入关,吃饭成了大问题。王莽异想天开,派遣大批谒者、大夫前往抚恤,教饥民用草木煮成酪浆充饥,但事实上这种酪浆根本无法食用。同时,王莽又设置养赡官,给长安等城市中的饥民发放少得可怜的粮食。监领粮食的大小官吏乘机中饱私囊,结果几十万饥民饿死了十之七八。京城里粮价飞涨,人心惶惶。王莽面对困境,一筹莫展,除了大肆搜刮,纵情享乐,就只有崇尚迷信,祈求鬼神,妄图侥幸逃避厄运。

申屠建率西路军进抵武关,早有析县(今河南西峡)人邓晔、于匡率百余人起兵响应,迫使析县令投降,自称"辅汉"左、右将军,打通了武关通往长安的道路,迎接更始军入关。于是长安"大姓"纷纷拥众自保,各路反莽军云集长安城下。王莽宛如瓮中之鳖,不知所措。有人告诉他《易》中有"先号咷而后笑"的经义,建议他通过哭诉向上天求救。于是王莽竟真的亲率满朝文武大臣,赶奔南郊,向上天祷告。他捶胸顿足,放声大哭,匍匐于地,捣蒜般地叩头哀告,并作策书千余言,历数自己的功绩,以求感动天帝。为了增加效果,

---

① 《后汉书》卷一一《刘玄列传》。

他下令向陪哭的小民布施粥饭，哭声甚为悲痛并能诵读策文的人则可授予郎官。一时间南郊哭声惊天动地，结果居然有五千余人升为郎官，演出了一幕亘古罕有的闹剧。

为了保命，王莽一方面拜九人为将军，号称"九虎"，率军东出，以求一逞；一方面又把"九虎"妻子儿女扣为人质，押在宫中，以防他们叛变。他平日聚敛无数，临战对士兵却每人仅赐四千钱。这支心怀不满、毫无斗志的军队一到华阴县回谿，即被邓晔击溃，六虎败走，所剩逃到渭口京师仓中，不再出战。走投无路的王莽只得把监狱中囚徒放出，发给武器，由新婚皇后之父史谌统领上阵。不料军队行至渭河桥，囚徒们便一哄而散。其中部分人恨极王莽，联合起来挖掘了王莽老婆、儿子、父亲、祖父的坟墓，烧毁了棺椁，以及象征王莽德政的九庙、明堂和辟雍。十月初一，更始军攻入宣平门。王莽死党王邑、王林负隅反抗，先后被击破。长安城内市民朱弟、张鱼等乘机放火烧毁宫门。王莽先避火于宣室前殿，后又逃到未央宫沧池中的渐台之上。十月初三黄昏，穷途末路的王莽于渐台被商人杜吴刺死，他的首级被校尉公宾就割下，尸身也被愤怒的士兵斫为数段。在做了十四年的短命新朝皇帝之后，王莽与新朝终于一并覆亡。

更始二年（24），申屠建等迎接更始帝刘玄迁都长安。长安市民热情迎接更始帝进京，希望他的到达能带来繁荣与安宁。谁知更始帝入京后，生活腐化，部下争权夺利，四处掳掠财物，奸淫妇女，搅得人心不安，社会动荡。民间传出谣谚道："灶下养，中郎将。烂羊胃，骑都尉。烂羊头，关内侯。"[1] 更始政权也迅速陷入风雨飘摇之中。

更始称帝进据洛阳之时，曾派人招降赤眉。樊崇一度率二十余名亲信将领赶赴洛阳，接受封赏。然而时间一久，樊崇看破这一切不过是刘玄的虚衔羁縻之计。经过密谋，樊崇等人突然出走，跑回濮阳，重新聚集旧部而自立。

更始二年冬，赤眉军分兵两路扑向关中。次年正月，会师于弘农，六月，进入郑县。樊崇接受建议，拥立了年仅15岁的放牛娃，也是刘氏宗亲的刘盆子

---

[1]《后汉书》卷一一《刘玄列传》。

为帝,与刘玄相抗衡。

此时长安已陷入一片混乱之中。更始三年(25),被更始帝派出据守河东的王匡、张卬被刘秀部将邓禹打败,狼狈逃回长安。见赤眉军已入关,军威雄壮,二人便商议:长安迟早要破,不如趁此时把长安劫掠一空,东归南阳;如不行,就重新做强盗。他们共同劝说刘玄依计去办,遭到刘玄严词拒绝。于是张卬等密谋,想乘立秋祭日时劫持更始帝,强迫他一起行动。不料密谋外泄,刘玄托病不出,并召张卬等入见,准备将他们一网打尽。张卬等也疑心有变,突出宫外,便率兵劫掠东、西市,并烧毁宫门而入,同刘玄的卫兵大战于宫中。清晨,刘玄率妻子与部下百余名,投奔驻守在新丰的外戚赵萌军中。赵萌支持刘玄,击败王匡、张卬重入长安城。王匡一咬牙投降赤眉军,并引导赤眉军于九月攻破长安城,更始出逃高陵。十月,刘玄投降,被封长沙王。不久,谢禄派人将他勒死。

赤眉取代更始,不仅没有吸取教训,反而重蹈覆辙,继续大肆抢劫市民,焚烧民居。昔日繁华的长安城,已化为一片废墟,城中饿死者多达数十万人,甚至出现人吃人的惨剧。[①]建武二年(26)一月,因粮食耗尽,赤眉只得撤出长安,西进觅粮。

第四节　光武中兴初期的关中

依靠豪强力量支持的刘秀集团,在收降了赤眉农民军之后,占据关中,为建立统一的东汉王朝奠定了基础。由于客观形势的变化,刘秀没有把国都建在长安,而将政治中心东移。这样,陕西失去了秦及西汉时期的优势,而仅是国都洛阳的西方屏障。从此,陕西历史的发展,进入一个新阶段。

一、刘秀进军关中

更始、赤眉军火并之时,正是东汉创建者刘秀的势力壮大发展之日。基于

---

① 《汉书》卷九九下《王莽传下》。

对关中战略地位重要性的认识，刘秀早在称帝前，就派邓禹率二万精兵，从黄河以北的箕关（今山西垣曲境内）进入河东郡，伺机夺取关中。刘秀称帝后，邓禹在安邑（今山西夏县西北）击败王匡、张卬，俘获刘玄任命的河东太守杨宝，平定河东地区。接着邓禹率军渡过汾阴河，入据夏阳（今陕西韩城南），并于衙县（今陕西黄龙西南）击破更始中郎将左辅都尉公乘歙率领的十万大军。至刘玄投降赤眉，并被封长沙王时，刘秀也颁布诏命，封刘玄为淮阳王，以争取刘玄部属向他靠拢。

此时邓禹军营中投奔者日以千计，全军号称百万。他的部将和地方豪强纷纷劝他发兵长安，然而他认为自己兵马虽多，"能战者少，前无可仰之积，后无转馈之资"，而"赤眉新拔长安，财富充实，锋锐未可当"，[①]所以他不愿与赤眉军正面交锋。思虑再三，邓禹决定引军北上旬邑，取上郡、北地、安定三郡的粮食，以供给全军和依附的民众，待机再夺取长安。

至公元26年正月，赤眉撤离长安西进，在郿县（今陕西眉县东）杀了更始将军严春，并进至阳城（今甘肃华亭南）、番须（今陕西陇县西北）一带。此时，邓禹乘机进据长安，驻军于昆明池畔，大肆犒赏三军。不久，选择吉日，进谒高庙，举行祭祀活动，郑重收取西汉十一帝的神主，派使者送到洛阳。然而好景不长，赤眉军因缺衣少食，又逢大暴雪，伤亡严重，重又返回长安。邓禹率军抵抗，屡战屡败，被迫退出长安。由于久战无功，此前又发生冯愔兵变，邓禹威信大损，士卒离散。十一月，刘秀一方面急调邓禹东返，一方面派大树将军冯异代替邓禹主持前方军事。转年初，冯异大败赤眉于崤底（今河南渑池西南）。残余的赤眉军刚到宜阳（今河南宜阳西），又被以逸待劳的刘秀大军截断去路，只得投降。于是刘秀占据关中，为建立统一的东汉王朝奠定了基础。

二、光武中兴初始的三辅

西汉时，全国人口的三分之二以上聚居在黄河中下游地区，长安附近的三

[①] 《后汉书》卷一六《邓禹列传》。

辅（京兆尹、左冯翊、右扶风）一带，人口尤为稠密，最高达二百四十余万，每平方公里人口密度在一千至二千人之间，是全国之冠。自哀、平之际，历新莽，迄于东汉光武之初，其二三十年间，饥馑、疾疫、战乱频频发生，特别是绿林、赤眉占据关中期间，对抗极为激烈，破坏最为严重。所以光武初定关中，三辅人口已锐减为五十万人，经济凋敝，满目疮痍，以至民人相食，白骨蔽野。虽然刘秀采取了一系列恢复农业经济的措施，并特下诏书"三辅遭难赤眉，有犯法不道者，自殊死以下，皆赦除之"①，对三辅地区的经济复苏起到了一定作用，但关中经济、文化、政治中心地位的衰落已难以挽回。

刘秀（见图5-12）自立于河北后不久，即有称帝之心。建武元年（25）六月，在众将反复奏请，并出示所谓《赤伏符》等谶文后，刘秀也不再惺惺作态，终于在鄗（今河北柏乡北）立坛登基。然而鄗邑毕竟不是名都大邑，作为新帝行在所不过是权宜之计。因此十月刘秀接受朱鲔投降，进据洛阳后，就立即宣布定都洛阳。

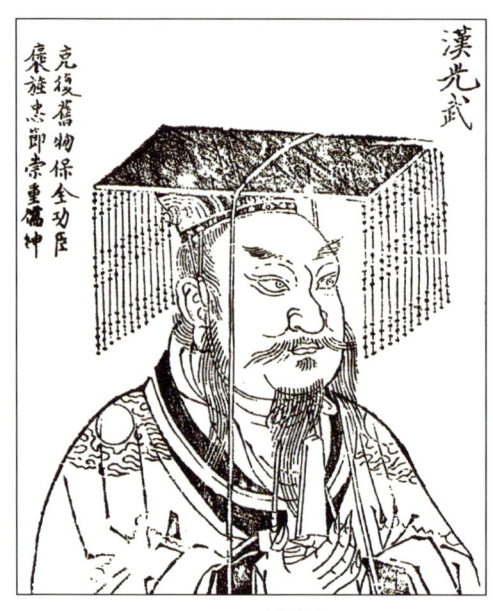

图5-12 刘秀像

在周、秦、西汉三个王朝之中，除东周一度迁都洛邑外，均以关中的核心地区丰、镐、咸阳、长安为首都。特别是身为关东人的刘邦，并未理会大多数关东臣属的反对，毅然在张良支持下，采纳娄敬的建议，定都长安。之所以如此，除了因为"关中左殽函，右陇蜀，沃野千里，南有巴蜀之饶，北有胡苑之利，阻三面而固守，独以一面东制诸侯。诸侯安定，河、渭漕挽天下，

---

① 《后汉书》卷一下《光武帝纪下》。

西给京师；诸侯有变，顺流而下，足以委输。此所谓金城千里，天府之国"①，还由于关东所立韩信、彭越、英布等诸侯王已呈尾大不掉之势，又刘邦的出身不过小小亭长而已，并无坚实的社会根基，定都洛阳，一旦有变，便无法立足。关中原属秦国，与东方六国本有对立情绪。秦亡以后，一时不可能消除。而刘邦是在项羽坑杀秦降卒，又火烧阿房宫、始皇陵之后，收揽秦民人心，依赖关中的人力、物力，东取天下，建立汉朝的，所以他在此绝无后顾之忧。因此刘邦不仅欣然称都长安，并长期推行大量迁徙关东豪富、六国贵族于帝陵，以便强干弱枝的政策。结果造成西汉统一疆域内，以函谷关为界，关东、关西视若敌国的怪现象。

东汉始立，建都洛阳并未引起大的争论，唯建武十八年（42）二月，刘秀巡行关中，经营宫室，告觐园陵，历时长达两个月。关东地区居然"翕然狐疑，意圣朝之西都，惧关门之反拒"②，差一点引发一场政治风波。然而时过境迁，刘邦当年的决策不可能在刘秀身上重演。因为第一，洛阳北靠邙山，南临洛河，为四方辐辏、商旅汇集之地，虽有"四战之地"的痼疾，但以其为中心的关东地区，地域辽阔，物产丰盛，一直是当时中国经济最为发达的地方。西汉时中央政府的庞大开支，特别是粮食供应，在很大程度上仰赖于关东漕运的接济。而因为河、渭交汇处自然环境的限制，西汉漕渠的修建一直成效甚微。在西汉末关中残破的条件下，这个问题如不能得到妥善解决，新政权根本无法在长安立足。第二，关东是私学的发源地，是诸子百家学术的发源地，也是学人辈出的地方。所以《盐铁论·国疾》曰："夫山东，天下之腹心，贤士之战场也。"刘秀集团聚集着一大批饱学之士，中原尤其是洛阳成为他们讲学论道的中心。第三，刘秀的成功离不开以南阳、河北豪强为核心的关东豪族集团的支持，离开了他们的支持，这个政权连一天也难以维持。所以光武帝刘秀、明帝刘庄在申明法制的同时，不得不大施"柔道"，以安抚豪强。刘秀不能不充分考虑关

---

① 《汉书》卷四〇《张良传》。
② 《后汉书》卷八〇上《文苑列传上》。

东豪强建都洛阳的要求。换言之，洛阳事实上已经成为当时的经济中心、文化中心，因而也十分自然且不可动摇地成为政治中心。

三辅在东汉期间虽仍隶属于司隶校尉部，是仅次于河南尹的京畿要地，但政治重心毕竟东移，它的主要作用只是洛阳的西方屏障，后期成为起义羌人与京师之间不可缺少的缓冲地。这种状况一直持续到隋唐帝国时期才得到改变。

第六章 东汉时期的陕西

第一节 "陵园之守"

东汉以降，政治中心东移，陕西关中地区虽与京师所在的河南尹同辖于司隶校尉部，属京畿范围，但地位已今非昔比。在此总形势下，关中地区却也具有它独特的优势。特别是西汉自高祖至平帝十一代皇帝的陵寝均在此处，这就使东汉最高统治者不得不对三辅之地另眼相待。（见图6-1）

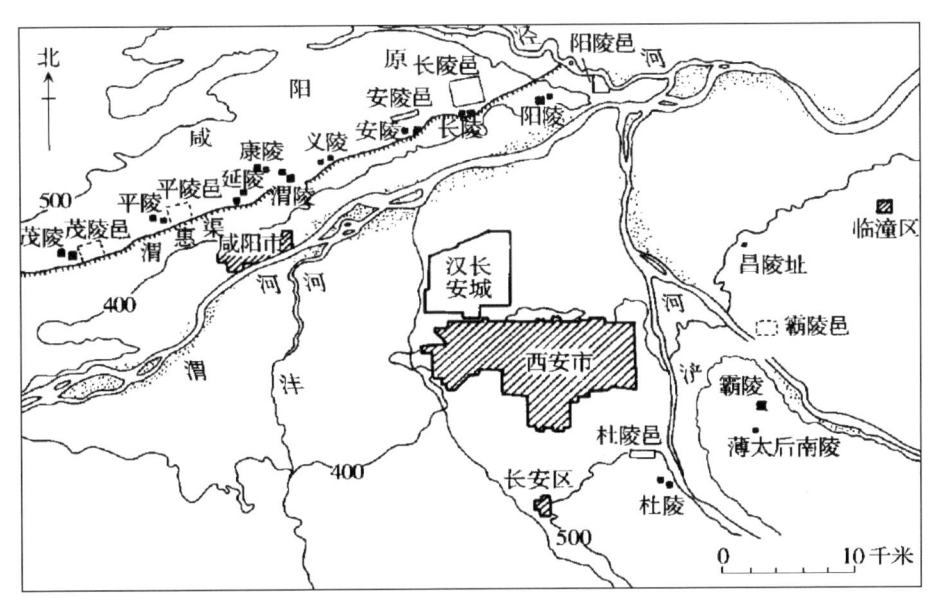

图 6-1 西汉帝陵分布示意图

一、敬祖的虔诚举措

祖先崇拜是人类的一种普遍现象。在敬祖信仰的驱动下，人们将死者的归宿墓地看得十分神圣。如果谁家的祖坟被触动了，自然是大不敬的事。公元26年，即光武帝刘秀即位的第二年，却偏偏发生了这位刘姓皇帝祖坟被挖掘的严重事件。原来本已撤离长安西进的赤眉军，因"逢大雪，坑谷皆满，士多冻死"，而还军关中。他们"发掘诸陵，取其宝货"，并"污辱吕后尸"。这对刚刚登上皇帝宝座的刘秀来讲，无异于当头棒喝，刻骨铭心。所以后来刘秀在接受赤眉军投降时，便有意"大陈兵马临洛水，令盆子君臣列而观之"，并狠狠地向农民军各首领问道："自知当死不？"尽管出于政治与策略上的考虑，他不能不显示出所谓圣君的大度，甚至称赞赤眉军有"三善"，将其首领及家属安排于帝都洛阳，"赐宅人一区，田二顷"，给以生活出路，却难以掩饰内心深处的仇恨与不安。①对于前者，不久即以樊崇等义军主要领袖人物或被"诛死"或被"报杀"作为了结；而对于后者，他则采取了不少虔诚的举措，试图有所弥补。

建武五年（29），当冯异治理关中略具头绪之际，刘秀即下诏，"修复西京园陵"②。次年，他便急匆匆赶往长安，一方面为征讨隗嚣、公孙述等军政之事，另方面也希望求得某种精神上的解脱，于是"始谒高庙，遂有事十一陵"③，以告慰列祖列宗的在天之灵。所谓"有事"，即祭祀的意思。"十一陵"具体指高祖长陵、惠帝安陵、文帝霸陵、景帝阳陵、武帝茂陵、昭帝平陵、宣帝杜陵、元帝渭陵、成帝延陵、哀帝义陵、平帝康陵。其中除霸陵、杜陵外，余皆一字儿建在咸阳原上，最东为阳陵，最西为茂陵。

建武十年（34）春，东汉政府对长安高庙进行"修理"，秋八月，刘秀再次"幸长安，祠高庙，遂有事十一陵"④。当时隗嚣已经病死，其子纯在众将拥立下继位为王，而公孙述仍割据巴蜀。刘秀此行，目的依旧有两个：一是亲自部署对隗纯及公孙述的军事行动，二是再次寻求精神寄托，偿还精神债务。

至建武十八年（42）春二月，刘秀"西巡狩"又一次来到长安。这时已经不存在诸如隗嚣、公孙述一类的敌对政权，东汉王朝的统治相对比较稳定。尽管不时仍有一些麻烦，如蜀郡守将史歆叛变、交阯二征起义等等，但无碍于大体。在此大气候下进行的刘秀长安巡狩，祭祀祖宗、神祇，祈求福祐，理所当然被摆在首要位置。据《后汉书·光武帝纪》记载，刘秀是春二月甲寅"幸长安"的，至三月壬午，"祠高庙，遂有事十一陵"，然后"历冯翊界，进幸蒲坂，祠后土"，直到四月癸酉，才"车驾还宫"。由于历时过久，以致引起"狐疑"，

---

① 以上见《后汉书》卷一一《刘盆子列传》。
② 《后汉书》卷一上《光武帝纪上》。
③ 《后汉书》卷一下《光武帝纪下》。
④ 《后汉书》卷一下《光武帝纪下》。

差一点弄出一场政治风波。对此，上章已有揭示。应该说，时人对刘秀敬祖的虔诚举措，实际上做了错误的理解。

此后，刘秀于建武二十二年（46）、建武中元元年（56）又两次亲临长安祭祀祖先。二十二年的那次祭祀与前三次活动基本相同，亦是"祠高庙，遂有事十一陵"。唯独中元元年的祭祀颇为特殊，仅"祀长陵"。[①] 这也许是暮年光武帝一种独特心理的反映吧！

二、明帝以后的"幸长安谒诸陵"

刘秀称帝后，曾多次亲临长安，祭祀西汉诸帝陵，其中四次"祠高庙""有事十一陵"，一次"祀长陵"，由此确立了东汉历代帝王"幸长安谒诸陵"的制度。据《后汉书》记载，明帝以后的长安谒陵活动计有：

明帝永平二年（59），西巡狩，幸长安，祠高庙，遂有事于十一陵。遣使者以中牢祠萧何、霍光。帝谒陵园，过式其墓。

章帝建初七年（82），西巡狩，幸长安，祠高庙，遂有事十一陵。遣使者祠太上皇于万年，以中牢祠萧何、霍光。

和帝永元三年（91），行幸长安，祠高庙，遂有事十一陵。诏曰："高祖功臣，萧、曹为首，有传世不绝之义。……可遣使者以中牢祠"。

安帝延光三年（124），行幸长安，祠高庙，遂有事十一陵。遣使者祠太上皇于万年，以中牢祠萧何、曹参、霍光。

顺帝永和二年（137），行幸长安，祠高庙，遂有事十一陵。

桓帝延熹二年（159），行幸长安，祠高庙，遂有事十一陵。

大家知道，东汉共历十三代皇帝，其中殇、冲、质、少四代短祚，自然无法实行长安谒陵典礼；灵帝朝爆发了黄巾大起义，形势混乱，顾不上去长安谒陵；献帝朝权臣秉政，皇帝仅是傀儡，何谈长安谒陵？而所余七代，均有长安谒陵之举。这说明"幸长安谒诸陵"，在正常情况下，是东汉王朝持之以恒、不可或缺的大典。

---

① 《后汉书》卷一下《光武帝纪下》。

从上引史实可知，自明帝始，东汉诸帝长安谒陵活动又是同祭祀太上皇、祭祀萧何及曹参等功臣相结合而进行的。这是一个重要的变化。另外，皇帝在谒陵的同时，每每接见三辅地方官吏，劳赐作乐。如明帝"会郡县吏，劳赐作乐"[1]，章帝"会郡县吏人，劳赐作乐"[2]，安帝"会三辅守、令、掾史于长安，作乐"[3]，顺帝"会三辅郡守、都尉及官属，劳赐作乐"[4]，等等。再就是对所过之地的鳏、寡、孤、独、贫不能自存者进行赏赐，以及地方官向皇帝献宝器、祥瑞（多为珍禽异兽）之类。值得注意的是，此期皇帝谒陵过程中的游乐成分较前明显增加。如章帝"又幸长平，御池阳宫，东至高陵，造舟于泾"[5]，安帝"历观上林、昆明池"[6]，等等。

旧史把帝王亲自谒陵的祭祀称作"上陵"。据《续汉书·礼仪志》记载，其礼仪大致是这样的：

> 百官、四姓亲家妇女、公主、诸王大夫、外国朝者侍子、郡国计吏会陵。昼漏上水，大鸿胪设九宾，随立寝殿前。钟鸣，谒者治礼引客，群臣就位如仪。乘舆自东厢下，太常导出，西向拜，折旋升阼阶，拜神坐。退坐东厢，西向。侍中、尚书、陛者皆神坐后。公卿群臣谒神坐，太官上食，太常乐奏食举，舞《文始》、《五行》之舞。乐阕，群臣受赐食毕，郡国上计吏以次前，当神轩占其郡国谷价，民所疾苦，欲神知其动静。孝子事亲尽礼，敬爱之心也。周遍如礼。最后亲陵，遣计吏，赐之带佩。

古代注家曾指出，上述礼仪是蔡邕据灵帝建宁年间上原陵（即光武帝陵）的仪式记录下来的，[7] 尽管还不直接是长安谒陵之礼，但想来程序当大致相同或

---

[1] 《后汉书》卷二《明帝纪》。
[2] 《后汉书》卷三《章帝纪》。
[3] 《后汉书》卷五《安帝纪》。
[4] 《后汉书》卷六《顺帝纪》。
[5] 《后汉书》卷三《章帝纪》。
[6] 《后汉书》卷五《安帝纪》。
[7] 《续汉书·礼仪志上》刘昭注引《谢承书》。

相近。据东汉人讲，此礼始创于明帝。①可见，光武帝刘秀虽创建了长安谒陵的制度，但其礼仪的建设与规范，却是明帝时期才完成的。

东汉皇帝亲临长安，拜谒、祭祀西汉诸帝陵，其时间自然是有限的，不过对东汉时期陕西历史来讲，显然属于重大事件。正因为三辅地区有此"陵园之守"，故在东汉"省诸郡都尉，并职太守，无都试之役"的情况下，安帝时"以羌犯法"，"乃复置右扶风都尉，京兆虎牙都尉"，②用来折冲压难，捍卫刘氏先祖陵园的安全。

第二节 东汉关中豪族

豪族指的是豪户大族，其中那些依仗财势横行乡里的，也称作豪强、豪猾、豪右等。他们在民众中虽然只占少数，但社会能量极大，经济实力雄厚，不可等闲视之。东汉时关中豪族势力进一步发展，他们的活动，构成了当时陕西历史的重要篇章。

一、关中豪族的渊源及特点

追溯关中豪族的历史，秦国军功爵制赏赐土地政策下出现的大土地拥有者，自然是不可忽视的方面。1948年陕西鄠县曾出土一件秦封宗邑瓦书，所记为秦国政府割取杜县从酆到潏水的一段土地封给右庶长歜作宗邑之事。③像这样在关中地区受封拥有大片土地的宗邑主，无疑就是关中豪族的前身。不过更重要的显然应数秦汉王朝从关东迁来的富豪、高訾及豪杰兼并之家，这些人实际上构成了关中豪族的近祖。

公元前221年，刚刚实现了统一的秦王朝，便"徙天下豪富于咸阳十二万户"，

---

① 《续汉书·礼仪志上》刘昭注引《谢承书》。
② 《续汉书·百官志五》。
③ 陈直：《考古论丛·秦陶券与秦陵文物》，载《西北大学学报》（人文科学）1957年第1期；郭子直：《战国秦封宗邑瓦书铭文新释》，见陕西省考古研究所、中国古文字研究会、中华书局编辑部合编：《古文字研究》第十四辑，中华书局1986年版，第177—196页。

这是秦汉帝国由关东徙民关中的开始；前212年，秦政府又"徙三万家丽邑，五万家云阳"。①对此，第三章第一节已有论述。西汉立国后，奉春君刘敬首倡徙民关中。他对汉高祖刘邦讲："匈奴河南白羊、楼烦王，去长安近者七百里，轻骑一日一夕可以至。秦中新破，少民，地肥饶，可益实。夫诸侯初起时，非齐诸田，楚昭、屈、景莫与。今陛下虽都关中，实少人。北近胡寇，东有六国强族，一日有变，陛下亦未得安枕而卧也。臣愿陛下徙齐诸田，楚昭、屈、景，燕、赵、韩、魏后，及豪杰名家，且实关中。无事，可以备胡；诸侯有变，亦足率以东伐。此强本弱末之术也。"刘邦采纳了这个建议，"乃使刘敬徙所言关中十余万口"。②史家认为"此策全与始皇同"，"为强干弱枝计也"。③当然，具体来看，秦时徙民关中虽也给以一定的优惠政策，但总体上却是以打击削弱关东豪强为目的的；而汉代徙民关中，固然不能完全排除打击削弱的因素，但优惠的成分要更突出些，如规定对徙民须"与利田宅"④等。这样就为新迁的关东大姓迅速发展为关中的新豪族，创造了良好的外部条件。唐人颜师古曾指出："今高陵、栎阳诸田，华阴、好畤诸景，及三辅诸屈、诸怀尚多，皆此时所徙。"⑤这说明直到唐代，由汉初徙民发展而来的关中豪强不仅存在，而且"尚多"。

汉高祖以后，不时仍然有人向最高当局提出徙民实关中的建议。如武帝朝主父偃讲："天下豪桀兼并之家，乱众民，皆可徙茂陵，内实京师，外销奸猾，此所谓不诛而害除。"⑥再如成帝朝陈汤建言称："关东富人益众，多规良田，役使贫民，可徙初陵，以强京师，衰弱诸侯，又使中家以下得均贫富。"⑦事实上，这些建议基本上都得以实施。唯此，故史书讲汉"世世徙吏二千石、高訾

---

① 《史记》卷六《秦始皇本纪》。
② 《汉书》卷四三《刘敬传》。
③ 吕思勉：《秦汉史》上册，上海古籍出版社1983年版，第7页。
④ 《汉书》卷一下《高帝纪下》。
⑤ 《汉书》卷四三《刘敬传》颜师古注。
⑥ 《汉书》卷六四《主父偃传》。
⑦ 《汉书》卷七〇《陈汤传》。

富人及豪桀并兼之家于诸陵。盖亦以强干弱支,非独为奉山园也"①。关中地区的豪族,其主流当渊源于此。

豪族广占土地,役使贫民耕种纳租,地租率每每达收获量的五成以上,仍基本维持着聚族而居的面纱。关中豪族相对集中于各陵邑。汉武帝派刺史周行地方,以六条问事,即有省察强宗豪右是否田宅逾制、以强凌弱、以众暴寡之内容。武、昭、宣之世,甚至任用一批酷吏,以锄除不法豪族。不过豪族势力根深蒂固,而当时国家还须依靠他们进行统治,故整整西汉一代,豪强鱼肉乡里,作奸犯法,史不绝书。

东汉开国皇帝刘秀起家,即依靠的是南阳、河北地区豪族集团的支持,因此豪族势力在东汉时期获得更加明显的发展,不少豪强身兼地主、官僚与商人。仲长统《昌言·损益篇》讲"豪人货殖,馆舍布于州郡,田亩连于方国",正是此辈实况的生动写照。许多豪族甚至起坞壁,缮甲兵,建立私家武装。在豪族势力如此大发展的总形势下,关中豪族也进入其发展的新时期。不过,关中豪族在与总形势同步发展的前提下,也凸现出自己独具的特色。一是外戚豪门较多,如茂陵马氏、平陵窦氏等,体现了豪族势力与皇权的结合。二是经学世家较多,如平陵贾氏、弘农杨氏及茂陵杜氏、马氏等,这具体反映了豪族儒学化的走势,开中国农村"耕读传家"风气之先。

二、外戚豪门

外戚指的是皇帝的妻子、母亲的家族亲属,也称外家,"谓后之家族,言在外也"②。外戚本来不一定皆是豪势之家,但与皇帝结亲后,其地位立即变化,一跃而为国戚,自然也就权势俱至,今非昔比了。东汉时期,外戚豪门相对集中于关中地区,成为关中豪族的一大特色。

在东汉关中外戚豪门中,平陵窦氏是相当典型的,而且历史也较悠久。平陵是汉昭帝陵,昭帝当朝即设陵邑,隶右扶风,在今咸阳市西北。窦氏之兴始

---

① 《汉书》卷二八下《地理志下》。
② 《汉书》卷九七下《外戚传下》颜师古注。

于窦姬。吕后时其以良家子选入宫，被赐代王，受到独幸，生子启。及代王入为文帝，启以年最长被立为太子，母以子贵，窦姬遂为皇后。其兄长君、弟广国（少君）随之一步登天，贵倾当时。文帝去世后，太子嗣立，是为景帝，窦后为皇太后，"乃封广国为章武侯，长君先死，封其子彭祖为南皮侯"。吴楚反时，窦太后以昆弟子窦婴为大将军，破吴楚，封魏其侯。"窦氏侯者凡三人。"史载"窦太后好黄帝、老子言，景帝及诸窦不得不读《老子》尊其术"，对汉初黄老政治有着重要影响。[1] 窦婴在武帝时曾官至丞相。

入东汉后，以窦融为开端的平陵窦氏家族，步入其又一个鼎盛新时期。窦融七世祖即章武侯广国，其高祖父"宣帝时以吏二千石自常山徙焉"。新莽朝，融参与镇压农民起义，拜波水将军。后归降更始，任张掖属国都尉。更始败，他联合酒泉、金城、张掖、敦煌、武威五郡，割据河西，称"行河西五郡大将军事"。公元29年，归附光武帝刘秀，授凉州牧，率军从征隗嚣，以功封安丰侯。后历任冀州牧、大司空、行卫尉事，兼领将作大匠，与弟城门校尉窦友并典禁兵，备受宠遇。史称："窦氏一公，两侯，三公主，四二千石，相与并时。自祖及孙，官府邸第相望京邑，奴婢以千数，于亲戚、功臣中莫与为比。"[2] 终东汉之世，窦氏家族虽然也有起落，但世代簪缨，特别是出了两皇后（均做了太后）、两贵人[3]，使其家族更加显赫荣耀。

东汉窦家出的第一位皇后是章德窦皇后，"大司空融之曾孙也。祖穆，父勋，坐事死"。建初二年（77），与妹俱以选例入宫。次年，立为皇后，其妹为贵人。窦后宠幸殊特，专固后宫，然无子，妒恨有子的宋贵人、梁贵人，遂加诬害。和帝即位，尊窦后为皇太后，临朝听政，"兄宪、弟笃、景，并显贵，擅威权"。[4] 永元四年（92），和帝与宦官郑众合谋诛除窦氏，太后被迫归政，后忧惧而死。

---

[1] 以上见《汉书》卷九七上《外戚传上》。
[2] 以上见《后汉书》卷二三《窦融列传》。
[3] 贵人为皇帝嫔妃名号，始于东汉，位仅次于皇后。
[4] 以上见《后汉书》卷一〇《章德窦皇后纪》。

窦家的第二位皇后是桓思窦皇后，名妙，"章德皇后从祖弟之孙女也"①。延熹八年（165）入宫，同年冬立为皇后，及桓帝卒，定策立灵帝，尊为皇太后。其父大将军窦武谋诛宦官，事败自杀，遂被迁于南宫云台。然灵帝以太后有援立之功，仍率群臣朝拜。后感疾而卒。

除前述章德窦皇后之妹被立为贵人外，窦融玄孙窦章之女亦入为顺帝贵人；而在诸窦中，以窦固、窦宪、窦武最为有名。窦固为窦融弟窦友之子，少以娶光武帝女涅阳公主为黄门侍郎，曾袭父爵为显亲侯，后因从兄窦穆有罪，废于家十余年。明帝永平十六年（73）以奉车都尉率军出酒泉塞北击匈奴，至天山，大败呼衍王，追至蒲类海（今新疆巴里坤湖），于伊吾卢城置军屯田。次年冬，又率军深入西域，逐北匈奴，降服车师，遂使东汉复置西域都护及戊己校尉。章帝时，历任大鸿胪、光禄勋、卫尉等职。其久居大位，尊显用事，赏赐租禄，赀累巨亿，但"性谦俭，爱人好施，士以此称之"②。关于窦宪，前文已略有述及。其因妹为皇后，宠贵日盛，至倚势强夺明帝女沁水公主园田。及窦太后临朝，更加横行，曾遣客刺杀都乡侯刘畅，事发惧诛，自求击匈奴赎死。永元元年（89）南匈奴单于请兵北伐，和帝遂任宪为车骑将军出塞，大破北匈奴于稽落山（今蒙古国达兰扎达嘎德西北），临私渠比鞮海，出塞3000余里，至燕然山（今蒙古国杭爱山）刻石勒功③。北匈奴八十一部二十余万人先后归降。宪于班师途中被拜大将军，位三公之上。明年，复遣将破北匈奴于金微山。"宪既平匈奴，威名大盛"，亦"陵肆滋甚"，④后为和帝所诛。窦武，为窦融玄孙，以长女立为桓帝皇后而封侯，曾上疏奏请贬黜宦官权势，解除党禁。灵帝立，任大将军，执掌朝政，起用李膺、杜密等党人。建宁元年（168），与太傅陈蕃谋诛宦官曹节、王甫等，反为所害。

茂陵马氏是东汉关中外戚豪门的又一代表性家族。茂陵为汉武帝陵，陵邑

---

① 《后汉书》卷一〇《桓思窦皇后纪》。
② 《后汉书》卷二三《窦固列传》。
③ 刻石于2017年7月由中蒙联合考古勘察发现，铭文绝大部分尚清晰可认。
④ 《后汉书》卷二三《窦宪列传》。

始置于建元二年（前139），隶右扶风，在今陕西兴平东北。武帝生前曾三次往这里徙民，使其人口超过了首都长安，繁华景象甲天下。马氏的先世是赵国名将赵奢，曾大败秦军于阏与，被赵惠文王赐号马服君。"马服者，言能服驭马也。"①后世子孙即因马为氏，汉武帝时其家"以吏二千石自邯郸徙焉"。东汉茂陵马氏的开山人物是马援，字文渊。其曾祖父通，以功封侯，因兄马何罗谋反被诛，故"再世不显"。援的三位兄长况、余、员，并有才能，王莽时皆官二千石。援少有大志，曾为郡督邮，因纵重罪囚而亡命北地，从事田牧，役属宾客数百家。绿林、赤眉起义爆发后，任莽朝新成大尹（汉中太守）。王莽败亡后，他避地凉州，依隗嚣。刘秀称帝后，往归刘秀，助光武平定隗嚣。建武十一年（35）任陇西太守，缮甲兵，治城郭，劝耕牧，安定西羌，陇右清静。后征入为虎贲中郎将。尝建言如旧铸五铢钱，天下赖其便。善兵策，每有所言，未尝不用。十七年（41）击斩妖人李广，复任伏波将军，次年平定交阯二征，封新息侯。曾以男儿当"死于边野""马革裹尸"自誓，出征匈奴、乌桓。复以62岁高龄南征武陵五溪蛮，病卒军中。因梁松等陷害，死后被追收新息侯印绶，"不敢以丧还旧茔"。②经援妻六次上书诉冤，方得昭雪。善别名马，著有《铜马相法》，并铸作铜马，以为名马法式。

马援的小女儿，13岁时被选入太子刘庄宫，奉承阴皇后，备修礼仪，上下安之，遂见宠异。太子即位，是为明帝，女被立为贵人。其以己无子，奉诏抚养皇子刘炟（章帝），劳悴过于所生。永平三年（60）立为皇后，从而使马家拥有元舅之资。其实，马家的外戚历史，可以追溯到西汉后期。"援姑姊妹并为成帝婕妤，葬于延陵"。而马援的小女儿正是"因缘先姑，当充后宫"的。史载马皇后"身长七尺二寸，方口，美发。能诵《易》，好读《春秋》、《楚辞》，尤善《周官》、《董仲舒书》"。每与帝言及政事，多有补益，如言楚王狱多滥，使明帝因有所宽宥。性谦恭节俭，不喜游娱。曾自撰《明帝起居注》。章帝立，尊为皇太后，尝以西汉败亡之祸为戒劝阻章帝封爵诸舅。由于她严格化导，故

---

① 《后汉书》卷二四《马援列传》李贤注。
② 以上见《后汉书》卷二四《马援列传》。

诸马基本上皆遵法度，不像诸窦那样擅权横行、飞扬跋扈。其病重期间，"不信巫祝小医，数敕绝祷祀"。①建初四年（79）卒，谥明德。

东汉关中外戚豪门中，茂陵耿氏、梁氏与平陵宋氏也是令人瞩目的。耿氏之先，"武帝时，以吏二千石自巨鹿徙焉"。东汉耿氏兴自耿弇，为开国元勋，云台二十八将之一。弇父况曾任新莽朔调连率。莽败，弇劝父归刘秀，父子以军功并显，而弇兄弟六人亦皆垂青紫。弇弟舒之孙女为清河孝王刘庆妃。殇帝死后，邓太后与兄邓骘定策，迎立孝王之子刘祜为安帝。"安帝立，尊孝王，母为孝德皇后，以妃为甘园大贵人。"②这样耿氏便有元舅之重，成为国戚。诸耿中，名人辈出，如耿秉、耿夔、耿恭等，皆以军功名显一时。梁氏的情况比较特殊。其先为晋大夫梁益耳，"与秦同祖，出于伯益，别封于梁"③。东汉梁氏兴自梁统。"统高祖父子都，自河东迁居北地，子都子桥，以赀千万徙茂陵，至哀、平之末，归安定。"④所以严格讲，东汉时梁氏不能算作关中籍。不过，安定郡与右扶风接界，其辖境的一部分，属于今天陕西，所以把梁氏也列为关中外戚豪门。两汉之际，梁统与窦融等起兵割据河西，后归刘秀，因功封侯，历官太中大夫、九江太守等。统子竦二女皆为章帝贵人，均被窦皇后潜杀，小贵人生和帝，后追尊为恭怀皇后。统曾孙商之妹为顺帝贵人，女妠为顺帝皇后，妠妹莹为桓帝皇后。梁氏一门出两皇后三贵人，在东汉外戚中是堪与阴、窦、邓三家并相媲美的。诸梁以梁冀名气最大。其两妹即顺、桓两帝皇后，先后立冲、质、桓三帝，专断朝政近二十年，被质帝称作跋扈将军。败亡后，其家产没收变卖相当东汉一年税租之半。宋氏为汉初名臣宋昌之后，其八世孙女二人并为章帝贵人。贵人父杨的姑母即明德马后的外祖母，因马后关系，二女被选入宫。大贵人生皇太子庆。因窦后陷害，二贵人同时饮药自杀，废太子庆为清河王。宋贵人从曾孙女为灵帝皇后。其父酆，官执金吾。宋后因遭诬陷忧死。

---

① 以上见《后汉书》卷一〇上《明德马皇后纪》。
② 以上见《后汉书》卷一九《耿弇列传》。
③ 《后汉书》卷三四《梁统列传》注引《东观记》。
④ 《后汉书》卷三四《梁统列传》。

父及兄弟并被诛。在东汉外戚中，宋氏的结局是很惨的。

上述外戚在其籍贯所在地的活动情况，史传虽然缺载，但均为权势之家是不难想见的。"豪人之室，连栋数百，膏田满野，奴婢千群，徒附万计。"①《资治通鉴》卷四六的一则记载发人深思：

（马）太后尝诏三辅：诸马婚亲有属托郡县、干乱吏治者，以法闻。

马氏在东汉外戚中是相对较为守法的，但马太后仍须给家乡父母官下诏，禁诸马婚亲请托郡县、干乱吏治，那么，横行不法如窦宪、梁冀者，其情景就更可想而知了。

三、经学世家

西汉后期，以占有大量地产为特征的豪族地主迅速发展，成为严重社会问题。哀帝朝师丹提出"限民名田"，王莽改制实行"王田"，均为此而发，但也均以失败而告终。在这样一种大趋势下，加上东汉以刘秀为首的统治集团极力重儒崇经，遂为大地产与儒学的结合创造了良好的社会条件。于是出现了一批既拥有大量土地又精通儒学的大家族，这就是所谓的经学世家。

东汉时期关中最早的经学世家，当数茂陵杜氏。其创始人杜林，字伯山，父邺，成、哀间为凉州刺史。林少好学沉深，博洽多闻，时称通儒。新莽败亡，他流落河西，隗嚣慕名欲任用之，被谢绝，遂受监视。后借其弟去世之机，持丧东归。嚣派刺客欲加害之，刺客反被其情义感动而逃亡。及至关中，光武即征拜侍御史，复引见，赐车马衣服；京师士大夫，无不推其博洽。历官大司徒司直、光禄勋、东海王傅、少府、大司空等职，对东汉郊祀礼仪及刑律制度均有所建言，为朝廷采纳。其治《古文尚书》，曾于西州得漆书《古文尚书》一卷，视为至宝，握持不离身，后授郑兴与卫宏，于是古文遂行。又长于文字学，曾撰《苍颉训纂》《苍颉故》各一篇，已佚。清马国翰《玉函山房辑佚书》辑有《苍颉训诂》一卷行世。

杜氏之后的经学世家，当推平陵贾氏。其代表性人物贾逵，字景伯，为西汉

---

① 《后汉书》卷四九《仲长统列传》。

著名政论家贾谊的九世孙。逵曾祖父光,官常山太守,"宣帝时以吏二千石自洛阳徙焉";父徽,则是一位学者式人物,"从刘歆受《左氏春秋》,兼习《国语》、《周官》,又受《古文尚书》于涂恽,学《毛诗》于谢曼卿,作《左氏条例》二十一篇"。逵少承家学,习古文经,兼通五家《穀梁》之说;好学深思,诸儒语谓"问事不休贾长头"。明帝时拜为郎,与班固并校秘书,应对左右。章帝建初元年(76),奉诏讲学于白虎观及云台,并撰述欧阳、大小夏侯《尚书》与古文同异,齐、鲁、韩《诗》与毛氏异同,作《周官解故》,受到皇帝好评。迁官卫士令,并命以古文经教授诸生高才。其又通天文、历学,曾建议历法按黄道计算日月运动,阐发月球运动不等速理论。和帝朝,迁左中郎将,复为侍中,领骑都尉,兼掌秘书近署,甚见信用。所著经传义诂及论难百余万言,又作诗、颂等凡九篇,"学者宗之,后世称为通儒"。[①]代表作《春秋左氏解诂》《国语解诂》均佚,黄奭《汉学堂丛书》、马国翰《玉函山房辑佚书》有辑本。

弘农杨氏是东汉关中经学世家最典型的实例。从前述杜氏和贾氏固然已经看到了经学世家学、官相结合的某些特点,但不论杜林还是贾逵,均更多地显示出学者的色彩。杨氏的情况则与此不同,其官重于学,是"四世三公"的大官僚型经学世家。

东汉杨氏之兴,始自杨震(见图6-2)。震字伯起,八世祖喜,高帝时因功封赤泉侯,高祖敞,昭帝朝官居丞相,封安平侯。可见杨氏先祖便是公侯一级的显赫家族。不过杨震之父杨宝却是位不爱官只好学的隐居者。史载其"习《欧阳尚书》,哀、平之世,隐居教授。居摄二年,与两龚(龚胜、龚舍)、蒋诩俱征,遂遁逃,不知所处。光武高其节。建武中,公车特征,老病不到,卒于家"。震少好学,曾受教于名儒太常桓郁,博览经籍,无不穷究,有"关西孔子杨伯起"之称。年50始仕州郡,初为大将军邓骘所辟,举茂才,历任荆州刺史、东莱涿郡两太守、太仆、太常,安帝永宁元年(120)为司徒,延光二年(123)为太尉。屡次劾奏帝乳母王圣及中常侍樊丰等弄权朝中,贪奢

[①] 以上见《后汉书》卷三六《贾逵列传》。

图 6-2　杨震纪念馆

骄横；又触犯外戚耿宝、阎显。延光三年（124），为樊丰所诬，免归本郡。以居重位不能禁奸佞，愤而饮鸩自杀。为官清正公廉，不受私谒，著名的"四知"故事即发生在东莱太守任上。"当之郡，道经昌邑，故所举荆州茂才王密为昌邑令，谒见，至夜怀金十斤以遗震"，震见状发感慨说："故人知君，君不知故人，何也？"密讲："暮夜无知者。"震反驳说："天知，神知，我知，子知。何谓无知！"结果"密愧而出"。史载，震虽历居高位，但子孙却"常蔬食步行"，故旧长者劝震为后代置办产业，他坚决不肯，讲："使后世称为清白吏子孙，以此遗之，不亦厚乎！"①顺帝即位，樊丰等诛死，震门生虞放、陈翼诣阙追讼震事，朝廷咸称其忠，乃下诏以礼改葬于华阴潼亭。

杨震之子杨秉，孙杨赐，曾孙杨彪，皆官至太尉，且都怀辅国济民之心，刚直峻烈，守正不阿，为东汉士人反对外戚宦官树立了光辉典范。尤其可贵的是，他们为官，均能廉洁自律，从严要求。如杨秉的酒、色、财"三不惑"，同其父的"四知"一样，世代传为美谈。当然，杨氏尽管为官清正，有着铮铮风骨，但其毕竟是官僚集团的一员，属于统治阶级的上层，拥有巨大的财富，

---

① 以上见《后汉书》卷五四《杨震列传》。

剥削劳动人民。1959年陕西省文物管理委员会曾在潼关吊桥对弘农杨氏墓群做考古发掘。已发掘的墓皆有宽阔的墓道、宏大坚固的墓室、带有砖砌斗拱和子母阙的门楼；墓中的随葬品虽多次被盗，但仍余有玉器、象牙笏、铜车马、高大的陶楼和大量的漆器。这生动反映了杨氏家族并非如文献所记载的那样“清贫”。（见图6–3）

东汉关中的经学世家，长陵赵氏也是值得提及的。长陵为汉高帝陵。高帝生前即在这里置邑，迁徙关东大族来此。其县令秩二千石，与郡守同级。赵氏的代表性人物赵岐，字邠卿，初名嘉，祖为御史，故生于御史台，因字台卿。“岐少明经，有才艺，娶扶风马融兄女。融外戚豪家，岐常鄙之，不与融相见。”[1]初任州郡，后辟司空掾，历皮氏长、京兆尹功曹等职。曾贬议中常侍唐衡之兄唐玹。及玹为京兆尹，惧报复，遂出逃四方。唐衡兄弟死后，三府并辟，擢拜并州刺史。坐党事免。灵帝时复遭党锢十余年。献帝时任议郎、太仆、太常等职。一生精研经学，著《孟子章句》《三辅决录》等。《孟子章句》今存，收入《十三经注疏》中。

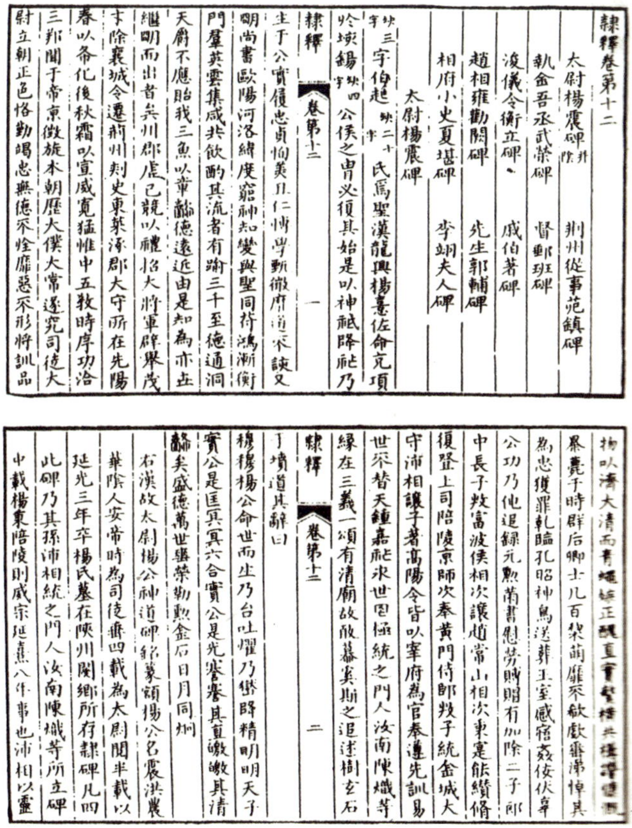
隸釋卷第十二
太尉楊震碑 陰并　荆州從事苑鎮碑
執金吾丞武榮碑　督郵班碑
浚儀令衡立碑 、　成伯著碑
趙相雍勸闕碑　先生郭輔碑
相府小史夏堪碑　李翊夫人碑
太尉楊震碑
缺三 字伯起 缺二十字 氏爲聖漢龍興楊憙佐命克項
於垓錫 缺四字 公侯之胄必復其始是以神祇降祉乃
隸釋 卷第十二 一
生于公實履忠貞恂美且仁博學甄微靡道不該又
明尚書歐陽河洛緯度窮神知變與聖同符鴻漸衡
門羣英雲集咸共歆酌其流者有踰三千至德通洞
天爵不應貽我三魚以章韜德遠近由是知為亦在
繼明而出嘗共州郡虛己競以禮招大將軍辟舉茂
才除襄城令遷荆州刺史東萊涿郡太守所在先陽
春以布化後秋霜以宣威寬猛惟中五教時序功洽
三邦聞于帝京徵旋本朝歷大僕大常遂究司徒大
尉立朝正色恪勤竭忠撫德不愆靡惡不形將訓品

物以濟大清而青蠅嫉正醜直實繁橫共構譖慝
暴虐于時群后卿士凡百棨蔚靡不欷歔垂涕悼其
為忠獲罪軋臨孔昭神鳥送葬王室感寤姦佞伏辜
公功乃他追錄元勲策書慰勞賻賵有加除二子郎
中長子牧富波侯相次讓趙常山相次秉寔能纘脩
復登上司陪陵京師次奉黄門侍郎牧子統金城大
守沛相讓子著高陽令皆以宰府為官奉遵先訓易
世不替天鍾嘉祉永世罔極統之門人汝南陳熾等
緣在三義一頌有清廟故敢慕奚斯之追述樹玄石
隸釋 卷第十二 二
于墳道其辭曰
穆穆楊公命世而生乃台吐耀乃懿降精明明天子
實公是匡其頁六合實公是光賽賽其直皦皦其清
彞矣盛德萬世垂榮勒勲金石日月同炳
右漢故太尉楊公神道碑銘篆額楊公名震洪農
華陰人安帝時為司徒再四載為太尉閏半載以
延光三年卒楊氏墓在陝州閿鄉所存隸碑凡四
此碑乃其孫沛相統之門人汝南陳熾等所立碑
中載楊東陪陵則威宗延熹八年事也沛相以靈

图6–3 《隶释》所载《太尉杨震碑》

[1] 《后汉书》卷六四《赵岐列传》。

扶风漆县的李氏，亦为东汉关中经学世家不可忽视的一员。漆即今陕西彬州。李氏代表人物李育，字元春，少习《公羊春秋》，沉思专精，博览群书，闻名太学，深受同郡班固器重。固把他推荐给骠骑将军东平王刘苍，由是京师贵戚争往与其交游。州郡慕名请召，辄辞病去。常避地教授，门徒数百人。他颇涉猎古文经学，曾读《左传》，虽欣赏其文采，但认为不得圣人深意，而多引图谶，不据理体，遂作《难左氏义》四十一事。建初元年（76）经卫尉马廖举为方正，为议郎，复拜博士。四年（79），章帝召诸儒论五经于白虎观，他坚持今文经学立场，以《公羊》义与古文经派贾逵辩难，往返皆有理证，最为通儒。再迁尚书令。及马氏废，坐为所举免官。后又征拜侍中，卒官。

值得注意的是，在东汉关中的经学世家中，还有同时身兼外戚豪门者。如茂陵马氏的马融一支，便是这种具有双重身份豪家的适例。融字季长，父严为马援兄余之子，官将作大匠。融为人美辞貌，有俊才。初从名重关西的挚恂游学，恂奇融才，以女妻之。安帝永初四年（110）拜校书郎，与刘珍等诣东观典校秘书。因上《广成颂》忤邓太后旨，十年不得升调，复又遭禁锢。太后卒，召为郎中，后历任议郎，武都、南郡太守。以触犯大将军梁冀，免官髡徙朔方。得赦还，遂不敢违忤势家。曾为梁冀草章劾奏李固，又作《西第颂》颂冀功德，颇为正直所羞。著述极丰，世称通儒。遍注《周易》《尚书》《毛诗》《三礼》《论语》《孝经》等儒家经典，旁及《老子》《淮南子》《离骚》《列女传》等书；所著赋、颂、碑、诔等凡二十一篇。他教授生徒，常有千数，当世名儒郑玄、卢植等皆出其门下。善鼓琴，好吹笛，达生任性，不拘儒者之节。"居宇器服，多存侈饰。常坐高堂，施绛纱帐，前授生徒，后列女乐，弟子以次相传，鲜有入其室者。"[①]其所为对魏晋清谈家破弃礼教有一定影响。著作今佚。马国翰《玉函山房辑佚书》、黄奭《汉学堂丛书》录有辑本。所著赋、颂等，明人辑有《马季长集》。

---

① 《后汉书》卷六〇上《马融列传上》。

四、吏风与士风

陕西关中地区，历史悠久，人文荟萃，名家辈出。东汉以后，尽管随着政治重心的东移，这里的发展受到一定程度的影响，但其长期积淀而成的厚重文化大环境，却一直存在着。黄土文明哺育下的陕西士子，在东汉的史册上，留下了巨大的印迹。特别是其吏风与士风，有很多令人叹为观止的地方。这从一个方面凸显出东汉时期陕西著姓、名士的精神风貌，对于深入了解、认识当时关中的豪族，是不可或缺的。

东汉官吏队伍中，陕西籍官吏占有较高的比例。一般说来，他们多胸怀辅国安民的理想，忠于皇帝，恪尽职守，疾恶如仇，廉洁奉公，具有清介耿直的吏风。前述弘农杨氏为官所表现出的不畏强御、不附权贵、不受私谒的铮铮风骨，便是一个很好的实例。其他如第五伦、乐恢、何敞、李固、苏章等，事迹也相当突出。

第五伦，字伯鱼，京兆长陵（今陕西咸阳东北）人。"其先齐诸田，诸田徙园陵者多，故以次第为氏。"①伦少介然有义行。新莽末，天下大乱，他与宗族闾里筑壁垒固守，得以自保。曾为乡啬夫，得人欢心。又曾变姓名，自称王伯齐，贩盐为生，陌上号为道士。被荐于京兆尹，署为督铸钱掾，领长安市。在职平铨衡，正斗斛，市无阿枉，百姓悦服。举孝廉，补淮阳国医工长。旋被光武召见，任为扶夷长，未到官，又追拜为会稽太守。任内革除淫祀陋习，禁止妄杀耕牛，百姓以安。虽官二千石，仍亲自养马，妻子亲炊，所得俸粮多余部分均贱售给贫民。后坐法免归。复起任宕渠令，迁蜀郡太守。章帝时官至司空。曾一再上书，要求抑制外戚权势。他奉公尽节，言事无所依违；性质悫，少文采，以贞白著称，当时人把他同前汉贡禹相比。但少蕴藉，不修威仪。元和末，以老病致仕，年80余死于家中。

乐恢，字伯奇，京兆长陵人。11岁时，其父得罪县令将被杀，他俯伏县衙大门，昼夜号泣，使父得救。长大后好经学，事博士焦永。性廉直介立，品行不

---

① 《后汉书》卷四一《第五伦列传》。

合者虽贵不与相交。曾仕为本郡吏，太守坐法诛，故人莫敢往，他独奔丧行服。为郡功曹时，选举不阿，不受请托，乡里归心称誉。后征拜议郎，数上书谏争，朝廷称其忠。入为尚书仆射，举刺无所回避，引起官僚贵戚的痛恨。妻子劝他勿以言取怨，他回答说："吾何忍素餐立人之朝"①。仍不顾个人安危，继续上疏指斥外戚专权。由于谏言不得行，称疾求退。复拜骑都尉，上书辞谢，遂诏听上印绶，归于乡里。地方官秉承窦宪旨意，对他进行迫害，于是服毒自杀。

何敞，字文高，扶风平陵人。祖籍汝阴，六世祖比干，学《尚书》于晁错，武帝时官廷尉正，持法仁恕，济活囚徒以千数，后迁丹阳都尉，因徙居平陵。敞父宠，建武中为千乘都尉，以病免，隐居。敞性公正，初任太尉宋由府，以高第拜侍御史。当时外戚诸窦并起邸第，兴造劳役，他上书切谏，认为"宜且罢工匠，专忧北边，恤人之困"②。后拜尚书。复上书揭发外戚诸窦把持朝政、奢侈骄横、诛戮无辜的罪行，被排挤外任济南太傅，迁为汝南太守。在任以宽和为政，修理鲖阳旧渠，增加垦田3万余顷，郡中无怨声，百姓化其恩礼，共刻石颂其功德。永元末任五官中郎将，因与宦官蔡伦矛盾，被劾奏免官，死于家中。

李固，字子坚，汉中南郑人。祖父颉，以儒学称，官至博士。父郃，通五经，善《河》《洛》风星，历官尚书令、太常、司空、司徒。固少好学，常步行寻师，不远千里，名显京师。初为议郎，大将军梁商请为从事中郎。上书力陈宦官、外戚擅权之弊，又谏请梁商整肃朝纲，不纳。顺帝永和年间，任荆州刺史、泰山太守，招抚境内农民起义，州郡清平。后历任将作大匠、大司农。冲帝即位，任太尉，与大将军梁冀共参录尚书事。冲帝死，力主立年长之清河王刘蒜，与梁冀相忤。质帝被梁冀鸩死，李固伏尸号哭，推举侍医，为梁冀所恶；又请立刘蒜，终被黜免。桓帝建和元年（147），刘文、刘鲔等谋立刘蒜为天子事发，他被梁冀诬为与文等共为妖言，下狱，为太后赦免。出狱时京城市里皆称万岁。

---

① 《后汉书》卷四三《乐恢列传》。
② 《后汉书》卷四三《何敞列传》。

梁冀畏其名德，于是据奏前事，杀害了李固，时年54。临刑从容而去，认为虽死得义，"夫复何言"①。

苏章，字孺文，扶风平陵人。八世祖建，武帝时拜右将军。祖父纯，字桓公，有高名，性倔强，爱品评人，朋友都怕他，说"见苏桓公，患其教责人，不见，又思之"。三辅一带人尊称他为"大人"。曾从窦固出击北匈奴、车师，封中陵乡侯，官至南阳太守。章少博学，能属文。安帝时举贤良方正，对策高第为议郎。数陈得失，其言甚直。出为武原令，时逢荒年，他开仓赈饥，救活三千余户。顺帝时迁冀州刺史，行部案故人清河太守奸赃。他设酒肴请太守，陈平生之所好，甚为欢愉。太守高兴地讲："人皆有一天，我独有二天。"章回答说："今夕苏孺文与故人饮者，私恩也；明日冀州刺史案事者，公法也。"②遂举正其罪。州境知章大公无私，望风畏肃。徙并州刺史，因摧折权贵免官。后征拜河南尹，不就，死于家中。

从以上各例，不难了解东汉陕籍官员吏风主流的若干具体情况。还有一个需要提出的人物廉范，京兆杜陵人，字叔度，赵名将廉颇的后代。"汉兴，以廉氏豪宗，自苦陉徙焉。"曾祖父褒，成、哀间为右将军，祖父丹，王莽时为大司马庸部牧，皆有名前世。廉范初授业京师，事博士薛汉，曾为陇西太守邓融功曹。后邓融下狱，他尽心卫侍左右；邓融死，又亲为送丧故里。及其师薛汉以事被诛，故旧远避，他独往收殓，由此显名。举茂才，迁为云中太守。他智勇相济，以少胜多，令匈奴不敢犯境。后历武威、武都二郡太守，随俗化导，各得治宜。章帝时迁蜀郡太守，他针对当地善争好辩、懒于生计的习俗，大力倡导勤俭淳朴的风尚，并取消了原不准民间入夜燃火的禁令，但严使储水防备火灾而已。百姓称便，作歌道："廉叔度，来何暮？不禁火，民安作。平生无襦今五绔。"③后坐法免归故里，死于家中。很显然，廉范无论人品还是政绩，都是出众的。但由于他曾依倚大将军窦宪，故颇为世人所讥。可见当时舆论，

---

① 《后汉书》卷六三《李固列传》。
② 以上见《后汉书》卷三一《苏章列传》。
③ 以上见《后汉书》卷三一《廉范列传》。

把是否依附权贵，是否敢于摧折"大人物"，是否能犯颜直谏，看得很重。这一点，对于正确把握东汉的吏风，是很重要的。

在东汉陕籍官吏中，立功异域的追求非常突出，这则构成了其吏风的又一个方面，也是同前汉张骞西域凿空的志趣一脉相承的。班超、班勇父子，耿恭、耿秉弟兄，其事迹都很值得称赞。

班超（见图6-4），字仲升，扶风安陵（今陕西咸阳东北）人，父彪、兄固皆著名史学家。家贫，佣书养母，后投笔从戎。永平十六年（73），随窦固击北匈奴，旋奉命率三十六吏士赴西域，攻杀匈奴派驻鄯善、于阗的使者，废亲附匈奴的疏勒王，巩固了汉的统治。明帝死，亲匈奴的龟兹等国乘大丧攻汉都护，进行反扑。汉廷征班超还朝，疏勒诸国极力挽留。班超遂在西域坚守，并初步稳定了局势。后得章帝所派援军，联合当地力量，开始全面反击。从章和元年（87）到永元六年（94），陆续平定莎车、龟兹、焉耆等地贵族的叛乱，击退月氏入侵，保护了西域各族的安全，以及丝绸之路的畅通。永元三年（91）任西域都护，后封定远侯。在西域活动达三十一年，曾遣甘英出使大秦（罗马帝国），至条支西海（今波斯湾）而还。年老乞归，永元十四年（102）回到洛阳，拜射声校尉，病卒。

班勇，字宜僚，班超之子，少有父风。安帝初，任军司马，出敦煌迎西域都护及甲卒而还。元初年间，廷议西域问题，他力主复置西域副校尉，为朝廷采纳。延光二年（123），任西域长史。时匈奴多次攻扰西域，他率兵士五百人出屯柳中，复与龟兹合兵击走匈奴伊蠡

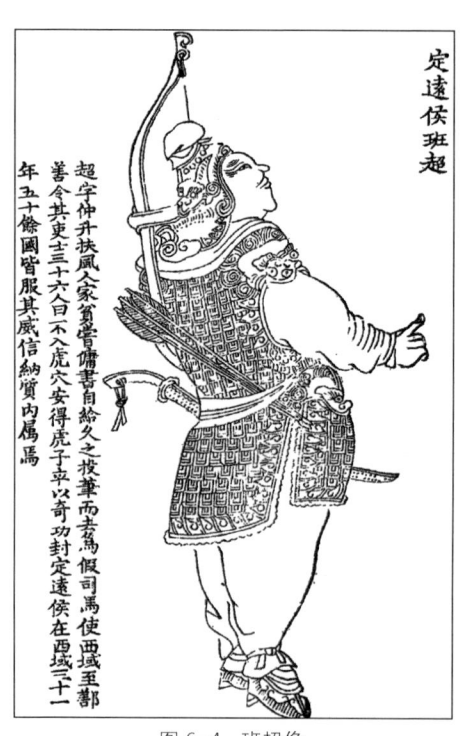

图6-4 班超像

王，开通了车师前王庭。四年（125），他调发汉兵六千骑及鄯善、疏勒、车师前部兵，大破车师后部，斩其王军就，并献首京师。永建元年（126），在全部平定车师六国的基础上，领导西域各族大破北匈奴呼衍王，进一步巩固了东汉在西域的统治。后坐法下狱，免，卒于家。著有《西域记》。《后汉书·西域传》即据此写成。

耿恭，字伯宗，扶风茂陵人，东汉开国功臣耿弇弟耿广之子。少孤。慷慨多大略，有将帅才。明帝末，任戊己校尉，屯驻车师后王庭金蒲城。不久，遭北匈奴进攻，他以毒药箭击退之。后引兵据疏勒城，北匈奴复来进攻，并断绝城下涧水。他团结吏士，甚至饮用压榨出的马粪汁，终于打井成功，使匈奴退兵。及明帝去世，北匈奴趁机反扑，车师也背叛。在粮尽矢绝的情况下，煮铠弩，食其筋革，与部众坚守不屈。建初元年（76），章帝派出援军，攻交河城，迫使车师投降，耿恭等得救，只剩二十六人。及回师玉门，仅余十三人。时人称其节过苏武。遂拜骑都尉，迁长水校尉。后又征讨西羌。因忤于车骑将军马防，下狱，免官归本郡，卒于家。

耿秉，字伯初，耿弇弟耿国之子，与耿恭为叔伯兄弟。体格雄伟，腰带八围。博通书记，能说《司马兵法》，尤好将帅之略。以父任为郎，数次上言兵事，认为边患专在匈奴，必须以战去战。明帝末，累迁驸马都尉，与窦固等大败北匈奴，并攻破车师。章帝即位，历拜征西将军、度辽将军、执金吾。永元元年（89）又与窦宪一起击破北匈奴，登燕然山，刻石勒功而还，封美阳侯。其性勇壮而简易于事，军行常自披甲在前，深受士卒爱戴。后拜光禄勋，卒官，谥桓侯。他对匈奴，不只使用武力，更重恩信。所以匈奴闻其死讯，举国号哭，或至割面流血。

关于士风，东汉以来，"儒者气象"①，蔚为大观，从前述关中地区众多经学世家身上，已经看到其浓郁的崇经尚文的儒风。儒家强调人文理性，重视伦理道德，主张积极入世，故有"修身、齐家、治国、平天下"之说。自汉武独

---

① 《廿二史札记》卷四《东汉功臣多近儒》。

尊儒术后，儒学便与入仕做官直接挂起钩来，士人一般都沿着"学而优则仕"的路子前进奋斗。这当然有积极意义，但也不可避免地存在消极方面。所以当社会高奏主旋律的同时，随之也出现了反调、变调。即是说社会上大多士人都在拼命争取挤进仕途的同时，也出现了一些不应举命、不谋仕进、甘居山林的隐者。他们以"骄富贵""轻王公"的行动，为当时士风增添了超尘绝俗的新内容。相对来看，东汉陕籍士人中此类隐士较多。《后汉书》有一篇专记隐士的《逸民列传》，其中23%以上的人物是陕西籍的。由此可见陕籍隐士所占比例之大。井丹、梁鸿、矫慎、法真，是这些隐士的代表。

井丹，字大春，扶风郿人。少受业太学，通五经，善谈论，京师语称"《五经》纷纶井大春"①。性清高，未尝修刺候人。沛王刘辅请不能致，光烈皇后弟信阳侯暗派人劫持去，虽至仍不屈。后隐闭不关人事，以寿终。

梁鸿，字伯鸾，扶风平陵人。父让，王莽时官城门校尉，封修远伯。鸿受业太学，家贫而尚节介，博览无不通。学毕，牧豕上林苑中。曾误遗火延及别人家，他遍寻被烧者，以豕抵偿损失。主人嫌少，则以身居作代之。娶同县孟氏肥、丑、黑女为妻，双双隐居霸陵山中，以耕织为业，咏《诗》《书》，弹琴以自娱。东出关，过京师，作《五噫之歌》。后来去吴地，依大家皋伯通，居庑下，为人赁舂。每次回到家，妻为他送食，见梁鸿不敢仰视，举案齐眉。伯通以为非凡人，遂舍之于家。梁鸿于是潜心闭门著书十余篇，死后葬吴烈士要离冢旁。

矫慎，字仲彦，扶风茂陵人，晋大夫矫父的后代。少年时喜好黄老之学，隐遁山谷，住在洞穴里，仰慕导引术。与以才博显名的马融、以廉直著称的苏章乡里齐名，而马融、苏章都以矫慎为先。他年70余，仍不肯娶妻。死前说自己某日将死，到时果然死去。日后却有人说曾在敦煌看见他，形迹十分怪异。

法真，字高卿，扶风郿人，南郡太守法雄之子。好学而无常家，博通内外图典，为关西大儒，自远方来求学的弟子多达数百人。性恬静寡欲，不交人间事。太守欲委其为功曹，他断然拒绝。公府征召，举贤良，皆不就。同郡田弱多次推荐，

---

① 《后汉书》卷八三《逸民列传》。

顺帝前后四征，皆深自隐绝。友人郭正称赞说："法真名可得闻，身难得而见，逃名而名我随，避名而名我追，可谓百世之师者矣！"于是刻石立碑颂扬其事，号为"玄德先生"。[①] 年89以寿终。

第三节　羌人袭扰下的三辅

早在王莽末，羌人即大量入居塞内。东汉初，又有相当数量的羌人，被安置在三辅地区。东汉统治集团日渐腐朽、黑暗，对羌人的剥削压迫也日益沉重。从安帝时起，羌人发动了三次大规模的起义。这样，三辅地区就成了东汉镇压羌人起义的前沿和羌人袭扰的重灾区。

一、羌人的内迁与管理

羌族是中国境内古老民族之一。东汉之初，羌族主要居住在今青海、甘肃南部等地，过着氏族部落生活。刘秀削平割据陇西的隗嚣以后，根据当地羌族与汉族杂居相处的情况，又恢复设置了西汉时的护羌校尉，管理羌族诸部落。

此后，鉴于下述三方面的考虑，东汉政府又陆续将部分羌人迁入扶风郡，继而扩大到整个三辅地区。首先，由于东汉初年羌人有和匈奴联合袭击汉朝边境的倾向，为了有效地将这两个民族分离开，东汉政府决定将部分羌人迁入内地，置于东汉政府的有效监督管理之下。其次，汉代时羌人的人口增长率非常高，这使他们在原来的活动区域内难以维持正常的生活，因此部分羌人部落就谋求内迁。为此，这部分羌人像许多其他少数民族一样，承担了为汉朝政府服徭役、兵役的义务，甚至有些羌人首领还带着贡品到汉朝宫廷中表示效忠之意。例如著名的烧当部落的首领就曾在公元59、98和170年分别前往洛阳拜见东汉皇帝。[②] 作为回报，东汉朝廷授予他们官职名号和印章，并将部分人迁入内地居住。再次，关中地区遭西汉末的战乱之祸，地旷人稀，经济萧条，而羌人集团在东汉初已逐步从游牧转向农耕。为了加速关中地区的经济发展，减

[①] 《后汉书》卷八三《逸民列传》。
[②] 详见《后汉书》卷四《和帝纪》、卷八七《西羌传》。

轻羌族人口对边境地区不断增加的压力，东汉政府也感到有必要将部分羌人迁往关中。

史书中有关羌人迁往关中地区的确切记载只有两次：一次是建武十一年（35）将部分被征服的先零羌人迁往扶风郡；一次是明帝永平元年（58）将臣服的烧当羌一部七千多人迁入三辅地区。而事实上，羌人迁入关中的数量却远不止此，据4世纪初估计，"关中之人百余万口，率其少多，戎狄居半"[1]。为了加强对迁入关中地区的数量众多的羌人的有效管理，安帝永初四年（110），特置京兆虎牙都尉于长安，置扶风都尉于雍（今陕西凤翔南）。

内迁的羌人本可以与汉族人民友好共居，但由于"诸降羌布在郡县，皆为吏人豪右所徭役，积以愁怨"，"其内属者，或倥偬于豪右之手，或屈折于奴仆之勤"，所以这部分羌人同东汉政府及豪强地主的矛盾日趋尖锐，许多不堪忍受欺侮的羌人时常进行反抗。东汉初年，不少有识之士早已觉察到这种状况，如司徒掾班彪上书指出："今凉州部皆有降羌，羌胡被发左衽，而与汉人杂处，习俗既异，言语不通，数为小吏黠人所见侵夺，穷恚无聊，故致反叛。"因此他建议对羌人进行安抚，令护羌校尉"持节领护，理其怨结，岁时循行，问所疾苦"。[2] 然而在护羌校尉、京兆虎牙都尉和扶风都尉中，有不少人贪婪凶残，根本不可能指望他们对羌人"理其怨结"。所以，到和帝时代，羌人同东汉政府的矛盾逐渐激化起来。羌人从汉安帝刘祜时起，发动了一系列大规模起义，前后延续五六十年，与各地农民起义相呼应，给东汉王朝以致命的打击。

二、羌民起义严重动摇东汉在三辅的统治

永初元年（107），东汉政府征发金城、陇西、汉阳等郡羌人，出征西域。羌人不愿远戍，东汉官吏肆行强暴，羌人被迫起而反抗。东汉王朝派邓骘、任尚等率五万大军前往镇压，与先零羌部战于平襄（今甘肃通渭西北），屡遭败绩。

---

[1]《晋书》卷五六《江统列传》。
[2] 以上见《后汉书》卷八七《西羌传》。

公元 108 年，先零羌首领滇零称帝，羌族起义的核心形成，他分兵东入三辅，南攻汉中。久受压迫而散居内地的羌人纷纷响应，三辅、汉中地区一片混乱。（见图 6-5）

面对羌族的起义，东汉政府内部展开了激烈的争论。一派主张放弃凉州，据守三辅；另一派则要求坚持残局，伺机反攻。争论的结果，后一派占了上风，但起义地区的郡县官吏，为了保全身家性命，纷纷要求内徙。于是金城、陇西、安定、上郡、北地诸郡县，皆入居三辅及其邻近地区，凉州实际上已放弃大半。与此同时，东汉政府派护西域副校尉梁慬率兵进入关中，镇压起义者。梁慬转战武功（今陕西武功西）、美阳（今陕西武功西北）之间，与羌族展开一系列战斗，暂时将关中地区的羌族起义平息了下去。但羌族起义却从此时起时伏，绵延不绝。永初四年（110），先零羌又进攻褒中（今陕西汉中西北），打败汉兵。永初五年（111），先零羌进攻河东地区，势力一直延伸到河内，逼近洛阳。居民多南奔渡河。东汉统治集团惊恐万状，急调北军出屯孟津，黄河南北两岸

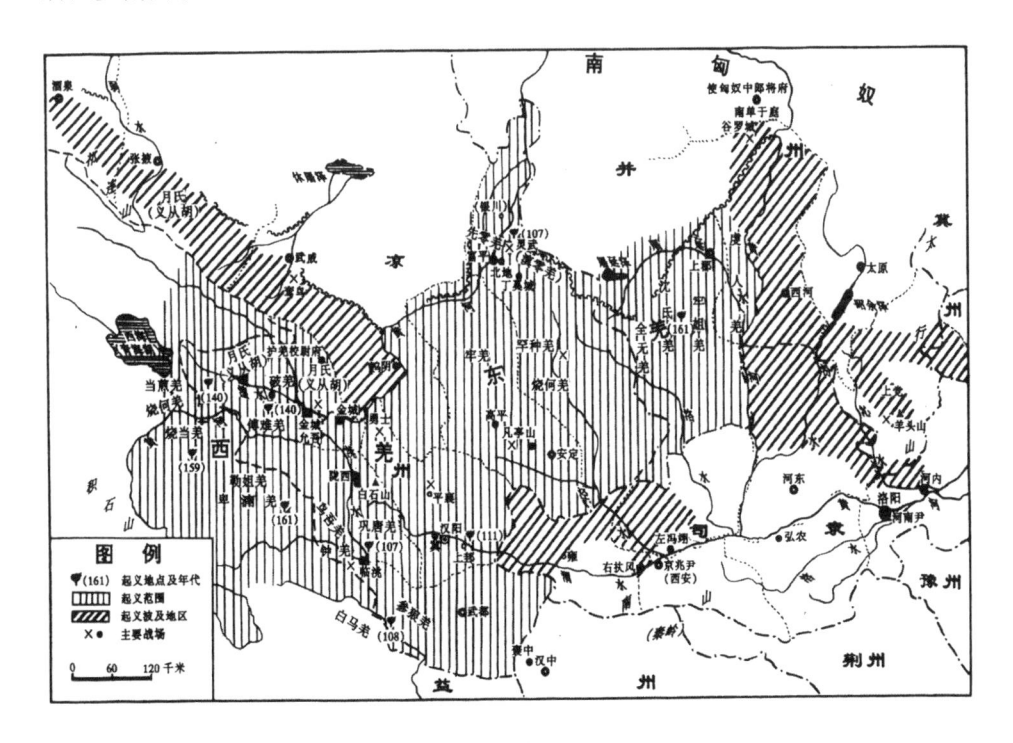

图 6-5 东汉时期羌族人民起义

一时间坞壁林立。直到元初四年（117），第一次羌人大起义才最终被镇压下去。羌族的这次暴动，前后延续了十一年，使三辅地区受到了长时期的袭扰，东汉政府也花费了二百四十多亿的军费，为之元气大伤。

到汉顺帝后期，羌族人民又掀起了第二次反抗高潮。永和五年（140），由于地方官吏残暴的奴役和掠夺，羌族且冻、傅难等部首先发难，与西塞、湟中地区的羌部联合，向武都、三辅等地进攻。东汉王朝拼凑了十万大军，派马贤前往镇压。射姑山一战，汉军大败，马贤战死。凉州东、西部诸种羌人纷起响应，起义声势更盛。东汉政府惊恐万状，一面将安定居民徙往扶风，北地居民迁到冯翊，一面将南北军开赴三辅，重点据守，使三辅地区成为抵御羌族的前沿阵地。此后东汉政府虽采取分化招降的办法，离散了起义的羌人，但三辅地区人民的正常生产和生活都受到了极大的影响。东汉政府又付出了八十余亿的军费，财政更为拮据。

延熹二年（159），羌族人民掀起了第三次反抗东汉王朝的浪潮。当时郡县官吏贪残暴虐，放纵妄为，引起烧当、烧何、勒姐等部羌人的反抗，三辅地区首当其冲。护羌校尉段颎对羌族人民进行了血腥屠杀，但羌人起义仍不断蔓延。延熹四年（161），零吾、先零羌再次大举进攻三辅，段颎因故下狱，羌势大盛。东汉任用皇甫规为中郎将发兵征讨，皇甫规采用镇压与招抚相结合的办法，击败零吾，招降先零羌等十万多人。

延熹六年（163）冬，段颎复任护羌校尉，对羌族人民进行了灭绝人性的屠杀。永康元年（167），西羌各部先后被镇压下去；他又移兵东讨，血洗杂居于三辅等地的羌族起义者，先后斩杀二万多人。他上书皇帝，保证"绝其根本，不使能殖"[①]。但羌人反抗的烈火愈烧愈旺，到东汉灭亡，依然炽烈。

羌族的起义，严重动摇了东汉王朝在三辅地区的统治。统治者为镇压这些起义，曾大量迁移边民充实三辅，使三辅地区的人口数量有了较大的增长，民族成分更加复杂化。此外，东汉王朝在三辅地区还修筑了许多军备设施，加重

[①] 《后汉书》卷六五《段颎列传》。

了三辅人民的赋税、兵役、徭役负担，使当地的生产、生活状况遭到极大破坏，使这一地区人民的生活更加困苦不堪。

第四节　汉末丧乱

在东汉末黄巾大起义席卷东方的同时，西部汉中以张鲁为首的五斗米道也建立了政教合一的政权，从而在陕西古史上写下了光荣的一页。公元190年，权臣董卓胁迫汉献帝迁都长安，使被冷落了百余年的陕西关中地区骤然成了东汉王朝的政治中枢。当董卓被杀后，其部将李傕、郭汜攻陷长安，复又火并，使关中地区蒙受空前的大灾难。这些又在陕西历史乐章上留下了一段苦涩的插曲。

一、汉中张鲁政权的崛起

东汉末年，政治腐败给广大人民造成巨大苦难，使阶级矛盾尖锐化。自汉安帝执政时（107—125）起，以农民为主体的全国各族人民，同东汉王朝的黑暗统治展开了激烈的斗争。到汉灵帝时（168—189），终于爆发了"八州并发，烟炎绛天"的全国性的空前协调的大起义——黄巾起义。当黄巾军在东方浴血奋战时，西部的五斗米道也举旗起义。

初平二年（191），在汉中传播多年的五斗米道，以张鲁为首起事，建立了政教合一的政权。张鲁，字公旗，沛国丰（今属江苏）人。其祖父陵，顺帝时客于蜀，创立"米道"，陵传子衡，衡传于鲁。鲁自号为"师君"，初入道的人称"鬼卒"，入道久的被任命为"祭酒"或"治头大祭酒"，处理信徒教众事务，统领部众。

张鲁在汉中建立的政权实行着与封建政权完全不相同的制度，有以下几个特点：

第一，教导人要诚实，不欺诈。

第二，不设置官吏，由各级宗教首领处理教众与百姓的事务。

第三，建立义舍，配备有义米、肉等食物，任过往之人随意食用，但吃饱为止，不得带走。

第四，允许犯法者改过自新，重犯三次以上的人，才能行刑。

第五，崇信人若犯错过多，鬼神必让其患病，以示惩戒。所以，有病者必须向鬼神忏悔。

不难看出，这是一个带有浓厚迷信色彩的政教合一的政权。它所遵奉的正是广大农民梦寐以求的平均主义思想，因而这一政权马上赢得"民夷"的拥护，以至当时关西流民从子午谷奔赴汉中的多达数万家。这个政权"雄据巴、汉垂三十年"，直到建安二十年（215），曹操向汉中进兵，张鲁投降，这个政权才在历史上消失。

二、董卓胁迫献帝西迁

中平六年（189），汉灵帝死去。东汉王朝内部，围绕由谁继承帝位这一重大问题，展开了一场外戚与宦官之间的激烈斗争。外戚何进利用与世家大族袁隗的联盟，迫使蹇硕为首的宦官集团让步，立他的外甥（汉灵帝的长子）刘辩为帝（少帝），时年14岁，何太后临朝。何进以大将军录尚书事身份总理朝政。不久他就杀掉宦官蹇硕。为进一步消灭宦官势力，何进召并州牧董卓进京共图此事。但在董卓到达洛阳之前，何进本已联合西园八校尉的副统领、中军校尉袁绍等策划杀尽宦官。只因何太后阻拦，何进一时犹豫，反而坐失良机，被宦官设计诱入宫中杀死。得知这一消息，袁绍一不做，二不休，率兵冲入皇室，下令杀尽宦官，一概不留，甚至有些没长胡须的人也被当成宦官给误杀了，结果死者超过两千人。少帝刘辩和他的异母弟弟刘协被宦官张让挟持逃出京城。早已怀有野心的董卓乘机率兵进入洛阳，逼走袁绍，废掉少帝刘辩，立刘协为帝，即汉献帝，自任相国，垄断朝政。

董卓（见图6-6），字仲颖，陇西临洮（今甘肃岷县）人，性粗猛有谋，为凉州豪强。少尝游羌中，尽与豪帅相结，膂力过人，颇为羌胡所畏。桓帝末以六郡良家子为羽林郎，屡立战功，灵帝时拜前将军，任并州牧。自他专权后，各地握有军事实力的州牧、太守、刺史等以讨董卓为名，纷纷起兵，在献帝初平元年（190），共推袁绍为盟主，组成联军，进攻洛阳。董卓一面派郎中令李儒鸩杀废帝刘辩，收编由皇甫嵩率领、驻屯于扶风（今陕西兴平东南）的东汉军队，加强对朝廷的控制；一面逼汉献帝迁都长安，以便把皇帝牢牢地控制在自己的势力范围内，涣散联军的斗志。

初平元年二月，董卓逼使汉献帝离开洛阳。为了不使洛阳成为联军反

图 6-6　董卓像

对他的重要基地，他驱徙京师百姓悉数西行入关。由于饥饿、践踏、遭掠、疾病等原因，这些百姓所到之处，遗尸盈路，惨不忍睹。董卓还烧毁了洛阳城中几乎所有的宫殿、宗庙、官府及民居，使洛阳周围200里内，鸡犬不留，一片焦土。不仅如此，他还派部将吕布挖掘东汉诸帝陵及公卿之墓，劫夺墓中的珍宝。一代名都，就这样毁于一旦。

三月，汉献帝先行进入长安后，董卓一再要求封赏。汉献帝被迫派光禄勋宣璠持节拜董卓为太师，位在诸侯王之上。转年四月，董卓来到长安，不但乘金华青盖车，穿着逼近天子，而且令百官在路边拜揖迎候，俨然是一位至尊，把自己凌驾于献帝之上。

为了巩固已有的权势，董卓任命其弟董旻为左将军，其兄子董璜为中军校尉，共同执掌兵权，而且将董氏宗族子孙尚在龆龀之年的男子都封为侯，女子都封为邑君，真可谓权倾天下。

为树个人权威，董卓"稍诛关中旧族，陷以叛逆"。他诱降北地数百名反抗者到长安，在与百官饮宴时，将他们押到帝前。"先断其舌，次斩手足，次凿其眼目，以镬煮之。未及得死，偃转杯案间。会者战栗，亡失匕箸，而卓饮

食自若",以此来震慑百官。①此外,朝中诸将与大臣中,凡是对他的言行稍有微词,或冒死干犯者,必遭残杀。

为满足个人私欲,董卓淫乐纵恣,在关中地区继续大肆聚敛,疯狂掠夺,"筑坞于郿,高厚七丈,号曰'万岁坞',积谷为三十年储"。他还"坏五铢钱,更铸小钱,悉取洛阳及长安铜人、钟虡、飞廉、铜马之属,以充铸焉",使关中地区物价腾贵,粮谷一石高达数万钱。②

董卓的残暴专横,给关中人民带来了巨大的灾难,使他们处于水深火热、饥寒交迫之中,也使朝中大臣人人自危,个个朝不保夕。因此诛杀董卓成为当时长安城中多数人的心愿。

为诛董卓,司徒王允用美人计收买了董卓最信赖的部将吕布。初平三年(192)四月,汉献帝大病初愈,大会群臣于未央殿。王允与吕布密谋,表奏献帝,利用董卓上殿之机,伏兵于北掖门内,待机杀之。经献帝默许,吕布等于是在北掖门刺杀了董卓。

董卓被杀的消息一经传开,长安城内的士卒都高呼万岁,百姓则在道路上载歌载舞,甚至把仅存的有限的装饰品和衣服卖掉,买酒买肉,互相庆贺。一时之间,长安城内的老百姓"填满街肆",董卓的尸体被点了天灯,其宗族成员被灭族,并焚尸扬灰。

三、李傕、郭汜犯长安

董卓被诛后,王允自录尚书事,主持朝政,封吕布为温侯,执掌兵权。董卓的部将李傕、郭汜等追随董卓女婿牛辅,当时正在中牟一带活动。闻讯后,即将他们军中数百名并州男女悉数杀死,以泄王允、吕布杀死董卓之忿。不久,牛辅被手下杀死,士卒意欲四散离去。李傕等极为恐慌,忙派使者到长安,请求朝廷赦免他们的罪过。王允以一年之内不能接连两次赦免罪犯为借口,坚持要解除他们的武装。李傕、郭汜等认为王允等想借机消灭自己,于是就号令其

---

① 以上见《后汉书》卷七二《董卓列传》。
② 以上见《后汉书》卷七二《董卓列传》。

部众说:"京师不赦我,我当以死决之。若攻长安克,则得天下矣;不克,则钞三辅妇女财物,西归乡里,尚可延命。"①部下表示赞同。于是李傕、郭汜与部众大结同盟,星夜兼程向长安进发。

王允派董卓的故将胡轸、徐荣率兵迎击李傕、郭汜。两军在新丰展开激战,结果徐荣战死,胡轸率余部投降。李傕等乘胜西进,并沿途收拢董卓的旧部,等杀到长安城下时,已拥兵十余万。恰巧董卓的另外两名旧部樊稠、李蒙也引兵赶到,便相约共同围攻长安。

由于长安城墙高大厚实,易守难攻,李傕等连攻了八天,均告失败。后来由于吕布军中的蜀兵反叛,打开城门引李傕等入城,守军大乱,吕布只得率部逃离长安。李傕纵兵杀掠,城中死伤达万余人。王允引汉献帝退守到长安城东北角的宣平门城楼上,宣布大赦天下,封李傕、郭汜等为将军。李傕、郭汜包围了城楼,逼王允下楼,几天后将他杀掉,并葬董卓于郿。汉献帝回宫,无所依靠,被迫任命李傕为车骑将军,准其成立府署,自选僚属,处理军国大事,并假节,领司隶校尉,管辖京畿,任命郭汜为后将军,樊稠为右将军,张济为镇东将军,并封四人为列侯。从此,李傕、郭汜共秉朝政。

汉献帝兴平元年(194),曾在董卓初入关中时应董卓之邀入关的西凉人马腾、韩遂进兵驻屯于灞桥。马腾私下请李傕为其封官加爵,李傕未予理睬。马腾一怒之下联络了一批将领进攻李傕,连战数日,不分上下。韩遂本欲说和李傕与马腾,因李傕出言不逊,反与马腾结成联盟,与李傕、郭汜、樊稠等在离长安50里的长平观下展开激战。马腾战败,逃向凉州。樊稠紧追不舍,但在韩遂的劝说下,网开一面,率军返回长安。不料引起李傕怀疑,从此李、樊相互猜疑。汉献帝乘机又准许郭汜、樊稠等开府理政,参与选举,种下了李、郭、樊分裂的种子。

当时长安城中物价腾贵,谷一斛价五十万钱,豆、麦一斛二十万钱,盗贼横行不法,以至白天都有人杀人越货,抢掠财物,肆行无忌。李傕、郭汜等虽

---

① 《后汉书》卷七二《董卓列传》。

曾在城中划界而治，分区设防，却不但不禁绝盗贼，维护治安，反而纵容部下杀人放火，侵暴百姓，使长安城中的秩序更加混乱，以至人相食，白骨委积，臭秽满路。

李傕一伙对此不闻不问，任凭百姓处于水深火热之中，而且处心积虑，争权夺利。他先设计在宴席上诛杀了樊稠，继而与郭汜反目，拥兵相攻。一方扣押帝与妃，一方留公卿为质，府库财物被抢劫一空，宫室官署也被焚烧殆尽。这种状况持续了数月，死者以万数计。后经张济居中调停，二人间的攻杀才暂时告一段落。

汉献帝请求东迁洛阳，经使者往返十余次，李傕才勉强同意。当汉献帝的车驾行至华阴时，宁辑将军段煨迎候献帝到他的营中，至此献帝才略感放心。不料护驾将军杨定因与段煨有矛盾，就以段煨谋反为名，向他的军营发动突袭。早已对放献帝东归深感后悔的李傕、郭汜，乘机以救段煨为借口，发兵追击车驾。于是各路兵马又展开了混战，百官、宫女许多死于乱军之中。皇帝的御用物品、国家的典籍图册，几乎散毁净尽。

经李傕、郭汜的纵兵抢掠烧杀，三辅地区人口急剧下降。汉献帝东迁之后，"长安城空四十余日，强者四散，嬴者相食，二三年间，关中无复人迹"[①]。关中地区出现了前所未有的荒凉萧条景象。

---

① 《后汉书》卷七二《董卓列传》。

第七章 秦汉时期的陕西文化

第一节 科学技术

秦汉时代陕西因其特殊的地位而成为全国科学技术最发达的地区，许多重要的科技成果在此问世。

一、天文历法

考古资料表明，至迟西周时期，秦人已过上农耕定居生活。对一个从事农业生产的部族来说，天文历法自然是非常重要的。史载，秦德公二年（前676）"初伏，以狗御蛊"①。这是我国关于伏日的最早记录。伏日节令的确立，不论对农业生产，还是对人民生活，均有重要的实用价值。秦人通过对盛暑季节长期的观察与研究，获得这一成果，是在天文历法上的一大贡献。此外，秦率先使用较先进的颛顼历也反映了他们在天文历法上的卓识。

汉代，天文历法有了更大的进步。当时的天象记录相当丰富。早在《淮南子》中，就有"日中有踆乌"的记载。踆乌即太阳黑子的形象。《汉书·五行志》里，关于太阳黑子的记录就更多了。如汉元帝永光元年（前43）四月，"日黑居仄，大如弹丸"。这说明太阳边侧有黑子成倾斜形状，大小和弹丸差不多。再如河平元年（前28）三月己未（十八日），"日出黄，有黑气大如钱，居日中央"。这里把黑子的位置、出现时间都叙述得十分详细。这些都是现今世界公认的较早的黑子记录，比欧洲记录早九百多年。当时对天文学的研究，也很盛行。武帝时，落下闳造浑天仪，太初三年（前102）立日晷仪，下漏刻（水钟）②，以求二十八宿的位置。宣帝时，耿寿昌铸铜为像，以测天象。由此可见，汉帝国是世界上天文学发展最早的国家之一。（见图7-1）

天文学的发展为历法的进步创造了条件。汉初继续沿用秦的颛顼历。此历虽较先进，但精确度并不很高。到汉武帝时已出现了"朔晦月见，弦望满亏"③

---

① 《史记》卷五《秦本纪》。
② 此类漏刻，考古屡有发现。1958年兴平西汉墓出土的漏壶（命名为"兴平漏壶"），即典型实物。该器现藏茂陵博物馆。
③ 《汉书》卷二一上《律历志上》。

图 7-1　汉代四神天象图

的错乱现象。于是武帝令司马迁、落下闳、唐都、邓平等改颛顼历而作太初历，以正月为岁首，采用有利于农时的二十四节气，在无中气的月份插入闰月，调整了太阳周天与阴历纪月不相合的矛盾，使朔望晦弦较为正确，在我国历法发展上取得了新进步。成帝时，刘向"总六历，列是非，作《五纪论》"[①]。刘向之子刘歆又据太初历作三统历。该历以81章即1539年为一统，三统4617年为一元，是一部更完整的历法。刘歆还作《三统历谱》以说《春秋》。班固认为其"推法密要"，在《汉书·律历志》中做了极详细的介绍。

《史记》《汉书》中关于天文历法的专篇，是体现汉代天文历法成就的又一重要方面。前文已经指出，《史记》《汉书》是汉代两部不朽的史学名著。其作者在书中均对自古以来，特别是当代天文历法的成就，做了全面的整理与总结，写成了专论。这就是《史记》中的《历书》《天官书》，《汉书》中的《律历志》《天文志》。这些专论，不仅保存了大量的汉代及汉代以前的天文历法资料，而且将其系统化、理论化，因此它本身就是一种了不起的天文历法成果。我们今天之所以对古代天文历法成就有所了解，所依靠的，正是这些文献。

二、数学与地理学

秦汉政府管理，极重数量统计，许多管理目标，皆以数量具体化。这种实际需要，有力地促进了当时的数学发展。另外，天文历法的发展更离不开数学。

[①]《汉书》卷二一上《律历志上》。

约成书于西汉或更早一些时候的《周髀算经》，是我国古代著名的算经十书之一，也是我国现存最早的数学著作。该书使用了相当繁复的分数算法和开平方法，并引用了勾股定理。另一部古算经十书之一《九章算术》，正式成书虽在公元1世纪，但西汉著名数学家张苍、耿寿昌等人皆对它做过增删，付出过劳动，而书中不少应用题都取材于关中，所以此书既是西汉以来众多数学家研究的结晶，也是与陕西关系至为密切的一部数学专著。它系统总结了先秦到东汉初年的数学成就，标志着我国古代以算筹为计算工具、具有自己独特风格的数学体系的形成。全书共分9章，搜集246个数学问题的解法。其中记载了当时世界上最先进的分数四则和比例算法，还有各种面积、体积的算法和利用勾股定理进行测量的问题，以及开平方、开立方的方法，特别是在世界数学史上第一次记载了负数概念和正负数的加减法运算法则。这部书对中国古代数学发展所产生的影响，正像古希腊欧几里得《几何原本》对西方数学所产生的影响一样，是非常大的。它不仅在中国数学史上占有重要地位，而且影响到朝鲜、日本等东亚地区，被译成多种文字出版。应该说，《九章算术》这部书，最集中地反映了秦汉时代的数学成就。

有趣的是，1971年在陕西千阳西汉墓中发现了迄今最早的汉代计算工具——算筹。该墓随葬品少而粗糙，唯独墓主人腰部所系算筹是用兽骨精磨而成，估计墓主的职业应与数学有关。这一发现意义特殊，为我们了解汉代数学的发展，提供了实物例证。

秦汉时期，地理学也有杰出的成就。《史记》《汉书》中都详细地记载了秦汉山川地理、都市布局等情况，尤其《汉书·地理志》，无论从何种视角去看，都是一部具有总结性的地理学专著。当时作为表达和传播地理概念的工具——地图，绘制水平很高，充分显示出了秦汉地理学发达的实际情况。

1986年，考古工作者在甘肃天水放马滩一号秦墓出土了绘在木板上的地图。这是战国末秦国所属邽县（即今甘肃天水市麦积区、秦州区、秦安县、清水县）的行政区域、地形和经济概况图，是目前所见到的时代最早的古地图。图共7

幅,均用墨线绘在4块大小基本相同的松木板上,其中3块两面绘制,1块一面绘制,有1幅图为半成品。研究者依图之用途分别称之为《政区图》《地形图》和《林木资源图》。全地图共见地名28、山名2、溪名8、谷名4、关隘6处,反映的实有范围东西312里(今270里),南北204里(今176里),总面积63648平方里(今11880平方公里)。从绘制技术来看,晋代著名地图学家裴秀提出的制图六原则(制图六体),放马滩秦地图除没有明确的分率(比例尺)外,其他准望(方位)、道里(距离)、高下(地势起伏)、方邪(倾斜角度)、迂直(河流、道路的曲直)等五项皆备。经与今天水市地图对比,多有相合。特别是以邽县驻地(今麦积区)为中心,东去与陕西宝鸡市接壤处,南去峓里(今麦积区街子乡),西去天水市,北去秦安郑川等地的距离,与现今里程大都符合。可见这些地图相当准确,是经实地测量后绘制的。两千多年前已有如此出色的地图,不能不令人惊叹!这充分显示了秦人当时的地理学水平。

　　就在放马滩秦地图发现前十三年,考古工作者曾在湖南长沙马王堆三号汉墓内出土三幅绘在帛上的汉地图,即《舆地图》《驻军图》和《城邑图》。将汉地图与秦地图相比,固然不难发现二者间的承继关系,但由于前者较后者晚约一个世纪,所以在绘制技术上就有明显的进步之处。例如秦地图中山的表示法,仅在线与线间空白处用文字标注山名,而汉地图则用较粗的闭合曲线勾出山体,并用细线画成鱼鳞状层层叠叠,表示峰峦起伏的特征,很像现今的等高线画法。再如裴秀的制图六体,在汉地图中基本都有所体现,而在秦地图中仅体现出五项。总之,在约百年间,地图绘制的水平,有了很大的提高,有人认为马王堆汉地图大部分已接近现在地形图的水平。(见图7-2)

图7-2　马王堆出土汉地图

　　以上两种地图,虽然都不出自

陕西，但从它们体现出的秦汉地图学的总体水平，还是不难推知当时陕西的情况的。何况，陕西作为秦汉时期文化最发达的中心地区，其地图绘制水平较之边地显然应该更高一些。实际上，陕西乃是秦汉帝国最高水平地图的存放地——当年刘邦入咸阳，萧何收取秦丞相府图籍文书便是极好的证明。这里，会集着整个帝国最优秀的地图绘制人才。只是迄今在陕西尚无秦汉地图出土，希望有朝一日考古工作能够弥补这一缺憾！

三、医学

秦的医学一直都很发达。早在春秋时，这里就是名医之邦。公元前581年，晋景公病重，向秦求医，秦桓公委派医缓赴晋。他确诊晋景公的病"在肓之上，膏之下，攻之不可，达之不及，药不至焉"①。这一精辟的分析，使自感病愈无望的晋景公也不能不称赞他"良医也"。医缓首次提出了"膏肓"这一医学概念，对中医学理论做出了贡献。"病入膏肓"亦作为成语广泛流传至今。此后四十年，晋平公有病，仍然求医于秦。医和被派往晋国，经过诊断，他向晋平公指出所患之病是"近女室"纵欲无度导致的。在进一步回答晋平公询问过程中，医和阐发了一整套六气失和致病论。其将自然界的"六气"即阴、阳（晴）、风、雨、晦（夜）、明（昼），作为医学概念引入病理分析当中，认为人体的一切疫病，皆因六气失去平衡而引起，六气中的任何一气都不能过度，否则便会产生疾病。因此，保持人体所含六气的中和平衡，是维持健康的根本途径。这一番医道宏论，使晋国君臣佩服得五体投地，不由称赞秦国医生是"良医也"。医和这种富有辩证思维色彩的六气平衡论，后来演化为古代医学经典《黄帝内经·素问》中的风、寒、暑、湿、燥、火六气，至今仍然是中医临床实践的指导理论。战国时，秦的名医仍然很多。像医竘便是一位出色的外科医生。他的手术尤为高明，曾成功地为齐宣王"割痤"，为秦惠文王"疗痔"，为张子治"背肿"。

由于秦国医学发达，良医辈出，所以吸引了关东各诸侯国的名医专家纷纷

---

① 《春秋左传·成公十年》。

前来观摩、切磋、交流,甚至连当时天下最负盛名的大医学家扁鹊(即秦越人)也两度入秦。可惜妒忌心极强的秦国太医令李醯使人将扁鹊杀害,给医学事业造成重大损失。扁鹊死后被就近葬于今西安市临潼区东北之南陈村,位骊山之北,渭水之南,依关中东西大道之旁,今遗址尚存。又传说扁鹊曾到达秦国南部汉中一带。城固县西南20公里处有一"扁鹊城",郦道元《水经注》认为其确是当年秦越人居址遗存,《雍胜略》及陕西、汉中、城固地方志亦载:扁鹊城在城固西南四十里,相传良医扁鹊尝居此。

云梦秦简中有不少材料,反映了秦医学发达的情形。如《法律答问》记载:

"诸侯国有来客,用火熏其车上的衡轭。"为什么要用火熏?倘如诸侯国不处治马身上的寄生虫,寄生虫都附着在车的衡轭和驾马的皮带上,所以要用火熏。[1]

据此可知,秦对外来宾客车马的辕轭均要用火燎烧,以达灭虫防疫之目的。这表明,秦国已建立有严格的交通检疫制度。而此类检疫措施的设计与实施,显然须以较为发达的医学为前提。另如《封诊式》记有许多对被害人或当事人进行现场法医检验或讯问的报告书——爰书。从中可知当时法医尸检已有相当完整的程序,法医检验已具有很高的水平。这反映了秦时不仅普通医学甚为发达,而且法医学也十分发达。

汉代医学有了进一步的发展。西汉名医淳于意(仓公),"为人治病,决死生多验","意治病人,必先切其脉,乃治"。[2]可见当时脉学已有较大的发展。《史记》记载了他许多典型医案,其中为安陵阪里人项处治病一事,成为著名的长安医事。[3]此时,我国劳动人民所创造的独特治疗法——针灸疗法,也进入其发展新阶段。河北满城汉中山王刘靖墓出土的金针和银针,说明针灸在帝王家中

---

[1] 此处所用为译文,见睡虎地秦墓竹简整理小组编:《睡虎地秦墓竹简》,文物出版社1978年版,第228页。

[2] 《史记》卷一○五《仓公列传》。

[3] 淳于意诊断项处所患为牡疝,说病在鬲下,上连肺,是因房事不节而诱发的。他劝项毋为劳力之事,否则必呕血死。项不听,果呕血。复诊之,告曰明日黄昏死,竟如其言。此医事被称作"仓公医项处"。

已很普遍，反映了其使用的广泛性。这时期还出现了《黄帝明堂经》等较为系统的针灸学著作，表明其理论的不断完善与成熟。长沙马王堆女尸和湖北江陵男尸，在地下埋藏两千余年，基本完好无损，证明其防腐技术在当时是很先进的。

养生学在汉代有了长足的发展。当时辟谷养生术甚为流行。辟谷又称却谷、却粒、断谷、绝谷等，即不食五谷，仅从天然植物的根、茎、果（如松子、柏子、火麻仁、黄精、麦冬、生地、茯苓、山药及水果等）中摄取可食之营养，并坚持食气（行气）练功。据《史记·留侯世家》，辅佐刘邦平定天下的谋臣张良，当西汉立国后，"即道引不食谷"。裴骃《集解》引《汉书音义》曰："服辟谷之药，而静居行气。"（见图7-3）秦汉时此类辟谷实例颇多。据《雍

图 7-3 马王堆出土导引图复原图

胜略》，秦宫女玉姜，不堪屈辱出逃，隐于华山毛女峰，食柏饮水，寿延西汉。《梧浔杂佩》载，秦建阿房宫之际，伐木工匠深山断粮，偶食黄精，得以幸存。还有四皓蓝田采芝的传说，更给人留下无限的遐想。四皓即东园公、角里先生、绮里季和夏黄公。四人隐居商山，曾至蓝田一带山区采灵芝，并留下了"晔晔紫芝，可以疗饥"的诗句。[1]《商州志》称"四皓茹紫芝，形似芝而味苦，性质

---

[1] 见皇甫谧：《高士传》，中华书局 1985 年版，第 65 页。

坚重，食之耐饥"。

东汉初，扶风人马援从交阯（今越南）引入关中等地一种药材叫薏苡，又称薏米、药玉米、回回米，禾本科，根系强大，宿根性，喜温暖湿润气候，耐涝。种仁又称米仁，含淀粉，可供食用或酿酒。中医用根和种仁入药，种仁有清热利湿及健脾之功能，主治水肿脚气、风湿痹痛、泄泻、肠痈、肺痈等。《后汉书·马援列传》："援在交阯，常饵薏苡实，用能轻身省欲，以胜瘴气。南方薏苡实大，援欲以为种，军还，载之一车。时人以为南土珍怪，权贵皆望之。"马援死后，有人上书诽谤，以为前所载还，皆为明珠文犀。后称此为"薏苡明珠"之谤。考古工作者曾在咸阳、韩城等地东汉墓葬中发现薏苡，说明此物在陕西流布甚广。这显然与时人视其为养生极品，"久服轻身益气"[①]有关系。

四、造纸术

造纸术是我国古代四大发明之一。从现有的文献及考古资料来看，纸的发明，时在西汉。据《汉书·外戚传》，汉时将纸称作"赫蹏"。1933年，新疆罗布淖尔汉代烽燧遗址中曾发现一片麻纸残片，同时出土的还有汉黄龙元年（前49）的木简，从而断定麻纸残片属西汉故纸。可惜原物今已无存。1957年，西安东郊灞桥一处不晚于汉武帝时期的汉墓中，出土了一些古纸残片。其长宽虽不足10厘米，但质地细薄均匀，制作技术相当成熟。化验分析表明，这种古纸已具有早期麻纸的原始结构要素，是现存世界上最早的植物纤维纸——灞桥纸。（见图7-4）由此可见，在西汉时代我国劳动人民就已从敝帛恶茧制絮纸的经验中，摸

图7-4 西汉灞桥纸

---

① 《后汉书》卷二四《马援列传》注引《神农本草经》。

索到了用更为廉价易得的麻头等植物原料造纸的新途径。[①] 此后，西汉纸又多次被发现，如在甘肃天水放马滩文景时期墓群中出土的绘有地图的纸，在扶风中颜村窖藏中发现的约属于宣帝时期的纸——扶风汉纸，在居延汉代遗址中出土的宣帝时期的纸及平帝时期的纸等。尽管西汉已经有纸，但当时纸的使用并不普遍，帛绢竹木简还是主要的书写工具。纸的开始普及，是在东汉蔡伦进一步改进造纸技术之后。当然，蔡伦纸（蔡侯纸）的诞生地不在陕西，可是蔡伦的封地在陕西，他的葬地也在陕西。因此，在造纸技术发展史上做出划时代贡献的蔡伦，同陕西还是有着不解之缘的。今陕西洋县龙亭镇蔡伦墓后的明月池，传为蔡伦造纸时的洗纸池；洋县的纸坊街道，传为蔡伦造纸处。从这些遗迹分析，估计公元114年蔡伦被封龙亭侯以后，曾在封地洋县龙亭从事过较大规模的造纸活动。由此可见，古代陕西在造纸业历史上是有重要贡献的。

五、井渠法及其他技术

井渠法是西汉时创造发明的一项水利技术。

前文指出，在元朔、元狩之交，严熊建议由北而南修一条引洛河水的灌溉渠。当时重泉以东有万余顷盐碱地，临晋人民希望开渠灌溉以提高产量。武帝诏准了这一建议，于是征发万人，自征县引洛水开渠。

渠道所经商颜山一带，土质疏松，渠岸容易崩塌，修渠的劳动群众因地制宜，采用类似现代的隧洞竖井施工法，在地面上打许多井，在地下修建暗渠使井井相通，水流井下暗渠中。因开渠中获得"龙骨"，故取名"龙首渠"。这种开渠技术便是井渠法。（见图7-5）

经十余年努力，渠基本建成，后虽未能发挥显著效益，但所创井渠法不失为水利史上一项了不起的创造。此法通过丝绸之路传至西域，直到今天，新疆人民仍用这种办法修建灌溉渠道，称为"坎儿井"。

西汉长安出了一位著名工匠丁缓（媛），多种文献对他均有记载。据《西

[①] 目前关于灞桥纸的断代和鉴定尚有不同意见。此采用潘吉星《世界上最早的植物纤维纸》一文的观点，载《文物》1964年第11期。

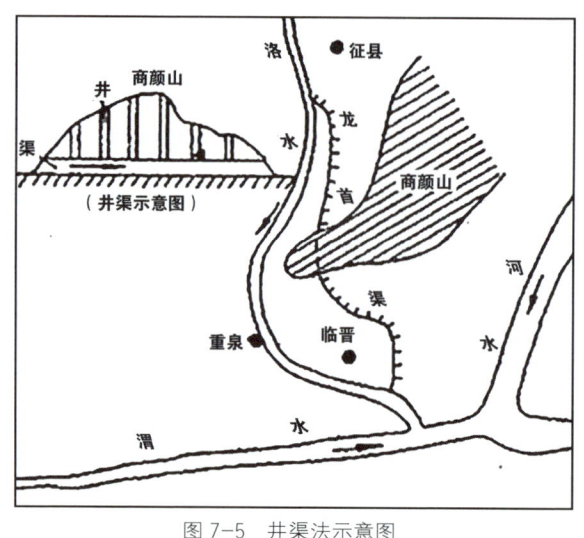

京杂记》，他善作卧褥香炉，又名被中香炉。"为机环转运四周，而炉体常平，可置之被褥，故以为名"。这是利用回转运动原理和常平支架原理制作的一种焚香除臭的巧器，构造原理与现代的万向陀螺仪基本相同。该炉原由房风发明，其法后绝，丁缓复制。

图 7-5　井渠法示意图

今人戴念祖《中国力学史》认为，它的核心结构由几个轴心线互相垂直的金属环构成，即常平支架。其中央的回转轮实为一个具有较大重量的圆轮（状如空钟），被支于通过其重心而垂直于轮面的轴心线上。在其中央轴上装置盂形或半圆形容器，内盛香料，由于互相垂直的各环转轴彼此制约以及半圆形容器本身的重心影响，容器内置放的任何形态的物质都不会倾倒而出。

丁缓又制作有九层博山香炉，镂以奇禽怪兽，"穷诸灵异，皆自然运动"。又作七轮大扇，"一人运之，满堂寒颤"。[①] 这两件器物，皆利用发条和齿轮转动变速原理制成。从丁缓所造的这些巧器，不难看出汉代机械制作技术的高超水平。

新莽时，在长安还有过一次飞行试验。《汉书·王莽传》载，天凤六年（19）王莽在长安招募有奇术之士参与对匈奴作战。有一人言能日飞千里，可窥匈奴。王莽遂试之。其人用大鸟毛为两翼，头与身皆着毛，并在身上设以环纽，飞数百步而坠。尽管这次羽人试飞失败了，但却是中国人力求掌握飞行技术所迈出的勇敢的第一步，其大胆设想、勇于探索的精神是可贵的。后来在北齐文宣帝时期和南朝陈武帝时期，均有过类似的试验。另，在西安出土的汉代铜羽人跪

---

① 葛洪：《西京杂记》，中华书局 1985 年版，第 8 页。

坐像，汉画像石中出现的腾空羽人画像等，亦从一个侧面反映了时人对于飞行的神往。

第二节 教育

秦汉时期教育获得明显发展。陕西作为秦汉王朝的国都所在地，其教育发展不仅居整个王朝的领先地位，而且也是最典范的。

一、秦教育概说

秦的教育大体包含四方面内容：一是宫廷教育，二是"史子"一类特殊人才教育，三是私学，四是"以吏为师"。

宫廷教育，也称作"宫邸学"，是为国君、太子及宫室贵族设置的专门教育。据《史记·秦始皇本纪》附《秦纪》关于"缪（穆）公学著人"的记载可知，至少在穆公时代秦已确立了如同周那样的官师合一、政教合一的宫廷教育体系。

"史子"意谓"史"的儿子。云梦秦简《内史杂》律文规定：非"史子"不能在叫作"学室"的学校里学习，违反这一禁令者有罪。由此可知，秦时存在一种通过学室培养史子的特殊教育。古代的"史"，狭义仅指史官，广义则泛指一切从事文字工作的官吏。由于史职务的特殊性，所以史一直是"父子畴官，世世相传"的。而史子从小就要接受特定的教育。据张家山汉简《二年律令·史律》又知，汉代除对史子的教育外，还有关于卜子、祝子的教育。主掌占卜、祝祠的卜、祝与主掌文字工作的史一样，都是那个时代的特殊人才，而这些人也是世袭为职的，所以卜、祝的儿子也必须经过专门教育以继承前辈的职业。据"汉承秦制"推测，秦时亦应有卜子、祝子的特殊教育。

私学是与官学相对应的概念，指以个人收徒讲学为形式的私人教育。始皇三十四年（前213）丞相李斯所提出的"焚书议"，先后两次涉及秦的私学问题，据此知秦有私学，当毋庸置疑。一般而言，这类私学以儒者开办的居多，而与秦关系密切的墨家，似也应占有重要的地位。

"以吏为师"的教育主张，战国后期已见于法家论著。如《韩非子·五蠹》

所谓的"以法为教""以吏为师"便是证明。秦推行这样一种极端化、绝对化的教育主张，以始皇三十四年李斯"焚书议"为界可分作两个阶段。在"焚书议"前的第一阶段，其基本限于某些特定领域，如所实施的法官法吏制，便明显体现了"以法为教""以吏为师"的精神。在"焚书议"后的第二阶段，则是于禁绝私学、禁断游宦的同时，全面推行这种主张。易言之，也就是要用"以吏为师"垄断全部教育。由于这是一项需要经过较长时间才能显见效果的制度层面的变更，而秦王朝在批准实行李斯"焚书议"后几年便覆亡了，所以今天虽然知道有所谓全面推行"以吏为师"的举措，却无法知晓它更多的具体内容。

至于秦世博士"典教职"之说，出自东晋郭璞，后康有为、马非百亦赞同之。由于资料有限，这一问题似还有待进一步研究。不过汉代的博士确实是"典教职"的，对此，下文即做论述。

二、汉之博士、太学、郡国学及特殊人才教育

博士应是对学者的一种泛称，意谓博学之士。大约最迟在战国末，齐、魏、秦等国均以之设官，博士遂为官名。秦王朝时博士多达七十人，汉承秦制，亦置博士官。文帝时期设置的两类博士值得注意：

一是诸子专书博士，表明当时诸子书已被允许在学馆公开讲授，而凡具有一技之长的人即有可能被任为博士。应该说，这反映了汉初以来教育的进步。

二是儒学一家的专经博士（或称"一经博士"，即专治一经的博士），表明此期博士的设置已出现了逐渐被儒家把持的新发展趋势。这自然也与当时的教育发展密切相关。

至建元五年（前136），汉武帝正式设置五经博士，从而迈出了汉代博士设置史上最为关键的一步，意义特别重大。这里所谓的"五经"，具体指儒家典籍《诗》《书》《易》《礼》《春秋》。

众所周知，武帝即位初始，于建元元年（前140）便下令罢黜百家，独尊儒术。几年后即设置五经博士，这显然与尊儒有关联。后者应是为实现前者而提出的一项重要的制度性措施。此其重大意义的第一点。

如前所述，文帝朝开始设置儒家的专经博士，至武帝以前，这类经学博士

虽已设有《诗》《书》《春秋》三经，《诗》博士还分齐、鲁、韩三家，但儒经还远没有全设博士，博士职位尚未由儒家一家专主。及五经博士设立，局面发生了根本性的变化。从这以后，儒家遂垄断了博士一职。此其重大意义的第二点。

重大意义的第三点，置五经博士后，由于儒家专主博士，就使博士官具有了新的特点，即其学官属性凸显，教育功能增强。为了说明这一变化，以下对博士官的组织、职掌等略做考察。

西汉博士隶属九卿之一的太常，长官称仆射。博士虽为太常属官，但与太常同侍列于朝，负有多项职掌，不少地方直接向皇帝负责。纵观博士的职事，议政自然是最主要者。《汉书·百官公卿表》所说的"掌通古今"，即指此。另外，如制礼、藏书一类的工作，也是博士的职责。在通古今备顾问的总前提下，博士的职掌随着时间的变化亦有所变更。如自武帝派博士公孙弘出使匈奴以后，博士出使便相沿成例，变为其新职掌。这里，如下两种职掌变化，是研究西汉时期教育尤其要注意的：

其一，五经博士设置后不久，武帝即采纳朝廷奏议，在京师建太学，置博士子弟（说详后文）。这样博士便增加了教授与测试弟子——太学生的职责。前文所讲博士学官属性凸显，教育功能增强，实际主要指此而言。

其二，置五经博士后，博士皆为经学大师，而皇帝、皇太子亦须学习儒经，故而博士教授职掌也包括进宫为皇帝或太子授课。如韦贤以《诗》教授昭帝，郑宽中、张禹分别以《尚书》和《论语》教授太子（成帝）等。这类宫廷讲授，虽属特殊教育，但毕竟是当时教育活动的组成部分之一。

另，几乎与五经博士设置时间相连，武帝以确立岁举孝廉为核心完善了察举制度，凡地方察举到中央的各科人才，一般都要经过策试然后才能任职，由于策试内容主要是经学，所以此任务亦由博士承担。还有一些类似的考试、考核事项，朝廷也每派博士去做。严格地说，这些策试、考试并不具有直接的教育属性，不过如果放宽眼光来看，将之视为教育的某种延伸，或不致大谬。总之，博士官是西汉时期教育的一支重要的力量；他们教授、策试一类的职务行为，

构成了当时教育活动的重要内容之一。(见图7-6)

太学为中国古代最高学府。相传虞时的庠、夏朝的序、殷代的瞽宗、西周的辟雍皆为古代之太学。西汉立国之际,国力十分有限,难以考虑兴学之事。文帝时,虽有贾山上书,建言设立太学,但限于客观条件,未能实现。直到武帝即位后,董仲舒再次提出建立太学的问题。元朔五年(前124),也就是置五经博士之后的第十二个年头,武帝感到各方面的条件已臻成熟,于是授意丞相、御史二府讨论此事。时任御史大夫的公孙弘拟定了一个实施方案,获得批准,于是太学正式建立。

图7-6 汉代讲经图

(1)太学的组织结构与学生数额。太学建于京师长安,教师由五经博士充任,学习儒家经典。学生称作"博士弟子",也叫太学生。其数额,武帝初建太学时为五十人,昭帝朝增为一百人,宣帝末增至二百人,成帝时增为三千人。平帝、新莽时一度改成国学,骤增至一万零八百人。

(2)弟子选任。博士生弟子分两部分。一是正式弟子,由太常择选,条件是"民年十八以上仪状端正者"。二是"如弟子"即员外弟子,由地方县令长丞、侯国相推选,条件是"好文学,敬长上,肃政教,顺乡里,出入不悖";入选者须先送到郡太守、王国相那里慎重审查,于每年终时随同到京师做汇报的上计吏一起,再被送到太常那里,"得受业如弟子",即算作不在正式弟子员数的员外弟子。[①]

另外,博士弟子也有通过高官宠臣享有的荫任特权而荫补者,如伏湛"以

---

① 见《汉书》卷八八《儒林传》。

父任为博士弟子"①，即典型例证。

（3）弟子的待遇、受学、射策与任用。博士弟子学习期间，享有免除徭役的待遇，称作"复其身"。不过游学费用需要自理。

一般情况下，弟子受学专攻一经，拜一位博士为师；个别也有兼治别经、兼问别师者。王充《论衡·明雩》记载说："汉立博士之官，师弟子相诃难，欲极道之深，形是非之理也。"可见除博士讲课外，师生间亦展开讨论。太学中还不时举行某博士或大师的经学演讲会，称作"都授"或"都讲"，实际上就是一种专题报告，各种弟子皆可参加。

弟子受学一年即要受博士考课，称为"射策"，即一种抽签考试。这是博士弟子仕宦的必经之途。早期设甲、乙二科。凡"能通一艺以上"，即达到乙科标准，可以任用为文学掌故。考课成绩优秀的所谓"高第"，是为甲科，可以为郎中，但必须"太常籍奏"。另还有与之配套的规定：一是"即有秀才异等，辄以名闻"；二是"其不事学若下材，及不能通一艺，辄罢之，而请诸能称者"。②大约至迟到宣帝时又增设丙科。《汉书·儒林传》所讲："岁课甲科四十人为郎中，乙科二十人为太子舍人，丙科四十人补文学掌故云。"当指西汉后期的制度。如此甲、乙、丙三科，依次分难易，射策者量力取策，答案正确者为"中"。其做法比较充分地考虑到人的智力差别，具有一定的科学性。如果屡射不中，又不够罢学条件，可以留太学继续学习。这样就使一般弟子都有机会做官，达到了某种和谐。

除京城建太学外，西汉地方亦有官办学校，叫作郡国学。

早在景帝末年，蜀郡太守文翁，为改变本地区落后面貌，修起学官于成都市中，招属县子弟入学，免除更徭，学毕得补小吏，是为兴办郡国学之始。武帝时"令天下郡国皆立学校官"，如此一来，建立郡国学的工作便在全国范围内展开。而帝国京师所在地陕西，其郡国学的普及率，自应是比较高的。

---

① 《后汉书》卷二六《伏湛列传》。
② 《汉书》卷八八《儒林传》。

元帝时期，郡国学进一步有所发展，当时郡国置五经百石卒史，职掌地方教育。至平帝即位，王莽秉政，郡国学又有了新的变革发展。元始三年（3），命郡国曰"学"，县、道、邑、侯国曰"校"，学、校置经师一人；乡曰"庠"，聚曰"序"，庠、序置《孝经》师一人。这样一种制度一直沿用到东汉时期。

秦汉之世，史、卜、祝为官府中的特殊人才，其职务如太史、太卜、太祝等，均"父子畴官，世世相传"。为此，史子、卜子、祝子必须到一种特殊的学校，经过学习、训练，并通过考试，方能任职。如此就有了特殊人才教育。

根据张家山汉简《二年律令·史律》的记载，综合《说文·叙》引汉《尉律》及《汉书·艺文志》记载的"试学僮"之法，同时参考云梦秦简有关"史子""学室"的记载，可知当时特殊人才教育情况如下：

（1）汉王朝设有培养特殊人才的专门学校，最初存在史、卜、祝专业的区别，学生为史子、卜子、祝子，或曰史学童、卜学童、祝学童。"童"亦通"僮"。随着时间的推移，这种区别似逐渐消失，学生统称作"学僮"。

（2）专门学校设有学习辅导者，叫作"学佴"，负责学童的管理工作，如带领学童参加考试等。

（3）史、卜、祝三种学童学习期限一般都是三年，皆须定期考试，时间为八月初一。学童始试，年龄规定为17岁以上。通过考试，即任以职事。主持考务者为太史、太卜、太祝以及郡守。这种考试，即所谓"试学僮"，被著为律令条文，以法律的形式付诸实践。

（4）史、卜、祝三种学童考试内容不同。史学童考《史籀篇》，初期要求背诵五千字以上，并会书写各式字体——所谓"八体"，指秦书八体，即大篆、小篆、刻符、虫书、摹印、署书、殳书、隶书。后来"讽书"（背书）的标准大为提高，达九千字以上。卜学童考"卜书"及占卜实用技术，另还要求背诵通行隶书三千字。祝学童则考"祝十四章"，要求"善祝""明祠事"等。

（5）由学童考试内容，可推知其平时学习情况。史学童似主要进行识字和各种字体书写的教育；卜学童似以学习占卜术为主，同时兼有识字教育；祝学童则以学习祝、祠礼仪与实际操作演示为主。至于原来分专业的三种"学童",在后来的文献记载中何以变成了无专业区别的一种"学僮",目前由于资料的限制,尚无法说明。

第三节 史学

陕西人在秦汉时期写出了两部不朽的史学名著——《史记》与《汉书》。以这两部史书为标志,我国史学发展跨入一个崭新的时代。秦汉时期陕西人对史学的贡献是巨大的。他们不仅居于全国冠军地位,在世界上也绝无仅有。

一、秦的史学

我国是一个有着史学传统、特别重视史学的国家。至迟在西周时,我国的史官制度已相当完备。这意味着当时的史学已颇具规模。秦作为周的诸侯国,虽然起步甚晚,但文献明确记载,秦文公十三年(前753),已经"初有史以纪事"[①]。如果以此作为秦史学开端的话,至秦亡,约五百余年时间。此时期秦的史学有何发展,限于资料,今天已很难详考,但从鲁国史书《春秋》的体例来看,秦的国史也应是编年体的。1975年湖北云梦睡虎地出土的秦简《编年记》,不仅进一步证实了这一点,而且还表明秦的记史工作具有相当的普遍性。否则一个基层小吏的墓葬,是不会以《编年记》这类东西做从葬品的。

《史记·廉颇蔺相如列传》记述秦、赵两国国君渑池相会,酒酣之际,秦王请赵王奏瑟。"赵王鼓瑟。秦御史前书曰'某年月日,秦王与赵王会饮,令赵王鼓瑟'。"蔺相如见状,则请秦王奏盆缻,以相娱乐,并以五步之内"颈血溅大王"相逼,终使秦王"为一击缻"。"相如顾召赵御史书曰'某年月日,秦王为赵王击缻'。"这是反映秦、赵两国史官工作情况的难得材料。由此可知,当时史官紧随国君前后,认真记录所发生的各类情况,其虽不一定如文献所说"左史记言,右史记事"那样严格分工,但这种史官所记的历史,显然是当时史学最主要的内容。

[①] 《史记》卷五《秦本纪》。

秦统一后，下令焚书，原各国的史书首当其冲，是被烧的对象，而只留下所谓的《秦记》。这《秦记》究竟是什么样子？司马迁显然是曾经见过的。《史记·秦始皇本纪》附有序列秦先君立年及葬处的大段文字，司马贞《索隐》讲："皆当据《秦纪》为说"。从这里似可窥见其原貌一二。应该说，《秦记（纪）》是十分简略的。其与秦简《编年记》在风格上颇为接近。这样简单的史书形态，自然同秦帝国大一统的形势难相适应。可是秦王朝除焚烧《秦记》以外的史书，对史学事业进行空前大破坏之外，在史学上再没有什么新建树，所以秦朝时期的史学总的来说是滞步不前的，仅仅停留在原秦国史学的水平之上。历史学的大发展与大前进，被留给汉代人去完成了。

二、《史记》的开创价值

基本上按照秦王朝模式建立的西汉帝国，经过汉初几十年的休养生息，到汉武帝时，统治相对稳定，经济实力空前增强，从而为文化事业的发展创造了良好的社会条件。当时的史官——用今天的话讲即史学工作者，受时代的激励，深感必须承继孔子修旧起废、论《诗》《书》、作《春秋》的传统，改变自获麟[①]以来数百年间诸侯相兼、史记放绝的局面，论载汉兴之后海内一统、明主贤君、忠臣义士的业绩，以不废天下之文。这当中，司马谈及其子司马迁是最具代表性的人物。

司马氏父子所体现出来的强烈的史家责任感，正是当时史学要求突破原来的模式，寻求大发展大前进的时代趋势的反映。这一时代的使命，最终以司马迁继承父命，撰成《史记》这部划时代的巨著而得以实现。

唐刘知几《史通》将"诸史之作"析为"六家"，然后统归"二体"，并讲："载笔之体，于斯备矣"。所谓"二体"，即"编年体"与"纪传体"。而《史记》则是"二体"中"纪传体"的鼻祖。其开创价值，似可归结为如下三方面：

[①] 关于"获麟"，《春秋公羊传·哀公十四年》曰："西狩获麟，孔子曰：'吾道穷矣。'"传说孔子作《春秋》，至此而止。唐李白《古风》："希圣如有立，绝笔于获麟。"即指此。

首先,《史记》开创了以人物为中心的记史法,或曰以人物传记为主干的史书形式。

《史记》以前的各种史作,如《左传》《战国策》《国语》等,或编年,或记事,或记言,却没有以人物传记为主干来展现历史进程的。《史记》正好补此缺,全书骨干由十二本纪、三十世家、七十列传构成。"本纪"是帝王的传记,以此作为全书的根本、纲纪。要之,即以主宰天下的帝王为中心来编排一个时代的历史。十二篇帝王传记前后连贯,首尾相衔,构成历史的主线。"世家"是诸侯王(含重要列侯将相)的传记。由于诸侯王分封在不同地区,所以这部分实际是以诸侯王为中心的地区史。"列传"是各类重要人物的传记。通过记载这些人物的活动,展示一个时代历史的细部。就规模和层次而言,本纪最大最高,世家和列传依次降低。这样一种以人物传记为中心的史书形式,被称作"纪传体",是以前从来没有的。纪传体史书以本纪、世家、列传为主的结构,与当时形成的金字塔形社会政治结构完全一致,它适合于更有力地表现秦汉帝国大一统的雄姿和威容,能够大大突显贤君明主、忠臣义士的地位,特别是突出帝王的作用,因此它较编年体等其他史书形式,更能适应当时统治阶级的政治需要。而史学也就在满足这一需要的前提下,大发展大前进了。

其次,《史记》开创了通史这一史书体裁。

《史记》以前的史著,如《左传》是以年代为次的编年史,《国策》《国语》是以地域为限的国别史。此外,还有以文告档案形式保存下来的政治史,如《尚书》。然而却没有一部长时间跨度的通史。《史记》的问世,结束了这一局面。《史记》所述,上自传说中的黄帝,下迄作者所处的汉武帝时代,时间长达三千年。书中改变了以往史著记一事一言或单线条记述的做法,而从时、空两个方向,从政治、经济、文化等各个层面同时展开,众多人物和事件交错叙述,形成统一的有机整体。这样一部上下几千年,包罗各方面,而又融会贯通、脉络分明的通史的出现,是我国史学史上的一大创造。这里,固然不可否认当时出现如此一部通史巨著的时代必然性,但作者的创新勇气、聪明智慧和所付出的创造性劳动，也是不可忽视的。

再次，《史记》开创了无所不包的"大历史"史书体例。

所谓"大历史"，是指广义历史，即认为历史不仅限于社会史，还包括自然史。在古代固然没有"社会史""自然史"一类的概念，却有从"大历史"角度去考察历史的史观，有按"大历史"规格撰写的史著。《史记》就是这样一种"大历史"史著的开创之作；其"大历史"的体例，则具体化为"书"这种形式。"书"是《史记》中很特殊的部分，实际上是一种专门史。《史记》中共有八书，其上自天文，下到地理，囊括"礼乐损益，律历改易，兵权山川鬼神，天人之际"①，充分展现了一种无所不包的"大历史"格局。诚然，《史记》之前，有些史著如《左传》，也有某些自然史方面如天象、灾异等记录，却是零碎的、分散的，范围和数量皆很有限，远不能同《史记》中的"书"这种已经上升为专门史的系统论述相提并论。《史记》开创的无所不包式的"大历史"史书体例，对中国史学影响十分深远。以后的历代正史，差不多都有"天文志"，特别是宋郑樵所撰《通志》的"二十略"，自天、地、人、礼、乐、书，到经济、政治、法律、艺文，乃至金石、灾祥、昆虫草木，几乎应有尽有。如此博大的气魄和规模，显然是《史记》"大历史"体例的继承和发扬。这无疑是中国史学的优良传统之一。

以上只是从总体上论说《史记》的开创价值。实际上，《史记》的创造，《史记》的"第一"，还有许多。如《史记》第一次提出了中国式的史学理论体系，即"究天人之际，通古今之变，成一家之言"②；《史记》第一次从世界史的角度描述中国历史，其视野第一次移出中国中原一带而到达南越、东南亚，到达今新疆、中亚地区；《史记》第一次把历史活动的主体从政治家、军事家扩展到商人、医生、游侠、占卜者，甚至农民起义领袖及刺客；《史记》第一次提出了黄帝是中华民族共同始祖的思想，其成为中华民族凝聚力的源泉，几

---

① 《史记》卷一三〇《太史公自序》。
② 《汉书》卷六二《司马迁传》。

千年来不管有多少次内乱、分裂,有多少次外敌侵略,中华民族始终打不散、分不开,与此有绝大关系;《史记》第一次在史书中设"表",以表格这种形式对重要历史人物、重大历史事件和特殊历史时期,做更为细致的描述;《史记》第一次在书中为作者本人立传,使史学家也成为被研究的对象;等等。当然,这些创造和第一,原则上来看,皆从属于上述三大方面,是一些更为具体的细节问题。

三、《汉书》的贡献

东汉时期,陕西又出了一位文化巨人,他就是班固(见图 7-7)。班固的主要成就在史学方面。所以人们常把他和司马迁并称为"班马",把他所写的《汉书》和司马迁的《史记》并称为"史汉"。

《汉书》(见图 7-8)是继《史记》之后的又一部史学巨著。说起这部书的问世经过,还有一段相当曲折的故事。原来《史记》流布之后,不少学者鉴于其所记仅止于汉武,遂纷纷续补。班固的父亲班彪以为这些续作不足以踵继前史,于是慎核其事,旁贯异闻,作《史记》的"后传"。正当他撰著到百余篇(另说六十五篇)的时候,却不幸逝世。班固在家乡扶风班家台居丧期间,着手整理父亲的遗稿,决心继承父志,撰写一部完整的西汉历史。不料祸从天降,有人上书汉明帝告班固私改国史,遂被捕下京兆狱。班固的弟弟,就是后来出使西域建立奇功的班超,直赴京城上书,替兄申辩。正好这时地方官也把书稿送到了。明帝看过之后,很赞赏班固的才学,所以不但不加罪,反而召他到洛阳做了典校秘书,让他专心从事汉史的写作。当《汉书》基本完成之后,班固因受失势外

图 7-7 班固像

图 7-8 《汉书》书影

戚窦宪的牵连，被捕入狱并死于狱中。他所撰写的《汉书》也因而受到严重破坏，八表和《天文志》等篇均有缺失。后汉和帝下令班固的妹妹班昭进行整理，续作八表，又由马续补作《天文志》，这样，《汉书》才算最后完成。

《汉书》对史学的贡献，主要有两点：

其一，《汉书》完善、规范了纪传体史书的体例。

《史记》虽然创立了史书的纪传体，但由于是初创，故其体例尚不规范，还有许多需要改进、完善的地方。例如，《史记》的本纪中没有《惠帝本纪》，但在《吕太后本纪》中仍用惠帝纪年，这样就自乱其例。再如，《史记》的专传或合传与类传的次序间杂，或以时代的先后，或因事迹的相关，而不拘于体例。像《刺客列传》在专传之间，《汲郑列传》反在类传之间；《匈奴列传》置于《卫将军骠骑列传》之前，《大宛列传》反置在《酷吏列传》之后；等等。再如，《史记》列传的篇名，或以姓标，或以名标，或以字标，或以官标，或以爵标，虽寓褒贬之义，但体例不统一。《汉书》在全面继承《史记》纪传体的同时，又针对它的不足，进一步改进之，完善之，规范之。归纳起来，此类工作约有这样几方面：

（1）确立本纪的义例。如针对前述《史记》无《惠帝本纪》的不足，《汉书》特为惠帝立纪，从而确立了"纪之为体，犹《春秋》之经，系日月以成岁时，书君上以显国统"[1]的义例。这么做，尽管显得僵硬，但就编纂形式而言，却严谨多了。

---

[1] 刘知几：《史通》卷二《本纪第四》，浦起龙通释，上海古籍出版社2015年版。

（2）将世家并入列传，改《史记》传记"帝—王—臣民"三级式为"帝—臣民"二级式，从而更加突出了君权，突出了皇帝至高无上的绝对地位，同时也与武帝以后诸侯王有名无实的现实相适应。

（3）确定了各种传记的编排顺序及传的标名法。《汉书》规定各传均以时代顺序为主排列，先专传，次类传，再次边疆各族传，而以"贼臣"王莽传记居末，使编排更合乎逻辑，也开后世叛逆或贰臣传的先例。关于传的命名，规定除诸侯王外，概以姓或姓名标题，统一了体例。所以章学诚讲："迁《史》不可为定法，固《书》因迁之体，而为一成之义例，遂为后世不祧之宗焉。"①

（4）改书为志。前文曾指出，《史记》中的"书"，实际上是一种专门史，《汉书》沿用了这一体例，但改名称为"志"，并在内容上有所合并和增加。具体情况是这样的：《汉书》将《史记》的《礼书》《乐书》合并为《礼乐志》；将《律书》《历书》合并作《律历志》；将《天官书》改作《天文志》；将《封禅书》改为《郊祀志》；将《河渠书》改作《沟洫志》；将《平准书》改为《食货志》；此外，新增加了《刑法志》《五行志》《地理志》《艺文志》四志。这样，就使专门史的门类更加齐全，布局更为合理。特别是新增的四志，历来受到人们的称赞与重视。总之，《汉书》大大发展了《史记》的"书"这种体例，使之成为史学上的书志体，对后世所谓的政书影响深远。我国历代典章制度，绝大部分得以保存，《汉书》十志起了继往开来的作用。

（5）对表进行了改造。《史记》的表主要是年表，另还有月表。《汉书》将其改造为三种形式，主要是贵族世系表，其次是公卿接替表及古今人物表。这当中特别是反映大官僚接替关系的《百官公卿表》，记录了汉代自中央到地方官吏设置的沿革与构成，弥补了《史记》的不足，意义尤为重大，开后世正史中《百官志》之先河。

经以上改进与完善，纪传体史书形成其规范形态。此后，由纪、传、表、

---

① 章学诚著，叶瑛校注：《文史通义校注》卷一《内篇一·书教下》，中华书局1985年版。

志四部分构成的纪传体史书体例，一直是历代正史所遵循的标准模式。

其二，《汉书》创立了断代为史的体裁。

《汉书》虽然沿用了《史记》的纪传体形式，但与《史记》有很大的不同，它只是记述西汉一代（含新莽）二百余年历史的断代史。班固之所以断代以为史，并非偶然，而是时代的产物。在两汉之间，存在一个王莽篡汉而建立的新朝政权和新莽末爆发的大规模农民战争，这些给东汉统治者极大的教训。为了使刘氏王朝不再发生外戚篡权事件，为了维护东汉政权的长治久安，当时的统治者迫切需要总结西汉一代的历史经验，而断代的《汉书》，正是适应这一要求而产生的。另方面，到班固时代，"汉承尧运""协于火德"之说，已为统治阶级所公认，而东汉朝廷也已开始编修国史。如果再依据《史记》的通史成规续编汉史，不但不能宣扬"汉德"，而且也会同《史记》把《高祖本纪》"编于百王之末，厕于秦、项之列"一样，势必将《世祖本纪》编于王莽之后，置于新市、平林之列，这是当时统治者所不能允许的。这样，摆脱旧传统，开创新体裁，就成为一种时代的需求。《汉书》断代为史，正符合这一需求。事实上，《汉书》所开创的纪传体断代史这一体裁，不仅符合当时统治者的需要，而且也极对以后历代统治者的胃口。唯此，所以后世历代的正史，无一不是像《汉书》那样，基本由纪、传、表、志四部分构成的纪传体断代史。仅此而论，《汉书》在史学上的影响，亦有超过《史记》的地方。

四、《史记》《汉书》开创、规范了中国的史传传统

史传为传记的一种。传记是记载人物事迹的文章，具体分为史传（要求记载翔实的史事，崇尚朴实、雅洁，不能主观想象）和传记文学（用形象化方法，描写各种著名人物的生活经历、精神面貌及历史背景，虽以史实为依据，但允许存在某种程度的想象性描写）两大类。

《史记》问世的时代，尚没有第二类传记，而史传即第一类传记，也仅仅因为《史记》的面世而开始登上文坛。正是从这种意义上，我们说《史记》开创了史传的新时代。

《汉书》对《史记》的体例做了规范，具体情况前文已经论列。如果说《史记》对中国的史传传统具有开创之功，那么，《汉书》对中国的史传传统则具有规范之功。这种规范之功归结为一句话来表述，即由纪、传、表、志组成的纪传体断代史成为历代撰史的范式。

《史记》《汉书》而后，史传形式一直是中国史书的正统形式，称为"正史"。至民国时，问世的正史有二十六部之多，记述了自黄帝到清代长达数千年的历史。这在世界上是仅有的。

考察中国历史上正史的发展，可以看到如下的演进过程——

最早出现的是"前四史"，即《史记》《汉书》《后汉书》《三国志》。唐代有了"十三史"之说，即前四史加《晋书》《宋书》《南齐书》《梁书》《陈书》《魏书》《北齐书》《周书》《隋书》。宋代则有了"十七史"之说，即十三史加《南史》《北史》《新唐书》《新五代史》。明代又有了"二十一史"之说，即十七史加《宋史》《辽史》《金史》《元史》。至清代更有了"二十二史"（即二十一史加《明史》）、"二十四史"（即二十二史加《旧唐书》《旧五代史》）之说。民国以来再加码，有了"二十五史""二十六史"之说。前者为二十四史加《新元史》（或《清史稿》），后者为二十四史加《新元史》及《清史稿》。

如此的史传传统，或曰正史体系，由《史记》而开创，由《汉书》而规范。这是具有中国特色的超级重大成果，谱写了世界文化史上的绚丽篇章。

第四节　校书

西汉末大规模进行的书籍校理工作，在整个秦汉时期的陕西文化中占有重要地位。尤其是刘向、刘歆父子校书所取得的校勘成就，为文献整理和文献学发展做出了巨大贡献。

一、首次大规模群籍校理与刘氏父子的校书活动

秦挟书律的颁布堵塞了书籍在民间的流通渠道；其具体实施如焚书行为，

对于先秦旧籍更是空前灾难，确为"书之一厄"[①]。汉承秦制，但注意反秦之弊。汉惠帝四年（前191），下诏"除挟书律"[②]。挟书律的废除促进了书籍的繁荣。之后政府开始广开献书之路，大收篇籍，孝文帝时"天下众书"已经"往往颇出"[③]。地方势力也开展了收书活动。

武帝时政府公藏大增，但是一个亟待解决的文献问题立刻现于眼前，即"书缺简脱，礼坏乐崩"[④]。这个问题成为武帝的一个心病，他喟然而称"朕甚闵焉"，于是始"建藏书之策，置写书之官"，[⑤]将文献的管治提上日程。写书之官虽对国家藏书进行了一定程度的整理并写成大量中秘定本，但定本中仍然存在简编断朽、文字脱讹的缺陷。成帝"使谒者陈农求遗书于天下"[⑥]，扩充藏量的同时又放大了缺陷。这种局面无疑影响到典籍的使用，故"孝成皇帝闵学残文缺，稍离其真"[⑦]，"诏光禄大夫刘向校经传诸子诗赋，步兵校尉任宏校兵书，太史令尹咸校数术，侍医李柱国校方技"[⑧]。中国历史上第一次大规模的群籍校理工作就此展开。

刘向原名刘更生，是汉高祖刘邦同父异母弟楚元王刘交的四世孙。他自幼"有材行"，成年后以通达经典、善属文辞被汉宣帝视作"俊材"而置于左右。"为人简易无威仪，廉靖乐道，不交接世俗，专积思于经术，昼诵书传，夜观星宿，或不寐达旦。"[⑨]元帝时因用阴阳灾异推论时政得失并弹劾外戚宦官专政误国，两次入狱。成帝即位，复进用，更名向。出于难以自明的学术兴趣和文化责任，同时为继承前贤业已取得的学术经验，刘向开始了自觉的校雠工作。刘向校书

---

① 魏徵、令狐德棻：《隋书》卷四九《牛弘列传》，中华书局1973年版。
② 《汉书》卷二《惠帝纪》。
③ 《汉书》卷三六《楚元王传》附《刘歆传》。
④ 《汉书》卷三〇《艺文志》。汉代礼乐制度自叔孙通已经建立，此言"礼""乐"系指礼乐文献。
⑤ 《汉书》卷三〇《艺文志》。
⑥ 《汉书》卷三〇《艺文志》。
⑦ 《汉书》卷三六《楚元王传》附《刘歆传》。
⑧ 《汉书》卷三〇《艺文志》。
⑨ 《汉书》卷三六《楚元王传》附《刘向传》。

十八年，其间升迁中垒校尉，但事业未竟，于成帝绥和元年（前8）去世。一直随其左右的幼子刘歆先"复为中垒校尉"，又"迁骑都尉、奉车光禄大夫"，"复领《五经》，卒父前业"。①（见图7-9）

图7-9 刘歆

二、三部分组成的刘氏校雠工作

刘氏父子的校雠工作由目录、版本、校勘三个部分组成。

刘向在校书过程中为所校每一部书撰写书录，并将所撰各书书录汇集类编，形成目录专书《别录》。刘歆子继父业，将群书分类，著成《七略》（含《辑略》《六艺略》《诸子略》《诗赋略》《兵书略》《术数略》《方技略》）。《别录》是《七略》的母本，《七略》是对《别录》的浓缩和总结。《别录》《七略》在北宋早期目录《崇文总目》已不见著录，据此可以推测二书在唐末五代之后亡佚。所幸《别录》中《战国策》《荀子》《晏子》《管子》《邓析子》《韩非子》《列子》《说苑》《山海经》九种单书书录今传②，可据以管中窥豹。

刘向、刘歆校勘工作的步骤包括选定底本，广备众本，订脱误，标笺识，

---

① 《汉书》卷三六《楚元王传》附《刘歆传》。
② 关于今存《别录》的篇目，学界有不同意见。此从余嘉锡说。详见余嘉锡：《目录学发微》，见《余嘉锡说文献学》，上海古籍出版社2001年版，第26—27页。

补缺去重,条定篇目,存取别义,撰写校勘记。此外还有一个内容,即确定书名。鉴于之前国家已有整理文献、写定正本的举措,根据自己的想法确定书名或重定书名应属个别现象。

现代学者将校勘方式或分为存真、校异、订讹三类[1],或分为定本式(指根据校勘的结果,把底本的误字、衍文、脱文、倒置等错误改正过来,成为一本定本,在注中作校记)、底本式(指不改动底本,在注中作校记,或书后附校勘记)、札记式(指不录原书全文,只录校记)三类[2]。刘氏校勘对此均有不同程度的涉及。因此中国文献校勘学实应"宗刘"。

"版本"一词的出现大概要晚到宋代,但版本问题几乎与文献孪生。由于受到复制手段落后的局限,早期文献一经流传就会形成不同的版本。随着流传时空的延展,这个问题日益凸显。汉兴后"往往间出"至"积如丘山"过程中,同一文献版本各异的情况尤为多见。就文本而言,差异主要表现在两个方面。第一是字体不同。当时书籍既有用六国系统文字抄写,也有用承接秦系文字的汉隶抄写。以《古文尚书》为例,班固说"孔氏有《古文尚书》,孔安国以今文字读之,因以起其家逸《书》"[3]。而"以今文字读之",就是"以今文校雠古文,并进而以今文写定古文"[4],如此则《古文尚书》在孔安国一人手里就至少形成了两种版本。第二是文字不同。以《孝经》为例,《汉志》孝经类序说"汉兴,长孙氏、博士江翁、少府后仓、谏大夫翼奉、安昌侯张禹传之,各自名家。经文皆同,唯孔氏壁中古文为异。'父母生之,续莫大焉','故亲生之膝下',诸家说不安处,古文字读皆异",颜师古注亦引桓谭《新论》云"《古孝经》千八百七十二字,今异者四百余字",今古之异几至四分之一。当今考古发现还为我们提供了一书数本的实例——马王堆汉墓就同时出土了两种不同

---

[1] 参见戴南海:《校勘学概论》,陕西人民出版社1986年版,第33—37页。
[2] 参见钱玄:《校勘学》,江苏古籍出版社1988年版,第129—132页。
[3] 《汉书》卷八八《儒林传》。
[4] 徐复观:《中国经学史的基础》,台湾学生书局1982年版,第126页。

版本的帛书《老子》。

版本的混乱给文献的传习带来了不便，也成为汉代经今古文之争或称官私学术之争的直接原因，因此引起了学者和政府的注意。刘向针对文献版本主要开展了两项工作：

第一，写定本。武帝时"置写书之官"，写定了包括五经在内的大量文本，在数量和质量上都奠定了中秘藏书的基础。成帝在求天下遗书后，责令刘向等人行校理之职，此举的最终目的，仍然是追求定本。如现存书录中多"以杀青""皆以定""可缮写"语，据《风俗通义·佚文》："刘向《别录》：'杀青者，直治竹作简书之耳。新竹有汁，善折蠹，凡作简者，皆于火上炙干之，陈、楚间谓之汗。汗者，去其汁也。吴、越曰杀，亦治也。'刘向为孝成皇帝典校书籍二十余年，皆先书竹，改易刊定，可缮写者以上素也。"[①]可知所校之书在校订之后要另写定本，包括简策本和简帛本。写定本实际上就是立准则，这种做法对于具备国家文教法典性质的儒家经典显然更有意义。

第二，选底本。汉时并无"版本"一词，刘向校书过程中出现"本"的概念。据《说文》"木下曰本"，可知本有根本之意。刘向所谓"一人持本，一人读书"，"本"者，底本，"书"者，底本以外的其他版本。

长期以来，学界多以版本专指纸质文献而言，认为其"广义包括抄写本和刻印本，狭义则仅指刻印本"[②]，因而对于汉代版本问题鲜有提及。其实"版本的含义实为一种书的各种不同的本子"，"关于图书版本的发生和发展，各个本子的异同优劣"都是版本学的内容。[③]汉代的版本意识及其引导下的版本工作，已经开版本学的先河，同时为文献校勘提供了极为重要的资料。

刘向、刘歆校书过程中取得的卓越校勘成就，为文献的整理和文献学的发展做出了巨大贡献。他们所创立的目录的编制程序和体例，著录了数以万卷计

---

① 应劭撰，吴树平校释：《风俗通义校释》，天津人民出版社1980年版，第409页。
② 孙钦善：《中国古文献学》，北京大学出版社2006年版，第63页。
③ 顾廷龙：《版本学与图书馆》，载《图书馆》1962年第1期。

全面反映西汉末年社会文献财富的图书，引起了历代王朝对建立公藏图书机构以保管图书并编纂官修目录的关注，也为学者指明了学术门径。如龚自珍言："微夫刘子政氏之目录，吾其如长夜乎？"[1]

---

[1] 龚自珍：《龚自珍全集》第一辑《六经正名》，上海人民出版社1975年版，第37页。

第八章 陕西的秦汉文化遗存

第一节　秦文化遗存

陕西是秦人的崛兴之地，是春秋战国时期秦国的所在地，是大一统秦王朝的政治、经济、文化中心。由于这三重原因，故而陕境内秦文化遗存特别密集。其中既有自古遗留至今我们可以看见的，也有经过考古工作新发现、发掘的。

一、都城遗址

秦人历史上经历了"九都八迁"。九都分别是西犬丘（西垂，今甘肃礼县一带）、秦邑（今甘肃清水附近）、汧城（今陕西陇县南）、汧渭之会（今宝鸡千河与渭河交汇的临近区域）、平阳（今宝鸡陈仓）、雍城（今凤翔南）、泾阳（今咸阳泾阳西北）、栎阳（今西安阎良附近）、咸阳（今咸阳），其中除西犬丘、秦邑外，皆在陕西境内。这些都城，虽然早已荡然无存，但某些遗迹仍然可寻，特别是通过考古发掘我们还有幸得见某些都城的基本格局与面貌。

1. 陈仓上城

位于今宝鸡市陈仓区，为秦人进入关中后的早期都城之一。秦文公十六年（前750）大败戎狄，扩地至岐，十九年（前747）筑陈仓上城而居。秦宪公二年（前714）由陈仓迁居平阳邑。陈仓上城内原有羽阳宫、祀鸡台（即斗鸡台）等建筑，遗迹犹存。陈仓下城为三国时期魏将郝昭抗拒诸葛亮而筑，仍残留城墙遗迹。

2. 雍城遗址

秦雍城遗址（见图8-1）位于陕西省宝鸡市凤翔境内，雍水以北，自秦德公元年（前677）至秦献公二年（前383）为秦国国都，历经十九代国君计二百九十四年的历史，为秦国定都时间最长的城市。雍城东接周原，南邻渭水，西滨汧水，北靠汧山，土壤肥沃，地形险要。南控通往汉

图 8-1　秦雍城遗址

中、巴蜀的孔道，北通河西走廊的门户，东南沿渭水可直达黄河岸边，具有得天独厚的地理优势和交通条件。秦人在雍城吸收周族先进的文化遗产，大建宫室，整顿甲兵，发展生产，国力日渐发展，至穆公时期达于极盛，"益国十二，开地千里，遂霸西戎"[①]。

考古勘探和发掘结果表明：雍城平面呈不规则的方形，东西长3300米，南北宽3200米，总面积约10.56平方公里。据史书记载，城内在春秋战国时先后建有大郑宫、棫阳宫、蕲年宫、橐泉宫等豪华宏伟的宫殿建筑，献公东迁后，雍城虽然失去了政治中心地位，许多重要祀典还在雍举行，如公元前238年秦王政加冕礼就在雍城蕲年宫举行。考古发掘表明雍城宫殿建筑集中在姚家岗附近宫殿区、马家庄附近宫殿区和铁沟、高王寺三大宫殿区。姚家岗在城内中部偏西，发掘出可以藏冰190多立方米的凌阴（冰窖）遗址和一处宫殿遗址。马家庄遗址位于雍城中部偏南，是保存较好的春秋中晚期大型宫殿宗庙区，可能是秦桓公居住的"雍太寝"之所在，系组合式结构，显现"五门""五院""前朝后寝"的格局。有屏、门房、厢房、前殿、大殿、寝殿、回廊、偏厢房、阶、碑、阙等建筑单元。铁沟、高王寺宫殿区位于雍城北部，发掘了凤尾村遗址和高王寺铜器窖藏。三大宫殿区内发现有大量陶器，有盆、罐、缸、瓮、鬲、钵、豆、盂、绳纹水管道、井圈、板瓦、筒瓦以及云纹、葵纹瓦当等。

2012年陕西省考古研究院发布秦都秦雍城遗址最新考古成果：雍城早期是以河流为城的"城堑河濒"，是"水上秦都"，两百年后才开始修筑城墙。

3. 栎阳城遗址

秦国以栎阳为都城，始于公元前383年，秦献公从雍城迁都于此，止于公元前350年秦孝公建都咸阳，共经历了三十多年的时间。在这里进行的献公新政和开始的商鞅变法，对秦国的历史发展影响至为深远。栎阳城遗址位于今西安市阎良区武屯镇关庄村一带，古时这里是关东通往关中的必由之路，战略位置非常重要，经济也比较发达。《史记·货殖列传》说"栎邑北却戎翟，东通三晋，亦多大贾"，同时这里也靠近洛河和黄河前线。献公迁都于此，实际上

[①] 《史记》卷五《秦本纪》。

是向天下表示秦国收复河西失地、东进逐鹿中原的坚强决心和勇气。

秦人栎阳建都一改雍都的富丽宏伟风格，未曾修建一座豪华的宫殿和供贵族享受的亭、台、楼、榭，而仅在原有的建筑基础上围上一圈夯土城郭。城门修有6座，城内只有正街3条。这样简朴无华的国都在我国历史上是极为少见的。考古勘探和发掘表明：栎阳城址平面为长方形，面积4.2平方公里。城墙为夯筑，现存南墙残长1640米，西墙残长1420米。城内居址15处，大型夯土基址2座。出土文物有铜斧、铁铲、铁块、石磨、板瓦、陶盆、瓮等。（见图8-2）

在栎阳遗址，过去曾发现"栎市"字样的文字，新近在一枚陶器残片上又发现"栎阳"二字，这进一步佐证了遗址的可信性和其在秦汉史上的重要性。

图 8-2 栎阳城遗址平面图

4. 秦都咸阳遗存

秦都咸阳是陕西历史上出现的第二座全国性都城和秦帝国的政治、经济、军事、文化中心，最初之故址在今咸阳市渭城区紧濒渭河的窑店镇一带。魏晋时陇东辛氏所著《三秦记》载："咸阳，秦所都；在九嵕山南、渭水北，山水俱阳，故名咸阳。"咸阳是秦孝公（前361—前338年在位）即位后十二年（前350），派大良造商鞅主持兴建的，孝公于次年由栎阳徙都至此。之后，在秦始皇统一六国建立大一统秦帝国的进程中,咸阳几次加以扩建,成为跨越渭河两岸,规模宏大、气势雄伟的帝都。

商鞅当年兴建咸阳时所筑冀阙宫廷经考古发掘,已发现于今窑店镇牛羊村北的原边上,被命名为"秦咸阳一号宫殿遗址",是一个地跨牛羊沟,东西向展开,由夯土筑起的三层高台建筑。冀阙宫廷的主体建筑即以牛羊沟为中轴线展开,东、西两端各有高起的殿堂对峙,二者之间以飞阁复道相连,构成一个整体性高大巍峨的建筑群。在冀阙宫廷遗址的后部与东西两侧,探明分布有八处大型宫殿遗址,它们与冀阙宫廷一道,组成咸阳之"宫城"。宫城四周之城墙已被考古探明,面积约 0.5 平方公里。

公元前 338 年惠文王即位,"取岐、雍巨材,新作宫室。南临渭,北逾泾"[①],对咸阳加以扩建。惠文王之后,至昭襄王(前 306—前 251 年在位)时,随着国势的进一步增强,又将国都咸阳扩建到渭河以南,即今之西安市北郊,修建了一批宫室、台庙、苑囿。其中主要的有以下几处:

兴乐宫,至西汉初年,被改建为汉长安城之长乐宫。经现代考古发掘,其位置在今西安市未央区未央宫街道与汉城街道之南半部。

甘泉宫,又名南宫。西晋时人潘岳撰《关中记》曾记西汉长安城之桂宫"一名甘泉",足见桂宫系在甘泉宫址上重建。桂宫之遗址现已探明,在汉长安城中偏西北处。

章台,虽名章台,实为宫殿。秦昭襄王曾坐章台见赵国使臣蔺相如,成就了蔺相如"完璧归赵"的佳话。其位置,史载在汉长安城内长乐宫与未央宫之间,武库之西。近世考古发掘探明,其址在未央宫前殿处。

兰池,为秦始皇引水所造的池,后在池之北侧造宫殿一座,名曰"兰池宫"。史书记载秦始皇于三十一年(前 216)十二月的一天晚上,微服夜游兰池宫遇盗,多亏随身卫士奋力搏斗才得以脱险。大体地址在咸阳市东 45 里杨家湾之南,汉、唐时代兰池宫犹在,李世民出征突厥时,唐高祖李渊曾设宴兰池宫以壮行色。今兰池宫遗址已不可寻,或为渭水北移所淹没。

咸阳城横跨渭河两岸,中间有横桥飞渡连接南北,四周有高大的城墙和城

---

① 《三辅黄图序》。

门。据《史记》记载，秦二世时曾异想天开打算将咸阳城墙全部漆以黑漆，宫内侏儒优旃讽刺道："善。主上虽无言，臣固将请之。漆城虽于百姓愁费，然佳哉！漆城荡荡，寇来不能上。即欲就之，易为漆耳，顾难为荫室。"通过这个荒唐的故事可以看出当年咸阳城墙的雄伟。咸阳城四面皆有门，秦大将白起就是在距西门约10里的杜邮被迫自杀的。

秦始皇除在咸阳及其以南区域扩建新建宫殿外，还在整个关中地区大肆兴建宫观。始皇三十五年（前212）令"咸阳之旁二百里内宫观二百七十复道甬道相连，帷帐钟鼓美人充之，各案署不移徙"[①]。史籍上甚至还留下"北至九嵕、甘泉，南至长杨、五柞，东至河，西至汧渭之交，东西八百里，离宫别馆相望属也。木衣绨绣，土被朱紫，宫人不徙。穷年忘归，犹不能遍也"[②]等记载。以上史籍中所言虽难免有夸饰成分，但经近世学人考察研究，关中地区除渭北咸阳宫室区与六国宫室区、渭南兴乐宫室区与阿房宫室区外，其他地方的秦代宫殿确也不少。其中已知确址的就有步高宫（在今渭南市临渭区阳郭镇张胡村）、长杨宫（在今周至县终南镇竹园头村）、林光宫（在今淳化县凉武帝村一带）、梁山宫（在今乾县县城西关外1公里处）、回中宫（在今陇县东南10里许之千河右岸磨儿塬上）等10多处。

二、陵墓遗存

陕境内的秦文化遗存，都城遗址之外，大宗者当属陵墓。这里的"陵墓"，既包括国君的"陵"，也包含名人的"墓"。

1. 秦公一号大墓

此墓在本卷第一章第三节中已有涉及，但不是从秦文化遗存的角度论述的，而且论述比较简单。为此，这里还须再做一些补充性的介绍。

考古工作者在雍城南郊的三畤原先后发现了秦国的14座大型陵园共49座大墓，成为雍城秦公陵区。其中的一号陵园区的主墓成为秦公一号大墓，经过1976—1986年整整十年的发掘，证明是秦国第十四代国君秦景公的墓葬。

---

① 《史记》卷六《秦始皇本纪》。
② 《史记》卷六《秦始皇本纪》张守节《正义》引《庙记》。

秦公一号大墓（见图8-3）与其他秦公墓一样，坐西朝东，东西各有一条墓道与长方形墓室相连，平面呈"中"字形，地面上没有封土堆。墓内填土全部填实夯筑，椁室之外堆以木炭，木炭外面再用膏泥封闭。墓室内有两个椁室。主椁室有"黄肠题凑"，东西长16米，南北宽5.7米，高4.2米。椁顶叠放三层椁木，四壁及底部各有两层椁木。椁木长度不等，有6米或4米，重达400多公斤。主椁室的平面呈长方形，其中部有用方木叠砌的南北向隔墙，把主椁室又分为东西向的两个椁室。这种把椁室分成前后两室的做法是仿照墓主生前"前朝后寝"的布局设计的。东部的前椁室象征秦公地下办公、议事的场所，即古籍中的"朝"。西部的后椁室是墓主饮食起居之处，放置墓主的棺木，即古籍中的"寝"。墓主的骨骸已被盗扰破坏殆尽，仅发现一些零星的腭、肢、牙等残骨。主椁室的南北两壁外侧，斜插着两根直径约30厘米的圆木，即史书上所说的"四绋、二碑"木碑。在主椁室南部偏西处有一个侧室，侧室东西长约6米，南北宽4米余，是此墓放置随葬品的地方。侧室被盗扰得很严重，随葬品中仅余部分小件器物，有金、玉、铜、铁、骨、石、陶、漆木等。有30件石磬和石磬残块，即是由这里的盗洞内出土的。庆幸的是，一部分磬上还刻有文字，累计字数达180多字。

椁室上部的四周有宽6米以上的生土台阶。在这个生土台阶上共埋有殉人166具。其中靠近椁室四周的殉人，既有棺又有椁，可称之为"箱殉"，共计72座，头西脚东呈屈肢状态。在箱殉之外的即所谓"匣殉"，殉人用一薄木棺材盛殓，亦头西脚东，屈肢，共94座。在一些殉人的棺椁盖上曾发现有用朱砂写的文字、编号，说明当时入葬时井然有序，是按严格的等级制安排的。箱殉和匣殉中的

图8-3 秦公一号大墓

殉葬者，其身份大概是墓主人——景公的近臣与贴身奴隶。

在西墓道南侧12米处，还发掘了一个长方形的从葬坑。坑内摆列着5组单辕无轮的木车，其中的1、2号车保存较好。每车驾两马，均为马东车西。每组车下都有一个长方形的殉葬坑，内有人骨一具，头西向，屈肢，当为殉葬的车御。车厢原经彩绘，并饰以小玉片。此坑的性质，有学者认为属于"祭祀坑"。

秦公一号大墓最早从汉代开始，历经唐、宋各代200多次盗扰，遭受严重的破坏。最有价值的是出土的刻有文字的石磬。石磬中有一件篆刻27字，行文谐韵，辞意严谨，字形圆润古拙，刚中见柔，走刀流畅，遒劲有力，与唐代出土的《石鼓文》极其相似。石磬文字证明，这座大墓的主人是秦国的第十四代国君秦景公。

秦公一号大墓主椁南北两壁带有伸出的柏木心榫头组成的长方形框式规范，这就是史书上所说的"黄肠题凑"了。黄指柏木去皮后的颜色，肠是指柏木的木心，题是指用柏木心所做的榫头，凑是指柏木心榫头在椁的四周形成的长方形框式规范。据史书记载，三代只有最高统治者天子才能使用柏木椁和"题凑"形制。只是诸侯国君一级的秦景公使用天子规格的葬具和形制，实际上是僭越礼制、大逆不道的行为。这也以实物的形式证明了春秋时代天子衰微，诸侯逞强，争相仿照天子之礼的历史真实面貌。秦公一号大墓发现的"黄肠题凑"，也是我国目前发现的时间最早、级别最高、保存完整的"黄肠题凑"。

如今的墓址旁建有秦公大墓遗址博物馆，是我国首家农民创办的博物馆。

2. 秦东陵

秦东陵是战国晚期秦王陵寝（见图8-4），位于西安市临潼区韩峪乡。因位于凤翔秦公陵园以东，故称"秦东陵"。现有多座鱼脊形、覆斗形封土，其中有"亚"字形、"中"字形、"甲"字形墓葬，另有从葬坑、陪葬墓区及地面建筑遗址多处。历年出土大量铜器、铁器、陶器及筒瓦、板瓦、瓦当等建筑材料。共发现4座陵园：[①]

一号陵园位于西安市临潼区斜口街道办事处韩峪乡东北，依山坡而建，东起范庄及武家坡村，西到马庄及东门村西，南起范家村，北到枣园武三队。以

[①] 以下据《陕西省志·文物志》上，陕西人民出版社2016年版，第184—185页。

图 8-4　秦东陵

陵园壕沟为标志，平面呈南北向长方形，南北长 1180 米，东西宽 695 米，陵园面积 82.42 万平方米。由东、南、西、北 4 条壕沟，2 座"亚"字形主墓葬，14 处从葬坑，11 处建筑遗址，以及 161 座小型陪葬墓构成。东、西壕沟中段偏南处各有一缺口，应为一号陵园的东、西门址。陵园西北部发现一处规模较大的建筑遗址，南北长 200 米，东西宽 70—80 米，可能是一号陵园的陵寝建筑遗址。2 号墓曾出土高柄漆豆、龙凤纹漆木简等。高柄漆豆上有细浅铭文，其中盘底右边铭文 3 行 15 字，"八年相邦薛君造，雍工币效，工大人申"，左边铭文 3 行 14 字，"八年丞相殳造，雍工师效，工大人申"，足底烙印"大官"二字，又倒刻一"冋"字。专家推测一号陵园为秦昭襄王和唐太后的"芷阳陵"。

二号陵园位于一号陵园东北方向约 1500 米处，范围东自北沟村，西到枣园村，南至三家坡村北无名沟，北达武家沟，东西长 500 米，南北宽 300 米，总面积 15 万平方米。陵园四界是利用自然沟壑并经人工修葺而成，与一号陵园相似。地面现留有残冢，高 10 米，冢底周长 120 米，占地面积 1213 平方米。陵园内发现"中"字形大墓 1 座，"甲"字形大墓 3 座，从葬坑 1 处，陪葬墓区 2 处，地面建筑遗址 1 处。

三号陵园位于武家沟村北 100 米处，东南距一号陵园 1500 米。陵园西、北两面利用天然沟壑为其兆沟，东、南兆沟为人工开凿。陵园原有破坏，东西长280米，南北宽180米，面积4.84万平方米。陵园内发现"中"字形大墓1座，陪葬墓区1处，建筑基址2处。

四号陵园位于小峪河南岸，与一号陵园隔河相望，相距约2500米。陵园四界利用天然小沟和人工挖掘的壕沟为兆沟，东起马斜坡，西至染房村，南抵井深沟，北到小峪河南岸，东西长960米，南北宽500米，面积48万平方米。陵园内发现"亚"字形大墓1座，呈东西方向。东西长278米，南北宽181米。墓室东西56.5米，南北55米，中心探孔深25米至棺盖。在距地表14米以下有四层青膏泥与木炭相间堆砌达11.4米。与一号陵园2座"亚"字形大墓不同的是：4条墓道均有耳室，墓室有四层青膏泥与木炭相间保护。南侧有"甲"字形祔葬墓2座，小型陪葬墓群1处。

据《史记·秦本纪》记载，葬于秦东陵的有昭襄王、庄襄王、悼太子、宣太后、孝文王、帝太后等6人。经考古发现，可以确定的有昭襄王与唐太后、庄襄王与帝太后、悼太子、宣太后。孝文王与华阳太后是否葬在秦东陵范围内尚有争议。

1992年4月，秦东陵被陕西省人民政府公布为第三批陕西省文物保护单位；2006年5月，由国务院公布为第六批全国重点文物保护单位。1986年成立临潼县先秦墓文物管理所，2009年更名为临潼区秦东陵文物管理所，专司秦东陵之保护。

3. 秦始皇帝陵

本卷第三章第二节"骊山陵墓"，讲的便是秦始皇帝陵。在此，拟从秦文化遗存的角度补充一些材料，以便读者对这座旷古帝陵有更全面的认识。

始皇陵位于骊山北麓，西距咸阳都城约35公里之遥。南屏骊山，北临渭水，现在封土仍像一座巍峨的山丘，被称为"天下第一帝陵"。（见图8-5）

嬴政13岁即秦王位（前246），就开始为自己建造陵墓。统一六国后曾动用数十万人进行大规模的修筑，直至公元前210年死葬为止，前后历时三十余年之久。其封土之高大，布局之奇异，规模之恢宏，埋葬之丰富，更是亘古未有。秦始皇陵区曾多次出土过诸如"丽山""丽山园"和"丽邑"等铭刻文字，说明：秦始皇陵本来的名称为"丽山"；"丽山园"指的是秦始皇陵园，它包括陵寝

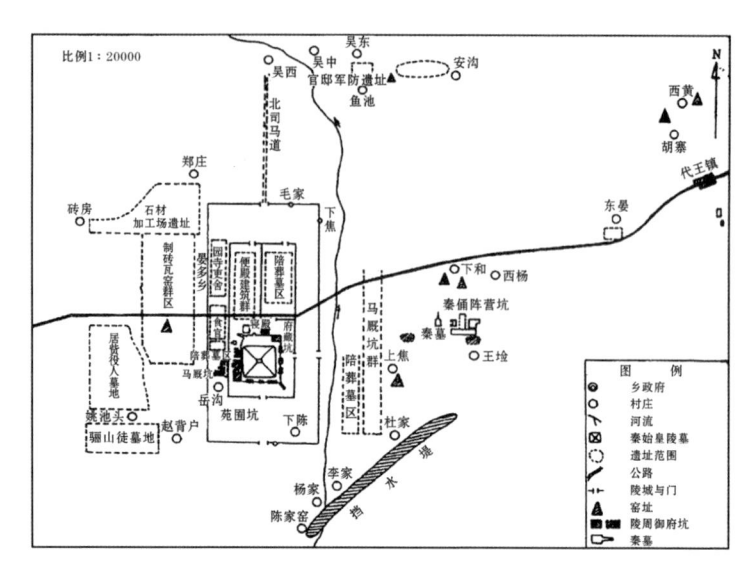

图 8-5　秦始皇帝陵园平面示意图

和礼制建筑集中的陵区、城垣及其内外拱托陵墓的有关设施；"丽邑"则是专管陵区的陵邑，其范围较前二者为大，行政权力也在丽山园之上。

丽山园范围东自代王街道桥王村东晏西侧的古鱼池水一带，西至姚池头、赵背户五里沟西边的古河道，南接骊山，北临鱼池、安沟一线，纵横各 7500 米，占地约 56 平方公里。园内以秦始皇陵封土为中心，外绕以双重城垣、星罗棋布的建筑物，种类繁多的从葬坑、陪葬墓群等，使得这座陵园从布局到结构，浑然一体。

经探测，陵城有内外两重垣墙，形成一个南北长的"回"字形。仅外城而言，南北即长达 2165 米，东西宽 940 米，周长 6210 米。内城略小，但在内城的东北角，又另筑一个更小的城。说是"小城"，实际也不小，南北长 695 米，东西宽 330 米，周长 2050 米。

陵园三城，四角原来多筑有角楼。四面共计有城门 10 座。在内、外城的东、西、南三面，有六门的连线垂直相交，正处在陵城的南半部，而陵墓恰好落在这个交叉点上。以陵为起点，穿过门阙的神道，宽阔笔直。其中以北门神道为最佳，长达 2200 米，宽 60—80 米。新丰原下的一段路基两侧，也多有板瓦、筒瓦、瓦当、条砖、空心砖、陶水道等建筑遗物。这印证了秦都咸阳"自极庙道通郦山"记载的真实性。同样，可见唐诗人杜牧在其《阿房宫赋》中留下"骊山北构而西折，直走咸阳"的佳句，也是出之有据的。

《汉书·楚元王传》载刘向的话说："秦始皇帝葬于骊山之阿，下锢三泉，上崇山坟，其高五十余丈，周回五里有余"。今天我们看到的秦始皇陵是一座人工堆起来的四棱台体封土堆，其中腰确有几处向内收缩的回形平台，真像三个大小相次的覆斗叠加而成。但如按刘向给的数据折算，坟高就是116米，底边周长为2087.65米。而现存的封土实高，只有51.668米，其底边南北长350米，东西宽345米，周长合1390米。固然经过两千两百多年风雨剥蚀、水土流失，加之樵牧不禁，丘垄残毁，使高度有所降低，但不至于高度差64米多，周长少了近700米。如果再审视一下各代的文献记载，其高程与周长的数字非大即小。对这同一实体而有不同的说法，显然是长期以来传抄致误的结果。很可能是在传抄中把坟高"三十丈"，误写为"五十丈"。果真如此的话，那始皇陵原来的高度应是69.6米，两千多年来竟降低了将近18米。

秦始皇陵封土覆盖着地下的墓室，其因恢宏富丽有如地下的宫殿而被称为"地宫"。有关始皇陵墓内的设施，在古文献记载中往往有着绘声绘色而引人入胜的描述。对此，前文已有征引，兹不赘。

经探测，秦始皇陵地宫结构的主体实际是一座超大型、很深、由多级台阶组成的口大底小的竖穴方坑。放置棺椁的"明中"，从口到底估计是由6个回廊式的台阶组成。在环周的收分平台上，都有建筑，应是"宫观"和"百官"衙署的模拟。

进入地宫的墓道上原来安装有道道墓门，起码包括了"中羡门""外羡门"。墓道上不但有耳室，而且形式特别，空间巨大、内藏丰富。像西墓道旁的"巾"字形坑，在耳室中藏有编组的多乘彩绘铜车马和彩绘木车马就是明证。

除过主椁室，还有多个侧室与之相通。《汉旧仪》载：丞相李斯率领骊山徒作陵，"深极不可入。奏之曰：'丞相臣斯昧死言：臣所将徒隶七十二万人治骊山者，已深已极，凿之不入，烧之不然，叩之空空，如下天状。'制曰：'凿之不入，烧之不然，其旁行三百丈，乃止。'"秦"三百丈"合今693米，只有在陵南山前洪积扇的地质地带才能发生大石挡路的情况。所以，拱顶形的侧室当在陵墓的南方，而且不止一处。做这洞式的侧室，目的就是营造一个"中成观游"的地下环境，以显始皇巡游的威仪。秦始皇墓内（主要是"明中"）规模宏大、结构复杂、设置奇特、随葬多样，是难以想象的。测知的墓深是33.18米，内容居高约10米。结合文献记载，参稽考古资料，可以推知：地宫周壁用石垒砌，回环的高下数层台阶上筑有百官衙署，四向的墓道连接着多个幽深的侧室。整体结构是以石、砖、木做成多级、多种桁架式建筑，拱卫着中心的穹隆顶主室，构成一个特有的地下群体建筑。

《史记·秦始皇本纪》说始皇陵墓内"以水银为百川，江河，大海，机相灌输"。有关部门于1981年底对秦始皇陵封土采样，用汞量测量方法发现有一个面积达12000平方米的汞异常区，汞含量变化为70—1500ppb，平均值为205ppb，比背景平均值35ppb竟高出5.9倍。足见司马迁说始皇陵内存储有水银的记载不虚，也是我们推断陵墓未盗毁的有力根据。

陵园内礼制建筑，原来主要有寝殿和便殿两种。前者，供奉着秦始皇的"神主"（木牌位），陈放着他生前用过的几案、衣帽，以供祭祀。后者，在寝侧有多处，以供他的灵魂游乐休息，也为参祭人员提供"整尔衣冠"的方便。寝殿遗址在陵北53米偏西的地方，经复原，是一种单檐四阿顶的方形建筑。这也正是殷周以来墓上建筑的传统形式。便殿遗址，有两大区域，一处在寝殿之北150米到小城间的东西狭长地带，另一处在小城西夹墙至内城西墙间的南北狭长地带。在建筑堆积物中，多见瓦当、陶屋脊。特别是有一种夔纹瓦当，正面虽只有多半个圆的形状，但直径已达到61厘米。它绝不是施于椽前遮椽头的，而是用来遮挡檩头的"檩当"。由此可见，这一建筑群必是巍峨雄阔的。

从格局上讲，墓侧立寝完全是都邑里宗庙"前庙后寝"的翻版。宗庙是君主祭祖的圣地，在安排上同样体现生时"前朝后寝"的宫廷生活。从秦始皇开始，宗庙里的"寝"被搬移到陵园里来。"庙寝"祭祀功能做这样的转移，人们仍习惯地把这"陵寝"称作"寝殿"或简言之"寝"。而实际上，秦始皇长眠的那个"地宫"就成了事实上的"寝宫"，这同样反映的是"前庙后寝"的制度。从秦始皇陵开始的这种"陵寝"制度，也为后来的汉代所继承。

陵庙的祭祀活动，是很频繁的。汉代制度中，就有"日祭于寝，月祭于庙，时祭于便殿"的规定，这见之于《汉书·韦玄成传》。具体时间是"寝，日四上食；庙，岁二十五祠；便殿，岁四祠。又月一游衣冠"。始皇陵园的食官建筑在西门内、外城之间，南北纵深200米，面积达33900平方米。1981年，对"丽山飤官"南端的东段做过抢救性清理。在东西77.5米、南北29米的范围之内，包括六座巨型的单元建筑，由东向西排列，整体像两座相连的"山"字形平面布局。有主体，有东厢。除存留有大量的板瓦、筒瓦、瓦当、脊瓦、方砖、条砖、石柱础、管道及陶井圈等建筑遗物外，出土的器物有错金银的"乐府"铜编钟、秦始皇与二世的两诏斤权、铜镦、铜镞、铁剑、铜鼎足、雁足灯及多种器物构件。容器见有瓷罐、大陶瓮、茧形壶、陶罐、盆、碗之类。刻在陶器上的文字见有"丽山飤官""丽山飤官左""丽山飤官右""丽邑五升""丽邑九升""丽邑二斗半，八厨""六厨""丽山厨"等。由刻文判断，丽山寝园的食官不但分"左""右"，而且供厨也是编号的。

秦始皇陵园的园寺吏舍在陵西北的内、外陵城之间，原是陵守人员的生活区，也住有侍奉陵寝的宫女、陵园守护及勤杂人员，同陵寝分开，有主有次。

另外，在始皇陵园的外周也多有建筑遗址的发现。像在陵东北5里的鱼池村、鱼池堡和吴家寨子东部有一宫殿建筑群遗址，东西近2公里，南北宽500米，也有城址的发现。采集到的文物，除过各种建筑遗物中很有特色的各式花纹砖和瓦当外，还有铜刀、戈、矛、盂、"半两"钱，铁斧、铧、铲、锤、锄、刀等。吴西村附近的鱼池水两侧，各有一处高岗，东西对峙，很明显是一处军事制高点。我们可以判断，鱼池村这处占地范围很大的宫殿建筑群遗址，很可能是同陵墓工程有关的官邸、军防重地。

鱼池遗址之东的安沟遗址，东达代王，建筑遗物遍地皆是。1958年修水库时，曾出土"丽山园"铜钟一件，实为始皇陵园所专有的铜器。

在秦始皇陵园发现各类大大小小的从葬坑，计探测与发掘总数190多个，如果加上早年平毁的马厩坑，总计在300多个。坑内文物的类别与性质各有不同，应该说这是按照死者生前与之"近"与"远"的关系，由墓内向墓外、由园内到园外进行排列的。这种区别，先撇开墓内不说，起码在地面上就形成了从"里"到"表"的三个层次。

内圈：从陵墓四周到内城之间，是仿照宫廷内的"禁中"之地，属于陵园的核心区域。在陵基部周围的多个御府坑中，都藏有豪华的铜车或马车，驾有马匹。如西侧一坑内有一组的两乘彩绘铜车马，既反映了御府的车驾管理，也是秦代銮驾制度的再现。

中圈：处于陵东西两侧的内、外城之间，反映京师拥有厩苑、仓储和娱乐的情景。有马厩坑、苑囿坑、石甲库坑、百戏俑坑、小动物的三连坑和小散坑等。

外圈：在外城之外，有上焦村马厩坑群、大型兵马俑阵营坑、鱼池水禽与伎乐俑坑和食府坑等，旨在表现从军队、养马场到所有资财乐器等，统归秦王朝所有，是皇家"富有天下"的象征。

秦始皇陵园的从葬坑内容丰富，举凡秦王朝的宫廷车驾、府藏库存、厩马圈养、军旅陈兵、庖厨供应、百戏游乐、苑囿风情等等，无不涉及，而表现形式与手法又多种多样。举世闻名的秦俑坑，由7000尊左右秦武士俑编列，布置成"矩阵"（一号）、"营练"（二号）、"示战"（未建成的四号）、"军幕"（三号）四种形式，借助表现秦军事生活这一主要内容，来显示兵强马壮、威震天下的雄姿。同时，秦俑作为塑绘的群体艺术品，以其高、大、真、神的特点，在中国和世界雕塑艺术史上也占有光辉的地位。

在始皇陵东城墙外的上焦村，秦俑考古队探测出17座"甲"字形秦墓，南北一字排开。1976年发掘的8座墓，除第11号墓女性肢体完全、第18号墓无骨殖外，其他都是身首异处、尸骨狼藉。第17号墓主是一年仅18岁的女子，其余墓主年龄均在30岁左右。

秦二世上台后，常唯恐不终。赵高建议秦二世要"灭大臣而远骨肉"，于是，"乃行诛大臣及诸公子"，把"六公子戮死于杜"，逼杀公子将闾弟兄三人于内宫，"公子十二人僇死咸阳市，十公主矺死于杜"。① "戮"，除了砍头，还得陈尸，秦代用腰斩。"矺"同"磔"，是车裂之刑。发掘陵东秦墓，所见尸骨不全，墓道有灰烬，当为筑墓人因天冷烤火所为。这同胡亥、赵高集团杀害始皇亲生骨肉于寒春的季节相符。可见秦王室宗族成员被残害之后，仍旧按礼制陪葬始皇。

---

① 以上见《史记》卷六《秦始皇本纪》、卷八七《李斯列传》。

从丽山园的布局而言，这里应属于皇族墓葬区。

秦始皇下葬时，后宫非有子者，"皆令从死"①。陵园内小城中的陪葬墓区已探出中、小型墓34座，其中竖穴洞式墓就有30座。这里是否为从死的宫女墓区有待来日的发掘与性别鉴定了。

秦始皇陵园外西北角砖房村，新发现有6座秦墓。其中5座平面呈"甲"字形，1座呈"中"字形。这些墓主人的身份，有待进一步考证。

在西门的两城之间，有一东西长170米、南北宽90米的墓地。其东部集中分布着61座墓坑，形制多样，有"甲"字形、长方形、刀把形、曲尺形等几种。但在墓坑内未探出任何文物，似为一些空墓。大概是按陵园规划正修墓时，秦朝灭亡。

修丽山陵墓的劳动者，被称作"骊山徒"。在长达三十七年的修筑陵墓劳动中，固然按服徭役而来，应当是有期限的，一个人也不可能久留于此，但统治阶级的任何借口，都会变成延期劳作的理由。繁重的劳动、恶劣的条件、监工的鞭笞、身体与精神的双重折磨，往往使他（她）们悲惨地倒地毙命。因为不是宗室贵族，不能陪葬陵园，就必然在陵园以外择地而葬。他们随身所带锸、锛、錾、凿、镰、锄、刀等劳动工具，成了自己的随葬品，一起被葬在三个地方：赵背户村西，姚池头村北，山任村秦窑场区。

赵背户西属于"居赀"役人墓葬地，位于赵背户村西边的台地上，南北长达千米。先后探出墓葬160余座，经过清理的32座墓中，多无葬具，仅一处用10块粗绳纹板瓦围挡，就算是棺具了。坑中一般葬二三人，甚至有14人共坑的，尸骨平放或叠压。葬式混杂不一，清理的103具骨架多为青壮年，年龄在20—30岁间。其中有女性3具，年龄在25—30岁间；6—12岁的儿童2具。有的是被杀戮后掩埋的，骨架上刀痕犹在，俯身做挣扎之状。有的身首异处，系肢解所为。四肢与躯干分离堆置，叠压数重。从他们身边瓦片上，看到有"东武罗""东武徭（遂）""赣榆距""博昌去疾""杨民居赀公士富""平阴居赀北游公士滕""阑（兰）陵居赀便里不更牙"等刻文。这些地名、人名、

---

① 《史记》卷六《秦始皇本纪》。

爵名、刑名的出现，则告诉我们：这些征发自山东、河北、江苏、河南四省的死者，或是征调来的平民，或是有低爵的自由民，或是抵债服役的居赀役人。

具有自由民身份的居赀役人，尽管死状如此悲惨，但还能享受把名字、籍贯刻在瓦片上。而姚池头村北即修筑陵墓的农民、刑犯和奴隶的墓地，景象更是目不忍睹。他们尸骨凌乱、肢体不全、横七竖八，叠压的骨骼厚达5厘米多，简直无异于"万人坑"乱葬坟场。山任窑场遗址（秦俑馆前区）清理出人骨121具，上下叠压，葬式错乱。大多为成年男性，仅一例疑似女性。可能都是强体力劳动致死的制陶手工业者。

秦始皇陵园对中国皇帝陵墓制度的形成具有深远的影响，表现在以下方面：

第一，对中国皇陵制起了奠基的作用。在陵园筑围墙，立门阙，起陵冢，其形状、大小、高差，都在随后的时间里有了等级制的规定，而皇陵必然是最高一级。始皇陵城是长方形，两汉成了近方形的周垣，唐陵不再起冢而代之以"凿山为穴"，陵垣走向则是依地势而定。由此可见，秦始皇陵的这些陵园设施，不仅直接为汉代所继承，而且在唐宋明清时期更臻于完善。

第二，在陵园建立寝殿，改变了过去"寝""庙"分离的状况，大大方便了后人的祭祀。秦始皇之前，墓祭得去墓上的"享堂"，祀祖要去"宗庙"。秦始皇陵园的"寝""庙"合一，变成"前庙后寝"，正是生前宫廷里"前朝后寝"的位移。同样，同寝殿配套的还有多处便殿，既合生前习惯，又增加后人的亲近感。寝殿之设，两汉继承而又稍做损益。寝殿到唐宋，发展成朝拜献祭的"献殿"（享殿）或"上宫"，明清则成了"祾恩殿"或"隆恩殿"。便殿在唐代成了"寝宫"（也称"下宫"）。

第三，设立陵邑成为陵墓工程中一项重要举措。修筑秦始皇陵时，在工程进行了十五六年之后，统一六国的十年战争开始，为保障这一庞大的工程不受影响，才设立"丽邑"。西汉的长陵、安陵、霸陵、阳陵、茂陵、平陵均设陵邑，形成拱卫首都长安的卫星城。而阳陵设邑，是在陵墓工程开始之前进行的。作为预期，显然在工程学上是一大进步。

20世纪70年代以来在始皇陵园陆续发现的兵马俑、铜车马、石铠甲、百戏俑、铜禽等秦文化遗物，本卷第三章已做介绍，这里就不再重复。

今秦始皇帝陵已成立了"秦始皇帝陵博物院"。这是一座以秦始皇兵马俑博物馆和铜车马博物馆为基础、以秦始皇陵遗址公园为依托的大型遗址博物院，同时，也是一个以秦始皇陵及其背景环境为主体，基于考古遗址本体及其环境的保护与展示，融合了教育、科研、游览、休闲等多项功能的公共文化空间。其中，兵马俑博物馆于1979年建成开放，遗址公园于2010年建成开放，K9901、K0006陪葬坑陈列厅于2011年建成开放。相信随着秦陵考古工作的深入进行，不断会有新发现成为博物院的新亮点。

4. 富平王翦墓

秦大将军王翦墓位于富平县到贤镇东门外3里许的纪贤村永和堡北。墓葬南北较长，东西稍窄，呈椭圆形，高约9米，周长136米。过去在古墓西侧约100米处，从南到北还依次排列着6座小冢，今已荡然无存。传说这6座小冢分别埋着的是六国王侯的衣冠、图书和俘虏等。1956年，王翦墓被列为陕西省第一批重点文物保护单位。王翦（见图8-6），频阳（今陕西富平东北）人，秦始皇统一中国时秦国本土出身的名将，先后率军攻破赵国、燕国和攻灭楚国，后封武成侯。其子王贲同为秦将，先后率军攻灭魏国，攻取燕的辽东和攻灭齐国，封通武侯。

图8-6 王翦像

5. 绥德扶苏墓、蒙恬墓

秦公子扶苏墓（见图8-7）位于绥德县城西南约半公里的大理河北岸的疏属山顶，呈长方形，长约30米，宽6米，高约8米，墓旁有扶苏祠、八角亭、五龙壁等建筑。墓区占地6800平方米，为陕西省重点文物保护单位。蒙恬墓（见图8-8）位于大理河西岸的绥德县一中校园内，墓原高50余米，呈馒头形。

扶苏为秦始皇长子，儒雅贤明，颇得众望。因不赞同秦始皇焚书坑儒，被派到上郡监督蒙恬军。蒙恬在秦统一后率兵三十万驻守上郡，修直道、筑长城，

图 8-7 扶苏墓　　　　　　　　图 8-8 蒙恬墓

逐匈奴，战功卓著。据《史记》记载，公元前210年秦始皇病死后，扶苏、蒙恬自杀而死，天下冤之。蒙恬死后，部下将士含泪用战袍盛土为他筑成此墓。

三、祭祀场所、宫殿及大型工程遗址

1. 宝鸡斗鸡台

斗鸡台位于宝鸡市城东5公里处，为秦文公建宝鸡祠之地。北魏郦道元在《水经注·渭水》中记载说："（陈仓）县有陈仓山，山上有陈宝鸡鸣祠。昔秦文公感伯阳之言，游猎于陈仓，遇之于北阪，得若石焉，其色如肝，归而宝祠之，故曰陈宝。其来也自东南，晖晖声若雷，野鸡皆鸣，故曰'鸡鸣神'也。"新中国成立后考古工作者在这里进行了考古发掘，发现了100多座先秦墓葬，出土了大批文物。

2. 凤翔雍山血池祭祀遗址

该遗址位于凤翔柳林镇半坡铺血池村以东至沟南村之间的山梁与山前台地上，面积达470万平方米，确认为首次发现的功能结构完整的"畤"遗存。（见图8-9）

古人认为，通过祭天活动可以达到"与天滋润，强国富民"之祈愿。《史记·封禅书》记有一种说法，讲"雍州积高，神明之隩"，是祭天的理想之地；而雍地的祭祀传统可追溯到黄帝时代，直到西周晚期还有郊祭活动。春秋战国时，秦在雍先后建立了包括鄜畤、密畤、吴阳上畤、吴阳下畤的雍四畤祭祀体系。西汉时刘邦又增加北畤，形成雍五畤祭祀系统，以郊祀雍畤作为王朝最高祭礼。汉帝先后十八次郊雍，场面隆重而壮观。

血池遗址是迄今为止考古发现的时代最早、规模最大、遗存性质最明确、持续时间最长的"皇家祭祀台"。该遗址的发现、发掘，既是对正史中所载在雍地开展一系列国家祭祀行为的印证，也是从东周诸侯国到秦汉大一统国家祭祀活动的最重要物质载体和实物体现。其为更加全面了解秦汉礼制、秦汉政治、中国古代礼制文化等问题提供了丰富的实物资料。

图 8-9　雍山血池祭祀遗址发掘现场

2017 年，血池遗址被评为全国十大考古新发现之一。

3. 阿房宫遗址

关于阿房宫，第三章第一节已有论述。其遗址，经考古勘探发掘：北起今西安市区西北部未央区三桥街道新军寨一带，南至长安区王寺村一带，纵长约 5 公里；东至㳌河岸，西达长安区纪阳寨，横宽 3 公里；面积广达 15 平方公里。（见图 8-10）

2002 至 2008 年，西安市文物保护考古所与中国社会科学院考古研究所联合组成"阿房宫考古队"，对该遗址进行了全面的考古勘探和局部的试掘工作。在以每平方米 5 个探洞这样密集的探查下，除发现夯土之外，没有其他。为防疏忽，还专门把土质送请专家用显微镜检测，依旧没有发现因焚烧而产生的碳化物。本次考古发掘搞清了前殿夯土台基的准确范围（东西长 1270 米，南北宽

426米），测量出夯土台基的最大高度为12米，证明了它是目前所知的中国乃至世界古代史上最宏大的夯土建筑。同时，基本摸清了前殿北部边缘呈台阶式的三层台面结构，初步判断出台面上应有廊庑一类的建筑，这与史书记载的阿房宫前殿"周驰为阁道"相符。

图8-10 阿房宫考古发掘现场

此外，在前殿遗址南部边缘以南还发现一处较完整的铺瓦遗迹，是秦代考古和中国古代建筑史上的一个重要发现。遗址内出土了板瓦、筒瓦等建筑材料和铜镞等遗物。有的板瓦、筒瓦上带有"左司""左宫""右宫""北司"等印文。这些遗物的时代应为秦和西汉早期，说明遗址的始建年代为秦代，汉代作为上林苑的一部分继续使用。

传统观点认为，项羽率军入关后，将阿房宫及所有附属建筑全部纵火焚烧，使其成为焦土。但《史记·项羽本纪》中只是说"烧秦宫室，火三月不灭"，未提及阿房宫。考古发现表明，所谓"项羽火烧阿房宫"的说法当是历史误传，因为对阿房宫遗址的考古挖掘中没有发现其被烧毁的证据。考古人员推断项羽焚烧的应是秦咸阳宫，该遗址发现大片烧过的遗迹。

4. 郑国渠渠首遗址

位于今陕西泾阳县王桥镇上然村北。在这里发现有3个南北排列的暗洞，每个暗洞宽3米，深2米，南洞口外还发现有白灰砌石的痕迹，河中有夯筑拦河大坝遗迹。秦代以后随着泾水不断下切，渠首不断上移最后至泾水出峡谷处，现仍保存有秦以后历代引泾渠首遗迹和碑刻等。（见图8-11）

5. 直道遗存

关于直道，本卷第三章第一节已有论述。其从云阳出发，经淳化县甘泉山上秦林光宫，沿子午岭北行，经旬邑、黄陵、富县、甘泉、志丹、安塞、靖边、榆林，穿越毛乌素沙漠南缘和鄂尔多斯草原至阴山脚下的秦九原郡。（见图8-12）

图 8-11　郑国渠渠首遗址　　　　　　图 8-12　秦直道遗址

陕西境内已发现的秦直道遗迹全长 498 公里，占直道全程的 66% 以上。其中富县段长 125 公里，路面一般宽 30—40 米，最宽处达 58 米，是直道全程 10 余个县中路段最长、遗存最典型的地区。此外，还有不少地方如黄陵、甘泉等地的直道遗址也很具代表性。

黄陵县直道遗址位于该县上畛子农场。这段直道由艾蒿店沿子午岭北行，到沮源关又沿蚰蜒岭东行，再到三面窑北行入富县防火门，长约 50 公里。其路宽 30—40 米不等，最宽处达 60 米，有 6 个烽火台、6 个垭口，以及石块垒起的路基等遗存。

直道在甘泉境内全长 34.8 公里，由富县、志丹、甘泉三县的分水岭墩梁入境，经寻行铺、赵家畔、杏树嘴、箭湾、高山窑子下山至安家沟村，过洛河圣马桥，由方家河村西北上山，经老窑湾、王李家湾、榆树沟等地入志丹县境。其中洛河南段从箭湾至高山窑子保存最好，路基宽度一般在 30—50 米之间，最宽处达 58 米。沿途有垭口、兵站遗址多处。特别是"堑山堙谷，逢山开巷，遇石堑齐，过河架桥，遇沟填平"的修筑特点在洛河北段的方家河村得到集中体现，号称秦直道博物馆。

2006 年，秦直道被国务院公布为全国重点文物保护单位；2018 年，秦直道遗址被纳入《陕西省申报世界文化遗产工作规划》。

第二节　汉文化遗存

陕西境内今可考见的汉文化遗存，与秦文化遗存一样数量相当可观。这自然与陕西为西汉帝国国都所在的核心区有关。不过，东汉以后，随着政治中心的东移，情况有所变化。尽管如此，陕境的东汉遗物，数量仍然不少。

一、汉长安城遗址

关于汉长安城，本卷第四章第一、四节均有介绍，但比较分散，在此拟从文物遗存的角度再做总体论述。

汉长安城遗址位于西安市城区西北约5公里处。（见图8-13）城墙遗址总长约25.1公里。其中东墙长5916.95米，西墙长4766.46米，南墙长7453.03米，北墙长6878.39米，城域面积34.39平方公里。城墙原系黄土版筑，分段层夯，十分坚固。城墙每边开三门，每门各有三个门道，每个门道各通城内一条大道，以便利交通。中间门道称为驰道，宽7.7米，可并行四辆马车，专供皇帝行用，除交叉路口以外，任何人不得通过。两侧门道各宽8.1米，为车辆行人的通道，门道之间相距4.2米。城墙四周，围以护城河，宽3丈（6.93米），深2丈（4.62米）。

汉长安城平面布局严整，分宫殿区、武库区、太仓区、居民区和工商业区等。城内街道纵横交错，有八街（纵街）九陌（横街）之称。宫殿成群，巍峨栉比，四周环以宫墙，使长乐宫、未央宫、北宫、桂宫、明光宫形成宫城，占城内面积

图8-13 汉长安城未央宫遗址

的三分之二以上，仅长乐、未央二宫就占长安城南部的一半土地。这些宫殿中以长乐宫、未央宫和城西的建章宫最为有名，其周长都在 20 里以上。

长乐宫在汉长安城东南部的覆盎门内，它本是秦时的兴乐宫，汉高帝五年（前 202）至七年（前 200），按规划扩建整修，由前殿、宣德殿、高明殿、临华殿、温室殿、鸿台、钟室等 14 座宫殿台阁组成，周长 10 公里。宫门前陈列着由秦咸阳宫搬运来的 12 个铜人，使宫殿更显得威严雄伟。汉朝初年，刘邦就在这里接见朝臣和诸侯。后来长乐宫专供太后居住，称为东宫或东朝。

未央宫在汉长安城西南部的西安门内，东与长乐宫相距 1 里。这是刘邦称帝后七年（前 200）由将作少府阳城延规划设计、丞相萧何亲自监修起来的一座宏大的宫殿群。宫殿周长 11 公里。未央宫前殿，东西 50 丈，深 15 丈，高 3 丈 5 尺，极为富丽壮观。未央宫是中国历史上有名的宫殿，它是西汉（含新莽）二百余年间的政令中心。西汉以后，只有唐朝的大明宫可与之相比，但它持续的时间却比大明宫要长。

建章宫位于长安城西城墙外，建于武帝太初元年（前 104），为武帝扩建长安城最重要的一项工程。对此，前文第四章第四节已言之。原来当时未央宫柏梁殿发生火灾，一粤巫建言按粤俗大起宫室以厌胜之，于是武帝倾其财力建这座规模更大的新宫。该宫由前殿、骀荡、松诣宫、天梁宫、奇华宫、鼓簧宫、井杆楼、太液池等宫殿楼阁组成，是西汉最为豪华宏伟的离宫别馆。其前殿通高 30 多丈，高于未央宫，和未央宫之间架有飞阁辇道。宫南玉堂，台高 30 丈，内殿 12 门，台阶全用玉石铺砌，堂上建黄金楼屋，顶饰铜凤，高 5 尺，下设转枢，风吹若翔。其遗址在今西安市未央区三桥街道以北高堡子、低堡子、双凤村、太液池苗圃、柏梁村、孟家村一带。

太液池在建章宫北边，方圆 10 里的池中"有蓬莱、方丈、瀛州、壶梁，象海中神山龟鱼之属"[①]。池畔遍生雕胡、紫箨、绿节等水生植物。池内还有各种游船，以供皇帝和后妃们浮泛取乐。太液池东有神明台，高 50 丈，台上铸铜仙人高擎铜盘玉杯以承云表之露。取黎明前的露水供武帝服用。武帝迷信方术，

---

① 《汉书》卷二五下《郊祀志下》。

沉溺于服药求仙，方士们诈称铜仙人收聚之甘露，久服则可长生成仙，所以便在太液池中搞了此套装置。这个铜铸仙人，直到三国魏明帝青龙元年（233）八月，才被拆除。

图8-14 汉长安城霸城门遗址

此外，城内长乐宫北有明光宫，未央宫北有北宫、桂宫等，规模都比较小，各宫之间均由空中架设的飞阁或地面修筑的复道相接连，因而彼此往来，外人皆不能看见。

汉长安城是中国历史上第一个国际大都会和当时世界上规模最大的城市，以其宏伟的气魄、严谨的格局，奠定了后来都城建设的基本布局，对我国的都城建设产生了重大影响。当时世界上只有欧洲的罗马城可以与之媲美。这不仅是中华民族的瑰宝，而且是世界的珍贵文化遗产。（见图8-14）

据西安市《汉长安城遗址保护总体规划》，汉长安城遗址保护规划范围总面积75.02平方公里，其中汉长安城城址区面积54.81平方公里，建章宫遗址区面积9.38平方公里，礼制建筑遗址区10.83平方公里，核心区域为汉长安城城址区36平方公里。汉长安城遗址是1961年被国务院列为第一批重点文物保护单位的"国家级"大遗址，属于全国重点文物保护单位。

二、汉帝诸陵遗存

西汉帝陵遗存有11座，均位于今西安市附近，分为两个陵区。北陵区埋葬了9位汉帝，位于咸阳原上，可称之为"咸阳原陵区"。此陵区的诸帝陵园，自西向东由茂陵起，一字排开，依次是平陵、延陵、康陵、渭陵、义陵、安陵、长陵和阳陵。东南陵区，在汉长安城东南，可称之为"长安城东南陵区"。此陵区仅有2座帝陵陵园，分别是霸陵与杜陵。

所谓的每一座汉陵，实际上是一位皇帝与皇后异穴同茔的合葬陵园。帝后各有四棱台体的陵墓，外围以方形的周垣。在四面垣墙的正中辟有阙门，四向的"神道"直对陵墓的羡道。

纵观西汉帝陵的位序，基本是"择地而葬"，至于帝、后二陵的相对位置似也没有限定。只有陵墓的方向朝东，这在西汉陵园制度上是一致的。当时的帝陵制度，在陵墓形制、周垣规程、寝园便殿、陵庙规制、陪葬墓地、从葬设施、陵园管理、设置陵邑等方面，都基本具有统一性。为了便于读者了解西汉十一陵的基本情况，兹列表如下：

表 8-1　西汉十一陵表

陵名	皇帝	合葬皇后	合葬位置	陪葬墓区	陵邑位置	陵园所在地	备注
长陵	高祖	吕后	帝东	陵东	陵北	咸阳市渭城区窑店东北	
安陵	惠帝	张皇后	帝西	陵东	陵北	咸阳市渭城区窑店北	
霸陵	文帝	窦皇后	帝西	四周		西安市灞桥区江村	
阳陵	景帝	王皇后	帝东	陵东	陵东	咸阳市渭城区正阳街道北	
茂陵	武帝	李夫人	帝西	陵东	陵东	兴平市南位镇	
平陵	昭帝	上官皇后	帝西	陵东、北	陵东	咸阳市秦都区双照街道大王村	
杜陵	宣帝	王皇后	帝东南	陵东南	陵西北	西安市雁塔区三兆村	
渭陵	元帝	王皇后	帝西北	陵东北	？	咸阳市渭城区周陵街道南	
延陵	成帝	班婕妤	帝东北	陵东	无陵邑	咸阳市渭城区周陵街道西南	不再设邑
义陵	哀帝	傅皇后	帝东北	陵周	无陵邑	咸阳市渭城区周陵街道东	不再设邑
康陵	平帝	王皇后	帝东南		无陵邑	咸阳市渭城区周陵街道西	不再设邑

下面选择阳陵、茂陵、杜陵及弄错陵址的霸陵作为典型，略加展开予以介绍：

1. 阳陵

阳陵是咸阳原上 9 座汉陵中最东端的一座，高据原巅，靠泾面渭，俯视长安故都，气势非凡。本卷第四章第三节对阳陵已从考古发现与文景之治的关系方面做了论述，这里拟再从文化遗址的视角做些解析。

阳陵帝、后二陵形状均为覆斗状（即四棱台几何体），帝陵高 32.28 米，后陵高26.49米，威威赫赫。各有周垣，阙门四面，基址犹存。两座陵冢作西南—东北向排列，间隔450米。在陵园外围，原来有一道外围墙，四面开门。所以，汉阳陵陵园实际是大城套着两座小陵城的特殊"重城"。

原来的陵园建筑早已毁坏，至今留下多处遗迹，其中应包括寝殿、便殿、神庙与园寺吏舍。陪葬墓园主要分布在东门司马道的两侧，两座陵墓基部的四周布满御府从葬坑。刑徒墓处在陵西北，而阳陵邑城放在陵东千米之外。

在帝、后陵墓周围分布有御府坑，条状的诸坑都对着方形的陵冢，而每面的坑又都同墓道平行。帝陵有86个，后陵有39个，栗姬冢有75个。发掘帝陵从葬坑中，有原大木车、大陶仓、羊群、木马、各式陶俑、宦官俑等。出土"太官之印""宗正之印""东织令印""宦者丞印""导官令印""永巷丞印""甘泉仓印""别藏官印""徒府""仓印"等多枚铜章与封泥，说明御府所藏的物资都是经过汉中央政府有关机关检验并钤封的，同时也见证了中央多部门参与陵墓工程的事实。

阳陵外区（帝、后分陵园之外）的从葬坑有两处：一在帝陵之西偏北处，称为"西区从葬坑"（有材料称"北区"，是方向性错误）；另一处在帝陵东南，当后陵正南，称为"南区从葬坑"。每区的从葬坑都由条形坑组成，计14列共24个坑。最短的坑长只有25米，而最长的可达到291米。

经过探测与部分发掘的南区从葬坑，每坑的文物布置都有一定的讲究。内容包括车马队列与粮仓、方队与兵器库、家畜与杂器、骑兵与主车、屏障与车行等等。出土的"左府""军大右仓""军武库丞""军武库兵"等铜印，特别是"车骑将军"金印，都表明了这样一个事实："仓""库""府"按照军队组织编制，都是常备军中的储备，同野战军的临时之设不同。将军统帅之军在屯卫任务中也要按军队组织编列。若比对陵周御府坑出土的"太官之印"和宦官俑，就可看出陵城内外俨然有别。所以外区从葬坑的兵马俑群，正是中尉掌握的"内卫京师，外备征伐"的汉北军的缩影。

公元前146年，汉景帝在陵园里起造"德阳宫"。这是皇帝在世修建而专为后人墓祭时用的礼制性建筑，实际就是"德阳庙"。但因为它是皇帝在位时预作的寿陵，为避讳，就取了个吉祥且含有祝长寿意味的名字，不叫"庙"而叫"宫"。那么，在景帝入葬阳陵之后就应该称之为"阳陵庙"了。

阳陵庙位于帝陵园外东南300米的地方。这一建筑基址平面近于正方形，边长260米，占地面积67600平方米。平面构筑有一个似"回"字形，外圈是回廊式的建筑，东、南、西、北四边中心部分是通道，有门庭建筑。四门之间，连同四隅有四个曲尺形的配房，外侧有鹅卵石铺的散水。再向外，有沟隍环绕，在四边中部断开的地方正对门道。门两侧各有水井一口，计8井。内圈是个高起的方形夯土台基，边长53.7米，同样是回廊建筑，以回纹铺砖墁地，但卵石散水散落在外侧。四边各有3个门址，计12个门。还出土有"四神"（青龙、白虎、朱雀、玄武）空心砖。在内圈的方形夯土台基上，估计原来的建筑具有四阿式的屋顶，形成整个建筑的主室。中心地面有一块被称作"罗经石"的柱础石，属于黑云母花岗岩质，是四棱柱几何体。上部呈圆盘状，光平洁净，平面如砥，直径140厘米，表刻一"十"字垂直相交的阴线。其连体的底座则是一个四棱柱形的几何体，边长180—183厘米。作为中心柱础，庞大如此，不难想象阳陵庙建筑雄伟的气势。

景帝阳陵从葬坑出土的陶俑，是颇具特色的艺术品。对此，前文已有简略论述。这是与过去常见的汉俑不同的一种新俑式，称为"着衣木臂陶俑"。应该说，阳陵汉俑继承了秦俑的雕塑技法，是佛教艺术传入中国之前，土生土长的本土艺术。其在中国乃至世界雕塑史上，都占有重要地位，具有历史意义。

除接近帝、后陵北侧有几座高大的封土堆属于嫔妃墓之外，陪葬阳陵的家族墓园都分布在东司马道的南北两侧。在20世纪70年代，地面上还存留有陪葬墓冢34座，至今已残存无几。

已经探测出由兆沟划分出的家族墓园107座，里面有自景帝建陵到东汉中期二百多年的5000余座墓葬。经发掘的汉墓280座，文物内容丰富。"般邑家"铜器精致，周应墓陶俑华美，价值极高。

图 8-15 汉阳陵考古陈列馆

今依托阳陵建有规模宏大的汉阳陵博物馆。这是一座建筑风格独特、装饰精美、陈列手段先进的现代化综合博物馆，其主要展厅一是南阙门遗址保护展示厅，二是外藏坑遗址保护展示厅，三是考古陈列馆（见图 8-15）。特别是外藏坑展厅，尤为引人瞩目。它是在帝陵封土东北 10 条外藏坑上构筑而成的全地下建筑，是世界上第一座采用最先进的文物保护技术建成的全地下遗址博物馆。馆内由中空镀膜电加热玻璃幕墙和通道将文物与游客分离在两个截然不同的温湿度环境中，在最大限度科学保护文物遗存的前提下，使游客在充满神秘感的环境中近距离、多角度欣赏大量的文物遗存，领略世界一流的文物保护技术和展示方式，了解文物考古发掘和保护利用的最新成果。

2. 茂陵

汉武帝的茂陵，本卷第四章第四节已有论述。其面积近 6 万平方米，陵园坐西向东，封土呈覆斗状，墓形用最高等级的"亚"字形。

茂陵陵园有内、外两重垣墙。外城内包括了帝、后两座方形的分陵园，长约 2000 米，宽约 1400 米。帝陵内城每边长约 430 米，垣墙四面正中辟门，建置三出的双阙。茂陵的礼制性建筑基址，包括寝殿、便殿、陵庙在内，探出有 10 余处。其中"白鹤馆"是个高台基址，西北距帝陵 350 米。武帝的陵庙在茂陵园东北，称作"龙渊宫"或"龙渊庙"。龙渊宫与寝殿之间的"衣冠道"，是祭祀时的"衣冠所出之道"。茂陵邑面积约 28 万平方米，位于茂陵陵园东司马道北侧。

陪葬茂陵的宗亲大臣，除前文已经介绍的卫青、霍去病、金日磾、霍光、董仲舒、公孙弘、李延年之外，还有上官安、上官桀、平阳公主等。陪葬墓分布在陵园东司马道两侧，已探明的大中型陪葬墓多达120余座。地面上残存的封土还有12座。而修陵人的墓地，面积约4万平方米，估计埋葬尸骨在2万具以上。

茂陵墓内随葬品极多，前文引用《汉书·贡禹传》已做说明。据说，墓内盛不下，都移到了墓外。经探测，茂陵从葬坑有数百座。这么多从葬坑，应该说既有原规划中的，也有墓内放不下而外移的。

茂陵陪葬墓中，霍去病墓因墓前的石刻而最享盛名。今以霍墓墓园为依托，建有茂陵博物馆。

茂陵陪葬墓中以"阳信家"铜器最具特色。茂陵东有并列的5座陪葬墓。其中最西最大的一座被称作"羊头冢"的就是汉武帝姐姐、卫青的妻子阳信长公主的墓葬。1981年，探测出阳信长公主墓南北有从葬坑39个。发掘墓南的一个从葬坑，出土文物包括铜器、铁器、漆器、木器在内，计230多件。阳信家铜器华贵珍奇，既是西汉王室贵族生活的反映，更是当时工艺制作水平的代表。像鎏金铜马，高62厘米，长76厘米。取立姿静态，各部合度，但昂首、竖耳、扬尾的细节已显示待令欲驰的神情。鎏金银竹节铜熏炉（见图8-16），通体修长，高58厘米。圆盘龙座上竖起竹节形柄，顶端又以三条蟠龙托起博山熏炉。造型别致，光辉灿烂，不难想象青烟缭绕、燃香盈室，主人在梦幻欲仙心境中的享受。还有提链铜炉、温手铜炉、温酒器、鼎、盆、匜、甑、甗、灯、钟、虎镇等，既适用，又艺术，

图8-16 鎏金银竹节铜熏炉

都是研究西汉上层社会生活不可多得的物质文化资料。

考古勘探表明,武帝陵与以前诸帝陵有显著变化。景帝阳陵外藏坑达183个,已经相当多了,而武帝茂陵则达400多个,比秦始皇陵发现的还多。其陪葬坑的布局亦有变化。以前帝陵的陪葬坑基本分布在陵东部,个别也有分布在北部的;茂陵不仅东部、北部有大量的陪葬坑,而且西部、南部也有。或推测这体现了武帝以自我为中心的思想,是西汉帝陵发展的新阶段。

在文景之治政治背景下创造的国家财富,被武帝文治武功大量消耗。至宣帝刘询即位时,西汉社会开始走下坡路。

3. 杜陵

宣帝杜陵和王皇后陵呈西北—东南向,间隔575米。各为覆斗形陵冢,又居方形陵城中心。帝、后陵园,各自设立寝园与陵庙。陪葬墓多居杜陵东南,星罗棋布,残存62座。杜陵邑位于杜陵西北。(见图8-17)

图8-17　汉杜陵

帝陵陵园的平面呈方形,边长430米,门开正中。陵墓居中,冢高29米,墓有四出墓道。门址已经发掘,知其由门道、左右塾和左右配廊组成。王皇后陵园规模小于帝陵,边长330米,东门址已经发掘。后陵冢高24米。

杜陵寝园位于陵园外东南角，贴南墙东段而建。单独筑有围墙，东西两面各辟一门，南面三门。寝园内的格局，分成两部分：西为寝殿，其中心建筑是长方形台基，台基外设回廊一周，南北各有三阶；东部为便殿建筑群，由堂、室和6个院子组成。王皇后寝园的位置和帝陵的寝园正相反，位于陵园的西南角。其内部组成和帝陵寝园相同。

杜陵南北分布5个从葬坑，出土的著衣木臂陶俑，高度基本和阳陵俑相同，但形体瘦削、表情木然，艺术性远不如前。

4. 霸陵

霸陵为汉文帝的陵寝。《水经注》曾明确指出，文帝霸陵在白鹿原上。然而元代学者骆天骧在所撰《类编长安志》里却说霸陵在白鹿原北凤凰嘴下，自此陵地被误传。明清以来还在此地立碑数通，从而使世人对凤凰嘴霸陵之说确信不疑。考古发现推翻了这一被传了七百多年的错误记载，证实霸陵不在凤凰嘴，而在离此地约2000米的江村。

江村大墓即霸陵，地表无封土，陵园东西残长1200余米，南北宽860余米。墓葬坐西向东，为"亚"字形竖穴木椁墓，东西南北四面各有一条墓道。墓室边长73米左右，墓葬东西长251米，南北宽146米，深度超过30米。墓室周围环绕114座外藏坑，外围以"石围界"、门阙形成陵园，边长423米。出土文物有陶俑、陶盆、陶罐、陶马、铁器、铜器、车马器、马骨、弩、漆木器遗迹、明器印章等。

史书上大讲特讲汉文帝的"薄葬"，考古界普遍认为这在某种程度上是兑现了的。原来当时奉行"减礼不减制"的规定，所谓薄葬只是减少礼仪规程，而豪侈的葬制并不减少。所以，江村大墓出土器物还是相当可观的。如是，我们对文帝的薄葬有了更新的深刻认识。

江村大墓的发现，意义重大。其在2019年公布的第八批全国重点文物保护单位名单中被并入第五批全国重点文物保护单位西汉帝陵，还入选了2021年全国十大考古新发现，成为学术史上一段佳话。

图 8-18　杨家湾汉墓出土骑兵俑

三、考古发掘的重要汉墓

1. 杨家湾汉墓

1970—1976年发掘的杨家湾4、5号汉墓，位于咸阳市东北22公里处，在高帝长陵与景帝阳陵之间，而靠长陵较近，当为长陵的陪葬墓。根据《水经注》所记方位和墓中出土的银缕玉衣片，推测两墓可能是周勃、周亚夫父子的墓葬。

这两座墓南北并列，形制相似，都有坟丘，墓坑平面皆作曲尺形。4号墓全长80多米，深24.5米；5号墓全长65米，深17米许。有多台阶墓道，有墓门、中庭、后堂。后堂中有复杂的木构建筑、巨大的棺椁，棺椁四周填塞木炭。墓室早已遭到严重破坏，木构建筑、棺椁全遭焚毁，仅存余烬，全貌不明。

4号墓的墓道填土中和墓道外有7个陪葬坑，保存完好。坑平面呈长方形。其中3个砖砌，坑内放陶仓和日用陶器；4个用枋木垒成椁室，坑内放车马器。坑内的遗物，推测是墓主死葬后的祭奠物品。

另有11个陪葬坑在4号墓南70米处。其中6个坑放置骑兵俑（见图8-18），共583件；4个坑放置步兵俑，共1800多件；另有战车坑1个，居中。步兵、骑兵俑坑保存较好，都是带竖井坑道的洞室，所不同的是，骑兵俑坑为单室，步兵俑坑为双室。这10个俑坑分左右两列，每列5坑；横向呈前后五排，每排左右2坑。陶俑均面向坑道，坑道又两两相对，整体形成对称式布局。战车坑呈南北纵向，位于左右两列之间。坑内已被扰乱，车马形制已难复原。

这批送葬俑群应是当时军阵的真实形象，其作用与秦始皇陵东边的兵马俑是一样的，只是规模较小，陶俑造型也较小罢了。（见图8-19）在这批俑群中，埋有兵车的坑位居中，说明当时仍旧沿袭着传统军制，把兵车放在主要位置上。从数量上看，最多的是步兵，骑兵的数量虽然不多，但与秦兵马俑坑的情况比较，骑兵所占的比例明显上升了。骑兵集中排列，自成方阵，表明已形成独立的有战斗力的兵种。由此看来，汉初的军阵正处于从车骑并用转向以骑兵为主力的变化过程中。

至于这批俑群所反映的造型艺术成就，前文已有论述，这里就不再重复。

图8-19 杨家湾汉墓出土兵马俑

2. 西安交大壁画墓

1987年在西安交通大学校园内发现一座西汉晚期壁画墓。该墓是一座有斜坡墓道双耳室的券顶砖室中型墓。墓室进深4.55米，宽1.83米，高2.25米，室内绘满色彩斑斓的壁画，总面积约24平方米，保存基本完好。墓壁上部及券顶之上是一幅完整的四象二十八宿环绕日、月的天象图，图中存星辰91颗、人物7个、各种动物9个（未计壁画下部及后壁），星座中各星之间均有直线连接。这幅天象图制作精细，是迄今所知最早的中国四象二十八宿星图，对研究中国古代天文学史具有重要价值。（见图8-20）

图8-20 西安交大壁画墓出土天象图

3. 西安理工大学壁画墓

2004年，西安市文物保护考古所在配合西安理工大学二期基建工程中，发现一座西汉壁画墓。其位于西安市南郊岳家寨村西北乐游原上，原有高大封土，后被夷平。墓葬形制为斜坡墓道砖室墓，平面呈"甲"字形，方向185°，全墓由墓道、耳室、甬道、墓室四部分组成。壁画遍及墓壁及券顶，内容主要有车马出行、狩猎、宴乐、斗鸡等生活场景和日、月、翼龙、翼虎、凤鸟、仙鹤、乘龙羽人等升仙场面。（见图8-21）

图8-21 西安理工大学汉墓壁画

4. 曲江翠竹园小区壁画墓

该墓发现于2008年，为西汉晚期斜坡墓道砖室墓，由墓道、甬道、耳室、墓室组成，墓道位于墓室北侧。墓室长5.8米，宽3.15米，高3.5米，形状类似窑洞。顶部绘云气、星宿、金乌、蟾蜍共同构成的天象图，四周墙壁上绘有20个神态各异的人物，在天象图与人物图之间绘制着帷幔。封门两侧墙壁上绘2个持剑站立的卫士，另还分布着形态各异的人物造型，形象生动。值得注意的是，其壁画人物形象高大，与真人同等大小，个别人物甚至高达2米，十分罕见。

5. 张汤墓

2002年在西安市长安区郭杜西北政法学院新校区基建工地发现的西汉酷吏张汤墓，为长斜坡墓道土洞墓，坐东朝西，平面呈"甲"字形，墓道后连接甬道、墓室。该墓已被盗扰，仅出土数件文物。其中有两枚精致的双面穿带印，一枚印文为"张汤臣汤"，一枚为"张汤张君信印"，由此确证墓主的身份。

该墓遗址已建成陈列馆，于2012年对外免费开放。

6. 张安世家族墓

2008年在西安市长安区凤栖原发现一座高级别墓葬，经考古发掘，判断为西汉张安世家族墓。（见图8-22）张安世为张汤之子，昭、宣时代的

图8-22 张安世墓

重臣，官至大司马车骑将军领尚书事、卫将军，死后皇帝御赐墓地。其墓为"甲"字形，总长60多米，墓室长35米，宽24.5米，距离地面15米。长30米的斜坡墓道有3个耳室，其内出土彩绘陶罐、釉陶壶和鹤、兔、牛等较完整的动物骨骸，以及多枚"卫将长史"封泥。墓道中部设有前箱，出土随葬的实用四马拉车2辆，装饰华丽。墓内还发现大量成套量具，或7个或10个一套，极为罕见。该墓有6个陪葬坑，坑内惊现"千军战俑"，有陶俑、木俑。陶俑与汉阳陵出土陶俑相似，高约60厘米，赤身裸体，没有胳膊，但在胳膊处留有孔。在坑内发现盔甲残片，可见陶俑原先都穿有衣服。坑内还出土大量兵器铜簇、刀、剑等。张安世夫人墓亦为"甲"字形，但较小，有很长的墓道和一个耳室。墓遭盗扰，主室被烧毁。主室的前室尚可看到一辆随葬的明器车马，另还发现玉衣残片。耳室保存完整，内有两辆已腐朽的车马遗迹，上面残留不少车马小饰件。有些青铜器件，雕刻精巧，令人称奇。耳室内还有大量陶制器皿，体型最大的陶罐高达40多厘米。整个墓地已发现的墓葬14座，其中仅一座未被盗掘。所出土文物中，以九头鸟图案瓷器、衣彩俑、武士佩刀剑、成套量具以及卫将军长史印章，最具考古价值。

四、汉中汉文化遗存

汉中为刘邦受封汉王之地，汉王朝之"汉"即来源于此，故该地汉文化遗

存十分丰富。为此,特将汉中单列出来集中论述。

1. 古汉台

古汉台为一坐北朝南、由三级台地构成的高台,又名七星台。(见图8-23)台高8米,面积约8000平方米,是刘邦为汉王时驻跸汉中的行宫遗址。今为汉中博物馆。

图8-23 古汉台

2. 拜将台

始建于公元前206年,为刘邦拜韩信为大将的古坛场遗址,与古汉台毗邻。

3. 饮马池遗址

饮马池即汉中东湖,位于今汉中汉台区南团结街中段,水域面积6358平方米。原来刘邦被封为汉王来到汉中驻跸于汉台,筑坛拜韩信为大将,又在东湖饮马。饮马池因此而得名。古汉台、拜将台、饮马池咫尺相邻,被誉为汉中汉初三遗址。(见图8-24)

图8-24 汉中饮马池

4. 山河堰遗址

位于今汉中市汉台区北20公里的褒谷口河东店镇。因褒水名山河水,故名山河堰。传为萧何所建,是汉中最早的并且还有部分存留的古代水利设施,与关中的郑国渠、白公渠和四川的都江堰同为中国四大古渠,享有盛名。(见图8-25)

图8-25 汉中山河堰遗址

5. 石门及其摩崖石刻

石门是褒斜栈道南端的一段隧道，系东汉永平六年（63）用火焚水激法修成，是世界上第一座人工开凿的隧道。在石门东西两壁及褒河两岸悬崖上，凿有汉魏以来大量题咏和记事的文字，是珍贵的石头书。仅石门内壁就留石刻34件，连同石门南北山崖及河石上的石刻，总数达104件。特别是汉魏石刻，属国内稀品。石门及其摩崖石刻，1961年即被确定为全国第一批重点文物保护单位。1969—1971年，因国家修建水利设施，将水库淹没区最受推崇的13件汉魏石刻搬迁至汉中博物馆，专建一室曰"石门汉魏十三品陈列馆"，供人参观。（见图8-26）十三品在书法艺术上占有重要地位，早在唐宋时期即负盛名，誉满天下。其给人以书法艺术美的享受，是汉代以来"书"和"刻"两者的最高艺术结晶。

图 8-26　石门汉魏十三品

五、名人墓及其他遗存

（一）名人墓

今陕西境内两汉名人墓除前文介绍茂陵时所讲卫青、霍去病、金日䃅、霍光、董仲舒[①]、公孙弘、李延年、上官安、上官桀、平阳公主外，还有很多，现有选

---

① 关于董仲舒墓，据史书记载，应为茂陵陪葬墓无疑。但西安南城墙和平门内以西600米处另有一董仲舒墓。唐代、明代修城，此墓皆在城内，官吏军民至此要下马，以示崇敬，故称"下马陵"。新中国成立之初，此墓封土周长40多米，高6米，墓前有清乾隆年间陕西巡抚毕沅所书"汉董仲舒墓"碑一通。后此墓严重损坏。现封土残高2米，封土前有西安市人民政府所立青石保护标志。1956年，此墓由陕西省人民委员会公布为第一批省级重点文物保护单位。或说此墓由明董仲舒祠演变而来。

择地重点介绍如下。

1. 张骞墓

位于今陕西城固县，是西汉时期杰出的外交家、探险家、丝绸之路开辟者张骞的墓葬。关于张骞，本卷第四章第四节已有介绍。汉武帝元鼎三年（前114），张骞病卒后，归葬于故里博望镇，即今墓址所在地。（见图8-27）

图8-27 张骞墓

该墓坐北朝南，南北长35.6米，东西宽20米，高5米，呈覆斗形。1938年，国立西北联合大学历史系对张骞墓进行了初步发掘，出土模糊难辨的陶文约四字，有学者释读出"博""望""造"三字，加之墓前碑石、汉代石雕等文物，一般认为乃汉博望侯张骞之墓。

1956年，张骞墓被列为陕西省首批重点文物保护单位。2006年5月，张骞墓被国务院公布为全国重点文物保护单位。2014年6月22日，在卡塔尔多哈召开的联合国教科文组织第38届世界遗产委员会会议上，张骞墓作为中国、哈萨克斯坦和吉尔吉斯斯坦三国联合申遗项目"丝绸之路：长安—天山廊道的路网"中的一处遗址点成功列入"世界遗产名录"。

2. 苏武墓

位于今陕西武功县武功镇龙门村前的台地上。墓主苏武（见图8-28），西汉京兆杜陵人，武帝天汉元年（前100）以中

图8-28 苏武塑像

郎将出使匈奴，被扣十九年，秉持汉节，坚贞不降。昭帝始元六年（前81），得归长安，任典属国，为一代名臣。该墓代有封修，题书、碑、碣殊多。20世纪40年代末，尚存围墙、院落、门楣，后仅存墓冢，高约1.5米。1979年被确定为陕西省重点文物保护单位。1997年，世界苏氏宗亲会组团回武功寻根谒祖，拜祭苏武墓。以后又多次举行祭墓活动。宗亲会募集善款配合文物部门，对苏墓进行全面修葺。现已建成的苏武纪念馆占地27000平方米，肃穆壮观。其政府、民间合力修葺的做法，为陕西名人墓园修复建设树立了榜样。

3. 马援墓

位于今陕西扶风县城关街道伏波村。1956年，马援墓被列为陕西省首批重点文物保护单位。马援，字文渊，东汉扶风茂陵人，著名大将，官拜伏波将军，封新息侯，谥忠成侯，宋神宗追封忠显王。他的"丈夫为志，穷当益坚，老当益壮""男儿要当死于边野，以马革裹尸还葬耳"成为千古传颂的豪言壮语。历代高官名将、文人墨客慕名瞻仰墓地，留下许多赞美诗篇。1995年，马来西亚马氏宗亲总会归国寻根问祖代表团在扶风马援墓地举行了盛大的祭祖仪式。其墓冢呈覆斗形，南北长28.5米，东西宽25米，高6米，周长107米。墓前现存石碑两通：一是乾隆二十九年（1764）马氏后裔制"始祖伏波将军马公讳援墓"碑（碑头已毁）；二是乾隆四十一年（1776）陕西巡抚毕沅书、扶风知县熊家振立"汉伏波将军马公墓"碑。在墓北约1公里的西宝公路南侧还有康熙四十三年（1704）长白鄂海所书之"汉伏波将军马援墓"路碑一通。（见图8-29）今淮北市相山区渠沟镇亦有马援墓，论者推测当为马氏冤死后的暂厝之地。

图8-29 马援墓路碑

4. 班固墓

图 8-30 班固墓

位于今陕西省扶风县杏林镇浪店村。班固是东汉著名史学家，有关事迹在本卷第七章第三节中已做介绍。据《扶风县志》记载，明清时班固墓规模相当可观，墓园四周有围墙，园内有华表、石羊、供案等。直到新中国成立初期，该墓园仍保有一定的规模。1956年，班固墓被列为陕西省首批重点文物保护单位。（见图8-30）

由于受极左思想的影响，在相当长时期内我们对班固及其所撰《汉书》评价甚低。这就直接导致了对班固墓保护的不力，特别是"文化大革命"期间，墓园被破坏殆尽，残留的墓冢仅剩一小土堆而已。改革开放后，不少有识之士呼吁政府加强对班固墓的保护，文物部门亦对残存的墓冢进行过一定的修葺，但总体来看，班固墓的实际情况与这位文化名人的地位还是极不相称的。2013年，陕西省神州汉文化保护基金会联合中国秦汉史研究会等单位，启动了整修班固墓的活动，希图通过政府主导加民间协助的形式，完成班固墓的修复工程。目前，这一工作已经取得了一定进展。相信不久之后，新面貌的班固墓将会呈现在世人面前。

5. 班昭墓

位于今陕西兴平市丰仪镇大姑村。班昭为班固的妹妹，博学高才，是我国历史上第一位女史学家，约生于公元49年。14岁嫁给同郡余村曹世叔，不幸曹氏早卒。和帝时，奉命继承其兄班固遗业，历经近二十年续成《汉书》八表，又由马续补作《天文志》。名儒马融从其受读《汉书》。又数被召入宫讲授，后妃皆师事之，号曰"曹大家"。撰《女诫》七章，是为古代妇女应遵守的手册；另有赋、颂、铭、诔、上疏、遗令等凡十六篇。约公元120年卒，尊其遗言葬

余村，即今墓址所在，世称"曹大家墓"。1982年，此墓被列为兴平市文物保护单位。（见图8-31）

6. 蔡伦墓

位于今陕西汉中洋县城东10公里的龙亭镇。这里既是中华民族四大发明之一造纸技术的关键改进人蔡伦的长眠之地，也是蔡伦的封地。墓祠内古柏参天，殿宇栉比，碑石林立，风景秀丽而幽静；具体分为南北两部分，墓区居北，墓冢高约7米，长30米，宽17米。1957年，蔡伦墓被列为陕西省重点文物保护单位。2006年5月，蔡伦墓被列为全国重点文物保护单位。（见图8-32）

图8-31　班昭（曹大家）墓

图8-32　蔡伦墓

（二）宫殿遗址

上述名人墓之外，陕境还有不少宫殿遗址。其中淳化的甘泉宫遗址、韩城的挟荔宫遗址颇具代表性。

1. 甘泉宫遗址

位于今陕西省淳化县的甘泉山南麓，总面积约6平方公里。（见图8-33）夯筑宫墙局部保留，最高处约5米，墙基宽约8米，城墙的西、南、北三面中部辟有城门。城址内发现有大型夯土宫殿台基8处以及部分宫室基址、水道等遗迹。城东北的通天台遗址内，发现有圆形夯土台基2座，高15—16米。台基周围还有宫墙、柱洞、门枢石、陶水管道等遗迹。遗址的西南部发现有陶窑10余座。遗址内出土有石柱础、铺地砖、空心砖、筒瓦、板瓦、瓦当以及陶器、铜器、铁器、货币等遗物。此外，遗址内的大型汉代圆雕石熊和宋代石鼓也很有特色。1996年，甘泉宫遗址被列为全国重点文物保护单位。该遗址的发现，对于研究秦汉乃至隋唐时期的宫殿形制等方面，具有重要意义。

图8-33 甘泉宫遗址

2. 挟荔宫遗址

位于今陕西省韩城市南10公里处的芝川镇东南，距司马迁祠约200米。遗址于1957年被发现，据考曾为汉武帝刘彻赴河东祀后土的行宫。该遗址遗迹显著，遗物丰富，时代明确。遗址在一高台之上，东西南北各约300米。历年采集有阳纹篆字方砖1块、"夏阳宫"阳纹篆字残砖1块及"与天无极""千秋万岁"等瓦当和汉砖。遗址暴露部分能看到圆形、三套管。遗址下层有红陶、石器等新石器时期的遗物。

（三）祠墓、庙类遗存

另还有一批性质特别的祠墓、庙类遗存，其主人皆为汉代名人，但祠墓、庙多为后世所建，或传说自古留存，只是现实生活中人民大多深信其为汉文化遗存。如韩城司马迁祠墓、留坝的张良庙、商洛地区的四皓墓祠等。

1. 司马迁祠墓

有关司马迁，本卷第四章第四节已有论述。其祠墓（衣冠冢）坐落在今陕西省韩城市南 10 公里芝川镇的韩奕坡悬崖上，东西长 555 米，南北宽 229 米，始建于西晋永嘉四年（310），历代多次重修或扩建。祠墓建筑自坡下至顶端，依崖就势，层递而上。登其巅，可东望滔滔黄河，西眺巍巍梁山，南瞰古魏长城，北观芝水长流，可谓山环水抱，气象万千。壮观的自然形势和秀丽风光，映衬出史圣高尚的人格和伟大的业绩。1982 年，司马迁祠墓被列为为全国重点文物保护单位。（见图 8-34）

图 8-34　司马迁祠墓

2. 张良庙

坐落于秦岭南坡的紫柏山麓、距留坝县城 17 公里处的庙台子村，川陕公路横越门首。张良是秦汉之际辅佐刘邦打天下的著名谋略家，被誉为"运筹策帷帐中，决胜千里外"。西汉开国后，受封留侯，急流勇退，从赤松子游，据说紫柏山即其归隐处。最早的张良庙传为张良十世玄孙汉中王张鲁所建，历经一千七百年，原址已无从考察。庙台子张良庙是明清建筑，占地 14200 平方米，6 大院，房舍 150 余间。该地山清水秀，幽静致远，确为隐居的好去处。2006 年，张良庙作为明至清古建筑，被国务院批准为第六批全国重点文物保护单位。（见图 8-35）

图 8-35　张良庙

3. 四皓墓

位于今陕西丹凤县商镇城西。四皓，指秦汉之际的四位智者，即东园公（唐秉）、夏黄公（崔广）、角里先生（周术）和绮里季（吴实）。传说四人皆秦博士，因逃避焚书坑儒来到商山，"岩居穴处"，"紫芝疗饥"，在商山隐

图 8-36　商山四皓墓

居下来。不久，刘汉王朝统一天下。当汉高祖刘邦要废掉太子刘盈，另立赵王如意时，刘盈的母亲吕后经张良策划，约请四皓出山。"偕入汉廷，一语吾主"，改变了刘邦废太子的初衷，终使刘盈继位，是为汉惠帝。本来四皓尽可高官厚禄颐养天年，可是他们却重返商山，终其一生，死后便葬于商镇。这就是四皓墓的来历。其冢现高 5 米，直径 7 米。墓区高槐深竹，松柏错落，萧寂幽古的氛围令人肃然起敬。相传，汉惠帝曾派三千御林军每人自长安携土十斤，来商山为四皓墓培土，敕令文官下轿，武官下马。几千年来，墨人骚客、达官显宦，大凡涉足商州者，无不来到这里拜谒，如三国曹植，唐代李白、白居易、柳宗元、元稹、杜牧，宋代王禹偁，明代李梦阳，清代郑板桥等，都在这里留下了不朽的篇章。1992 年，四皓墓被列为陕西省重点文物保护单位。近年来，经过修葺，墓冢四周青砖砌护，修围墙，筑门楼，专人管理，园内种植花卉，繁英密蕊，红紫芳香，吸引着远近瞻仰吊古的游客。（见图 8-36）另，四皓还有衣冠冢在今商洛市西商洛市汽车运输公司院内。此冢旧有高丘 4 座，今制存 3 冢，陵庙亦存 3 间。

结语

秦汉时期的陕西历史是《陕西通史》中的重头戏之一。《陕西通史·秦汉卷》涵盖了秦国（前770—前221）、秦朝（前221—前202，含楚汉战争）、西汉（前202—8）、新莽（9—23）、东汉（24—220）近千年的历史。秦国发祥于陕西，陕西是其本土，是其政治、经济、文化中心。秦国由此发展，统一了六国，建立了中国历史上第一个多民族、统一的集权制帝国——秦朝。陕西是帝国的统治中心，从这里发出政令通达全国。西汉是继秦之后的又一帝国，秦帝国短祚，其没有完成的任务由西汉来完成。西汉继承、发展秦的制度，同样以陕西为其统治中心，政令通往全国。新莽是在西汉基础上建立的王朝，一切照旧，没有实质性改变，过去旧史家干脆把它算作西汉。东汉时虽然首都迁移，但陕西三辅地区由于祖陵所在而被另眼看待，辖于司隶校尉部，属京畿范围。

总之，在近千年的历史中，陕西一直发挥着直接引领或间接引领的作用，是历史的中心舞台，上演了数不清的威武雄壮大剧。在这里，既有刀光剑影、血雨腥风，也有盛世繁荣、钟鼎和鸣；既有危机矛盾、斗争革新，也有凿空定远、史林绝唱。秦汉时期的陕西历史，多姿而绚丽，博大而开创。

参考文献

References

[1] 司马迁. 史记[M]. 北京：中华书局，2013.

[2] 班固. 汉书[M]. 颜师古，注. 北京：中华书局，1962.

[3] 范晔. 后汉书[M]. 李贤，等注. 北京：中华书局，1965.

[4] 商君书[M]. 严万里，校.《诸子集成》本. 香港：中华书局香港分局，1978.

[5] 吕氏春秋[M]. 高诱，注.《诸子集成》本. 香港：中华书局香港分局，1978.

[6] 国语[M]. 上海师范大学古籍整理组，校点. 上海：上海古籍出版社，1978.

[7] 刘向. 战国策[M]. 上海：上海古籍出版社，1985.

[8] 王先谦. 荀子集解[M].《诸子集成》本. 香港：中华书局香港分局，1978.

[9] 桓宽. 盐铁论[M].《诸子集成》本. 香港：中华书局香港分局，1978.

[10] 司马光. 资治通鉴[M]. 胡三省，音注. "标点资治通鉴小组"，校点. 北京：中华书局，1956.

[11] 十三经注疏[M]. 阮元，校刻. 清嘉庆刊本. 北京：中华书局，2009.

[12] 孙楷. 徐复. 秦会要订补[M]. 北京：中华书局，1959.

[13] 睡虎地秦墓竹简整理小组. 睡虎地秦墓竹简[M]. 北京：文物出版社，1978.

[14] 徐天麟. 西汉会要[M]. 上海：上海人民出版社，1977.

[15] 徐天麟.东汉会要[M].上海：上海古籍出版社，1978.

[16] 洪适.隶释·隶续[M].北京：中华书局，1985.

[17] 张家山二四七号汉墓竹简整理小组.张家山汉墓竹简〔二四七号墓〕[M].北京：文物出版社，2001.

[18] 孙星衍，等.汉官六种[M].周天游，点校.北京：中华书局，1990.

[19] 皇甫谧.高士传[M].北京：中华书局，1985.

[20] 李昉，等.太平御览[M].北京：中华书局，1960.

[21] 赵翼.陔余丛考[M].北京：中华书局，1963.

[22] 赵翼.廿二史札记[M].曹光甫，校点.上海：上海古籍出版社，2011.

[23] 罗大经.鹤林玉露[M].王瑞来，点校.北京：中华书局，1983.

[24] 汤聘尹.史稗[M].万历刻本（线装）.

[25] 王世贞.读书后[M].浙江巡抚采进本.

[26] 赵廷瑞，马理，吕柟.陕西通志[M].董健桥，等校注.西安：三秦出版社，2006.

[27] 张澍.三辅故事[M].陈晓捷，注.西安：三秦出版社，2006.

[28] 程大昌.雍录[M].黄永年，点校.北京：中华书局，2002.

[29] 宋敏求.长安志[M].辛德勇，郎洁，点校.西安：三秦出版社，2013.

[30] 李好文.长安志图[M].辛德勇，郎洁，点校.西安：三秦出版社，2013.

[31] 彭定求.全唐诗[M].北京：中华书局，1960.

[32] 章学诚.叶瑛.文史通义校注[M].北京：中华书局，1985.

[33] 皮锡瑞.经学历史[M].周予同，注释.北京：中华书局，2008.

[34] 龚自珍.龚自珍全集[M].上海：上海人民出版社，1975.

[35] 马非百.秦集史[M].北京：中华书局，1982.

[36] 马非百.秦始皇帝传[M].南京：江苏古籍出版社，1985.

[37] 张金光.秦制研究[M].上海：上海古籍出版社，2004.

［38］王云度. 秦史编年［M］. 西安：陕西人民出版社，1986.

［39］林剑鸣. 秦史稿［M］. 上海：上海人民出版社，1981.

［40］史党社. 日出西山：秦人历史新探［M］. 西安：陕西人民出版社，2013.

［41］杨宽. 战国史［M］. 上海：上海人民出版社，1980.

［42］吕思勉. 秦汉史［M］. 上海：上海古籍出版社，1983.

［43］翦伯赞. 秦汉史［M］. 北京：北京大学出版社，1999.

［44］韩复智，叶达雄，邵台新，等. 秦汉史［M］. 增订1版. 台北：里仁书局，2007.

［45］林剑鸣. 秦汉史［M］. 上海：上海人民出版社，1989.

［46］李学勤. 东周与秦代文明［M］. 上海：上海人民出版社，2016.

［47］廖伯源. 秦汉史论丛［M］. 台北：五南图书出版股份有限公司，2003.

［48］林甘泉. 中国经济通史：秦汉经济卷［M］. 北京：经济日报出版社，1999.

［49］黄今言. 秦汉军制史论［M］. 南昌：江西人民出版社，1993.

［50］刘九生. 秦始皇帝陵与中国古代文明［M］. 北京：科学出版社，2014.

［51］武伯纶. 西安历史述略［M］. 增订本. 西安：陕西人民出版社，1984.

［52］黄留珠. 西安通史［M］. 西安：陕西人民出版社，2016.

［53］孙达人. 中国农民变迁论［M］. 北京：中央编译出版社，1996.

［54］马长寿. 北狄与匈奴［M］. 北京：生活·读书·新知三联书店，1962.

［55］王国维. 观堂集林［M］. 北京：中华书局，1959.

［56］顾颉刚. 史林杂识初编［M］. 北京：中华书局，1963.

［57］李亚农. 李亚农史论集［M］. 上海：上海人民出版社，1962.

［58］郭沫若. 十批判书［M］. 北京：中国华侨出版社，2008.

［59］王学理. 秦都咸阳［M］. 西安：陕西人民出版社，1985.

［60］袁仲一. 秦始皇陵兵马俑研究［M］. 北京：文物出版社，1990.

［61］顾颉刚. 秦汉的方士与儒生［M］. 上海：上海古籍出版社，2005.

［62］安作璋，熊铁基. 秦汉官职史稿［M］. 济南：齐鲁书社，1985.

[63] 黄留珠.秦汉仕进制度[M].西安：西北大学出版社，1985.

[64] 王子今.秦汉交通史稿[M].北京：中共中央党校出版社，1994.

[65] 范文澜.中国通史简编[M].修订本.北京：人民出版社，1964.

[66] 徐复观.中国经学史的基础[M].台北：台湾学生书局，1982.

[67] 杨树达.汉书窥管[M].上海：上海古籍出版社，1984.

[68] 陈直.汉书新证[M].天津：天津人民出版社，1979.

[69] 陈直.史记新证[M].天津：天津人民出版社，1979.

[70] 王仲殊.汉代考古学概说[M].北京：中华书局，1984.

[71] 李开元.汉帝国的建立与刘邦集团：军功受益阶层研究[M].北京：生活·读书·新知三联书店，2000.

[72] 刘庆柱，李毓芳.西汉十一陵[M].西安：陕西人民出版社，1987.

[73] 马元材（非百）.桑弘羊年谱订补[M].郑州：中州书画社，1982.

[74] 余嘉锡.余嘉锡说文献学[M].上海：上海古籍出版社，2001.

[75] 戴南海.校勘学概论[M].西安：陕西人民出版社，1986.

[76] 钱玄.校勘学[M].南京：江苏古籍出版社，1988.

[77] 孙钦善.中国古文献学[M].北京：北京大学出版社，2006.

[78] 中国社会科学院考古研究所.新中国的考古发现和研究[M].北京：文物出版社，1984.

[79] 陕西省文物志编纂委员会.陕西省志：文物志[M].西安：陕西人民出版社，2016.

[80] 崔瑞德，鲁惟一.剑桥中国秦汉史：公元前221—公元220年[M].杨品泉，张书生，陈高华，等译.北京：中国社会科学出版社，1992.

[81] 金谷治.秦汉思想史研究[M].修订增补版.京都：平乐寺书店，1992.

[82] 富谷至.秦汉刑罚制度研究[M].柴生芳，朱恒晔，译.桂林：广西师范大学出版社，2006.

[83] 福井重雅.汉代官吏登用制度的研究[M].东京：创文社，1988.

[84] 尾形勇.中国古代的"家"与国家[M].东京：岩波书店，1979.

[85] 富谷至.江陵张家山二四七号墓出土汉律令的研究[M].京都：朋友书店，2006.

[86] 普列汉诺夫.论个人在历史上的作用问题[M].唯真，译.北京：生活·读书·新知三联书店，1965.

[87] 瞿同祖.汉代社会结构[M].邱立波，译.上海：上海人民出版社，2007.

[88] 许倬云.汉代农业：中国农业经济的起源及特性[M].王勇，译.桂林：广西师范大学出版社，2005.

[89] 郭子直.战国秦封宗邑瓦书铭文新释[M]//陕西省考古研究院，中国古文字研究会，中华书局编辑部.古文字研究：第14辑.北京：中华书局，1986.

[90] 周连宽，张荣芳.汉代我国与东南亚国家的海上交通和贸易关系[M]//中华书局编辑部.文史：第9辑.北京：中华书局，1980.

[91] 王子今.《龟兹左将军刘平国作关城诵》考论：兼说"张骞凿空"[M]//第二届西安丝绸之路历史文化国际学术研讨会论文集，2017.

[92] 竺可桢.中国近五千年来气候变迁的初步研究[J].考古学报，1972（1）.

[93] 黄留珠.秦文化二源说[J].西北大学学报（哲学社会科学版），1995（3）.

[94] 李学勤.清华简关于秦人始源的重要发现[N].光明日报，2011-09-08（11）.

[95] 李学勤.秦国文物的新认识[J].文物，1980（9）.

[96] 赵化成.寻找秦文化渊源的新线索[J].文博，1987（1）.

[97] 袁仲一.从考古资料看秦文化的发展和主要成就[J].文博，1990（5）.

[98] 李泽厚.秦汉思想简议[J].中国社会科学，1984（2）.

[99] 谭其骧.秦郡新考[J].浙江学报，1947，2（1）.

[100] 史念海.秦始皇直道遗迹的探索[J].文物，1975（10）.

[101] 韩兆琦.司马迁自请宫刑说[J].北京师范大学学报(社会科学版)，1988(2).

［102］刘克尧. "陈圣刘太平皇帝"考［J］. 社会科学战线丛刊，1980（2）.

［103］陈直. 考古论丛［J］. 西北大学学报（人文科学），1957（1）.

［104］潘吉星. 世界上最早的植物纤维纸［J］. 文物，1964（11）.

［105］吉田光邦. 汉代长安素描［J］. 摘译，1975（12）.

［106］村松弘一. 从雍城到咸阳——秦都的变迁与关中平原地域开发［J］. 中国史研究：第40辑别册，2006.

大事年表

Chronology

前 770 年 秦襄公八年

周平王赐秦襄公，秦国始建，与诸侯通使聘享之礼。

前 769 年 秦襄公九年

秦作西畤，用骝驹、黄牛、羝羊各三，祠上帝。

前 766 年 秦襄公十二年

秦伐戎至岐，秦襄公卒，子文公立。

前 763 年 秦文公三年

秦文公率兵七百东猎。

前 762 年 秦文公四年

秦文公至汧渭之会，即营邑。

前 756 年 秦文公十年

秦初作鄜畤，用三牢。

前 753 年 秦文公十三年

秦初有史以纪事，民多化者（罗马人以是年为罗马史之元年）。

前 750 年 秦文公十六年

秦文公大败戎师，地至岐，收周余民，并将岐以东献于周。

前 747 年　秦文公十九年

　　秦得陈宝，作陈宝祠。

前 746 年　秦文公二十年

　　秦法初有三族之罪。

前 739 年　秦文公二十七年

　　秦伐南山大梓、丰水大特。

前 714 年　秦宪（宁）公二年

　　秦宪（宁）公徙都平阳，遣兵伐荡社。（许多文献将秦宪公记为秦宁公，据 1978 年出土的秦公钟、秦公镈铭，知"宁"为"宪"字之误。）

前 713 年　秦宪公三年

　　秦与亳战，亳王奔戎，遂灭荡社。

前 704 年　秦宪公十二年

　　秦伐荡氏。秦宪公卒，大庶长弗忌、威垒、三父废太子武公而立出子为君，是为出公。

前 698 年　秦出公六年

　　秦三父等杀出公，复立故太子武公为君。

前 697 年　秦武公元年

　　秦攻彭戏氏，至于华山下，居平阳封宫。

前 695 年　秦武公三年

　　秦武公诛三父等，夷其三族。

前 688 年　秦武公十年

　　秦伐邽、冀戎，初设县。此为秦置县的最早记录。

前 687 年　秦武公十一年

　　秦灭小虢，在杜、郑置县。

前 678 年　秦武公二十年

　　秦武公卒，葬雍平阳。初以人从死，从死者六十六人。武公子白未立，封平阳。武公之弟被立为秦德公。

前 677 年　秦德公元年

　　秦徙都于雍，后子孙饮马于河。以牺三百牢祠鄜畤。梁伯、芮伯来朝。

前676年 秦德公二年

　　秦初作伏，祠社，磔狗邑四门以御蛊。秦德公卒，长子宣公立。

前672年 秦宣公四年

　　秦作密畤。与晋战河阳。

前664年 秦宣公十二年

　　秦宣公卒。有子九人皆未立，立其弟成公。

前660年 秦成公四年

　　秦成公卒。有子七人未立，立其弟穆公任好。

前659年 秦穆公元年

　　秦穆公自将伐茅津。

前656年 秦穆公四年

　　秦迎晋太子申生姊于晋。

前655年 秦穆公五年

　　秦穆公任政百里奚，号曰五羖大夫，并使人厚币迎蹇叔，以为上大夫。秋，穆公自将伐晋，战于河曲。

前651年 秦穆公九年

　　秦使百里奚将兵送晋公子夷吾归国，晋许秦以河西八城。

前650年 秦穆公十年

　　秦阴用奔秦的晋大臣丕郑之子丕豹。

前647年 秦穆公十三年

　　秦应晋请，输粟救灾，船漕车转，自雍相望至绛，号称"泛舟之役"。

前646年 秦穆公十四年

　　秦国饥荒，乞籴于晋，晋不与。

前645年 秦穆公十五年

　　秦穆公发兵亲征，使丕豹将，与晋战于韩地，虏晋惠公，寻释之。晋献河西之地。

前644年 秦穆公十六年

　　秦为河东置官司。

前640年 秦穆公二十年

　　秦灭梁、芮。

前 638 年　秦穆公二十二年

　　秦迁陆浑之戎于伊川。

前 637 年　秦穆公二十三年

　　秦迎晋公子重耳，益礼厚遇之。

前 636 年　秦穆公二十四年

　　秦使人送重耳归晋，是为晋文公。

前 635 年　秦穆公二十五年

　　秦穆公将兵军河上，助晋文公平周乱，纳周襄王于王城，杀王弟带。

前 632 年　秦穆公二十八年

　　秦会晋伐楚朝周。

前 630 年　秦穆公三十年

　　秦助晋围郑。郑使人言于穆公，秦罢兵归。

前 628 年　秦穆公三十二年

　　秦使孟明视、西乞术、白乙丙率兵袭郑。军行之日，百里奚、蹇叔二人哭师。

前 627 年　秦穆公三十三年

　　秦晋殽之战。

前 626 年　秦穆公三十四年

　　秦穆公赚降戎王使者由余。

前 625 年　秦穆公三十五年

　　秦为报殽战之仇，使孟明视等将兵伐晋，战彭衙，不利，归。

前 624 年　秦穆公三十六年

　　秦使孟明视等将兵伐晋，渡黄河，晋师不敢出，秦人封殽尸而还。

前 623 年　秦穆公三十七年

　　秦遭晋进攻，邧、新城被围。秦穆公用由余之谋，攻戎王，益国十二，开地千里，遂霸西戎。周天子使召公过贺以金鼓。

前 622 年　秦穆公三十八年

　　秦人攻鄀。

前 621 年　秦穆公三十九年

　　秦穆公卒，葬雍，殉葬者一百七十七人。太子罃代立，是为康公。

前620年　秦康公元年

　　秦以兵送晋公子雍归国。晋败秦师于令狐。晋随会降秦。

前619年　秦康公二年

　　秦伐晋，取武城（今陕西渭南市华州区东），报令狐之役。

前617年　秦康公四年

　　秦遭晋进攻，少梁丢失。秦复攻晋，取北徵（今陕西澄城西南）。

前615年　秦康公六年

　　秦伐晋，取羁马（晋邑），战于河曲，大败晋军。

前611年　秦康公十年

　　秦从楚共击庸。

前609年　秦康公十二年

　　秦康公卒，子共公立。

前607年　秦共公二年

　　秦伐晋，围焦（晋河外邑）。

前604年　秦共公五年

　　秦共公卒，子桓公立。

前601年　秦桓公三年

　　秦遭晋进攻，晋杀秦谍。

前594年　秦桓公十年

　　秦伐晋，次于辅氏（今陕西大荔东）。魏颗败秦师。是年，鲁初税亩。

前589年　秦桓公十五年

　　秦右大夫说与鲁成公、楚公子婴齐、蔡侯、许男、宋华元、陈公孙宁、卫孙良夫、郑公子去疾及齐国之大夫盟于蜀。

前582年　秦桓公二十二年

　　秦与白狄伐晋。

前580年　秦桓公二十四年

　　秦桓公与晋厉公夹河而盟。归而秦背盟，与翟合谋击晋。

前578年　秦桓公二十六年

　　秦与晋所率诸侯盟军战，败于麻隧。

前 577 年　秦桓公二十七年

　　秦桓公卒，子景公立。

前 564 年　秦景公十三年

　　秦以楚为援，伐晋。

前 563 年　秦景公十四年

　　秦遭晋荀䓨进攻。

前 562 年　秦景公十五年

　　秦右大夫詹帅师从楚以伐郑，郑逆服，更伐宋。秦庶长鲍、庶长武帅师伐晋以救郑，败晋于栎（今山西永济西南）。

前 561 年　秦景公十六年

　　秦庶长无地与楚子囊联合伐宋。

前 559 年　秦景公十八年

　　秦迎战晋所率诸侯联军，败于棫林。

前 550 年　秦景公二十七年

　　秦景公至晋会盟。

前 547 年　秦景公三十年

　　秦伯弟（鍼）如晋修成。秦楚联合侵吴，闻吴有备而还，遂侵郑。楚将所囚郑大夫印堇父献于秦。

前 546 年　秦景公三十一年

　　秦许宋向戌弭兵之请。

前 537 年　秦景公四十年

　　秦景公卒，子哀公立。

前 526 年　秦哀公十一年

　　秦应楚平王请，以女嫁楚太子建。秦女至楚，平王好而自娶之。

前 506 年　秦哀公三十一年

　　楚大夫申包胥来秦告急，七日不食，日夜哭泣，求秦伐吴救楚。

前 505 年　秦哀公三十二年

　　秦子蒲、子虎帅车五百乘以救楚，大败吴师，使楚昭王得复入郢。

前 501 年　秦哀公三十六年

　　秦哀公卒。太子夷公早死，立其子，是为惠公。

前 491 年　秦惠公十年

　　秦惠公卒，子悼公立。

前 477 年　秦悼公十四年

　　秦悼公卒，子厉共公立。次年战国开始。

前 475 年　秦厉共公二年

　　蜀人来赂。

前 472 年　秦厉共公五年

　　楚人来赂。

前 471 年　秦厉共公六年

　　义渠来赂。绵诸乞援。

前 470 年　秦厉共公七年

　　楚王子英奔秦。彗星见。英国学者推测，此即哈雷彗星。

前 467 年　秦厉共公十年

　　秦庶长将兵拔魏城（今山西芮城北）。彗星见。

前 463 年　秦厉共公十四年

　　晋人、楚人来赂。

前 461 年　秦厉共公十六年

　　堑河旁。以兵二万伐大荔，取其王城。补修庞戏城。

前 457 年　秦厉共公二十年

　　秦厉共公率兵与绵诸战。

前 456 年　秦厉共公二十一年

　　初县频阳。

前 452 年　秦厉共公二十五年

　　晋大夫智开与邑人来奔。

前 451 年　秦厉共公二十六年

　　左庶长城南郑。

前449年 秦厉共公二十八年

　　越人来迎女。

前448年 秦厉共公二十九年

　　晋大夫智宽率其邑人来奔。

前445年 秦厉共公三十二年

　　秦与楚和。

前444年 秦厉共公三十三年

　　秦伐义渠，虏其王。

前443年 秦厉共公三十四年

　　厉共公卒，子躁公立。日食，昼晦，星见。

前441年 秦躁公二年

　　南郑反。

前435年 秦躁公八年

　　六月，雨雪，日、月食。

前430年 秦躁公十三年

　　义渠伐秦，侵至渭阳。

前429年 秦躁公十四年

　　躁公卒，立其弟怀公。

前425年 秦怀公四年

　　秦庶长晁与大臣围怀公，迫其自杀，立孙灵公。

前422年 秦灵公三年

　　秦灵公作吴阳上畤，祭黄帝；作下畤，祭炎帝。

前418年 秦灵公七年

　　秦与魏战少梁。

前417年 秦灵公八年

　　秦城堑河濒，初以君主妻河。

前415年 秦灵公十年

　　城籍姑，补庞城。灵公卒，立其季父悼子，是为简公。

前 413 年　秦简公二年

　　秦与魏战，败郑下。

前 412 年　秦简公三年

　　秦繁庞为魏所围，出其民。

前 409 年　秦简公六年

　　令吏初带剑。秦遭魏进攻，魏筑临晋、元里。

前 408 年　秦简公七年

　　堑洛水，城重泉。初租禾。遭魏进攻，魏筑洛阴、郃阳。

前 401 年　秦简公十四年

　　伐魏，至阳狐。

前 400 年　秦简公十五年

　　秦简公卒，子惠公立。

前 397 年　秦惠公三年

　　日食。

前 395 年　秦惠公五年

　　秦伐绵诸。

前 393 年　秦惠公七年

　　秦被魏败于注。

前 391 年　秦惠公九年

　　秦伐韩宜阳，取六邑。

前 390 年　秦惠公十年

　　秦与魏战武城，县陕（今河南三门峡）。

前 389 年　秦惠公十一年

　　秦侵魏阴晋。

前 387 年　秦惠公十三年

　　伐蜀，取南郑。惠公卒，出子立。被魏军败于武下。

前 385 年　秦出子二年

　　庶长改迎灵公之子献公于河西而立之，杀出子及其母。

前 384 年　秦献公元年

　　止从死。

前 383 年　秦献公二年

　　城栎阳，徙都之。

前 382 年　秦献公三年

　　日食，昼晦。

前 379 年　秦献公六年

　　初县蒲、蓝田、善明氏。

前 378 年　秦献公七年

　　初行为市。

前 375 年　秦献公十年

　　为户籍相伍。日食。

前 374 年　秦献公十一年

　　县栎阳。秦胡苏帅师伐韩，韩将韩襄败胡苏于酸水。

前 371 年　秦献公十四年

　　秦赵战于高安，秦师败绩。

前 368 年　秦献公十七年

　　栎阳雨金，秦献公自以为得金瑞，故作畦畤而祀白帝。

前 366 年　秦献公十九年

　　败韩、魏洛阴。

前 364 年　秦献公二十一年

　　与魏战于石门，斩首六万。天子贺以黼黻，秦献公称伯。

前 362 年　秦献公二十三年

　　秦献公使庶长国伐魏少梁，虏其将公孙痤，取繁庞。秦献公卒，子孝公立。

前 361 年　秦孝公元年

　　秦孝公下求贤令，商鞅入秦。韩、赵伐秦。彗星见西方。秦伐魏，伐西戎，斩戎獂王。

前 360 年　秦孝公二年

　　周显王致文武胙于秦孝公。

前 359 年　秦孝公三年

　　秦用商鞅变法。

前 358 年　秦孝公四年

　　秦败韩师于西山。

前 357 年　秦孝公五年

　　楚君（右）尹黑迎女秦。

前 355 年　秦孝公七年

　　秦孝公与魏惠王会于杜平。侵宋，取黄池，宋复取之。

前 354 年　秦孝公八年

　　与魏战元里，斩首七千，取少梁。

前 352 年　秦孝公十年

　　秦拜商鞅为大良造，将兵围魏安邑。

前 351 年　秦孝公十一年

　　城商塞。商鞅围固阳，降之。

前 350 年　秦孝公十二年

　　作为咸阳，徙都之。商鞅颁布第二次变法令。东地渡洛，与魏会彤。

前 349 年　秦孝公十三年

　　初为县，有秩史。

前 348 年　秦孝公十四年

　　初为赋。韩昭侯朝秦。

前 344 年　秦孝公十八年

　　秦会诸侯于周。

前 342 年　秦孝公二十年

　　诸侯毕贺。秦使公子少官率师会诸侯逢泽，朝天子。

前 340 年　秦孝公二十二年

　　商鞅击魏，虏魏公子卬。封鞅为列侯，号商君。秦南侵楚。

前 339 年　秦孝公二十三年

　　与魏战岸门，虏其将魏错。

前338年　秦孝公二十四年

　　孝公卒，子惠文君立。诛商鞅。

前337年　秦惠文君元年

　　楚、韩、赵、蜀人来朝。

前336年　秦惠文君二年

　　天子贺。初行钱。

前335年　秦惠文君三年

　　拔韩宜阳。义渠败秦师于洛。

前334年　秦惠文君四年

　　天子致文武胙。魏夫人来。

前333年　秦惠文君五年

　　秦以犀首（公孙衍）为大良造，以张仪为客卿。

前332年　秦惠文君六年

　　魏纳秦阴晋以和，秦更名宁秦。

前331年　秦惠文君七年

　　庶长操将兵平定义渠内乱。

前330年　秦惠文君八年

　　与魏战，虏其将龙贾，斩首四万五千级。魏献河西地。

前329年　秦惠文君九年

　　渡河，取魏汾阴、皮氏，围焦，降之。与魏王会应（今河南鲁山东）。

前328年　秦惠文君十年

　　攻魏，围蒲阳，降之。魏纳上郡十五县及少梁。秦始置郡。以张仪为相。

前327年　秦惠文君十一年

　　县义渠，义渠君为臣。归魏焦、曲沃。更名少梁曰夏阳。

前326年　秦惠文君十二年

　　初腊。会龙门。

前325年　秦惠文君十三年

　　惠文君称王。

前 324 年　秦惠文王后元年

　　秦相张仪将兵取陕，出其人与魏。筑上郡塞。

前 323 年　秦惠文王后二年

　　秦相张仪与齐、楚会于啮桑（今江苏沛县西南）。

前 322 年　秦惠文王后三年

　　韩、魏太子来朝。张仪免相。伐取魏之曲沃、平周。

前 320 年　秦惠文王后五年

　　惠文王北游戎地，至河上。齐迎妇于秦。

前 319 年　秦惠文王后六年

　　攻取韩之鄢地（今湖北宜城东南）。张仪复归秦。

前 318 年　秦惠文王后七年

　　乐池相秦。韩、赵、魏、燕、齐五国共伐秦于函谷，不胜。

前 317 年　秦惠文王后八年

　　张仪复相秦。秦庶长疾大败三晋联军于修鱼。义渠起兵袭秦。

前 316 年　秦惠文王后九年

　　秦司马错灭蜀。取赵中都（今山西平遥西南）、西阳（今山西中阳）。

前 315 年　秦惠文王后十年

　　韩太子苍来质。伐取韩石章。败赵将泥（或作英）。伐取义渠二十五城。

前 314 年　秦惠文王后十一年

　　樗里疾攻魏焦，降之。败韩岸门，斩首万。公子通封于蜀，置巴郡，移秦民万家实之。

前 313 年　秦惠文王后十二年

　　秦、魏会临晋。使樗里疾为将伐赵，虏赵将庄豹，拔蔺（今山西吕梁市离石区西）。张仪去秦相楚。

前 312 年　秦惠文王后十三年

　　使庶长章击楚，虏其将屈匄，斩首八万，又攻楚汉中，取地六百里，置汉中郡。秦楚复战蓝田，大败楚军。秦、韩攻楚，围景痤。秦、魏击燕。

前 311 年　秦惠文王后十四年

　　伐楚，取召陵。蜀相壮杀蜀侯，并丹、犁二国降秦。惠文王卒，子武王立。

前310年　秦武王元年

　　与魏王会临晋。诛蜀相壮。张仪、魏章皆东出之魏。伐义渠、丹、犁。

前309年　秦武王二年

　　初置丞相，以樗里疾为右丞相，甘茂为左丞相。秦王封子恽（或作煇）为蜀侯。

前308年　秦武王三年

　　与魏王会于应。与韩王会临晋外。使甘茂攻宜阳。

前307年　秦武王四年

　　秦攻破宜阳，斩首六万。涉河取武遂。魏太子朝秦。武王举鼎绝膑，旋身亡。立异母弟，是为昭襄王。新王年少，太后听政。

前306年　秦昭襄王元年

　　严君疾（樗里疾）为相。甘茂出之魏。

前305年　秦昭襄王二年

　　彗星见。庶长壮及诸公子作乱，魏冉杀群公子，专国政。

前304年　秦昭襄王三年

　　与楚王盟于黄棘（今河南新野东北），归楚上庸。

前303年　秦昭襄王四年

　　拔魏之蒲坂（今山西永济西）、晋阳（今山西永济西南）、封陵（今山西芮城西南风陵渡）。复取韩武遂。齐、魏、韩共伐楚，秦遣客卿通将兵救之，三国引兵去。彗星见。

前301年　秦昭襄王六年

　　蜀侯恽反，司马错定蜀。伐韩，取穰（今河南邓州）。秦、齐、韩、魏共攻楚，斩首二万，杀其将唐昧，取重丘（今河南泌阳东北）。日食，昼晦。

前300年　秦昭襄王七年

　　使泾阳君质于齐。拔楚新城，杀其将景缺，斩首三万。樗里疾卒，魏冉继为相。

前299年　秦昭襄王八年

　　使将军芈戎攻楚，取新市（今湖北京山东北）。复伐楚，取八城。楚怀王被骗入秦。泾阳君复归秦。孟尝君薛文入秦为相。

前298年　秦昭襄王九年

　　攻楚，大败之，斩首五万，取十余城。魏、齐、韩共击秦于函谷。河、渭绝一日。薛文自秦亡归齐。

前297年 秦昭襄王十年

楚怀王自秦逃至赵，不被接纳，被秦追回。楼缓为丞相。

前296年 秦昭襄王十一年

齐、韩、魏联军攻秦，秦求和，归还韩河外及武遂，归还魏河外及封陵。楚怀王卒于秦，秦楚绝交。

前295年 秦昭襄王十二年

楼缓免，魏冉为相。予楚粟五万石。秦尉错击魏襄城。

前293年 秦昭襄王十四年

白起攻韩、魏，败之伊阙，斩首二十四万，虏魏将公孙喜，拔五城，涉河取韩安邑以东，到乾河。起迁为国尉。秦遗楚王书，楚患之，乃谋复与秦和。

前292年 秦昭襄王十五年

白起攻魏，取垣（今山西垣曲东南），复予之。楚迎妇于秦，秦楚复和。魏冉谢病免相，以客卿寿烛为相。

前291年 秦昭襄王十六年

攻韩拔宛。左更错取轵（魏邑，今河南济源南）及邓（魏邑，轵之西南，今河南孟州西）。

前290年 秦昭襄王十七年

城阳君入朝，东周君来朝。魏予秦河东地方四百里。韩予秦武遂地方二百里。

前289年 秦昭襄王十八年

伐魏，取六十一城。

前288年 秦昭襄王十九年

昭王称西帝，齐称东帝，皆复去之。拔赵桂（或作梗）阳。

前287年 秦昭襄王二十年

赵、齐、楚、韩、魏五国攻秦，无结果而散。秦拔魏新垣、曲阳之城，攻安邑。

前286年 秦昭襄王二十一年

攻魏河内。魏献安邑。秦将两地原居民赶走，募民徙居河东，并赦罪人迁入。败韩师于夏山。

前285年　秦昭襄王二十二年

　　与楚、赵会盟。蒙武率兵伐齐，拔九城，以为九县。

前284年　秦昭襄王二十三年

　　尉斯离与三晋、燕伐齐。

前283年　秦昭襄王二十四年

　　取魏安城（今河南原阳西）、攻林（今河南尉氏西）。蔺相如完璧归赵。

前282年　秦昭襄王二十五年

　　伐赵，拔二城。

前281年　秦昭襄王二十六年

　　攻拔赵离石。发兵伐楚。

前280年　秦昭襄王二十七年

　　楚割上庸、汉北地予秦。攻赵，取代光狼城（今山西高平西），斩首三万。地震，坏城。

前279年　秦昭襄王二十八年

　　秦赵会盟于渑池。白起攻楚，取鄢、邓（今河南邓州）。

前278年　秦昭襄王二十九年

　　白起攻楚安陆，拔楚都郢，置南郡。周君来。昭王与楚王会襄陵（今河南睢县）。

前277年　秦昭襄王三十年

　　白起封为武安君。蜀守若伐楚，取巫郡，及江南为黔中郡。

前276年　秦昭襄王三十一年

　　白起伐魏，取两城。楚夺回江旁十五邑。

前275年　秦昭襄王三十二年

　　秦相穰侯攻魏，斩首四万，魏割地求和。

前274年　秦昭襄王三十三年

　　攻取魏之蔡、中阳等四城。

前273年　秦昭襄王三十四年

　　救韩，败赵、魏于华阳（今河南新郑北），斩首十五万，魏入南阳以和。

前272年 秦昭襄王三十五年

佐韩、魏、楚伐燕。初置南阳郡。楚太子完为质于秦。宣太后诱杀义渠王于甘泉宫，因起兵灭之，始置陇西、北地等郡。筑长城以拒胡。

前271年 秦昭襄王三十六年

范雎入秦。

前270年 秦昭襄王三十七年

攻齐，取刚、寿，予穰侯。秦、韩相攻，赵将赵奢大败秦军阏与下，赐号马服君。以范雎为客卿，雎教秦以远交近攻之策。

前269年 秦昭襄王三十八年

秦上郡大饥，山木尽死。

前268年 秦昭襄王三十九年

使五大夫绾伐魏，拔怀。

前266年 秦昭襄王四十一年

攻魏，取邢丘。拜范雎为相，封应侯。

前265年 秦昭襄王四十二年

安国君为太子。伐韩，取少曲（今河南济源东北少水弯曲处）、高平（今河南济源南）。伐赵，拔三城。

前264年 秦昭襄王四十三年

白起攻韩，拔九（或作五）城，斩首五万。

前263年 秦昭襄王四十四年

攻韩南阳太行道，绝之。楚太子完自秦逃归。

前262年 秦昭襄王四十五年

攻韩，取野王等十城。楚纳州于秦。

前261年 秦昭襄王四十六年

攻韩缑氏（今河南偃师东南）、蔺，拔之。赵使廉颇拒秦于长平。

前260年 秦昭襄王四十七年

白起破赵长平，前后共杀卒四十五万。

前259年 秦昭襄王四十八年

韩献垣雍。秦分军攻取赵之武安、太原，并攻邯郸。

前 257 年　秦昭襄王五十年

　　杀白起。郑安平降赵。攻郑，拔之。攻晋军，斩首六千，晋楚流死河二万人。

前 256 年　秦昭襄王五十一年

　　攻韩，取阳城（今河南登封东南）、负黍（今河南登封西南），斩首四万。攻赵，取二十余县，首虏九万。攻西周，其君入秦，尽献城邑三十六，口三万，从此周不再称王，史家以秦王纪年。

前 255 年　秦昭襄王五十二年

　　周宝器九鼎入秦。王稽、张禄（范雎）死。

前 254 年　秦昭襄王五十三年

　　天下来宾。伐魏，取吴城。韩王入朝，魏委国听令。

前 253 年　秦昭襄王五十四年

　　王郊见上帝于雍。

前 251 年　秦昭襄王五十六年

　　昭襄王卒，子孝文王立。子楚为太子。赵奉子楚夫人及子政归秦。

前 250 年　秦孝文王元年

　　赦罪人，修先王功臣，褒厚亲戚，弛苑囿。孝文王卒，子庄襄王立。

前 249 年　秦庄襄王元年

　　大赦罪人，修先王功臣，施德厚骨肉而布惠于民。以吕不韦为丞相，封文信侯。灭东周君。伐韩，韩献成皋、巩。秦界至大梁，初置三川郡。

前 248 年　秦庄襄王二年

　　使蒙骜攻赵，定太原。

前 247 年　秦庄襄王三年

　　蒙骜攻魏，拔高都、汲。攻赵榆次、新城、狼孟，取三十七城。王龁攻上党，初置太原郡。魏信陵君率五国联军，败秦蒙骜军于河外。晋阳反。庄襄王卒，子政立，是为秦始皇帝。尊吕不韦为相国，号称"仲父"。李斯入秦，求为吕不韦舍人，任以为郎。

前 246 年　秦王政元年

　　击定晋阳。始作郑国渠。穿治骊山（即秦始皇陵）。

前 245 年　秦王政二年

攻魏取卷（今河南原阳西），斩首三万。

前 244 年　秦王政三年

蒙骜攻韩，取十三城。王龁死。攻魏氏畼、有诡。岁大饥。

前 243 年　秦王政四年

拔魏氏畼、有诡。秦质子归自赵，赵太子出归国。蝗灾，天下疫，百姓纳粟千石，拜爵一级。

前 242 年　秦王政五年

蒙骜攻魏，取二十城。初置东郡。

前 241 年　秦王政六年

韩、魏、赵、卫、楚共击秦，楚为纵长，取寿陵。秦出兵，五国兵罢。拔魏朝歌及卫濮阳，将卫君角迁至野王。

前 240 年　秦王政七年

彗星见东方、北方、西方。攻龙、孤、庆都，还兵攻汲。

前 239 年　秦王政八年

秦王弟长安君成蟜将兵击赵，反，死于屯留，军吏皆斩死。河鱼大上，水灾为害，百姓轻车重马东就食。封嫪毐为长信侯，予山阳地居之，以河西太原郡更为毐国，事无大小皆决于毐。

前 238 年　秦王政九年

彗星见。秦王政冠，带剑。嫪毐叛乱，被平灭。攻魏垣、蒲阳。杨端和攻魏邑衍氏。

前 237 年　秦王政十年

相国吕不韦坐嫪毐免。桓齮为将军。齐、赵来置酒。茅焦说秦王迎太后于雍而入咸阳。李斯上《谏逐客书》。采纳尉缭之计，以财物赂各国豪臣，乱其谋。郑国渠建成。

前 236 年　秦王政十一年

吕不韦之河南就国。王翦等攻赵，拔阏与、邺，取九城。

前 235 年　秦王政十二年

发四郡兵助魏击楚。吕不韦迁蜀，自杀。

前234年 秦王政十三年

桓齮攻赵平阳（今河北临漳西南），斩首十万。王之河南。桓齮复攻赵，被李牧败于宜安。彗星见东方。

前233年 秦王政十四年

桓齮攻赵军于平阳，取宜安。韩非使秦，死云阳。韩王请为臣。

前232年 秦王政十五年

大兴兵伐赵，一军至邺，一军至太原，取狼孟。在秦为质的燕太子丹亡归。甘罗出使有功，拜为上卿。

前231年 秦王政十六年

发卒受地韩南阳假守腾。初令男子书年。魏献地。置丽邑。

前230年 秦王政十七年

内史腾攻韩，得韩王安，尽纳其地，置颍川郡。民大饥。

前229年 秦王政十八年

大兴兵攻赵。使离间计令赵杀李牧。

前228年 秦王政十九年

王翦等攻赵，尽定取赵地，获赵王迁。赵公子嘉逃代，自立为王。王翦屯中山以临燕。南郡备警。

前227年 秦王政二十年

荆轲刺秦王。秦军破燕于易水之西。

前226年 秦王政二十一年

王贲攻楚，取十余城。王翦破蓟（今北京西南），迫燕王杀太子丹，燕王走保辽东。王翦谢病老归。新郑反。昌平君徙于郢。

前225年 秦王政二十二年

王贲攻魏，引河沟灌大梁，其王请降，魏亡。迁梁人孔氏南阳，为巨富之家。设右北平、渔阳、辽西郡。

前224年 秦王政二十三年

李信、蒙武攻楚，为项燕打败。秦王复召王翦，强起之，使将击楚。秦王游至郢陈。楚将项燕立昌平君，反秦于淮南。

前 223 年　秦王政二十四年

　　王翦灭楚。

前 222 年　秦王政二十五年

　　王贲击燕，虏燕王喜，燕亡。又击代，虏王嘉，赵亡。王翦定荆江南地，降越君，置会稽郡。

前 221 年　秦始皇帝二十六年

　　秦军入临淄，俘齐王田建，齐亡，统一天下。确立皇帝制度。推五德之传，建水德之制。废分封，以天下为三十六郡。统一度量衡，定币制，车同轨，书同文字。徙全国富豪十二万户于帝都咸阳。

前 220 年　秦始皇帝二十七年

　　始皇北巡。始治驰道。作信宫渭南，已，更名信宫为极庙，象天极。

前 219 年　秦始皇帝二十八年

　　始皇东巡，封禅于泰山、梁父。遣方士徐市挈童男女数千人入海求仙人及不死之药。又南巡。

前 218 年　秦始皇帝二十九年

　　始皇东巡，故韩贵族张良使人刺之于阳武博浪沙中，误中副车。

前 216 年　秦始皇帝三十一年

　　使黔首自实田。关中大索二十日。米石千六百。

前 215 年　秦始皇帝三十二年

　　始皇东巡，使方士卢生等入海求仙人不死之药。始皇巡北边，从上郡入。卢生还奏录图书曰："亡秦者胡也。"乃使将军蒙恬发兵三十万击胡，略取河南地。

前 214 年　秦始皇帝三十三年

　　发尝逋亡人、赘婿、贾人略取岭南地，置三郡。西北斥逐匈奴，置四十四县。筑城河上，以防匈奴。

前 213 年　秦始皇帝三十四年

　　谪治狱吏不直者，筑长城及南越地。始皇采纳丞相李斯建言，下令焚书。

前 212 年　秦始皇帝三十五年

　　修直道。坑儒。营作朝宫渭南上林苑中，先作前殿阿房，周驰为阁道，自殿下直抵南山。始皇自称"真人"不称"朕"。遣长子扶苏监蒙恬军。

前 211 年　秦始皇帝三十六年

有坠星下东郡，黔首或刻"始皇死而地分"于陨石。使者夜过华阴平舒道，有人持璧遮使者称"今年祖龙死"。

前 210 年　秦始皇帝三十七年

始皇南巡，北还途中死于沙丘平台。赵高、李斯立其少子胡亥为二世皇帝，赐扶苏、蒙恬死。葬始皇于骊山。

前 209 年　秦二世元年

皇帝复自称"朕"。二世东巡。诛灭大臣及诸公子、公主，牵连死者甚多。继作阿房宫。征材士五万人屯卫咸阳。教射狗马禽兽，令郡县转输菽粟刍稿。用法益刻深。陈胜、吴广起义于蕲，称"大楚"，使周文西击秦，至戏。秦令少府章邯免骊山徒、人奴产子，悉发以击义军，败之。

前 208 年　秦二世二年

周文败走出关，在章邯追击下自杀。下右丞相去疾、左丞相李斯、将军冯劫吏，案责他罪，去疾、劫自杀，斯就五刑。拜赵高为中丞相。楚怀王使刘邦西攻秦。

前 207 年　秦二世三年

章邯率秦军降项羽。刘邦攻武关，入秦。赵高指鹿为马，杀秦二世，立子婴为秦王。子婴杀赵高，夷三族。刘邦破秦兵于蓝田。

前 206 年　汉王刘邦元年

秦王子婴降于刘邦，秦亡。刘邦封秦重宝财物府库，与秦人"约法三章"，悉除秦苛法。项羽率诸侯军入关，杀子婴，焚宫室。分封十八诸侯王，收货宝妇女东还。刘邦入汉中，旋由故道出兵，袭定三秦，并遣兵出武关，东略地。

前 205 年　汉王刘邦二年

汉置陇西、北地、上郡、渭南、河上、中地郡，关外置河南郡。缮治河上塞。令民田故秦苑囿园池，除秦社稷，更立汉社稷。汉军从临晋渡河，大举东进。

前 204 年　汉王刘邦三年

九江王英布附于汉。刘邦出荥阳入关，由武关出军宛、叶间。两次日食。

前 203 年　汉王刘邦四年

刘、项约中分天下，以鸿沟为界，东属楚，西属汉。刘邦乘项羽引兵东归之机，进兵追击。

前202年 汉高帝五年

　　刘邦灭项羽，即皇帝位，是为汉太祖高皇帝。

前201年 汉高帝六年

　　令天下县邑筑城。国都定名长安。大封功臣。大封同姓王。

前200年 汉高帝七年

　　长乐宫成，始用朝仪。刘邦自栎阳徙都长安。

前198年 汉高帝九年

　　未央宫落成。使刘敬往匈奴结"和亲"之约。采纳刘敬建议，徙齐楚大族昭氏、屈氏、景氏、怀氏、田氏五族及豪杰于关中，凡十余万口。罢渭南、河上、中地三郡，复名内史。

前196年 汉高帝十一年

　　吕后斩韩信于长乐钟室。杀彭越。

前195年 汉高帝十二年

　　高帝卒于长乐宫，葬长陵。皇子盈即位，是为孝惠帝。

前194年 汉惠帝元年

　　吕后鸩杀赵王如意，断戚夫人手足使居厕中，号曰"人彘"。始筑长安城。

前193年 汉惠帝二年

　　萧何死，曹参继为相国。

前192年 汉惠帝三年

　　发长安六百里内男女十四万六千人城长安。与匈奴继续和亲。复发诸侯王、列侯徒隶二万人城长安。

前191年 汉惠帝四年

　　除挟书律。筑复道于武库南。立渭北原庙。长安汉宫火灾频仍。

前190年 汉惠帝五年

　　冬，雷，桃李华，枣实。复发长安六百里内男女十四万五千人城长安。夏大旱，江河水少，溪谷水绝。曹参死。秋，长安城成。

前189年 汉惠帝六年

　　以王陵为右丞相，陈平为左丞相，以周勃为太尉。张良死。令民得卖爵，起长安西市，修敖仓。

前188年 汉惠帝七年

两次日食。弛困辱商贾之律。惠帝卒于未央宫，葬安陵。高后吕氏临朝称制。

前187年 汉高后元年

以王陵为帝太傅，实夺其相权。以陈平为右丞相，审食其为左丞相。除秦三族罪、妖言令。封吕氏数人为王。

前186年 汉高后二年

差次列侯功定朝位，藏于高庙。行八铢钱。

前185年 汉高后三年

江水、汉水泛滥，先后冲没四千余家。

前184年 汉高后四年

吕后杀少帝恭，立恒山王义为帝，更名弘。

前182年 汉高后六年

星昼见。赦天下。秩长陵令二千石。城长陵。行五分钱。匈奴寇狄道，攻阿阳。

前181年 汉高后七年

匈奴侵狄道，略二千余人。

前180年 汉高后八年

江水、汉水溢，冲没万余家。吕后死于未央宫。丞相陈平、太尉周勃等大臣诛灭诸吕，迎高帝子代王恒为皇帝，是为太宗孝文皇帝。

前179年 汉文帝元年

封赏平灭诸吕功臣。除收帑相坐律令。立子启为太子。拜贾谊为博士，一岁中超迁至太中大夫。

前178年 汉文帝二年

陈平死。以周勃为丞相。诏举贤良方正能直言极谏者。贾谊上《论积贮疏》。始开籍田，帝亲耕以率天下之民。除诽谤妖言法。免本年田租之半。

前177年 汉文帝三年

两次日食。免丞相周勃，遣之国，以为列侯就国的表率。以灌婴为丞相，匈奴掠上郡。文帝幸甘泉。遣丞相发车骑八万五千击匈奴，发中尉材官属卫将军，军长安。

前 176 年 汉文帝四年

灌婴卒。以张苍为丞相。拟以贾谊任公卿之位,大臣多疑之,出为长沙王太傅。周勃被逮诣廷尉诏狱,复赦之。作顾成庙于长安城南。

前 175 年 汉文帝五年

地震。更铸四铢钱,文仍为"半两"。除盗铸钱令,使民得自铸。

前 174 年 汉文帝六年

匈奴冒顿单于致书文帝约和。及冒顿子老上单于立,文帝复遣宗室女为公主入匈奴和亲,同行宦者中行说降匈奴。贾谊上治安策。冬,桃李华。

前 171 年 汉文帝九年

春,大旱。置霸陵邑。

前 169 年 汉文帝十一年

匈奴掠狄道。募民徙塞下。周勃死。

前 168 年 汉文帝十二年

废除出入函谷关用传(符证)制度。黄河决口,兴卒塞之。晁错陈农民疾苦,商人兼并之状。令民入粟于边,拜爵各以多少级数为差。免本年租税之半。

前 167 年 汉文帝十三年

诏定帝亲耕、后亲蚕礼仪。除肉刑。免田租。

前 166 年 汉文帝十四年

匈奴入侵。文帝亲劳军,勒兵,申教令,赐吏卒。

前 165 年 汉文帝十五年

黄龙见于成纪。召拜公孙臣为博士,与诸生申明土德,草改历、服色事。文帝幸雍,郊祭五帝,赦天下。晁错对策高第,擢中大夫。

前 164 年 汉文帝十六年

郊祀五帝于渭阳五帝庙。谋议巡狩、封禅事。立五帝坛于长门道北。

前 162 年 汉文帝后二年

文帝致书匈奴单于,匈奴亦使人报谢,复与和亲。

前 160 年 汉文帝后四年

日食。赦天下。免官奴婢为庶人。夏,江水、汉水溢,冲没万余家。

前 158 年　汉文帝后六年

　　匈奴入侵，烽火通于甘泉、长安。文帝亲至霸上、棘门、细柳劳军。令诸侯无入贡；减诸服御，损郎吏员，弛山泽；发仓庾以赈民；令民得卖爵。

前 157 年　汉文帝后七年

　　文帝卒，遗诏丧事从俭，葬霸陵。太子启嗣位，是为汉景帝。

前 156 年　汉景帝元年

　　与匈奴和亲。复收民田半租，三十而税一。减笞刑。

前 155 年　汉景帝二年

　　令男子二十始傅。与匈奴和亲。分置左、右内史，与主爵中尉合称"三辅"。

前 154 年　汉景帝三年

　　七国之乱，斩御史大夫晁错以谢七国。日食。子钱家无盐氏利用七国之乱大放高利贷，巨富关中。

前 152 年　汉景帝五年

　　作阳陵邑。募民徙阳陵，赐钱二十万。遣公主嫁匈奴单于。

前 150 年　汉景帝七年

　　日食。废太子荣。立胶东王彻为皇太子。立皇后王氏。

前 148 年　汉景帝中二年

　　日食。改磔曰弃市，勿复磔。更郡守为太守，郡尉为都尉。

前 147 年　汉景帝中三年

　　夏旱，禁酤酒。日食。

前 145 年　汉景帝中五年

　　司马迁诞生。未央宫东阙遇火灾。更名诸侯丞相为相。

前 144 年　汉景帝中六年

　　大改官名。行幸雍，郊五畤。再减笞刑，又定箠令。匈奴入侵，取上郡苑马。

前 141 年　汉景帝后三年

　　诏劝农桑，禁官吏发民采黄金、珠玉。日月皆食，赤五日。冬雷，日如紫；五星逆行守太微；月贯天廷中。景帝卒于未央宫，葬阳陵；太子即位，是为武帝。

前 140 年　汉武帝建元元年

　　诏举贤良方正直言极谏之士，帝亲策之。董仲舒对策，请崇儒术，兴太学，令郡国贡士。丞相卫绾请黜所举贤良之为申、商、韩、苏、张之言者，报可。赦天下，召赐爵一级。行三铢钱。罢苑马，以赐贫民。议立明堂。征鲁申公。

前139年 汉建元二年

淮南王安来朝。兴儒派首领赵绾、王臧被下狱，自杀；窦婴、田蚡被免职。日食。有星如日，夜出。初置茂陵邑。

前138年 汉建元三年

河水溢于平原，大饥，人相食。自衒鬻者日众，集于京师，上书言得失。征购民田为上林苑。赐徙茂陵者户钱二十万，田二顷。募民出使西域，以断匈奴右臂，汉中人张骞应募。

前136年 汉建元五年

罢三铢钱，行半两钱。置五经博士。大蝗灾。

前135年 汉建元六年

高园便殿火灾。匈奴来请和亲。窦太后死，崇儒派重新被起用。

前134年 汉元光元年

初令郡国举孝廉各一人。赦天下，赐民长子爵一级。诏举贤良，上亲策之。

前133年 汉元光二年

遣方士入海求神仙，并炼丹药。在长安东南郊立太一祠。王恢与韩安国廷辩同匈奴战和事，上从恢议。马邑之谋失败后，恢自杀，匈奴绝和亲。令民大酺五日。

前132年 汉元光三年

发卒十万堵塞黄河决口。起龙渊宫。

前130年 汉元光五年

河间王来朝，献雅乐，对三雍宫及诏策所问三十余事。大风拔木。张汤等定律令，作见知法。因巫蛊废陈皇后。

前129年 汉元光六年

初算商车。穿漕渠通渭。

前128年 汉元朔元年

诏议二千石不举孝廉者罪。

前127年 汉元朔二年

用主父偃推恩之策，藩国始分，子弟毕侯。又立朔方郡，并募民徙该地十万口。复徙郡国豪杰及訾三百万以上于茂陵。

前126年 汉元朔三年

匈奴太子於单降汉。张骞自月氏回。令民大酺五日。

前125年 汉元朔四年

匈奴入侵上郡等地。

前124年 汉元朔五年

置博士弟子五十人，免本身征役，吏通一艺以上者补官。

前123年 汉元朔六年

令民得买爵及赎禁锢，免臧罪。置武功爵十七级。

前122年 汉元狩元年

获白麟，作《白麟之歌》。求通身毒道，事西南夷。

前121年 汉元狩二年

南越献驯象、能言鸟。

前120年 汉元狩三年

作昆明池以习水战。减上郡等地戍卒之半。立乐府。

前119年 汉元狩四年

以白鹿皮造皮币，以银锡造白金三品；又销半两钱，更铸三铢钱；盗铸者罪皆死。禁私铸铁器、煮盐。算贾人缗钱，税民间车船。

前118年 汉元狩五年

天下马少，平牡马匹二十万。罢半两钱，行五铢钱。发数万人作褒斜道五百余里。

前117年 汉元狩六年

冬雨水，无冰。令民告缗。大农令颜异坐腹诽死，是有腹诽法。霍去病死，为冢象祁连山。

前115年 汉元鼎二年

张骞使乌孙还，西域始通于汉。在京铸造赤仄五铢。

前114年 汉元鼎三年

徙函谷关于新安，以故关为弘农县。

前113年　汉元鼎四年

　　关中兴修水利。为三辅地区置都尉。禁郡国铸钱，专令上林三官鼓铸，天下非三官钱不得行。

前111年　汉元鼎六年

　　祠泰一、后土，始用乐舞。穿治六辅渠。帝自制封禅仪，采儒术而文之。

前110年　汉元封元年

　　帝北巡还，祠黄帝于桥山。桑弘羊作平准之法，置平准于京师；又请吏得入粟补官及罪人赎罪。

前108年　汉元封三年

　　冬，雷；雨雹，大如马头。作角抵戏。

前106年　汉元封五年

　　为卫青起冢象庐山。置十三州，各设刺史。诏州、郡举茂才、异等。

前105年　汉元封六年

　　京师民观角抵于上林平乐馆。以江都王刘建女细君为公主嫁乌孙，西域各国多遣使来汉，葡萄、苜蓿等随之传入。

前104年　汉太初元年

　　作建章宫，千门万户。造太初历，用夏正，以正月为岁首，色上黄，数用五，定官名，定宗庙百官之仪，协音律。以右内史为京兆尹，左内史为左冯翊，都尉为右扶风，"三辅"定名。

前101年　汉太初四年

　　贰师将军李广利斩大宛王首，获汗血马回京师。作《西极天马之歌》。起明光宫。徙弘农都尉治武关，税出入者以给关吏卒食。

前100年　汉天汉元年

　　匈奴归汉使者，使使来献，汉亦遣苏武送匈奴使留汉者。

前99年　汉天汉二年

　　司马迁因言李陵事受腐刑。

前98年　汉天汉三年

　　初榷酒酤。

前 97 年　汉天汉四年

令死罪入赎钱五十万减死一等。

前 96 年　汉太始元年

徙郡国吏民豪杰于茂陵、云阳。

前 95 年　汉太始二年

旱灾。募死罪入赎钱五十万减死一等。建关中白渠，溉田四千五百余顷。

前 92 年　汉征和元年

发三辅骑士大搜上林，闭长安城门索，十一日乃解。传言宫廷及大臣中命巫者用诅咒谋杀人，巫蛊事起。

前 91 年　汉征和二年

以巫蛊事，族丞相公孙贺，诛诸邑、阳石公主及长平侯。方士、神巫聚京师。江充等掘蛊太子宫，引发长安城内大战，死者数万，皇后卫氏、太子据兵败自杀。司马迁完成《史记》。地震。

前 90 年　汉征和三年

田千秋上急变，讼太子冤。作思子宫，为归来望思之台。

前 89 年　汉征和四年

雍无云如雷者三，陨石二，黑如鹥，声闻四百里。帝渐悔以往之非，悉罢方士求神仙事。封丞相田千秋为富民侯，以赵过为搜粟都尉，推行代田法。

前 88 年　汉武帝后元元年

马何罗刺杀武帝未遂。

前 87 年　汉后元二年

立皇子弗陵为太子，以霍光、金日䃅、上官桀、桑弘羊为辅政大臣。武帝卒于五柞宫，入殡未央宫前殿，葬茂陵。

前 86 年　汉昭帝始元元年

黄鹄下建章宫太液池中。帝耕于钩盾弄田。举贤良，问民疾苦。

前 85 年　汉始元二年

遣使赈贷贫民。诏免所赈贷种、食及今年田租。

前 84 年　汉始元三年

募民徙云陵，赐钱田宅。

前83年 汉始元四年

徙三辅富人于云陵，赐钱，户十万。诏止民出马。

前82年 汉始元五年

诏三辅、太常举贤良各二人，郡国举文学高第各一人。

前81年 汉始元六年

帝耕于上林。郡国所举贤良、文学皆请罢盐铁、酒酤、均输官，于是盐铁议起。汉使苏武被扣留匈奴十九年乃还，拜典属国。

前80年 汉元凤元年

遣三辅、太常免刑徒击武都叛氐。赦天下。日食。鄂邑长公主、燕王旦与左将军上官桀、桀子骠骑将军安、御史大夫桑弘羊谋反，伏诛。

前79年 汉元凤二年

帝自建章宫徙未央宫。赦天下。令郡国勿敛今年马口钱，三辅、太常郡得以菽粟当赋。

前78年 汉元凤三年

诏止四年勿漕。上林有柳树枯僵自起生，符节令眭弘以灾异说要求汉帝禅位，被杀。

前75年 汉元凤六年

因三辅、太常谷减贱，令以菽粟当今年赋。

前74年 汉元平元年

减口赋钱什三。昭帝卒于未央宫，葬平陵。霍光等迎昌邑王刘贺嗣位，立二十七日被废，复迎武帝曾孙询嗣位，是为汉宣帝。长乐宫初置屯卫。

前73年 汉宣帝本始元年

募郡国吏民訾百万以上徙平陵。地震。诏内郡国举文学高第各一人。

前72年 汉本始二年

以水衡钱为平陵，徙民起第宅。乌孙来汉请救。

前71年 汉本始三年

赵广汉为京兆尹，政清民和，长老赞誉，自汉兴治京兆者莫能及。

前70年 汉本始四年

令百官上书入谷，输长安仓，助贷贫民。载谷入关之车船，勿用传。令三辅、太常、内郡国举贤良方正各一人。

前69年 汉地节元年

假郡国贫民田。日食。诏宗室属未尽而以罪绝，若有贤材，改行劝善，其复属，使得自新。

前68年 汉地节二年

大将军霍光卒。

前66年 汉地节四年

霍氏谋反，族诛。诏减天下盐价。令有大父母、父母丧者勿徭事。诏子匿父母、妻匿夫、孙匿大父母，皆勿治。令郡国岁上系囚因笞、掠若瘐死者名数，以为考课殿最。

前65年 汉元康元年

龟兹王及其夫人来朝。以杜东原上为初陵，更名杜县为杜陵。徙丞相、将军、列侯、吏二千石、訾百万者杜陵。益奉明园户为奉明县。置建章卫尉。赵广汉下狱，吏民守阙号泣者数万人；死后，百姓追思歌之。

前64年 汉元康二年

令郡国被疾疫灾甚者，勿出今年租赋。

前63年 汉元康三年

五色鸟以万数飞过三辅诸县，欲集未下。令三辅勿得以春夏擿巢探卵，弹射飞鸟。

前62年 汉元康四年

遣使循行天下，观风察吏，举茂才异伦。

前61年 汉神爵元年

发三辅、中都官徒弛刑，往击西羌。

前60年 汉神爵二年

匈奴单于遣名王奉献，和亲，贺来岁正月。苏武死。

前59年 汉神爵三年

起乐游苑。益吏百石以下俸什五。韩延寿入为左冯翊。

前58年 汉神爵四年

匈奴单于遣弟呼留若王胜之来朝。

前 57 年 汉五凤元年

韩延寿被弃市，吏民数千人送至渭城，争奏酒炙，寿计饮酒石余。

前 54 年 汉五凤四年

用耿寿昌言，籴三辅等地谷供京师，省转漕，设常平仓，以给北边。

前 53 年 汉甘露元年

匈奴呼韩邪单于、郅支单于均遣子入侍。太上皇庙、孝文庙火灾。匈奴单于遣弟左贤王来朝贺。

前 52 年 汉甘露二年

令群臣议匈奴呼韩邪单于来朝仪注，决定待以客礼。遣车骑都尉韩昌迎单于，发所过七郡二千骑为陈道上。

前 51 年 汉甘露三年

匈奴呼韩邪单于来朝，赞谒称藩臣而不名，位在诸侯王上。诏诸儒讲五经异同，立梁丘《易》、大小夏侯《尚书》、穀梁《春秋》博士。图画功臣十一人像于麒麟阁。乌孙公主归至京师。

前 50 年 汉甘露四年

匈奴呼韩邪、郅支两单于均遣使朝献于汉。未央宫宣室阁火灾。

前 49 年 汉黄龙元年

匈奴呼韩邪来朝。宣帝卒未央宫，太子奭嗣位，是为汉元帝。

前 48 年 汉元帝初元元年

葬宣帝杜陵。以三辅、太常、郡国公田及苑可省者振业贫民，赀不满千钱者赋贷种、食。以民疾疫，令损膳减乐，省苑马，以振困乏。上郡属国降胡万余人亡入匈奴。

前 46 年 汉初元三年

罢甘泉、建章宫卫，令就农。

前 44 年 汉初元五年

令博士弟子毋置员，以广学者。省刑罚七十余事。令民有能通一经者，皆复。

前 41 年 汉永光三年

复盐铁官。置博士弟子员千人。

前 36 年　汉建昭三年

令三辅都尉、大郡都尉秩皆二千石。被斩之匈奴郅支单于首级传诣京师，悬蛮夷邸门。

前 35 年　汉建昭四年

以诛郅支单于告祠郊庙。举茂材特立之士。蓝田地震，山崩，壅灞水；安陵岸崩，壅泾水，水逆流。

前 33 年　汉竟宁元年

匈奴呼韩邪单于来朝，以后宫女王嫱赐之。元帝卒未央宫。太子骜嗣位，是为汉成帝。由元舅王凤辅政。葬元帝渭陵。

前 31 年　汉成帝建始二年

始郊祀长安南郊。赦奉郊县长安、长陵及中都官耐罪徒。以渭城延陵亭部为初陵。诏三辅内郡举贤良方正各一人。始祠后土于北郊。北宫井水溢出。

前 29 年　汉建始四年

南山群盗傰宗等数百人为吏民害。

前 28 年　汉河平元年

匈奴单于遣使奉献，朝正月。

前 26 年　汉河平三年

日食。遣使求天下遗书。诏刘向校中秘书，向奏上《洪范五行传论》。

前 25 年　汉河平四年

匈奴单于来朝。长陵临泾岸崩，壅泾水。罽宾遣使谢罪，汉仍不与通。

前 21 年　汉阳朔四年

少府王骏为京兆尹，京师称曰"前有赵（广汉）、张（敞），后有三王（王尊、王章、王骏）"，皆有能名。

前 20 年　汉鸿嘉元年

以新丰之戏乡为昌陵县，奉初陵。帝始为微行。匈奴搜谐若鞮单于遣子入侍。

前 19 年　汉鸿嘉二年

徙郡国豪杰赀五百万以上五千户于昌陵。

前 18 年　汉鸿嘉三年

成帝宠幸赵飞燕姐妹，贵倾后宫，谮废许皇后。

前 10 年 汉元延三年

命右扶风发民入南山，周数百里，捕熊罴送长杨宫。

前 9 年 汉元延四年

甘露降京师，赐长安民牛酒。

前 8 年 汉绥和元年

增博士弟子员三千人。以王莽为大司马。

前 7 年 汉绥和二年

成帝卒于未央宫，葬延陵，皇太子前定陶王欣嗣位，是为汉哀帝。复长安南北郊。赦天下，罢乐府。刘歆典领五经，奏上七略。令官奴婢五十以上免为庶人。

前 1 年 汉哀帝元寿二年

匈奴单于、乌孙大昆弥来朝。哀帝卒于未央宫，葬义陵。中山王箕子嗣位，更名衎，是为汉平帝。

公元 3 年 汉平帝元始三年

诏有司为皇帝纳采安汉公王莽女。莽奏车服及吏民养生、送终、嫁娶、奴婢、田宅、器械制度。立官稷。郡国、县邑、乡聚皆立学官。阳陵人任横等自称将军，攻官寺，出囚徒，旋败。王莽子宇与帝外家卫氏谋反莽，事败被诛，牵连者甚众。

4 年 汉元始四年

王莽加号宰衡，奏立明堂、辟雍、灵台。为学者立舍万区。立《乐经》。益博士员，经各五人。征通一经及《逸礼》、古书、天文、图谶、钟律、《月令》、兵法、《史籀篇》者。又征能治河者。升王莽位在诸侯王上。分京师置前辉光、后丞烈二郡。

5 年 汉元始五年

诏郡国立宗师，以纠宗室子弟。王莽加九锡。治明堂、辟雍。通子午道，从杜陵直绝南山，经汉中。王莽毒死平帝，征宣帝玄孙选立之。前辉光谢嚣奏武功长孟通浚井得白石，丹书曰"告安汉公莽为皇帝"，符命自此而起，莽遂居摄践祚，称"假皇帝"，民臣称之"摄皇帝"。

7 年 王莽居摄二年

更造钱币，有错刀、契刀、大钱三种，与五铢钱并行。禁列侯以下不得挟黄金，输御府受直。王莽因翟义起兵惧不能食，昼夜抱孺子告祷郊庙。三辅二十三县豪族及民众纷纷起兵反莽，槐里赵明、霍鸿自称将军，以和翟义，有众十余万。莽遣两将军击之，义兵屯京郊。

8年 王莽居摄三年（始初元年）

地震。大赦天下。赵明等败死。置五等爵，以公、侯、伯、子、男封击反者功臣。期门郎张充等谋杀莽，立楚王，事觉被杀。符命蜂起，哀章献铜匮，王莽即真天子位，定国号为"新"。

9年 新皇帝王莽始建国元年

废孺子刘婴为定安公。大赦天下。大改内外官名及郡县、宫室之名，贬诸侯王号皆为公，四裔诸王皆为侯。罢错刀、契刀及五铢钱，更作大、小钱二品；防私铸，禁民不得挟铜炭。更名天下田曰"王田"，奴婢曰"私属"，禁止买卖。男口不盈八而田过一井者，分余田予九族、里党，其无田者受田如制。长安狂女子碧呼道中曰"高皇帝大怒"云云。

10年 新始建国二年

赦天下。废汉诸侯王为民。制五均、六管、赊贷之法，于长安等六都市立五均司市、钱府官，以平物价，惠贫民。诏改匈奴单于为降奴服于。

11年 新始建国三年

令举吏民有德行通政事能言语明文学者各一人，诣王路四门。

12年 新始建国四年

斩匈奴单于子登于长安，以示诸蛮夷。以长安为西都，洛阳为东都。定九州之制、五等爵之员额。下令允许王田及奴婢买卖。

13年 新始建国五年

乌孙遣使贡献。除挟铜炭之禁。

14年 新天凤元年

分长安城旁六乡，置帅各一人。分三辅为六尉郡，河内等六郡为六队郡。改易官名、地名，分合郡县，总为万国。匈奴单于请和亲。罢大、小钱，改作货布、货泉二品并行。

17年 新天凤四年

各地农民自是年纷纷起义。莽亲之南郊铸作威斗，欲厌胜众兵。

18 年　新天凤五年

　　扬雄卒。匈奴单于遣使奉献。胁匈奴大臣须卜当至长安，拜为须卜单于。

20 年　新地皇元年

　　起九庙于长安城南，黄帝庙方四十丈，高十七丈，余庙半之，广征工匠，功费数百余万，卒徒死者万数。减轻私铸罪。罢大、小钱，更行货布。

22 年　新地皇三年

　　九庙成，纳神主，莽谒见。遣使教民煮草木为酪。蝗从东方来，飞蔽天。流民入关者数十万人，乃置养赡官禀食之，吏盗其粮，饥死者什七八。除井田奴婢山泽六管之禁，诏令不便于民者皆收还之。

23 年　新地皇四年 [汉更始（淮阳王）元年]

　　王莽染其须发，进所征淑女杜陵史氏为皇后。刘歆、董忠等谋劫新皇帝降汉，事败。更始帝遣将入关，所在迎降，旋入长安，巷战。商人杜吴杀王莽于渐台，新亡。

24 年　汉更始二年

　　更始迁都长安，下诏大赦，非王莽子，他皆除其罪，三辅悉平。更始封功臣，纳赵萌女为夫人。赵萌专权，群小、膳夫皆滥授官爵，长安为之语：灶下养，中郎将；烂羊胃，骑都尉；烂羊头，关内侯。南郑人延岑起兵据汉中；汉中王嘉击降之，有众数十万。赤眉军决计西攻长安，更始派兵拒之。刘秀遣邓禹将兵入关。

25 年　汉更始三年（汉光武帝建武元年）

　　赤眉军立刘盆子为皇帝，入长安，更始帝出奔高陵。更始帝降赤眉。刘盆子居长乐宫，三辅郡县、营长遣使贡献，兵士辄剽夺之，后皆复固守。邓禹名震关西。赤眉杀更始。

26 年　汉建武二年

　　日食。刘盆子辞让帝位。樊崇等约束部下闭营自守，三辅翕然，百姓争还长安，市里且满。长安城中粮尽，赤眉弃之而西，邓禹入长安。延岑称武安王于汉中。赤眉还军关中，发掘汉诸陵，污辱吕后尸，取其宝货；败邓禹，复入长安。赤眉为延岑、汉中王嘉所败。光武遣冯异击赤眉及延岑于三辅。三辅大饥，人相食。赤眉军东归。

27 年　汉建武三年

　　冯异大破赤眉于崤底，刘盆子以下被迫降汉。关中豪帅十余部相争，民大饥，黄金一斤易豆五升。冯异渐击定之,咸行关中。

28年 汉建武四年

　　公孙述积粮汉中,遣将徇三辅,冯异击破之。

29年 汉建武五年

　　冯异治关中,出入三岁,上林成都,人称"咸阳王"。诏修复西京园陵。令三辅等出系囚。

30年 汉建武六年

　　刘秀行幸长安,谒园陵。隗嚣遣将侵扶风,冯异拒破之。

31年 汉建武七年

　　诏三辅等出系囚。

32年 汉建武八年

　　吴汉、盖延等还军长安。

33年 汉建武九年

　　使来歙悉监护诸将屯长安,于汧积谷六万斛。省函谷关都尉。

34年 汉建武十年

　　修理长安高庙。幸长安,祠高庙,有事于十一陵。进幸汧。

35年 汉建武十一年

　　司隶校尉鲍永行县霸陵,路经更始墓,下拜,哭尽哀而去;西至扶风,椎牛上苟谏冢。光武自将征公孙述,次长安。马援等破先零羌,徙降羌于扶风等地。

42年 汉建武十八年

　　行幸长安,祠高庙,有事于十一陵。

43年 汉建武十九年

　　始祠成、哀、平帝于长安,使太守、令、长侍祠。复置函谷关都尉。修西京宫室。

44年 汉建武二十年

　　匈奴寇扶风等地。

46年 汉建武二十二年

　　行幸长安,祠高庙,有事于十一陵。

55 年 汉建武三十一年

京兆掾第五伦领长安市，公平廉介，市无奸枉。

56 年 汉建武中元元年

行幸长安，祀长陵。

58 年 汉明帝永平元年

徙降羌七千口置三辅。

59 年 汉永平二年

明帝西巡狩，幸长安，祠高庙，有事于十一陵。历览馆邑，会郡县吏，遣使以中牢祠萧何、霍光，过式其墓。

82 年 汉章帝建初七年

章帝西巡狩，幸长安，祠高庙，有事于十一陵。遣使祠太上皇于万年，以中牢祠萧何、霍光。进幸槐里、岐山。岐山得铜器，获白鹿。又幸长平，御池阳宫，东至高陵，造舟于泾而还。

91 年 汉和帝永元三年

和帝行幸长安，祠高庙，有事于十一陵。诏求萧、曹近亲宜为嗣者。诏窦宪与车驾会长安。

108 年 汉安帝永初二年

先零羌滇零称天子，侵犯三辅。梁慬引兵赴击，连破走之。

109 年 汉永初三年

遣骑都尉任仁督诸郡屯兵救三辅，数战不利。

110 年 汉永初四年

诏以三辅比遭寇乱，人庶流冗，除三年逋租、过更、口算、刍稿；禀上郡贫民各有差。初置京兆虎牙都尉于长安，扶风都尉于雍。杜陵园火灾。

111 年 汉永初五年

诏陇西徙襄武，安定徙美阳，北地徙池阳，上郡徙衙，以避羌。

114 年 汉元初元年

先零羌寇雍城。诏除三辅三岁田租、更赋、口算。

115 年 汉元初二年

诏禀三辅等六郡流冗贫人。诏三辅等地各修理旧渠。

116 年 汉元初三年

　　筑冯翊北界候坞五百所以备羌。

124 年 汉延光三年

　　安帝行幸长安。会三辅守、令、掾史。祠高庙，有事十一陵，历观上林、昆明池。遣使者祠太上皇于万年，以中牢祠萧何、曹参、霍光。

125 年 汉延光四年

　　顺帝诏置子午道，通褒斜路。

129 年 汉顺帝永建四年

　　诏复上郡等还旧土。

133 年 汉阳嘉二年

　　以对策第一拜官议郎的李固，因受宦官迫害，弃官归汉中。

137 年 汉永和二年

　　顺帝行幸长安，幸未央宫，会三辅官员，祠高庙，有事十一陵。

140 年 汉永和五年

　　且冻羌侵三辅，杀令长。令扶风、汉阳筑陇道坞三百所，置屯兵。南匈奴联合羌、胡等，破京兆虎牙营，杀上郡都尉。徙上郡治夏阳。

141 年 汉永和六年

　　巩唐羌侵及三辅，烧园陵，杀掠吏民。徙安定居扶风，北地居冯翊。

145 年 汉冲帝永嘉元年

　　诸羌离湳、狐奴等五万余户诣左冯翊。

150 年 汉桓帝和平元年

　　扶风裴优起事，自称皇帝，败死。

159 年 汉延熹二年

　　桓帝行幸长安，幸未央宫，祠高庙，有事于十一陵。

161 年 汉延熹四年

　　京兆、扶风地震。零吾、先零诸羌扰三辅。

162 年 汉延熹五年

　　京兆虎牙都尉宗谦坐赃，下狱死。

164 年 汉延熹七年

  陨石于鄠。

167 年 汉永康元年

  先零羌围祋祤，掠云阳，为张奂所败。先零羌再侵三辅，攻没两营，杀千余人。先零羌又侵三辅，为张奂击破。

168 年 汉灵帝建宁元年

  段颎将轻兵追羌出桥山之长城门。

179 年 汉光和二年

  京兆地震。

183 年 汉光和六年

  复长陵县。

185 年 汉中平二年

  北宫伯玉等侵三辅，诏左车骑将军皇甫嵩镇长安以讨之。三辅螟灾。张温破北宫伯玉于美阳。

188 年 汉中平五年

  凉州王国围陈仓，诏复拜皇甫嵩为左将军，督前将军董卓，合兵四万以拒之。

189 年 汉中平六年

  皇甫嵩大破王国于陈仓。省扶风都尉，置汉安都护，总统西方。

190 年 汉献帝初平元年

  董卓胁献帝迁都长安，先居京兆府舍，后幸未央宫。

191 年 汉初平二年

  太师董卓至长安。地震。张鲁等攻据汉中。

192 年 汉初平三年

  司徒王允等杀董卓，夷三族。李傕、郭汜等攻陷长安，杀王允等。

194 年 汉兴平元年

  献帝耕于籍田。韩遂、马腾与郭汜、樊稠战于长平观。地震，蝗灾。三辅大旱，谷一斛五十万，豆麦一斛二十万，人相食，白骨委积。冯翊羌攻属县，郭汜等击破之。长安市门自坏。分安定、扶风为新平郡。

195年 汉兴平二年

李傕、郭汜互攻。傕胁帝至其营,焚宫室,掠宫人;自立为大司马,位三公上。张济自陕来和傕、汜。献帝东归,杨奉、董承等从。傕、汜等图追献帝,王师败于弘农东涧,杨奉等引白波及匈奴军方拒破之。傕等复来追,献帝夜渡黄河,驻安邑,于次年归洛阳,旋迁都许。

198年 汉建安三年

关中兵击杀李傕,夷三族。

199年 汉建安四年

曹操使治书侍御史卫觊镇抚关中,纳其策,遣谒者仆射监盐官,司隶校尉治弘农,关中由是服从。

200年 汉建安五年

张鲁据汉中,后遂袭取巴郡。

211年 汉建安十六年

曹操遣将击汉中张鲁。韩遂、马超起兵拒曹于潼关,双方战于渭南,遂等大败,关西平。

215年 汉建安二十年

曹操破汉中,徙汉中民八万余口于洛、邺,张鲁降。

218年 汉建安二十三年

曹操自将击刘备至长安。

219年 汉建安二十四年

刘备取汉中,自称汉中王。汉水溢。曹操徙武都氐五万余居扶风、天水界。

索引

Index

B

霸陵 / 315，321

灞桥纸 / 266—267

白起 / 065，357，358，359

白渠 / 171

白乙丙 / 030

百里奚 / 025，030

百戏俑坑 / 108

拜将台 / 326

班超 / 244

班固 / 279

班固墓 / 330

班勇 / 244

扁鹊 / 264

便殿 / 099，302—303，306

博士 / 155，190，270，375

卜子 / 269，274

C

蔡伦墓 / 267，331

曹参 / 133，365

漕渠 / 170

昌陵 / 196

长安水警 / 198

长乐宫 / 128，313，365

长陵 / 315

晁错 / 144，367，368

陈仓上城 / 291

陈平 / 135，365，366

陈胜 / 111—112

成国渠 / 171

丞相 / 057，066，083，368

驰道 / 086

赤眉 / 215—220，225—226，379

楚汉战争 / 003，119

淳于意 / 264

祠西王母 / 199

踆乌 / 259

D

代田法 / 171

地皇九庙 / 214

丁缓 / 267—268

董贤 / 193

董仲舒 / 154—155，327

董卓 / 252，383

斗鸡台 / 308

E

阿房宫 / 090—091，309

F

樊哙 / 116

泛舟之役 / 032，345

范雎 / 058，060，065，359，360

范增 / 115

方士 / 095，156

焚书坑儒 / 094

封禅 / 163，363

伏日 / 259

扶苏墓 / 307

G

盖长公主 / 180—182

甘泉宫 / 157，294

甘泉宫遗址 / 332

公孙臣 / 141

公孙弘 / 166，271，272

公孙枝 / 025，029

古汉台 / 326

关中豪族 / 229

关中六渠 / 169

郭汜 / 254，383—384

H

海昏侯 / 182

韩非 / 075

韩延寿 / 188，374，375

韩原之战 / 028

汉哀帝 / 193，200，315，377

汉长安城 / 127，149，365

汉长安城遗址 / 312

汉成帝 / 192，196，198，199，315，376—377

汉惠帝 / 131，315，365—366

汉景帝 / 144—146，315，368

汉平帝 / 204—205，315，377

《汉书》/ 260，279，282

汉文帝 / 138—144，315，321，366—368

汉武帝 / 004，149，270—272，313，315，318，368—372

汉宣帝 / 183—186，315，320，373—375

汉元帝 / 191，197，315，375—376

汉昭帝 / 180—182，315，372—373

鸿门宴 / 114

皇帝 / 083—085

黄肠题凑 / 040，296，297

黄老政治 / 133

《黄鸟》/ 034

毁庙罢园 / 196

霍光 / 180—186

J

祭祀 / 156—158，196—198，
　　212—213，308

贾谊 / 140—141，366，367

蹇叔 / 025，030

建章宫 / 151，313

《谏逐客书》/ 073

江充 / 173

经今古文之争 / 201

经学世家 / 236

井渠法 / 170—171，267

《九章算术》/ 261

郡国学 / 273—274

郡县制 / 066—067，085

K

客 / 008，057—062

客卿 / 058—062

酷吏 / 161

昆明池 / 152

L

兰池宫 / 294

嫪毐 / 070—072，361

骊山陵墓 / 098，299

李傕 / 254，383—384

灵轵渠 / 171

陵邑 / 193—196，315

"陵园之守" / 225

刘邦 / 111—122，125—128，
　　130—131，142，220—221，
　　364—365

刘旦 / 180

刘据 / 173—174

刘向 / 202，260，284—288

刘歆 / 202—203，260，285

刘秀 / 218，225—227，379—381

六辅渠 / 171

龙首渠 / 170—171

娄敬 / 126

绿林 / 215

吕不韦 / 067—072，360，361

吕产 / 136—138

吕后 / 132—138，142，315

吕禄 / 136—138

《吕氏春秋》/ 069

洛阳 / 005，220—222，252—253

M

马厩坑 / 100

马援 / 234，266

马援墓 / 329

茂陵 / 165，315，318

孟明视 / 030—031，346

明光宫 / 152

N

宁成 / 161

Q

汧渭之会 / 019

羌人 / 247，380，381，382，383

秦东陵 / 297

秦二世 / 109，364

秦封泥 / 097

秦公一号大墓 / 040，295

秦陵兵马俑 / 101，307

秦穆公 / 024，345—346

秦人东来说 / 015

秦人西来说 / 015

秦始皇 / 068，083，360—364

秦始皇帝陵 / 098，299

《秦誓》/ 030—031

秦陶文 / 096

秦武王 / 057，063，355—356

秦献公 / 043，351—352

秦襄公 / 016—019，343

秦孝公 / 046，293，352—354

秦庄襄王 / 068，360

寝殿 / 099，167，197，302，306

求贤令 / 046

曲江翠竹园小区壁画墓 / 324

S

塞王 / 119

三辅 / 004—005，149，193，219，247，368，371—383

三公九卿 / 083—085

三官钱 / 168

三良 / 034

三庶长之乱 / 021

三统历 / 260

桑弘羊 / 177—182，371，372，373

山河堰遗址 / 326

商鞅变法 / 002—003，046，055，353

上官安 / 180—181

上官桀 / 180—182，372，373

上林苑 / 152

师丹 / 203

石铠甲坑 / 107

石门 / 327

石门汉魏十三品 / 327

石渠阁会议 / 189

《史记》/ 163，260，275—283

史子 / 269，274

水德制度 / 084，140

司马迁 / 163，368，371，372

司马迁祠墓 / 332

丝绸之路 / 158

四皓墓 / 333

苏武墓 / 328

T

太初历 / 260，371

太学 / 154，272

太液池 / 151，313

天地祀典 / 198

田肯 / 127

廷议 / 049，083

铜车马 / 103

铜禽坑 / 108

土德制度 / 155

托古改制 / 207

W

外戚豪门 / 231

王翦墓 / 307

王莽 / 204，374—377

王温舒 / 162

未央宫 / 128，313

魏冉 / 058，064

文景之治 / 138—149

巫蛊 / 173

吴广 / 111—112

吴王刘濞 / 145

五德终始说 / 084，156，200

X

西安交大壁画墓 / 323

西安理工大学壁画墓 / 324

西乞术 / 030

西屠咸阳 / 117

西域 / 158—160，244

徙木赏金 / 049

细柳营 / 142

咸宣 / 162

咸阳宫 / 088

项羽 / 112，114—122，364—365

萧何 / 114，120—122，128，134

萧望之 / 192

孝廉 / 160

挟荔宫遗址 / 332

新朝 / 207，377—379

兴乐宫 / 128，294

匈奴 / 087，142，158，178，233，
　　244—245，363，365—371，
　　373—379

宣太后 / 063—064

血池遗址 / 308

循吏 / 186

Y

盐铁之议 / 177

阳陵 / 147，315

杨家湾汉墓 / 322

殽之役 / 030

医和 / 263

医缓 / 263

以法为教 / 269—270

以吏为师 / 269—270

义纵 / 162

尹齐 / 162

尹翁归 / 187

饮马池遗址 / 326

雍 / 022—024

雍城遗址 / 024，291

雍王 / 119

由余 / 026

元始之制 / 212

爰盎 / 135，145

约法三章 / 114

栎阳 / 044，127，292，352

Z

再受命 / 200

凿空 / 159

翟王 / 119

张安世家族墓 / 325

张敞 / 188

张良 / 113—117

张良庙 / 333

张鲁 / 251，383，384

张骞 / 158—160

张骞墓 / 328

张汤墓 / 324

章台 / 294

赵广汉 / 187，373，374

赵过 / 172

《赵正书》/ 110

珍禽异兽坑 / 100

郑国渠 / 072，310

直道 / 087，310

跖 / 039

《周髀算经》/ 261

周勃 / 137—138，365，366，367

周亚夫 / 143

周余民 / 020

诸吕 / 135

祝子 / 269，274

子钱家 / 146

自衒鬻者 / 160

尊儒术 / 153

后记

Epilogue

20世纪90年代初，我和周天游教授合作一本书，我负责秦国、秦朝、西汉部分，周教授负责新莽、东汉部分。应该说，这是一个非常理想的组合。可惜中途周教授荣调陕西历史博物馆任馆长，繁忙的行政工作占据了他太多时间，最后只好由我来统完全书，这便是已经出版了二十多年的《陕西通史·秦汉卷》。

这次出版，主要做了以下工作：（1）补充、完善和修改书中已有的资料与观点；（2）增补新的考古资料；（3）增述陕西各地的名胜古迹；（4）增补图版。另外，把"文化"部分文学艺术以外的内容整理出来单独成章。整个增补工作由我完成。

值此《陕西通史·秦汉卷》正式出版之际，我们更加怀念已逝的《陕西通史》原主编郭琦、史念海先生！20世纪90年代版《秦汉卷》在通俗方面所做的努力，得到了郭琦校长的赞许和表扬。这次出版，除保持原风格之外，我又在学术化方面做了些工作，以期进一步提升本书学术水平。凡有疏漏之处，敬请读者朋友教正！

黄留珠

于古城西安

2021年6月9日